维希政权与纳粹集中营里的法国女性

〔英〕卡罗琳·穆尔黑德（Caroline Moorehead） 作品

徐臻 译

献给利奥（Leo）

战时欧洲所经的路线

0　　　　100　　　　200 英里
0　　100　　200　　300 千米

北　海

丹麦
（被占领）

基尔

诺因加默

汉堡
（扎泽尔）

不来梅

英国

伦敦

阿姆斯特丹

汉诺威

明斯特

本多夫

荷兰（被占领）

莱茵河

加来

布鲁塞尔

科隆

埃尔福特

里尔

比利时
（被占领）

塞纳河

贡比涅

巴黎
（罗曼维尔）

梅斯

德

法兰克福

维尔茨堡
纽伦堡

马恩河
畔沙隆

斯特拉斯堡

斯图加特

奥尔良

多瑙河

图尔

法国（被占领）

第戎

卢瓦尔河

索恩河

巴塞尔

瑞士
（中立）

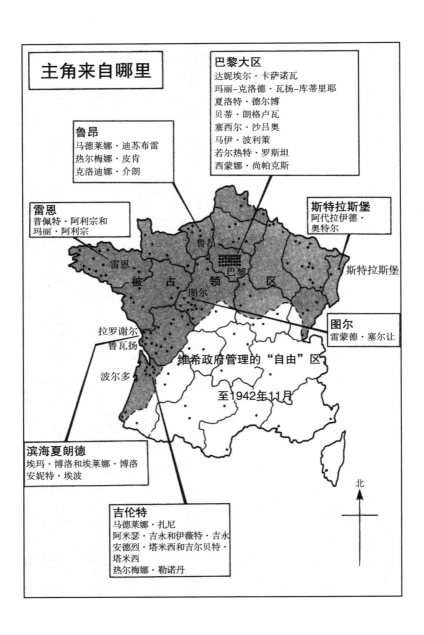

主角来自哪里

巴黎大区
达妮埃尔·卡萨诺瓦
玛丽-克洛德·瓦扬-库蒂里耶
夏洛特·德尔博
贝蒂·朗格卢瓦
塞西尔·沙吕奥
马伊·波利策
若尔热特·罗斯坦
西蒙娜·尚帕克斯

鲁昂
马德莱娜·迪苏布雷
热尔梅娜·皮肯
克洛迪娜·介朗

雷恩
普佩特·阿利宗和
玛丽·阿利宗

斯特拉斯堡
阿代拉伊德·
奥特尔

鲁昂
巴黎
被 占 领 区
雷恩
图尔
斯特拉斯堡

图尔
雷蒙德·塞尔让

拉罗谢尔
鲁瓦扬
波尔多

维希政府管理的"自由"区

至1942年11月

滨海夏朗德
埃玛·博洛和埃莱娜·博洛
安妮特·埃波

吉伦特
马德莱娜·扎尼
阿米瑟·吉永和伊薇特·吉永
安德烈·塔米西和吉尔贝特·
塔米西
热尔梅娜·勒诺丹

北

目　录

前　言

1942 年 1 月 5 日，隶属于巴黎第十区的警官龙多（Rondeaux） 1
看见一个男人，认为他是法国抵抗运动（French Resistance）中
被通缉的成员。安德烈·皮肯（André Pican）是教师，而且他
确实是国民抵抗阵线（Front National）在下塞纳省（Seine-
Inférieure）① 的负责人。皮肯参与制造了一起火车脱轨事件，车
上是运往德国的被征用品和作战物资，警方正以 3 万法郎悬赏
他的人头。

龙多的上司吕西安·罗滕（Lucien Rottée）是狂热反共的
法国人，积极地与盖世太保勾结。罗滕认为，皮肯也许能引导
他们揪出抵抗运动的其他成员。11 名警官受命严密地跟踪他，
但暂时不实施逮捕。

之后的两个星期，他们在巴黎的大街小巷徒劳地搜查。[1] 随
后，1 月 21 日，在奥尔良门（Porte d'Orléans）附近的杜朗德咖
啡馆（Café du Rond）执行监视任务的一名警官，看见了一个
符合描述的皮肯相貌的男子。他开始跟踪那个男人，看见此人
停下来，与一个体形结实、脸颊消瘦、留一把大胡子、约莫三
十岁的男人交谈。罗滕的手下紧跟这条线索。2 月 11 日，有人
看见皮肯站在一家商场的橱窗外，接着，"15 点 50 分"，他在
一名"28 到 30 岁，身高 1.7 米，身材苗条，留一头棕发，发

---

① 1955 年后，被改名为滨海塞纳省（Seine-Maritime）。——译者注

尾卷翘"的女士陪同下，进入商场。女子身穿"普鲁士风格的蓝色外套，黑色腰带，浅灰色羊毛长袜，谈不上举止优雅（*sans élégance*）"。警方当时不清楚她的身份，便根据附近的地铁站将她取名为"比松－圣路易女士"（Femme Buisson-St-Louis），皮肯则被称为"比松"（Buisson）。皮肯和比松女士在冰宫电影院（Le Palais des Glaces cinema）看了场电影后，买了些饼干和牡蛎，在圣摩尔路站（rue Saint-Maur）分开了。

之后的数天，皮肯又见了"莫特·皮盖"（Motte Piquet）、"波特·苏洛"（Porte Souleau）和"巴拉1号女士"（Femme No. 1 de Balard）。警方不知道她们是谁，均以首次看见她们的地名给她们取名。

2月12日，有人看见比松女士进入了露台咖啡馆（Café au Balcon），见了"梅尼蒙当"（Merilmontant），后者交给她一只小手提箱。"梅尼蒙当"是个三十五六岁的矮个子女人，"身高1.55米，深棕色的头发盘在发网里，穿黑色外套，挎一只时髦的人造革手提包，系红色腰带"。到目前为止，皮肯还见了"布吕内·圣拉扎尔女士"（Femme Brunet St Lazare）（"34岁，身高1.6米，肤色深，尖鼻子，米色外套，外套的帽子上有红色、黄色和绿色花纹"），"克洛德·蒂利耶女士"（Femme Claude Tillier）（"身高1.65米，33岁，肤色深，有点胖，穿大件开襟羊毛衫和羊毛短袜"），并和她们交换了包裹。有人看见"樊尚女士"（Femme Vincennes）（"身高1.6米，32岁，金发，戴眼镜，棕色羊皮外套，米色羊毛长袜"）与"詹娜女士"（Femme Jenna）、"多里安女士"（Femme Dorian）交谈。名叫德普雷（Deprez）的警官在描述跟踪的女人时格外一丝不苟。他在警官每晚须填写的浅黄色矩形工作报告卡上巨细无遗地写道，"共和国女士"（Femme République）右边的鼻孔上有块小红斑，她的灰色裙子是安哥拉羊毛质地的。

　　到了2月中旬，皮肯和他的联络人明显变得紧张起来，他们的视线不时地越过对方的肩膀查看是否被人跟踪。罗滕开始担心他们可能会计划着逃跑。警官们也开始感到不安，因为到了1942年春天，巴黎的大街小巷上到处是抵抗人士张贴的海报，海报声称法国警察不比德国盖世太保好到哪里，因此，出于自卫向他们开枪的行为是合法的。2月14日，有人看见皮肯和布吕内女士在蒙帕纳斯火车站（Gare Montparnasse）购买第二天早晨前往勒芒（Le Mans）的车票。之后，他们为随行的三个大箱子办理了托运手续。罗滕认为该行动了。2月15日凌晨3点，60名警官被派往巴黎各地，实施逮捕。

　　在接下来的48小时，他们砸门，强行进入公寓、商店、办公室、储藏室，搜查了地窖和阁楼、猪舍和花棚、食品柜和橱柜。他们带走了笔记本、地址簿、假的身份文件、炸药、左轮手枪、传单、伪造得很精巧的票证和出生证明、打字稿以及对火车实施破坏的计划表，还有几十张被撕毁的明信片、火车时刻表和车票、被撕掉了一半的密码——它们是与笔记本上记录的人接头时所使用的暗号。皮肯被逮捕时企图吞下一张名单。在他的鞋子里搜出了地址簿、反德传单和5000法郎。在被罗滕的手下逮捕时，其他人大声呼救、挣扎并试图逃跑。两个女人咬伤了警官。

　　随着时间推移，每次逮捕都会带来新的线索。警方抓捕了记者和大学讲师、农夫和店主、看门人和电工、药剂师、邮递员、教师和秘书。从巴黎起，网络向外扩展到了瑟堡（Cherbourg）、图尔（Tours）、南特（Nantes）、埃夫勒

3

（Evreux）、桑特（Saintes）、普瓦捷（Poitiers）、吕费克
（Ruffec）和昂古莱姆（Angoulême）。罗滕的手下逮捕了皮肯的
妻子热尔梅娜（Germaine），她也是一名教师，还是两个年幼女
孩的母亲，以及共产党在鲁昂（Rouen）的联络员。他们逮捕
了乔治·波利策（Georges Politzer），此人是杰出的匈牙利哲学
家，在索邦大学（Sorbonne）教书，同时逮捕了他的妻子马伊
（Maï）——警方代号为"樊尚"，一个相当漂亮的助产士，她
将一头金发染成黑色，作为传递情报时的伪装，她还是地下组
织的打字员。不久后，著名演员路易·茹韦（Louis Jouvet）的
助手夏洛特·德尔博（Charlotte Delbo）也被捕了。

接着，便到了玛丽－克洛德·瓦扬－库蒂里耶（Marie-Claude
Vaillant-Couturier）——警方代号为"特里卡内女士"（Femme
Tricanet）。她是《巴巴的故事》（*Babar stories*）① 的创作者的侄女，
经常为秘密出版的《人道报》（*L'Humanité*）② 撰文。此外，被捕
的还有达妮埃尔·卡萨诺瓦（Danielle Casanova）——警方代号
为"巴拉 1 号女士"，她是来自科西嘉岛的牙医，一个 30 多岁的
健壮而有力的妇女，眉毛又黑又粗，下巴很大。马伊、玛丽－克
洛德和达妮埃尔是老朋友。

被带到巴黎的警察局总部问话时，有些被捕者拒绝开口，
有些人表现出挑衅的态度，另一些人则十分轻蔑。女人们告诉
审讯者，她们对政治不感兴趣，对抵抗运动一无所知，是陌生
人给她们的大小包裹。丈夫们说他们完全不知道妻子整天在做

① 巴巴是法国作家、插图画家让·德布吕诺夫（Jean de Brunhoff）于 1931 年
创作的卡通形象，现在以《大象巴巴的故事》（*Babar the Elephant*）深入人
心。——译者注
② 当时为法国共产党的中央机关报。德国纳粹占领法国后，该报坚持秘密出
版，宣传法共的政治口号"保卫、武装和战斗"。——译者注

什么，母亲们则说已经好几个月没有见过她们的儿子了。

日复一日，罗滕和他的手下审问因犯，将他们三三两两地带到一起，然后撰写报告，再安排抓捕更多的人。他们没有记录在案的，除了使用酷刑的结果，还包括扇耳光、朝头部和耳朵拳打脚踢，以及对家人尤其是孩子的威胁。一份报告的边缘处写着，对扣押者应该表现出尊重（*avec égard*）和关心。这句话后面跟着数个惊叹号。折磨成了一个笑话。

临近 3 月底，如今以"皮肯事件"（*l'affaire Pican*）而为人所知的拘捕和审讯告一段落。罗滕宣布，法国警方对抵抗运动做出了"决定性的"一击。他们的成果包括 300 万份反德和反维希政府（anti-Vichy）传单、重达 3 吨的文件、2 台打字机、8 台复印机、1000 个复印模板、100 公斤墨水以及 30 万法郎。113 人被拘捕，其中 35 人为女性。最年轻的是 16 岁的女学生罗莎·弗洛克（Rosa Floch），她因为在高中的墙上写下"英国万岁！"（Vive les Anglais!）而被捕。最年长的是一位农夫的太太，44 岁的马德莱娜·诺尔芒（Madeleine Normand）。她告诉警方，之所以能从她手提包中搜出 39500 法郎，是因为她最近刚卖掉了一匹马。

九个月后，在 1943 年 1 月 24 日飘雪的早晨，其中 30 名妇女加入了另外 200 名妇女的行列，她们和被占领的法国各地的妇女一样，在四年的德国占领期间，被押上了唯一一趟将法国抵抗运动中被捕的女性送往纳粹死亡集中营的列车。

1960 年代初，这趟列车的"乘客"之一夏洛特·德尔博创作了一个剧本。[2] 她视自己为信使，讲述了一个她从前的同伴们的故事。23 位女性，身穿标志性的条纹衣服，谈论着她们在纳粹集中营的生活。几乎分辨不出谁是谁，她们都一副灰头土脸的模样，穿着破破烂烂的、不成形的衣服，她们的发型和特征都被刻意模糊了。"那一张张脸"，德尔博在剧本说明中写道，"并不重要"，重要的是她们共同的经历。正如希腊悲剧那样，人人知道存在暴力，却没人真正见过暴力的发生。

5   "我们之中必须要有一个人回去，"她们中的一人说道，"你，或者另一个人，那不重要。我们必须努力，活下去，因为我们是战士……那些回去的人终将赢得胜利。"第二个女人开口了："留下的那些人该怎么办？"另一人回答道："我们不会留下她们的。我们会带着她们一起离开。"随后，有人问道："为什么人们要相信这些幽灵讲的故事呢？她们连自己究竟是怎么回来的都无法解释。"

2008 年，我决定寻找在 65 年前那个寒冷刺骨的 1 月早晨离开巴黎的女人们。我不禁想知道是否还有在世的人可以讲述她们当初为何投身于抵抗运动，如何被罗滕的手下逮捕，以及当时与后来她们和同伴为了生存经历了怎样的战斗。

我发现，夏洛特·德尔博已于 1985 年死于癌症，但仍有 7位女士健在。我找到了贝蒂·朗格卢瓦（Betty Langlois），她当时 95 岁了，孱弱，但依旧充满魅力且坚定。看着自己早年的照片时，她棕色的瞳孔中闪着同样犀利的光，不过同时也有些疑惑。她住在巴黎市中心一间昏暗的公寓里，那里到处摆着盆栽和红褐色的家具。她请我吃五颜六色的马卡龙，还送给我一只小小的玳瑁色绒布猫，它蜷缩在一只棕色的纸箱里。虽然她没有养猫，却十分喜欢这款绒布猫生机勃勃的模样，并把它当作礼物送给了她所有的朋友。

　　贝蒂把我介绍给住在布列塔尼甘冈（Guingamp）的塞西尔·沙吕奥（Cécile Charua）。塞西尔嘲笑我一本正经的法语，教了我许多俚语和脏话。93 岁的她身板相当硬朗，幽默，从不抱怨。我曾多次拜访两人，每次她们都不停地说了又说，向我讲述了发生在半个多世纪前而依旧历历在目的真实的场景和故事。在此期间，她们都没有讲太多自己的经历。塞西尔向我提到了马德莱娜·迪苏布雷（Madeleine Dissoubray），她当时 91 岁，是一名退休数学老师，独自一人生活在巴黎市郊一间塞满了图书的狭窄公寓。之后，在每年 1 月 24 日举办的幸存者聚会上，我听着马德莱娜——一位消瘦的、正直的妇女——用坚定又动人的声音向围观的人群描述活下来意味什么。她不苟言笑，十分克制。

　　我在寻找普佩特·阿利宗（Poupette Alizon）时花费了很大精力，因为她逐渐疏远了昔日的朋友，与自己女儿们的关系也不好。可是，一个幸运的转机将我带往雷恩（Rennes），我在一间安静、优雅、装修品位无可挑剔的公寓中见到了她。那里挂满了画作，还可以俯瞰一个废弃的公园和几个花坛。普佩特当时 83 岁，比其他人年轻些，她身披一件淡紫色的长外套，和她房间里的布置一样优雅。她看起来有些不安，同时带着几分轻蔑。同样地，普佩特也说个不停。她如此寂寞，生活并没有善待她。

　　2008 年，卢卢·泰弗南（Lulu Thévenin）、吉尔贝特·塔米西（Gilberte Tamisé）和热纳维耶芙·帕库拉（Geneviève Pakula）三人都还健在。可是她们都已经太虚弱了，无法接见任何访客。不过，我见到了卢卢的儿子保罗（Paul）和她的妹妹克里斯蒂亚娜（Christiane）。

6

2009 年夏天，在我第三次拜访贝蒂不久后，她去世了。她已经罹患胰腺癌 7 年，很少有胰腺癌患者能生存这么长时间。我最后一次见她时，她用一种愉快又骄傲的语气告诉我，她让所有的医生都感到大惑不解。活下去，她说，正是她非常擅长的事。

花费了大量时间去倾听四位幸存女性讲述她们的故事后，我决定寻找没能从纳粹集中营回来的人的家属，或者那些后来死去的人的家属。我找到了马德莱娜·扎尼（Madeleine Zani）的儿子皮埃尔（Pierre），他住在梅斯附近的一个村子；热尔梅娜·勒诺丹（Germaine Renaudin）的儿子托尼（Tony），他住在泰尔姆阿尼亚克（Termes d'Armagnac）一幢舒适、漂亮的房子里，离波尔多不远；安妮特·埃波（Annette Epaud）的儿子克洛德（Claude），他当时刚做完手术，在夏朗德省（Charente）的一家疗养院休养；雷蒙德·塞尔让（Raymonde Sergent）的女儿吉塞勒（Gisèle），她住在圣马丹勒博（Saint-Martin-le-Beau），一个离图尔不远的村子，那里也是她母亲长大的地方。我在巴黎的一家咖啡馆见到了阿米瑟·吉永（Aminthe Guillon）的孙子。他们每个人都向我讲述了自己家庭的故事，还把我介绍给了其他家庭。我去过法国各地，到偏远的农舍、养老院和社区公寓，到乡村和法国大城市的郊外。幸存者的后代有些已经 70 多岁了，他们整理了信件、照片和日记。他们带着一股钦佩之情谈起自己的母亲，同时也有一丝困惑——她们竟如此勇敢，却对取得的成就如此谦逊。这使如今上了年纪的儿子、女儿们更常怀念起她们。当我们谈起过去的事时，他们常饱含热泪。

　　这本书讲述的是女人之间的友谊，以及她们对亲密关系和相互扶持的重视。在极其残酷、极其危险的条件下，这种相互扶持关乎生死存亡。它关于勇气，直面生活中最糟糕的处境，并且活下来，带着尊严与不可被摧毁的、毋庸置疑的坚定决心。那些能够在 1945 年回到法国的女性，主要因为她们足够幸运，但也因为她们的不屈不挠与相互之间的扶持，即便她们来自不同的社会阶层，有着不同的年龄、宗教信仰、职业、政治信仰和教育背景。毫无疑问，她们之间也有疏有近：有些人成了更为亲密的朋友。但是，她们关心身边的每个人，每当有人去世时，她们都心怀愤恨。她们的经历，月复一月，远远超出了人类能够忍耐的极限。

　　这便是她们的故事，塞西尔、贝蒂、普佩特、马德莱娜以及其他 226 位女性的故事。她们都被送上了那趟列车，它后来以 31000 次列车 (*Le Convoi des 31000*) 而为世人所知。

第一部分

第一章　精巧绝伦的大玩具

　　1940 年 6 月 14 日清晨，巴黎人在香榭丽舍大道（Champs-Elysées）两侧三两成群地站着，观看德国士兵进城。让他们惊讶的是，士兵看起来如此年轻、健康。[1]年轻的男人们身材挺拔，有着浅金色的头发，胡子刮得干净、清爽，在军乐队的伴奏下向凯旋门（Arc de Triomphe）行进。围观的人们发现他们身穿的制服由上等布料制成，脚上的真皮靴子被擦得锃亮。马匹拉着大炮，它们的皮毛闪闪发亮。眼前的一切看起来不像入侵，而仿佛是一场盛大的演出。巴黎相当平静，几乎陷入了沉寂。除了以固定速度向前行进的坦克、机械化步兵和其他部队外，一切都是静止的。虽然 13 日才刚下过一场倾盆大雨，6 月初少见的酷热却再次卷土而来。

　　结束围观后，巴黎人回到家中，等待接下来会发生的事。一种消极观望（attentisme）的情绪——停滞、不作为以及拭目以待——萦绕在城市上空。

　　德国人取胜的速度令人震惊。5 月 10 日，德国装甲部队进入卢森堡。随后，荷兰军队被彻底击溃了。5 月 13 日，他们就渡过了默兹河（Meuse）。法军陆军和空军被证明太落伍了，装备陈旧，而且受制于僵化的传统。之后，英国远征军（British Expeditionary Force）被迫在敦刻尔克撤退。6 月 3 日，巴黎遭到轰炸。几乎没人能接受眼前的现实，这个国家的军威曾在第一次世界大战的凡尔登（Verdun）战役中体现得淋漓尽致，其防御本该因为马其诺防线（Maginot line）的存在而无懈可击，却在仅仅六个星期之后便沦为附庸。后果将如何，现在还无法预料，但它很快就会到来。

德国人在巴黎

14 日中午，德国的巴黎军事指挥官斯图尼茨将军（General
Sturnitz）就已经在克里雍大饭店（Hotel Crillon）设立了他的指
挥部。由于法国宣布不抵抗，因此城市没有遭到破坏。凯旋门
上升起了德国国旗，巴黎市政厅、众议院、参议院以及其他各
行政机构都挂上了纳粹的卐字符。年轻的马克思主义史学家、
小说家埃迪特·托马（Edith Thomas）声称，它们让她联想到
"巨大的蜘蛛，不停地渗出鲜血"。巴黎大皇宫（Grand Palais）
成了德国卡车队的停车场，巴黎综合理工大学（École
Polytechnique）成了兵营。德国空军占用了歌剧院广场（Place
de l'Opéra）上的大饭店（Grand Hotel）。法语指示牌被卸下，
换上德文的。法国时间被调快了一小时，与柏林时间保持一致。
德国马克的汇率几乎是战前的两倍。在占领者抵达数小时后，
16 人自杀，其中最著名的是蒂埃里·德马特尔（Thierry de
Martel），他是法国神经外科学的创立者，参加过加里波利战役
（Gallipoli）①。

然而，德国人的举止所透露出的最初迹象还算使人欣慰。
只要人们服从德国对法律和秩序的要求，那么所有财产都会得
到维护。德国人控制了电话交换台，之后又接管了铁路，但公
共事业则继续由法国人掌控。德国人抵达时，法国外交部烧毁
了大量的国家档案和文件，这种做法费时费力，但太过仓促，
后来很多又被抢救回来了。德国陆军总司令瓦尔特·冯·布劳
希奇（General von Brauchtisch）下令：手下的表现必须"完全
正确"。当德国明白巴黎人没有反抗的打算时，原本打算实行

---

① 第一次世界大战中，发生在土耳其加里波利半岛的一场战役。它始于英法
联盟的一个海军行动，目的是强行闯入达达尼尔海峡，打通博斯普鲁斯海
峡，然后占领奥斯曼帝国首都伊斯坦布尔。——译者注

的 48 小时宵禁被解除了。法国人原本担心德国会重演入侵波兰时的野蛮场面，现在总算松了口气。他们按指示交出了武器，接受往后只能带小猎犬或鼬鼠捕猎野兔，还同意登记他们心爱的信鸽。连德国人也对法国人的不抵抗感到惊讶。

之后的数天、数个星期，原先那些坐着汽车、自行车、运草马车、家具搬运车、冰激凌车、灵车和货运马车，以及拉着双轮手推车、单轮手推车，赶着一群群牲畜逃往南方的人们，又纷纷回来了，他们对占领者竟表现得如此文明感到十分惊讶。这种因为恐惧而产生的连锁反应，不禁让人感到羞愧，让人想起 1797 年革命早期产生的大恐慌（Grand Peur），当时，法国人也纷纷逃离自己的家园。至少，1940 年的情况没那么可怕。法国人习惯了被占领，他们忍受过好几次——1814 年、1870 年以及 1914 年，那时都很混乱，到处都有人趁乱打劫。如今，法国人把一切都看在眼里：德国士兵在重新开张的老佛爷百货购买长裤、鞋子和香水，中规中矩地付钱，他们参观巴黎圣母院，给小孩巧克力，还在地铁上给老妇人让座。

德国人在巴黎各地开设了施食处（Soup kitchen），军乐队在杜乐丽花园（Jardin des Tuileries）的栗子树下演奏贝多芬的曲子。巴黎依旧沉浸在一种古怪的沉默之中，主要是因为塞纳河河口的巨型汽油站被轰炸后，城市上空笼罩着黑色油污，导致了大量鸟儿的死亡。希特勒在 6 月 28 日短暂地到访巴黎，照片拍下了他在埃菲尔铁塔下愉快地拍打自己的膝盖的场景。[2]正如画家、摄影师雅克·亨利·拉蒂格（Jacques Henri Lartigue）所说的那样，德国占领者表现得好像他们刚收到一个美妙的新玩具，"毫无疑问，一个对他们而言精巧绝伦的大玩具"。[3]

6月16日，法国总理保罗·雷诺（Paul Reynaud）率政府官员从巴黎坐飞机前往图尔，再转往波尔多，并宣布辞职，将大权交给了在凡尔登战役中备受热爱的英雄贝当元帅（Marshal Pétain）。17日中午12点30分，贝当在广播中宣布同意领导新政府，同时声称正在与德国商讨停战协定。他那单薄的、使人感到紧张的声音，让阿瑟·库斯勒（Arthur Koestler）①感到"不寒而栗"。贝当表示，法国人民将"停止战斗"，与德国政权合作。"要对德国士兵有信心！"各地的墙壁上很快出现了这样的海报。

经过27个小时的协商，法德双方在贡比涅森林（forest of Compiègne）的雷通德（Rethondes）签署了停战协定。22年前，德军在此地签署了承认第一次世界大战战败的停战协定。协定的条款相当苛刻。法国的地理版图被重新划分。87个内陆省份中有49个——相当于国家面积的五分之三——被德国占领了。15阿尔萨斯和洛林被吞并。德国控制了大西洋、英吉利海峡沿岸以及所有的重工业地区，还有权获得法国的大部分原材料。长达1200公里的分界线由重兵把守，它将法国一分为二，东起日内瓦附近，西至图尔，南至西班牙边界，它的北边为占领区，南边为"自由区"，北部和东部还设立了"禁区"，由位于布鲁塞尔的德国国防军最高统帅部（German High Command）控制。在德国占领期间，法国人要全额承担每日高昂的开支。此外，沿意大利边界的非军事区将由意大利人控制——他们绝对不愿意错过瓜分战利品的机会，已于6月10日才向法国宣战。

---

① 阿瑟·库斯勒（Arthur Koestler, 1905～1983）：匈牙利犹太裔英国作家、批评家，曾加入共产党，著有政治小说《中午的黑暗》（*Darkness at Noon*）。——译者注

　　法国政府退往维希，一个位于奥弗涅大区（Auvergne）、阿列河（Allier）右岸的水疗度假城镇。在这里，贝当和他的首席部长，同时也是妥协分子、亲德的皮埃尔·赖伐尔（Pierre Laval）着手建立新的法国。至少在书面上，它不是德国的傀儡，而是一个合法的、可以建立外交关系的主权国家。在德国全速推进期间，10万法国士兵在战斗中牺牲，20万人负伤，还有180万人正被送往奥地利和德国的战俘营，但一个全新的法国即将从旧废墟之中诞生。"跟随我，"贝当宣称，"要相信永恒的法兰西（La France Eternelle）。"贝当时年84岁。那些不愿意跟随他的人争先恐后地逃离法国——跨过边界进入西班牙、瑞士或者渡过英吉利海峡——他们开始走到一起，与非洲殖民地的法国人联手组建了自由法国（Free French），反对通过谈判向德国投降。

　　贝当和他那些信奉天主教、保守、独裁且常常支持反犹的追随者设想：这个国家将会被净化，从而回到法国大革命引入危险的平等观念之前那个神话般的黄金时代。新法国将尊崇掌权者，推崇纪律、勤奋工作、牺牲这类价值，它将抛弃腐朽的个人主义以及犹太人、共济会成员（Freemason）、工会人士、移民、吉卜赛人（gypsy）和共产党员，因为他们正是导致国家战败的元凶。

16　　10月24日，贝当在蒙图瓦尔（Montoire）会见了希特勒。回来后，他宣布："为了光荣地维护法国的团结……我今天踏上了合作的道路。"因为不用打仗，并且憎恶英国在阿尔及利亚梅尔斯凯比尔港（Mers-el-Kebir）①的海战中轰炸了法国舰

①　1940年7月3日，英国海军攻击法国海军停泊在梅尔斯凯比尔港的战舰，导致1297名法国军人死亡，一艘战舰沉没，其他五艘船只严重受损。——译者注

队，以及每每想起慈父般的英雄领袖时内心所涌起的温暖，大部分法国人纷纷追随他。但事实很快就证明，并非所有人都如此。

在抵达巴黎很久之前，德国人便开始筹备占领法国。[4]届时不会任命纳粹分子担任地方领导人——正如在刚吞并的阿尔萨斯－洛林地区那样——但将实行非常官僚化的军事统治。从报纸审查到邮局运营业务，都将处于德国的严密控制之下。近千名铁路官员会监管火车的运行。法国将被视为敌人，以确保它处于从属性的软弱位置（*faiblesse inférieure*），同时会切断它与盟国军队的一切联系。正是在这种合作和占领的背景之下，早期的抵抗运动开始形成。[4]

曾出任童子军团长、重组德国空军的奥托·冯·施蒂尔普纳格尔将军（Otto von Stülpnagel）被任命为法德停战委员会（Franco-German Armistice Commission）主席，他是一个循规蹈矩的普鲁士人，戴单片眼镜。搬进大饭店后，他着手组建被占领法国的行政当局，德国公务员也将提供协助——他们很快会被从柏林征调过来。施蒂尔普纳格尔的权力包括保证德国士兵的补给和安全，以及指导法国经济的发展。在离他不远处，斯图尼茨将军正在里沃利路（rue de Rivoli）上的克里雍大饭店忙着监督首都的日常生活。在被征用的酒店和市区住宅里，脚踏锃亮靴子的男人在德国年轻女秘书的协助下工作，法国人很快就开始称他们为"小灰鼠"。

然而，占领还有另一个面相，它既不明显，亦不合理，而且不如施蒂尔普纳格尔和他的手下所期望的那样，严格处于德国军事指挥之下。这便是特务机关的全部机构，它在军队和警 17

察中均设有不同分支。

在多位将军反对盖世太保在波兰的行径之后，希特勒同意纳粹党卫军不随入侵部队进入法国。警察的权力将完全掌握在军事当局手中。然而，海因里希·希姆莱（Heinrich Himmler）不愿见到他那些身穿黑色制服的党卫军被排除在外。他近视，薄嘴唇，担任德国警察局局长，时年 40 岁。长久以来，他都在梦想着培育出一个优等的北欧雅利安种族（Nordic Ayran）。他决定派一些自己的人去巴黎作桥头堡，以便利用他们在今后派出更多他的人。他命令自己的副手莱因哈德·海德里希（Reinhard Heydrich）组织 20 个人，他们将身穿阿勃维尔（Abwehr）① 的制服，驾驶装有军队车牌的车辆。海德里希相当冷血，是盖世太保的负责人，并将它变成了一个制造恐惧的工具。

领导这批人的是一名 30 岁的记者，即拥有哲学博士学位的赫尔穆特·克诺亨（Helmut Knochen）。克诺亨是镇压犹太人的行家，会说一点法语。在征用了福煦大街（avenue Foch）上的一栋房子安置团队中的反恐与犹太事务专家后，他给巴黎警察局打电话，索要所有德国流亡人士、犹太人以及所有已知反纳粹分子的档案。军方问他要做什么，他回答正在研究异见分子。

克诺亨和他的手下很快就精通于渗透、招募告密者与充当审讯者。在他的领导下，德国的特务机关将成为法国最令人生畏的德国组织，它渗透到了当地纳粹系统的每个角落。

然而，克诺亨不是唯一一个试图监控法国的人。还有阿勃维尔的反恐人士，他们向柏林的威廉·弗兰茨·卡纳里斯海军上将（Admiral Canaris）汇报；罗森贝格行动队（Einsatzstab

---

① 德国国防军的情报局，存在于 1921 年至 1944 年之间。"Abwehr" 在德语为"防御"的意思。——译者注

Rosenberg）揪出了共济会和秘密社团，洗劫了珍贵的艺术品并把它们运往德国；以及保罗·约瑟夫·戈培尔（Paul Joseph Goebbels）手下的舆论专家。身在柏林的外交部部长约阿希姆·冯·里宾特洛甫（Joachim Von Ribbentrop）也说服希特勒允许他派自己人奥托·阿贝茨（Otto Abetz）去巴黎。阿贝茨是亲法派，曾在 1930 年代提出法德合作方案，以向法方示好。他时年 37 岁，态度友好而亲切，体形颇壮实，曾是名艺术大师。尽管人们认为他相当有魅力，又热爱法国，然而，法国人和德国人都不信任他，尤其因为他下达的指示含糊不清，因此，他"同时要为占领和非占领法国的政治问题负责"。阿贝茨从利勒路（rue de Lille）上豪华的大使馆里，开始了与法国"轻松而愉快"的合作。⁵在他眼中，巴黎将再次成为城市之光（*cité de lumière*），与此同时，它也将成为德国征服者寻欢作乐的完美之地。希特勒在访问巴黎不久之后便宣布，每位德国士兵都将有机会来这座城市旅行。

理论上，这些不同势力都该听命于德国的军事指挥部；但实际上，它们都想独立运作。随着异议和抵抗活动的增加，军事指挥部越来越乐于见到非官方的镇压机构处理一切叛乱迹象。最终，巴黎将沦为"小柏林"，复制正在它的祖国上演的所有竞争、派系与分歧。不同之处在于，他们在这里有一个共同目标：支配、统治、剥削、监视他们所占领的国家。

虽然法国警方——在 1940 年夏，法国全国有约 10 万名警察——一开始曾接到过交出武器的命令，但它们很快就被归还了。很明显，德国人严重缺乏警力。1.5 万名原本为巴黎警察局服务的警员被告知，他们可以在德国军事司令部（Feldkommandatur）的指示下继续工作。少数人辞职了；大多数人选择不思考，遵守命令；但对有些人来说，德国的占领还将促成他们的快速晋升。

军方唯一默认的不受其控制的德国警力主要负责反犹事务，由阿道夫·艾希曼（Adolf Eichmann）① 派来的又高又瘦的 27 岁的巴伐利亚人特奥·丹内克尔（Theo Dannecker）领导。到 9 月底，丹内克尔也在福煦大街安顿下来，并在筹划后来成立的犹太人问题研究所（Institut d'Etudes des Questions Juives）。得知贝当和维希政府迫切地希望满足他的愿望后，他的工作开展得顺风顺水。战争进行到这个阶段，比起在占领区逮捕犹太人而言，德国人更倾向将他们送到自由区赶尽杀绝，虽然贝当也相当坚决地想赶走他们。根据一项最新的调查，法国在 1940 年约有 33 万犹太人，其中，只有一半人拥有法国国籍，其他人是因为欧洲各地的迫害浪潮而来到这里的。

1789 年大革命时，法国是首个释放、接纳犹太人成为法国公民的国家。⁶在整个 1920 年代及 1930 年代，这个国家从未以人种或宗教信仰来区分国民。在德国入侵仅仅数个星期后，巴黎各地的墙上都可以看见"犹太人是我们的敌人"的海报。由于德国人认为维持假象——如果它可以被称为假象的话——很重要，即反犹措施是维希政府直接下达命令所导致的后果，而它则来自法国人民根深蒂固的反犹主义，丹内克尔仅需"鼓励"一系列"自发的"反犹示威。"年轻护卫"秘密受雇，在犹太商店附近闲逛，从而吓跑顾客。8 月初，他们洗劫了好几家犹太商店。⁷在 20 日的一场大规模行动中，他们向香榭丽舍大街上犹太商店的橱窗投掷石块。罗斯柴尔德（Rothschild）家族

①　纳粹的高级官员，也是犹太人大屠杀中执行"最终解决方案"的主要负责人。——译者注

的一座城堡的艺术作品遭到洗劫，由此一来，赫尔曼·威廉·戈林（Hermann Wilhelm Göring）① 一举将 6 幅亨利·马蒂斯（Henri Matisse）、5 幅皮埃尔－奥古斯特·雷诺阿（Pierre-Auguste Renoir）、20 幅乔治·布拉克（Georges Braque）、2 幅欧仁·德拉克洛瓦（Eugène Delacroix）和 21 幅毕加索（Picasso）的作品收入囊中，大大扩充了他掠夺来的画作数量。

　　但是，并非只有犹太人吸引了施蒂尔普纳格尔和他的手下的注意。法国无疑该为欢迎、接纳了一波波逃离内战、政治迫害和严重贫困的难民而感到自豪。尤其是波兰人，他们自 18 世纪以来就开始投奔法国，在 1920 年代，数千名波兰人来到法国，填补了法国在第一次世界大战中因伤亡惨重而导致的劳动力短缺。许多人成为煤矿工，在法国北部和东部定居下来。更近一些的是为了逃避纳粹镇压的德国难民，仅 1933 年就达 3.5 万人。还有逃离德奥合并（Anschluss）的奥地利人；《慕尼黑协定》② 签署后逃亡的捷克斯洛伐克人；反对墨索里尼的意大利人。不仅如此，还有西班牙的共和党人，他们在内战结束后为了逃离佛朗哥的独裁政权，当时，仍有 10 万人滞留在法国。许多人生活在西班牙边界竖起了铁丝网的营地中，过着极其艰苦的生活。 20

　　法国对这些难民相当慷慨，直到 1930 年代经济形势逆转、失业率骤升时，总理达拉第（Daladier）才出台了缩减难民人数的举措，即排查"间谍和煽动分子"，同时为"不受欢迎的外

---

① 曾在纳粹担任过诸多重要职务，于 1933 年创立了"盖世太保"，曾被视为希特勒的接班人。——译者注
② 英法两国为避免战争爆发，牺牲捷克斯洛伐克的利益，将苏台德区割让给纳粹德国的条约。——译者注

国人"建立专门的营地。达拉第治下的法国，是唯一没有谴责
过水晶之夜（Kristallnacht）①的西方民主国家。法兰西行动
（L'Action Française）的极右翼领导人夏尔·莫拉斯（Charles
Maurras）公然宣称他们为"致病的政治、社会、道德病菌"。
在战争爆发前不久，作家安托万·德·圣埃克苏佩里（Antoine
de Saint-Exupéry）②望着坐满难民驶离法国的火车，称他们已经
变得"人不像人，因为经济利益而被迫从欧洲的一头辗转到其
他地方"。尽管仇外情绪不断高涨，仍有许多外国人留在法国；
但如今，在充满了不确定性和敌意的社会氛围下，他们没有国
籍，缺乏保护，格外脆弱。到1940年9月底，许多人被送往俘
虏收容所，其中还有被贴上"第三帝国敌人"标签的德国人，
他们早先曾得到法国的庇护，如今又被拱手交出。

　　政治流亡者受到的待遇几乎没有引起人们的反抗。法国人
还有其他的事要考虑。起初，因为德国占领者彬彬有礼，他们
松了口气，如今，由于看不见战争结束的迹象，他们开始感到
不安，他们在经济上如何生存的不确定性也越来越大。随着越
来越多的德国人加入对法国的统治，他们霸占了房屋、旅馆、
学校乃至整条街道。他们征用了家具、汽车、轮胎、木料、玻
璃和汽油，一部分餐厅和电影院只允许德国人入内，还为德国
病人保留了整个医院区域。在德国人开始消耗猪、羊和牛之后，
熟食从商店里消失了。

　　他们把暂时用不上的物资运回了德国。很快，巴黎东边的车

---

① 指1938年11月9日至10日凌晨，希特勒青年团、盖世太保和党卫军袭击
　德国和奥地利的犹太人的事件。该事件标志着纳粹对犹太人有组织地屠杀
　的开始。——译者注
② 法国最早的一批飞行员之一，《小王子》的作者。——译者注

站到处都可以看见塞满货物、准备出发的货车，车上有洗劫来的战利品，也有原材料——所有可能对德国战争有用的东西。戈林给法国的军事指挥部写信道："我做梦都在搜刮，要彻底。"正如拿破仑曾掠夺了他所占领土地上的艺术品那样，如今德国人正随心所欲地夺走他们看中的所有东西。很快，巴黎的裁缝店关门了，因为他们没有布料来做衣服。鞋店关门了，因为他们没有皮革。银行的保险箱和账户都经过了仔细检查，一旦发现所有者是犹太人，财产便会被侵吞。转眼间，法国的工厂开始为德国生产飞机、备用配件、弹药、汽车、拖拉机和无线电设备。 21

1940 年 9 月，法国人都收到了配给簿，被告知他们在餐厅只能点一道前菜、一道主菜、一份蔬菜和一片起司。购买面包、肥皂、学习用品和肉类都需要票券，数量和分量按照年龄和个人需求来计算。有关部门建议巴黎人不要吃老鼠，由于饥饿难耐，"长胡子、红眼睛、深色皮毛的老鼠成群结队地"从下水道钻出来，尽管如此，猫的皮毛——尤其是黑色、白色和姜黄色的毛——正变得越来越受欢迎，因为可以拿它们来缝制冬天的衣服，当时煤炭已经供不应求了，房间里一直都没暖气。8 11月以来，巴黎大堂（Les Halles）出现了一个强大的黑市。在那里可以买到食物、写字的纸、电线、纽扣和香烟。

法国人正变得越来越足智多谋。每个人都想着通过修修补补来凑合。"代用"（ersatz）一词成了巴黎的日常词语，家庭主妇在排队购买日益短缺的食物时，会交换各自的秘诀和食谱。她们交流如何使用气化炉（gazogène）将木头和煤转为可燃气体；如何压葡萄籽榨油；如何用稀少的烟草、耶路撒冷洋蓟、向日葵和玉米来卷香烟。法国的殖民地不再运来原材料，亚麻、棉花、羊毛、丝绸和黄麻纤维耗尽了；女人开始用碘酒来染裤腿、穿短袜、使用布做的手提包。不久后，巴黎处处响起了木底鞋和马车发出的"哒哒"声。杜乐丽花园和窗边的花盆改种了蔬菜。抵抗运动吹起了第一阵风。1940 年 12 月 15 日，在军乐队的号角齐鸣中，有"雏鹰"（l'Aiglon）之称的拿破仑二世的遗体被从他流亡的维也纳运回巴黎，而后被安葬在荣军院（Les Invalides）。街头的海报上写着："收回你们的雏鹰，把猪还给我们。"

了解外部世界的动向也不是一件容易的事。6 月 25 日，相关部门成立了舆论组（Presse-Gruppe），每星期举行两次新闻简报会，为重新获准发行的《晨报》（Le Matin）、《巴黎晚报》（Paris Soir）等提供素材。理论上，报道的"主题"由德国人设定，记者则决定撰写的具体内容。实际上，编辑们收到了一份冗长的禁用词和话题清单，从"英美人士"到"阿尔萨斯－洛林"，而奥地利、波兰、南斯拉夫、捷克斯洛伐克则绝对不准出现在报道中，因为它们已经不复存在。阿贝茨命令一个名叫埃普丁博士（Dr Epding）的人来"传播德国文化"。与此同时，出版商收到了一份"奥托"清单，列明了禁书，包括犹太人、共产党人、盎格鲁－撒克逊人、共济会成员作家的所有作品，致力于打造一种"更健康的态度"。安德烈·马尔罗（André Malraux）、安德烈·莫洛亚（André Maurois）、路易·阿拉贡（Louis Aragon）的作品从书架上消失了，与它们一同消失的还有海因里希·海涅、弗洛伊德、爱因斯坦和赫伯特·乔治·威尔斯（H. G. Wells）的作品。重达 2242 吨的图书瞬间化为纸浆。与此相反，以尤利乌斯·施特莱彻（Julius Streicher）的《冲锋报》（Stürmer）为蓝本的反犹报纸《耻辱柱》（Au Pilori）则出现在城市的大街小巷。

对法国人来说，被占领开始成为一件惨事。

第二章　法国抵抗运动的火焰

　　许多生活在法国的人没有听说过的相对不那么知名的法国将军夏尔·戴高乐（Charles de Gaulle），在6月18日——巴黎沦陷4天之后——通过BBC发出了著名的武装号令。当时，约800万人仍在赶往南部的路上，不过此时车辆也正在向相反方向缓慢行驶，返回他们在北部的家。但是，BBC同意每晚给"自由法国"一个时段，即5分钟的法语广播时间。继首次向法国发出号召后，戴高乐又多次向法国听众讲话，分别是在19日、22日、24日、26日和28日。随着时间的推移，戴高乐坚定的、稳重的嗓音逐渐建立起一种威信。他要传达的信息始终没变。他表示，要法国人在自己被占领的国土上向占领者屈服，是在公然犯罪，而公然反抗则是一种荣誉。其中的一句话尤其引发了听众的共鸣。"在某个地方，"戴高乐说，"必定闪耀着、燃烧着法国抵抗运动的火焰。"

　　很快，不向德国人让步并非完全不可能的观点开始产生回响，这个观点被拿出来反复讨论，还有人就此撰文并到处分发，它们出现在地下报纸和传单上。

　　戴高乐完全没有提及法国战败的原因，只是单纯地强调法国没有被打败，而且它将继续存在下去。夜晚，在合上的百叶窗之后，在黑暗之中，那些有无线电的人无视德国的命令，聚在一起收听广播。片头是贝多芬《第五交响曲》开头的数个和弦——选择它是因为有人指出，"V"在莫尔斯电码中三短一长

的表示和这段音节相似——它很快变得广为人知："这里是伦
敦。法国人向法国人（广播）（Içi Londres. Les Français parlent
aux Français）。"节目使得听众之间建立起了联系。主妇们在排
长队购买食物时，会讨论她们所听到的内容。在这个德国人看
24 似无往不胜的时刻，广播给了普通男女希望，让他们也可以参
与其中，并且坚信最终一定能击败占领者，即使那个时刻还在
遥远的未来。虽然他们不清楚戴高乐的具体盘算——除了号召
志愿者加入他和处于伦敦的自由法国之外——至少有些法国人
开始觉得，戴高乐也许能成为未来的解放者和领袖。

　　11 月，厄尔－卢瓦尔省（Eure-et-Loir）前省长、未来的抵
抗运动领袖让·穆兰（Jean Moulin）① 访问了巴黎，目的是亲
自考察是否有可能在法国发动抵抗运动（resistance Française）。
他认为，似乎没有明显的迹象。但是，他错了。

　　第一波抵抗活动的规模很小，完全出于自发，协调也做得
不好，是个体觉得被背叛和受羞辱之后发起的行动。[1]人们用蜡
笔、口红或颜料，在墙上、德国人的汽车上、地铁上、巴士车
站上涂画自由法国的洛林十字（Croix de Lorraine）——该符号
取自圣女贞德（Joan of Arc）② ——以及 "V" 字。德国人将
"V" 歪曲为代表古老的德文单词 "维多利亚"（Victoria）之
后，法国人开始改写 "H"，称它代表 "荣誉"（honneur）。除
罗莎·弗洛克外，还有另外几十个年轻的女孩在学校的墙壁上
书写 "英国万岁"。也有少数人朝德国人征用的餐厅的玻璃扔

---

① 第二次世界大战爆发时，穆兰是厄尔－卢瓦尔省的省长。由于他不愿与德
军合作，因此被投入监狱。1941 年 9 月，穆兰获释后，越过边境，抵达伦
敦，效忠于戴高乐。——译者注
② 在英法百年战争期间，圣女贞德率领法国起义军反抗英军，使用的就是
"洛林十字旗"。——译者注

石块。播放德国的新闻影片时，不时地可以听见嘘声和口哨声，当影院接到不准熄灯的指示后，观众便选择看书或咳嗽。一个名叫艾蒂安·阿查万（Etienne Achavanne）的年轻人割断了德国人的电话电缆。

10 月初，音乐出版商雷蒙·戴斯（Raymond Deiss）用打字机打出两页双面纸，收录了 BBC 的每日新闻，再使用莱诺排字机排好，他称自己的新闻小报为《巨人报》（Pantagruel）。① 记者们和大学生们通过设计、印刷的宣传单、海报等，呼吁女人们抗议配给制度，这使她们想起 1789 年时，一群巴黎渔夫的妻子前往凡尔赛宫向路易十四（Louis XIV）讨要面包。在人类博物馆（Musée de l'Homme），一群民族志学家和人类学家联合起来，使用博物馆的油印机印制了一份反维希、反纳粹的新闻传单。

这些早期的小册子、报纸来自社会各个阶层、各种政治意识形态，它们受爱国主义和人文主义精神的鼓舞，将法国视为个人自由的捍卫者，德国则是残忍的占领者。有些人颂扬天主教的教义和道德，有些人信仰马克思主义，还有人推崇托马斯·潘恩（Tom Paine）和他的《人的权力》（Rights of Man）。它们都有一个共同的信念：袖手旁观是错误的。

面对这波抗议浪潮，德国人的反应迅速又果断。只要逮住作者和印刷者，他们就会提起诉讼同时将其投入监狱。第一波天真的抵抗者根本无力与纳粹抗衡，因为后者早就习惯了自己国内的残酷镇压。德国人也开始张贴他们的海报，警示抵抗的后果，并向告密者提供好处。男孩们跟在他们身后，没等糨糊

25

---

① 日后，戴斯在科隆被斧头斩首。——作者注

变干就撕掉了海报，或者写上"请为戴高乐画一条线"，所以，很快，德国人的海报上便出现了几十条短线。

　　然而，法国有一个政治团体，以熟知如何生存以及如何进行秘密活动而著称。[2]法国共产党（Parti Communist Français，简称 PCF）诞生于第一次世界大战结束、1920 年代图尔省的左派分裂之后，它在两次世界大战之间经历了曲折的发展。1936年，共产党人与由莱昂·布鲁姆（Léon Blum）① 领导的激进人士、社会主义者结盟；1938 年，共产党人再次加入人民阵线（Front Populaire），以便为工人争取更好条件的平台，当时打出的是"面包、和平、自由"（Pain, Paix et Liberté）的口号。共产党在北部的矿业城镇、重工业地区和海港的党员数量一路飙升。

　　共产党吸引了一大批追随者，从斯大林主义者——他们相信工人革命，一早便是与社会主义者斗争的老手——到一代年轻的理想主义者，他们都为法国共产党致力于塑造一个更平等的法国的愿景所鼓舞。他们中的许多人因为支持西班牙的共和人士而联合起来，尤其在佛朗哥镇压西班牙的人民阵线（Frente Popular）并于 1936 年 7 月攻入西班牙之后。他们还对法国决定签署不干涉条约的举动非常不满。许多年轻的共产党员前往西班牙，加入国际纵队，他们的家人则在法国筹款，帮助和支持西班牙共和国的妇女、儿童。当难民逃脱佛朗哥手下士兵的抓捕，跨过比利牛斯山进入法国时，法国共产党员率先

────────────

① 莱昂·布鲁姆（1872—1950）：法国政治家和作家，1936 年至 1937 年担任人民阵线联合政府的首脑，法国第一位社会党总理，也是第一位犹太总理。——译者注

接纳了贫困潦倒的西班牙家庭，为他们发声。在 1930 年代的法国，积极向上的年轻人都对政治充满热情。

其中的一位年轻的理想主义者便是塞西尔·沙吕奥，一名有主见且体形结实的女青年，出生在法国的"红带"（ceinture rouge）①——红色郊区。³在她看来，在法国长大便意味以共产党员的身份长大，如果你不与不公平、排外做斗争的话，好吧，那么，活着根本没有意义。塞西尔的父母在她很小的时侯就离婚了，她的母亲后来改嫁给一名画家。继父的心思都放在无政府主义信仰上，而不是如何赚钱养家。塞西尔的大多数哥哥和姐姐早就搬走了。初夏时分，她的母亲在天没亮时就出门摘矢车菊，上班途中拿到巴黎圣拉扎尔火车站（Gare Saint-Lazare）售卖。她做毛皮买卖，但赚的钱少得可怜。

塞西尔在 13 岁时跟着另一名毛皮工当学徒。她喜欢和皮毛打交道，把它们缝进衬里，挑拣不同的毛皮，再根据毛皮的颜色和毛发的分布来设计图案。她尤其喜欢阿斯拉特罕羔羊皮，一种来自中亚的山羊的羊毛。塞西尔认为自己精力充沛，有能力，擅长于不同皮草之间的搭配，但针线活做得不太好。她买不起毛皮外套，但像所有毛皮行业的工人一样，到 12 月底，在毛皮的需求量下滑后她被解雇了。只要有钱，她就会把它们花在剧院门票上——买法兰西喜剧院（Comédie Française）最便宜的票，或者在雅典娜剧院（Athenée）看路易·茹韦的演出。有一天，她的艺术家继父带她去见了毕加索。

过完 16 岁生日后不久，塞西尔认为受够了母亲的严厉和继

① 指法兰西岛（Île-de-France），巴黎首都圈，1920 年代以来便由法国共产党占主导地位，直到 1980 年代。——译者注

塞西尔·沙吕奥

父的散漫。她后来回忆道，当时希望能吃饱一点，多一点自由。
她嫁给了一个在邮局工作的男人，丈夫是一名热心的工会成员。
男人比她年长 9 岁，带着她参加政治聚会。在那里，她见到了
反法西斯人士，得知了西班牙那些支持共和国政府的家庭的遭
遇。很快，她也开始为西班牙毕尔巴鄂（Bilbao）的婴儿筹奶
粉钱。塞西尔有个女儿，周末，她把女儿背在身上，与朋友们
一起在巴黎附近的森林野营。

1935 年，塞西尔成了共产党员。法国共产党之所以吸引
她，是因为共产党员希望每个人都有面包吃。她在童年经常饿

肚子，因此，这个理念对她来说很有意义。

1939 年 8 月 24 日，约阿希姆·冯·里宾特洛甫和维亚切斯拉夫·米哈伊洛维奇·莫洛托夫签署了《苏德互不侵犯条约》，这件事令外界十分震惊，包括整个法国共产党。一夜之间，法国新诞生的中间派政府及其总理爱德华·达拉第均认为，法国共产党和他们的宿敌——德国人——站到了一起。在法国共产党的机关报《人道报》发表了一篇赞扬互不侵犯条约的长篇报道后，达拉第下令关闭了它，还关闭了它的姐妹报纸《晚报》（Le Soir）。《人道报》转为地下报纸并发起反击，抨击法国和英国政府是帝国主义分子，同时对工人发动了战争。在他们所谓的"全国大清洗"中，警察闯入共产党人的办公场所，逮捕激进分子，暂停身为共产党员的市长的职务。议会中的 35 名共产党代表被拘捕，最终，他们因为是代表共产国际（Comintern）在行动而被判五年监禁。到 1939 年秋天，监狱里关了数千名共产党员。

共产党陷入了严重的内部分裂。一部分党员对共产党支持互不侵犯条约感到十分气愤，他们觉得被斯大林出卖了，选择了退党。可大多数人还是留了下来，选择去忽视他们无法理解也不想理解的这种做法。眼看着同志们被逮捕、被投入监狱，他们的团结意识反而更强了。

1940 年 6 月，在德国占领法国后，他们迎来了一个令人更为困惑的时期。德国部队长驱直入巴黎，让塞西尔产生了生理上的反感。站在先贤祠（Panthéon）附近，她心想，"接下来会变得多糟糕呢"。《人道报》——它虽然秘密出版，但发行量颇大，拥有相当多的读者——发表了一篇文章，称德国士兵也是工人，他们就像法国工人一样，应该受到友善对待。共产党员乐观地认为，占领者也许会允许他们重返公共舞台。一批杰出的共产党员不再躲藏。当贝当和法国警方建议盖世太保围捕激进的共产党员、共济会成员和外国犹太人，并称他们为"德意志帝国的敌人"后，那些人很轻易地就被揪出来了。贝当的建议相当受德国人的肯定，后者称赞了法国行政机构和警察的热忱，宣布视那些被拘留的共产党员为"确保德国士兵安全的人质"。贝当的拘留营迅速挤满了抵抗者和犹太人。

到了 1940 年 9 月，除了被关押在德国的战俘以及被拘留的人，整个巴黎地区仅剩 180 至 200 名活跃的共产党员。但是，也有男人和女人——比如塞西尔——认为他们现在有了新的目标，而且它符合国家的整体情绪：反法西斯，反维希政府，反占领者。很快，他们开始重组，并受到流亡莫斯科的法国共产党领导人莫里斯·多列士（Maurice Thorez）[①] 的激励。多列士向法国发出了自己的呼吁。"我们伟大的国家，"多列士声称，"永远不会成为奴隶的国家。"

29 　　正如塞西尔所见，她现在有了真正的工作。她联系了一位做毛皮生意时认识的朋友，后者也是共产党员，还是地方议员，她问对方自己能帮上什么忙。她得知雷蒙·洛瑟朗（Raymond Losserand）正负责共产党在巴黎抵抗运动的武装工作。由于担心被捕，他被迫转入了地下。他留着浓密的胡子，戴一顶宽边帽。洛瑟朗每月向塞西尔提供 1500 法郎的生活费，给她被撕掉了半截的地铁票，告诉她除非对方出示另一半地铁票，否则不要相信任何人。她使用两个不同名字，有时是塞西尔，有时是安德烈（Andrée）——她成了一名联络员。向秘密印刷工支付

---

① 　莫里斯·多列士（1900—1964）：法国和国际共产主义运动著名的活动家，原法国共产党总书记。——译者注

报酬成了她的工作之一，她还要收集反德传单和小册子，然后把它们分发给不同的印刷工和存放点。有时，她的袋子太重了，她几乎提不动，可她迫切地想要贡献自己的力量。她的主要联络人名叫莫里斯·格朗根（Maurice Grancoign），后者曾是《人道报》的印刷工。日后，塞西尔承认，虽然她表现得相当大胆，可一直非常害怕、担心。"你怎么能做这种事而不感到害怕呢？"她说。

现在，塞西尔已经和丈夫离婚了。她外出为法国共产党做事时，把年幼的女儿留在第11区母亲的家中。随着她与不负责任的继父之间分歧的加剧，同时又担心家里的食物不够女儿吃，她决定把女儿送去城外的一个寄养家庭。她自己则搬到了市中心的一间小公寓，那是法国共产党为她租的。"你有孩子，怎么能做这种事？"她的母亲质问道。"正因为我有孩子，我才这么做，"塞西尔这样回答，"我不希望她在这样的世界长大。"

当塞西尔忙着在巴黎建立联络网时，其他的年轻女性，马德莱娜·帕索（Madeleine Passot）——她的朋友们都叫她贝蒂（Betty）——也在巴黎各处奔走，为共产党的抵抗运动招募新成员。[4]贝蒂26岁，是巴黎一个坚定的社会主义者家庭的独生女。她的父亲是技工，曾因为反对法国参与第一次世界大战而被判刑坐牢。年幼时，贝蒂就对政治很感兴趣，她的父亲还给她取了"小共产党员"（*la petite communiste*）的绰号。如同塞西尔一样，贝蒂因为同情西班牙那些支持共和国的人士的命运，而加入了法国共产党。她辞掉了大公司的秘书工作，战争一爆发，她便自愿投身于抵抗工作。由于许多男人被捕了，她很快成了巴黎和法国南部地区的关键联络人。

30

她身材苗条，无所畏惧，涂着红色指甲油，身穿剪裁得体的西服，十分优雅。她总喜欢说，自己是在"暗处生活"的完美人选。她乘火车去南部时，经常选择坐在德国人身边，而且相当确信经过检查点时，他们会殷勤地保护她。虽然在这些旅途中，她的手提包的假底里藏着钱，衬里则藏着文件，让她感到非常害怕。她特别害怕途经马赛，因为那里会检查旅行箱，警察会站着等待旅客的到来。她经常被叫住，继而随身物品会被搜查。

31 　　1940 年的整个秋天，贝蒂几乎都在路上。她踩着高跟鞋徒步数英里，在装葡萄的篮子里藏着武器，她会在穿越分界线时恳求农夫让她搭车。旅途中，她有时会碰上伴侣吕西安·多兰（Lucien Dorland），他们同住在巴黎的一间小公寓，尽管他一直忙着在自由区组建青年团体。旅行时，贝蒂会使用其他名字，她称自己是马德莱娜（Madeleine）、奥黛特（Odette）或者热尔韦斯（Gervaise），她说有时都记不住自己该是谁。吕西安也是共产党员，而且身居高位。她为两人长期的分离而感到痛苦，但正如同塞西尔一样，她认为自己在这件事上没有太多选择。

　　到了 1940 年 10 月，法国共产党在巴黎地区的活跃党员增长到了一千多人。许多人是女性，由于缺少男性，她们不得不顶上——就像贝蒂和塞西尔，而且她们也证明了自己是优秀的印刷工、联络员，非常擅长于分发报纸和传单。《战斗法国公报》（Bulletin de la France Combattante）由藏身于修道院的两名女性编辑；84 岁的屈曼女士（Mme Cumin）则在自己的洗衣店印刷报纸。

　　11 月，在经历了一波逮捕潮后，法国共产党的人数下降到约 300 人，但一个月后，人数再次超过了 1000 人。共产党员有

贝蒂和吕西安·多兰

韧性、精力充沛，随时都准备牺牲自己。他们非常团结，有着一种同志之情。他们在工作上表现出来的勇气，也在新招募的成员身上得到了体现。"那些该为这场战争负责的人都逃走了，"法国共产党宣称，"他们孤立无援或者已经死去，现在，轮到我们召集人民，拯救法国了。"正如海德里希向他的上级报告的那样，法国共产党是唯一一个"能够将追求政治事业的人们团结起来"的组织。[5]

为了避免过多的损失，法国共产党实行严格的三人小组制，所以，在任何时候，每人都只知道其他两名党员的名字。对塞西尔和贝蒂而言，德国人的到来有种激励的效果。长达数月的"静坐战"（phoney war）① 让人感到绝望、困惑，当贝蒂回头看那些日子时，她称那时非常"空虚"。如今，她有了真正的使命。

然而，情况变得愈发危险。一个接一个地，他们十分清楚
32 自己的工作会对家庭造成的威胁，而且，他们察觉到不断增加的告密者以及盖世太保的高明手段，许多活跃分子——比如塞西尔——离开了家庭，使用别名在其他社区活动。日后，许多人回忆道，他们十分孤独，不停地更换居所，很少与人交流，每次交谈都不会超过数分钟。

战前，法国共产党员中有一大批大学教师，以及著名学府巴黎高等师范学院（École Normale Supérieur）的毕业生。正是在这些男人和女人之中，第一次出现了对占领者的严肃、团结、理智的抵抗。

1930 年代，法国知识分子的生活，由一小批——不是全部，但绝大多数是法国人——在巴黎左岸（Left Bank）生活、聚会的人士所代表，他们曾是欧洲舞台的中心。[6]这个群体阅读并给《新法国评论》（Nouvelle Revue Française）撰稿，他们经常在市政府（Palais de la Municipalité）被装修得颇具艺术风格

---

① 第二次世界大战初期，从 1939 年 9 月德军进攻波兰，到 1940 年 5 月德国真正进攻法国时，西线没有发生过战事，几乎没有放过一枪。德国的老百姓称它为"静坐战"（Sitzkrieg）。——译者注

的地下室或圣日耳曼大道（Boulevard Saint-Germain）的咖啡馆聚会。尽管他们在政治上并不都属于左派，不过大多数时候，氛围是激进的，他们倾向于社会主义者，经常谈论墨索里尼和佛朗哥的残忍、和平的必要性，以及改善法国贫穷工人阶级工作条件的重要性。西班牙的共和人士所支持的事业，得到了他们中许多人的热烈拥护。安德烈·纪德（André Gide）、安德烈·马尔罗、亨利·巴比塞（Henri Barbusse）、罗曼·罗兰（Romain Rolland）、路易·阿拉贡和他的伴侣爱尔莎·特奥莱（Elsa Triolet）是他们之中经常在杂志上发声的人，那些主题完美地传达了对一个更好的时代的渴望：精神、战斗和新秩序（*Esprit*，*Combat* and *Ordre Nouvelle*）。1929 年，马克·布洛克（Marc Bloch）和吕西安·费弗尔（Lucien Febvre）创办了《历史与社会科学年鉴》（*Annales d'Histoire Economique et Sociale*）。他们试图用另一种视角来看待社会，即更集中地观察个人生活而非政治家和统治者的事业，这本学术期刊似乎准确地传达了那个时代的氛围和情绪。

1933 年至 1940 年，巴黎是流亡知识分子逃离希特勒、墨索里尼、佛朗哥和他们独裁政权的唯一的安全聚会地点。他们在咖啡馆为一个话题争论不休：知识分子的正当角色应该是追求真理之人——正如朱利安·班达（Julian Benda）[①] 所坚持的那样，还是与之相反，做"枪手"（*écrivain engagé*）也很重要，即弄脏自己双手的人。十年来，法国的政治事业和政治联盟举步维艰，外交、军事、经济政策发生了翻天覆地的变化，法国知识分子对共产主义的态度决定了他们的阵营，而在这十年里

[①]　朱利安·班达（1867～1956）：法国哲学家、小说家，代表作有《知识分子的背叛》（*La Trahison des Clercs*）。——译者注

很难做到泾渭分明。实际上，一些最精明的批评僵化教条的人，甚至已经转向了新法西斯阵营。

德国人在 1940 年的夏天突然进入巴黎，让知识分子——就像其他人一样——措手不及。有些人逃往国外，有些人加入去南部的队伍，其中包括阿拉贡、爱尔莎·特奥莱、让·谷克多（Jean Cocteau），他们都先后在自由区定居。其他人则回到被占领的巴黎。但是，当法国的极右翼很快并欣喜地发现自己在纳粹及其合作者中相当受欢迎时，左派则面临着如何回应被占领的问题。保罗·萨特（Paul Sartre）、西蒙娜·德·波伏娃（Simone de Beauvoir）、弗朗索瓦·莫里亚克（François Mauriac）很快选择了与敌人共存，他们继续出版自己的作品，不过他们的文章是和亲德、反犹文章同时发表的，从而给了法西斯分子一定的合法性。［"唉！"莱昂·布鲁姆政府的教育部长让·扎伊（Jean Zay）感叹道，"法国知识界竟然下跪、放弃原则到这种地步！"[7]］正如阿拉贡所言，知识分子的职责是把事实说出来，坚持写作——因为这是他的工作（métier），而不是曲解文字，赋予它们新的、暗藏的含义。

其他作家对此也感到耻辱。[8]贝当对"不光彩的诱惑"所表现出来的轻松态度令让·盖埃诺（Jean Guéhenno）① 感到震惊。他对那些"像老鼠般入侵"的人感到恶心，不费吹灰之力便决定了自己该怎么做。因为他已经成了一个囚犯，那么，他就要像囚犯那样活；因为他无法写出自己的真实所想，那么，他就停止写作。盖埃诺会在战争时期内保持沉默，但在这之前，盖埃诺写下了最后一篇文章。"保持骄傲"，他告诉自己的读者，

———————

① 让·盖埃诺（1890—1978）：法国作家、文学评论家。——译者注

"退回到思考和道德的深处"，但无论你做什么，绝对不要"沦为低能儿的奴隶"。一个名叫让·特西耶（Jean Texcier）的社会主义者及工会成员写下了日后将被称为"尊严手册"的清单，它包含 33 条"占领时期的建议"。收起愤怒，因为你可能会需要它，他提议道。当德国人向你问路时，不必认为你一定要告诉他正确的方向：他们不是你的同伴。尤其是"抛弃一切幻想：这些男人不是游客"。他撰写的小册子被一再重印，在人们之中传阅，被一读再读。反抗者的数量不停地增长，他们很快就视特西耶为英雄。对贝蒂和塞西尔而言，他自信满满的蔑视极具感染力。

34

　　盖埃诺不仅是作家，同时也是巴黎高等师范学院的学生。正是在这里，以及在索邦大学的各个院系，学生们于 1940 年初秋回到他们的课堂上，开始质问他们的教授和彼此，他们准备对纳粹占领者接受到何种程度。政府在发布的第一份反犹法令中称他们的犹太老师"存在智力缺陷"，"不受欢迎"，这让他们感到非常气愤。当德国官员开始闯入课堂时，他们选择了离开。有些人戴上了洛林十字勋章，另一些人带着钓鱼竿（gaule）——在法语中，它和高卢人（Gaul）的拼写相同。

　　临近 10 月底，学生组织"文体"（Corpo des Lettres）的创办人、主席莫雷（Morais）开始和他的朋友们讨论发起一场海报运动。圣米歇尔广场（Place Saint-Michel）5 号是好几个学生组织的"根据地"，办公之余，莫雷和他的朋友们在这里制作反维希政府与反德传单，第二天再由学生们分发到巴黎各高中和其他机构。在高涨的仇敌、讥讽情绪中，他们多次重复了最中意的一个笑话。"与德国人合作？"一个人说，"想想伏尔泰……一个真正的雅利安人必须如希特勒般拥有一头金发，如戈林般身材苗条，如戈培尔般高大挺拔，如贝当般年轻，如拉瓦尔（Laval）般正直。"另一个人开始提问："你知道发生了什么吗？9点20分，一个犹太人杀了一个德国士兵，撕开了他的胸口，吞了他的心脏！这让人难以置信！因为三个理由——德国人没有心脏。犹太人不吃猪肉。9点20分时，所有人都在收听BBC。"学生领袖接二连三地被捕，而这只会让他们的同伴更加坚决。

35 　　接着，10月30日，年近70岁的杰出科学家保罗·郎之万（Paul Langevin）在物理和工业化学学院（Faculty of Physics and Industrial Chemistry）的办公室被捕。1930年代，郎之万是一场反法西斯运动的发起者，深受他的学生的爱戴。教授和学生都将他的被捕视为纳粹对法国知识分子生活的攻击。各地的墙上迅速出现了"释放郎之万"的海报。由于郎之万教授的课在星期五，在11月8日星期五这天，人们便在郎之万的实验室所在地法兰西学院（Collège de France）门前发起了群众示威。

　　尽管当天不乏德国士兵、法国警察的身影，不过，事情还是平静地结束了。[9]但如今，学生们感到他们已经身处战争之中。与此同时，BBC传出消息，伦敦的自由法国建议人们于11日在凯旋门进献花圈，纪念停战纪念日（Armistice Day）。德国人则发布命令，禁止相关的聚众活动。学生们决定无视命令。11日下午3点，一群年轻人在香榭丽舍大道集合，他们一开始以数人为一组，边唱《马赛曲》，边前往星形广场（Étoile）。其中的一组人制作了一张巨大名片，长达1米，上面写着"戴高乐将军"。

　　下午3点左右，现场聚集了约1000人。天气晴朗，气氛几乎是愉悦的。然而，好景不长。德国人开枪了。数名学生身受重伤，但没有人死亡，因为士兵接到的命令是只准朝他们的腿部开枪。很快，150人被逮捕了，之后数天，又有更多的人被捕了，他们都被短暂地关押在监狱。大学被关闭了。保罗·朗之万被囚禁了37天。在此期间，他用在牢房地上找到的一些用过的火柴继续做研究，直到被送往特鲁瓦（Troyes）软禁。

郎之万有个21岁的女儿埃莱娜（Hélène），她不苟言笑，深色头发。她的丈夫雅克·所罗门（Jacques Solomon）是研究量子力学和宇宙射线的物理学家，刚从医疗队中被遣散回家。埃莱娜建议他们骑车去巴黎近郊的森林度假。骑车途中，他们讨论了可以通过做什么来反对德国占领者。雅克说："我们不能欺骗自己。无论我们做什么，都是在虎口拔牙。"

在森林中，他们遇到了两位朋友——来自匈牙利的马克思主义哲学家乔治·波利策和他的妻子马伊。25岁的马伊是独生女，她的父亲是知名厨师，曾为西班牙宫廷掌勺。马伊在比亚里茨（Biarritz）的一家修道院学习，之后成为一名助产士，她在坐火车经过巴斯克地区（Basque country）时结识了波利策。通过他，她接触到了马克思主义。波利策夫妇有个7岁的儿子米歇尔（Michel）。马伊一头金发，相貌十分出众。他们一起骑车，同时讨论创办一份报纸——《自由大学》（L'Université Libre），以便凝聚知识分子中的所有抵抗力量，不论各人的政治信仰如何。他们一致认为，它将成为"所有法国作家的共同阵线"。

两名德国士兵来家中找埃莱娜的父亲时，她正好在和母亲

马伊·波利策

午餐。她迅速传出了父亲被捕的消息。波利策夫妇和所罗门夫妇决定立刻出版《自由大学》创刊号，印量1000份，有4个版面，正好赶上11日的示威。当时，他们已经开始和雅克·德库德曼切（Jacques Decourdemanche）合作。后者以德库尔（Decour）之名为人所知，是一名德语学者、教师。他又高又瘦，是一个精力充沛的年轻人，战争爆发前数年便为各种左翼出版物撰稿。《自由大学》传达的信息非常明确：文字本身便是行动，行动便是一种激励，我们必须向占领者说不。由于德库尔和马伊还是情人，创始人之间的关系变得有些复杂。

37

因为担心被盖世太保逮捕，雅克·所罗门躲在费内隆中学（Lycée Fénelon）一位教授的家中。他在那里继续为新创刊的报纸工作。"法国人，"他再次强调，"必须在法国自由地用法语阅读和思考。"夜晚，埃莱娜外出分发《自由大学》，她把克利希广场（Place Clichy）的韦普勒咖啡馆（Café Wepler）当作会面地点，或者把装有报纸的袋子放在车站的保管箱，之后再由其他人将它们拿走并分发出去。马伊在法国共产党内部人脉很广，与许多党员都保持着联络。与此同时，她的朋友维瓦（Viva）——意大利社会党（Socialist Party）领袖彼得罗·南尼（Pietro Nenni）的女儿——提出可以用她和丈夫的复印机来复印报纸。维瓦 25 岁，她的父亲被墨索里尼的秘密警察盯上后，她便跟随他出国避难，来到巴黎，在法国接受教育。她也相当漂亮，留一头深色的卷发。德库尔在罗林高中（Lycée Rollin）教书，会骑车在巴黎的大街小巷高呼："在笛卡尔的祖国，理性必将赢得胜利。" 1940 年冬天，人们仍然可以抱着轻松的心情反对占领者；年轻的反抗者们感到目标明确，情绪高昂。

之后的数星期，《自由大学》都会评论每一次逮捕事件、战争的每一次转折和进展、纳粹的每一项公告和禁令。它刚出版不久，便涌现了许多其他报纸和杂志的创刊计划，它们都致力于维持戴高乐点燃的抵抗运动的火焰，同时赞颂法国文化中最优秀、最卓越的部分。

一个接一个，其他年轻的知识分子也加入这一运动。其中之一便是 27 岁的夏洛特·德尔博，来自塞纳 - 瓦兹省（Seine-et-Oise），她的父亲原是位车工，后来自己开了造船厂。[10]夏洛特身材高挑，聪明，年轻，脸颊瘦长，有一对使人难忘的灰绿色眼睛。她行动迅速，幽默，而且相当犀利。她的父母——即使是她那出生于意大利工人阶级、信奉天主教家庭的母亲（她在第一次世界大战爆发前随家人移民到法国）——都是无神论者，正是因为他们，四个孩子中最年长的夏洛特具备了强烈的反法西斯信念。家里没有钱送她上大学，夏洛特在拿到中学文凭后便离开了学校，成了一位秘书。

夏洛特·德尔博

38　　1932 年，在法国共产党进入扩张和招募成员的新阶段之际，她加入了法国共产党青年翼（Jeunesse Communiste）。在这里，她得以在夜校跟随马克思主义哲学家亨利·列斐伏尔（Henry Lefebvre）学习。马伊和乔治·波利策都是列斐伏尔的朋友。第二年，夏洛特白天做秘书，开始为由年轻的共产党员出版的报纸《法国女青年》（Jeunes Filles de France）撰写文章。她非常喜欢戏剧。一天，她被派去采访导演兼演员路易·茹韦，不久前，他刚进驻阿泰尼剧院。[11]她提出的问题，以及她在记录他讲话时工整而迅速的笔记，都给茹韦留下了深刻的印象。

　　两天后，他邀请夏洛特担任自己的两名助理之一，为他在大学开设的戏剧课程做笔记。与此同时，夏洛特遇见并嫁给了乔治·迪达什（Georges Dudach），后者的父亲是一家航空公司的车工。乔治在 12 岁时便在企业当学徒，当人们发现他聪明又好学时，他转而为工会做事，并开始在晚上学习法律。尽管父亲反对，乔治仍在 1933 年加入了法国共产党。他和夏洛特结婚时，正在为党内的另一份报纸《先锋报》（L'Avant-Garde）工作。

　　1939 年夏天，夏洛特和茹韦在郊外散步。到家时，她摘了一大把含羞草。夏洛特坐在书桌前，在日记中写下了他们的对话，当时，他并不知道它在日后可能会派上用场。茹韦对于细　　　39节的专注，以及他会从各个方面分析一部剧作的做法，都深深地吸引了她。她拥有相当出众的记忆力。

　　由于夏洛特会说一点德语以及英语、西班牙语和意大利语，而茹韦则无法忍受独自和德国人打交道，于是，他便让夏洛特着手打理阿泰尼剧院和德国人之间的大部分事务。一天，她被叫到索赛路（rue de Saussaies），向占领者汇报公司员工的情况——他们是否"清白"。她愤怒极了。当被要求做间谍时，她觉得受到了差辱。几个星期后，随着德国逐步控制了巴黎的所有剧院，她惊恐地看着越来越多的犹太人被剥夺了工作。夏洛特不是犹太人，但她的思想是反抗的、独立的、人性的。她再也无法忍受纳粹的霸凌和官僚主义了。

　　1940 年的冬天格外寒冷，这是有气象记录以来最漫长、最寒冷的冬天。在图卢兹，气温低至零下 13 摄氏度。格勒诺布尔（Grenoble）的积雪厚达 1 米。在巴黎，低温天气持续了 66 天之后，寒冷、饥饿、愤怒的女性无法再负担黑市上要价过高的配给券，她们日复一日地排队数小时，能换取的却是越买越稀少的补给品。虽然法国被纳入了纳粹的战争经济中，大大降低了国内的失业率，但法国人开始意识到每天都有大量的布料、食物、原材料被运往德意志帝国，这直接导致了国内物资的短缺。巴黎人如今为食物和保暖大费脑筋，他们把报纸缝进衣服里，在袜子里涂芥末，用兔子和猫的皮毛做袖套。严寒的天气让持不同政见的年轻人穿起了奇装异服——男孩穿着过大的风衣，头发用植物油梳向脑后，女孩在短裙外穿着毛皮外套。他们称自己为"扎祖族"（zazous），成了巴黎街头一道亮丽的风景线。他们让人想起了 1795 年督政府时期（Directoire）充满异域风情的非凡女性（merveilleuses）①。

40　　　没过多久，法国的首都巴黎——没有政府，也没有大使馆，只有一名美国代表——成了一座寂静、停滞、焦虑的城市，到处充斥着穿着制服巡逻的敌军。崇尚自由的媒体转向地下，工会被废除，所有超过五人的集会都被禁止了。相反，德国人的巴黎却生机勃勃，餐厅和卡巴莱舞表演人头攒动，它的流行服装受到推崇，举办的艺术展参观人数众多。服装设计师玛德琳代·劳赫（Madeleine de Rauch）以巴黎地铁为主题，推出了一系列颇为诙谐的冬季服饰。¹²索菲利诺车站（Solférino）是一个精心裁剪的红色外套，奥斯特里茨车站（Austerlitz）是一件黄色夹克。

　　巴黎也成了通敌者横行的都市，有些是公开的，有些则处在暗中。反犹人士、反共济会人士、背叛共产党的人士、右翼天主教徒，那些憎恨布鲁姆的人民阵线的人，他们不再偷偷摸摸地崇拜德国所推崇的年轻英勇、秩序井然和英雄主义。这些人中的绝大部分是男性，他们与占领者之间的关系是有利可图又危险的，实际上，他们已经成了外表彬彬有礼但内心却冷酷无情的德国人的俘虏。¹³但是，他们之中也有女性。为《人道报》做事的加布里埃尔·彼得里（Gabriel Petri）称他们"纳粹佬"（nazilous），视他们为德国人的奴仆。让占领者意外的是国内涌现了数以百计的告密者，他们告发犹太人、吉卜赛人、黑

---

① 督政府时期，时髦贵族亚文化的女性成员，她们举办奢华的舞会，开创了服装和举止上的时尚潮流。——译者注

市商人以及在花园养猪的邻居。日后，有说法称，在占领期间收到的 300 万件告发信中，超过 50% 是为了得到好处，40% 是出于不同的政治理念，10% 是为了报复。

一场海报大战宣告爆发了。抵抗者在巴黎墙上张贴的每张海报都会受到德国的反击，后者承诺会给人们丰厚的回报，只要他们告发"收钱为国外做事的特工"和"躲起来的犹太人"。1940 年平安夜过后，巴黎人醒来便看到一则消息——红色和黑色粗体字，用法德双语写成，即通报将枪毙 28 岁的工程师邦塞尔让（Bonsergent），因为他在街上冲撞了一名德国官员。海报迅速被人揭下了，原来的位置被人画上了一小束鲜花。日复一日，人们对抗德国人的情绪愈发消沉。

在这场文字战中，法国右翼——他们得到了奥托·阿贝茨 41 的支持和培养——有了自己的声音。《新法国评论》的前著名编辑、过去 30 年均处于法国知识界中心的让·波扬（Jean Paulhan）选择了离开（他开始为地下报纸做事）。他的工作交给了推崇尼采的亲德人士德里厄·拉罗谢勒（Drieu la Rochelle），后者发誓要终结期刊"好斗、亲犹太人"的论调。亲维希政府的哲学家、前政客马塞尔·戴亚（Marcel Déat）正在办《工作报》（L'Oeuvre）；亲法西斯的罗贝尔·布拉西亚克（Robert Brassilach）在编辑《无所不在》（Je Suis Partout）。两份报纸都关注犹太人和共济会成员的堕落，并且歌颂纳粹的男子气概和冒险精神。由恶毒的反共人士雅克·多里奥（Jacques Doriot）领导的法国人民党（Parti Populaire Français），以及陆军上校弗朗索瓦·德拉罗克（François de la Rocque）的火十字团（Croix de Feu）①，在多年的

---

①　也称"战斗十字团"，法国法西斯政党，鼓吹建立个人独裁、反对议会的制度。——译者注

争议声中冒头，他们在年轻的保皇党和天主教徒中变得相当受欢迎，后者十分欣赏两个团体的希特勒风格。

尽管如此，抵抗者仍在坚持自己的立场。[14]相对平静的几个月使得法国共产党得以重新组织，地下杂志再次繁荣起来。乔治·波利策宣布，从此以后，被占领的法国只存在两种作家：不是搞"合法文学"的，便是搞"背叛文学"的。他正在努力撰写一份回应，针对的是阿尔弗雷德·罗森堡（Alfred Rosenberg）在巴黎发布的性质格外恶劣的仇恨演讲。在演讲中，罗森堡这位写过有关纳粹意识形态信条论述的作者，提出了种族和血统论。波利策夫妇、埃莱娜和雅克·所罗门、夏洛特和她丈夫编纂的《自由大学》发展得相当不错。

人类博物馆出版了新报纸《抵抗》（*Résistance*）的头几期。年轻又精力旺盛的编辑兼民族志学家鲍里斯·维尔德（Boris Vildé）写道："抵抗，已经占据了人们的心和人们的大脑。可最终，必须要有行动，做些实在的事，需要理性的、有效的举动。"维尔德宣称，只有一个共同的目标，一个所有抵抗者均认可的目标，无论他们的政治信仰如何，它将使得"纯粹和自由的法国得到重生"。随着冬天的寒冷逐渐得到缓解，到处都有人在策划首次武装抵抗、破坏火车以及炸毁德国仓库。让占领者最害怕的阶段——从孤立、自发的反抗转变为切实的敌对行动——即将到来。在这波浪潮中，或者与人合作，或者单独行动，遍及法国各地的、各年龄段均有的妇女——比如贝蒂、塞西尔、夏洛特、埃莱娜和马伊这样慷慨的、意志坚定的女性，将在其中扮演十分关键的角色。

在巴黎之外，法国正慢慢沦为一个警察国家，它以德国为模板，在萨尔特省（Sarthe）、曼恩－卢瓦尔省（Maine-et-

Loire)、夏朗德省、比利牛斯－大西洋省（Pyrénées-Atlantiques）、卢瓦雷省（Loiret）、杜省（Doubs）相继修建了狭窄的、肮脏的、没有暖气的小型拘留营。在极为寒冷的 12 月、1 月和 2 月，人们正在死去。法国人过了些日子才明白被占领真正意味着什么。福煦大街——巴黎最美丽的大街之一——沦为盖世太保的酷刑中心。法国人和德国人之间的紧张关系，正如共产党批评人士、小说家让·里夏尔·布洛克（Jean Richard Bloch）所说的那样，正绷得像小提琴的弦一样紧。

第三章　启蒙运动的女儿

　　　　贝当称，法国在 1940 年战败的原因之一是儿童人口的严重匮乏。他抱怨道，年轻妇女因为看了太多美国电影而想法太多，又听从了人民阵线的说法，即认为她们无法像自己的兄弟那样通过学习成为律师、医生的说法是无稽之谈。根据 1938 年的法律，法国女孩可以上大学，开设银行账户，签发或收支票，以及拥有自己的护照。①

　　贝当意图扭转这种使人陶醉的自由氛围，而且，在众议院无法阻止他的情况下，他打算通过一系列法令、法规来强化他眼中堕落的法国道德体系。第一次世界大战造成了巨大的人员伤亡，之后，避孕被宣布为违法行为，并一直持续下去，但如今，对堕胎行为尤其是对主张堕胎的人的惩罚将进一步强化，包括将他们送上断头台。在孩子满一岁后仍坚持母乳喂养的妇女，可以得到优先排队的卡片（只要证明孩子是合法出生的，而且是法国人）。生下五个孩子的母亲会被授予铜牌，八个是银牌，十个是金牌。几十个维希宝宝请贝当做他们的教父。组建家庭被视为"爱国行为"，保持单身则是一种堕落。[1]

　　1930 年代，人民阵线将巨资投入流行文化、体育、童子军
活动、带薪假期和青年旅馆（*auberges de la jeunesse*）。当法国知识分子思考现代主义、社会主义与和平之际，年轻人则受到鼓

---

①　虽然女性还无法投票，但投票权在保守的法国仍被视为具有极大的威胁。——作者注

舞去四处旅行，领略他们没有发现过的法国，享受单车旅行假期。如今的维希政府也认为，体育尤其有利于塑造"年轻女孩的强健之美和坚强个性"。[2]由于道德堕落常与具有诱惑性的短裙脱不开干系，因此，设计师被迫裁剪、制作裙裤——汽车正在消失，到处都是自行车——通过这种方式，人们很难发现她们穿的其实是裤子。[3]在贝当治下的新法国，女孩们必须是严肃的女性，不准卖弄风情，但要坦诚率真，不准要心计。

巧合的是，推崇运动、户外活动和独立精神，相当吸引1930年代的法国年轻女性。她们的父母首次允许她们和朋友在外过夜。她们逐渐习惯于一群人在法国乡村骑车，住在数百家新开张的青年旅舍里，在火炉边围坐至深夜，讨论白天发生的各种事——对一部分人而言，这些活动将在抵抗运动中发挥作用。塞西尔经常带女儿去乡村旅行——有时，她是十几个男孩中唯一的年轻女孩——与大家聊天，讨论政治。感受到自己属于一个群体让她十分欣慰，大家都对平等、公平有着相似的见解。

1936年，法国共产党开始扩张，在人民阵线参与政治后，有人问年轻的牙医达妮埃尔·卡萨诺瓦是否愿意为女孩们组织一个青年翼，作为法国共产党青年翼的姐妹组织，它将被命名为法国女青年联盟（L'Union des Jeunes Filles de France，简称JFdeF）。达妮埃尔出生在科西嘉岛，时年27岁，是一个有魄力的、兴致勃勃的、坚韧的年轻妇女，她肤色黝黑，睫毛浓密，翘鼻子，有一双非常明亮的黑眼睛，与丈夫洛朗住在圣日耳曼大道附近，她也在那里工作。她身材高大，微胖，喜欢开玩笑。

达妮埃尔从阿雅克肖（Ajaccio）来到巴黎学习牙医课程，

45　在多个学生团体都相当活跃。她没有孩子，是一名热情的共产党员。达妮埃尔去过莫斯科，回来后，她比以前更确信共产主义也许对贫穷的法国工人来说是条出路。夜晚和周末，她撰写充满激情的文章，号召年轻女性站出来，加入白天热火朝天的政治大辩论。她不愿意在任何不相信男女拥有绝对平等的权利的人身上浪费时间。正如塞西尔日后所说的，她是最正直、最诚实的人。

　　法国女青年联盟完美地反映了人民阵线所推崇的健康向上的户外倾向。一有时间，达妮埃尔便在咖啡馆见她的朋友马伊·波利策，两位年轻女性会谈论这么多法国工人阶级家庭过着如此悲惨的、贫困的生活，这让她们感到震惊。有时，玛丽-克洛德（Marie-Claude）也会加入她们，她是一个外貌俊俏、意志坚定的女孩，曾嫁给《人道报》的编辑保罗·瓦扬-库蒂里耶（Paul Vaillant-Couturier）。玛丽-克洛德的父亲是知名的报纸编辑、出版人，她的母亲主要撰写有关时尚和厨艺的文章。玛丽自己也是一名文字和摄影记者，曾于1930年代在《Vu》杂志①发表了一系列由她拍摄的达豪（Dachau）的照片，那是由希特勒建造的第一座集中营，距慕尼黑不远。保罗比她年长不少，为了她和前妻离了婚。他在1937年去世。

46　　　法国女青年联盟的办公室位于国立巴黎歌剧团（Paris Opéra）附近。在那里，达妮埃尔创办了一份时事通讯，呼吁女性为西班牙战争中的儿童捐衣服和牛奶，一群想法相似的年轻女性经常聚在一起讨论。有几人在晚上学俄语。尽管从事的活动相当严肃，不过，她们并非不爱玩乐，达妮埃尔很容易让人

---

①　法国的画报，每周出版一次，由吕西安·沃热尔（Lucien Vogel）创办、编辑，于1928年3月21日至1940年3月29日之间出刊。——译者注

玛丽－克洛德·瓦扬－库蒂里耶

开怀大笑。她们策划的筹款舞蹈演出相当受欢迎。战争爆发时，法国女青年联盟已经拥有约两万名成员。

在九个月的"静坐战"期间，达妮埃尔和同事们在街头奔走，用学生包书皮的蓝纸遮住手电筒的光，在墙上书写关于自由言论和工人权利的口号。灯火管制（blackout）为她们的秘密工作起到了很好的掩护作用。为法国女青年联盟编辑的杂志出版后，她会拿给学生和学童，让他们分发出去。达妮埃尔是天生的组织者。

德国人的到来只会促使她付出更多的努力。一想到祖国被占领了，她便涌起一股厌恶之情。她只花了数小时，就谨慎地处理了办公室中涉嫌犯罪的所有文件。在 1940 年漫长而炎热的夏天，达妮埃尔和法国女青年联盟的其他成员在巴黎附近的森林骑车，打完草地排球后，她们会坐下来讨论能做些什么让德

47

图 7　法国女青年联盟

国人的日子不好过。有些和她们一起出游的年轻男性留了胡子，以便让自己看起来更成熟；女孩们则戴上了深色太阳眼镜。一位朋友称，看见当地游泳池附近被贴了"黑人、犹太人和狗不得入内"的海报，大家都气愤极了。

秋天，当中学和大学重新开学后，法国女青年联盟成员开始自愿地分发地下报纸《人道报》。当父母发现女儿们的卧室里藏着成捆的报纸时，他们会气急败坏。当时在巴黎歌剧团办公室帮忙的 14 岁女孩马鲁西亚·奈琴科（Maroussia Naitchenko）在日后写道，这些年轻人有时似乎"在玩猫捉老鼠的游戏"。

贝当认为女性在意识形态与政治上低人一等的观点，令达妮埃尔新招募的成员极其愤怒。很快，数百名新成员自发地游走在巴黎的大街小巷，她们的帆布背包中塞满了传单。至少有一段时间，她们很少被人拦下，盖世太保和法国警察都不相信如此生机勃勃、健康向上的女孩会和抵抗运动扯上任何关系。正如达妮埃尔所说，稍稍与德国人调情一番，便会取得出人意料的效果。她尤其擅长鼓舞他人，让他们觉得自己确实别无选择，因而必须贡献自己的一分力量。

当配给制度影响到了家庭生计时，年纪稍大的女性也站出来了，她们建立了新组织法国妇女联盟（L'Union des Femmes Françaises）。眼看着食品商店外的队伍越排越长，达妮埃尔想到可以利用女性的不满情绪来有效地解决这个问题。她聪明地利用女人会同情饿肚子的孩子的心理，成功说服一些人为自己的秘密报纸——《女性之声》（La Voix des Femmes）——以及其他尚未被德国禁止的女性杂志撰写文章。

从没参加过任何家庭之外的活动的妇女们迅速交出了文章，表达了对食物短缺和德国人强行征用物资的愤怒。她们的句子简短、清晰、慷慨激昂。在维希政府宣扬虔诚、谦虚和克制之际，达妮埃尔则号召行动主义和反叛。德国人成了"死德国佬、野蛮的纳粹"（les boches and les brutes nazies）。她们提到了圣女贞德与"热情之花"（La Pasionaria）①，以及1789年冲入巴士底狱的女性。由达妮埃尔的本地委员会所组织的前几次街头示威——女性们占领了只向德国人提供优质产品的食品商店——进行得相当平和，但女人们正变得越来越愤怒、激进。

从一开始，法国女青年联盟就对秘密出版非常感兴趣。那些身为秘书、办公室职员的成员，已经知道如何操作模板和复

① 原名伊西多拉·多洛雷斯·伊巴露丽·戈麦斯（Isidora Dolores Ibárruri Gómez），西班牙女性国际主义运动活动家。——译者注

1930 年代的学生抗议，左数第四是达妮埃尔

印机了。她们有些人工作的办公室是偷拿日益稀缺的纸张和油墨的完美场所。达妮埃尔的一些同事是记者，他们很乐意帮忙制作印有口号的传单和海报。在索邦大学图书馆的地下，狭窄 49 的地窖和过道被用作大学的储藏室。在这里，在箱子和图书的包围之中，年轻的大学教师们印刷新闻通讯，将潮湿的纸张铺在架子上晾干，再塞进学生的购物袋和背包中，让学生将它们带出去。办公楼和公寓楼的看门人看惯了"邮递员"每天进进出出，后来也开始帮忙。一条条长队也是传达指令和消息的绝佳场所。婴儿手推车十分适合于藏匿报纸，日后将用于藏匿武器。

与此同时，为了打扮得更时髦，达妮埃尔正在努力减肥。她笑着告诉朋友们，德国人不太会拦下长得漂亮的、经过精心打扮的女性。她的丈夫洛朗是德国人的战俘，为了隐藏自己的踪迹，她在城里居无定所，且从不在同一住处连续过夜。马伊·波利策和玛丽－克洛德·瓦扬－库蒂里耶天生就颇为优雅，三人在圣日耳曼大道上时髦的咖啡馆讨论战略、传递消息之时，看起来不过是兴致勃勃的女性友人，在享受着彼此的陪伴。达妮埃尔一边在老佛爷百货喝茶，一边招募年轻女性来参与运作巴黎其他地区的法国女青年联盟。如今，她与贝蒂、塞西尔紧密合作。她通过贝蒂与法国共产党保持沟通，而塞西尔则是做事非常有效率的情报员。到 1940 年底，法国女青年联盟全国委员会的 30 名女性中有 25 名是抵抗运动的活跃成员。

不出所料，巴黎周边的"红带"——那里住着许多工人——是招募新成员的绝佳地区。在巴黎北边郊区的伊夫里（Ivry），达妮埃尔找到了马德莱娜·杜瓦雷（Madeleine Doiret），朋友们都叫她马多（Mado）。她的父亲曾是马夫，如今经营一家小型的石灰和水泥工厂。马多是五个孩子中的老大，她没有参加过高中会考，而是学习了速记和打字。然而，战争爆发后，由于太多男教师经动员后参战了，她成了约纳省（Yonne）的一名临时教师。和塞西尔、贝蒂一样，马多也因为西班牙内战而对政治产生了兴趣。1940 年 5 月，她曾随大逃难的队伍离开巴黎去往南部，后来又回到了伊夫里，为法国共产党青年翼做事。

他们非常欣赏马多的秘书技能，因此让她在模板上打字，夜晚再由她父亲用藏在家里地窖中的电动复印机印刷。她和她父亲都为他们的机器而感到非常自豪，这在当时的巴黎还相当少见。夜里，她的兄弟罗歇（Roger）会协助她把所有东西装进

50

背包，马多则负责把传单放在伊夫里的不同分发点，再由其他年轻的抵抗者取走，分发给更多人。

1941 年初，达妮埃尔让马多转入地下，做全职工作。因此，她离开了父母在伊夫里的家，搬进了巴黎第 15 区一间狭小的公寓。她使用假名，通过撰写文章号召工人行动起来，抵抗维希政府和占领者，文章融被盖世太保处决的人写的遗书于一体。马多年仅 20 岁。为抵抗运动做事，意味着她要和家人、朋友断绝一切往来。有时一整天都不会和任何人说话，夜里独自一人的马多，会躺在床上，因为寂寞而流泪。

显然，不止马多一人相信为反对维希政府和反对德国人而牺牲是值得的，虽然战争进行到此时，还很难看清楚他们所取得的成就。她也不是唯一做出了牺牲的人。1940 年冬天过去了，数名全职投身于抵抗运动的女性决定，为了安全起见，应该把她们的孩子送去自己父母家或寄养家庭，这样一来，她们在行动时会更自由。马伊和乔治·波利策经常为他们的隐秘生活担惊受怕，他们已经把儿子米歇尔送去离巴黎很远的祖父母家中了。

马多的好友若尔热特·罗斯坦（Georgette Rostaing）住在离伊夫里不远的地方。战前，若尔热特曾为交通警察工作，如今，她开始帮助 18 岁的兄弟皮埃尔（Pierre），为法国共产党青年翼以及法国女青年联盟招募成员。[4] 若尔热特同样因为西班牙内战而加入抵抗网络，她也认识达妮埃尔和玛丽-克洛德，还会在法国女青年联盟帮忙。她是单身母亲，这样的年轻女性在贝当治下的法国生活得并不容易。

51 一天，已经在当局年轻共产党员通缉名单上的皮埃尔被捕了。若尔热特没有丝毫犹豫。她把小女儿——刚满九岁的皮埃雷特（Pierrette）——托付给了母亲，接替她的兄弟成为联络员，并承担起了分发秘密材料的工作，日后则分发炸弹和雷管。她是一个阳光、善良的年轻妇女，和达妮埃尔一样有点胖，深色头发非常浓密，留了刘海。很快，她就会踩着高跟鞋在伊夫里各地奔走。

热爱歌唱的若尔热特·罗斯坦

若尔热特的女儿皮埃雷特

52   皮埃雷特还在幼年时，便曾被母亲带去参加法国女青年联盟的会议，听达妮埃尔和她的朋友们制订对抗德国人的计划。抵抗运动的成员来家里时，她也会留在房间，不会回避。其中一名成员教会了她读时间。正如若尔热特所说的："我们都在一起，就像一家人。"皮埃雷特本能地明白：她所看到的、听到的东西不能告诉别人。她的舅舅皮埃尔从监狱给她写信，纸上画满了小鸟。回到家后，他告诉她，他想成为一名玻璃艺术家。若尔热特热爱唱歌。一天，她带皮埃雷特去听艾迪特·皮雅芙（Edith Piaf）的演唱会，那些歌曲她全都能背，而且经常会用她欢快的嗓音高声唱出来。生活在充满秘密的世界，高昂的情绪会让小女孩感到欢欣鼓舞。

另一个下决心把小孩送给别人照顾，以便全心全意投身于抵抗运动的家庭是塞尔（Serre）姐妹家。[5]吕西安娜（Lucienne）最年长，即别人口中的卢卢（Lulu），出生于1917年；让娜，别人口中的卡门（Carmen），则出生于1919年，之后还有路易（Louis）和克里斯蒂亚娜（Christiane）。他们的母亲是个让人敬畏的阿尔及利亚女人，她离开了他们的加泰罗尼亚人父亲，带着四个孩子从马赛的码头搬到巴黎，靠在一家音乐厅做清洁工维持生计。她不识字，7岁就辍学了，开始在田里干活，但她可以流利地讲五种语言，是一位充满魅力又有奉献精神的母亲。她也喜欢音乐和唱歌。夜晚，于歇特路（rue de la Huchette）上的小公寓会传来焦阿基诺·罗西尼（Gioacchino Rossini）的咏叹调和弗拉明戈舞曲。塞尔女士会给孩子们蒸粗麦粉（couscous）和做浮岛甜点（*îles flottantes*），把蛋清打成沫，再撒上糖。

卢卢找到了一份担任秘书的工作；卡门和路易在一家金属

加工厂做工。克里斯蒂亚娜最年幼，只有 11 岁，还在学校念书，他们的母亲非常固执，要求她门门功课都取得好成绩，这样才会奖励她有关历史和政治的书籍。虽然她看不懂，却十分渴望理解书中在讲什么。放学后，母亲会让小女孩朗读书本，随后向她解释它们的含义。

来到巴黎后，塞尔女士曾借住在西班牙国际纵队前战士的家中，所以，卢卢和卡门加入法国女青年联盟而路易加入法国共产党青年翼，是件自然又顺理成章的事。实际上，他们无法想象做其他任何事。正如塞尔女士所见，抵抗运动是"我们的事"，你选择加入谁不重要，重要的是你必须做些什么。

53

达妮埃尔·卡萨诺瓦

卢卢嫁给了年轻的共产党员乔治·泰弗南（Georges Thévenin），如今他成了一名战俘。他们刚生下孩子保罗，但由于食物和牛奶稀缺，婴儿的发育情况很糟糕，她把儿子送去了郊外的一个寄养家庭，这使得她在晚上有更多时间为达妮埃尔做事。卡门成了维瓦·南尼的印刷厂的联络员。如果眼看着警察就快来了，她会把报纸、油墨和纸张塞进婴儿手推车，接着会奔走在巴黎的大街小巷，以寻找更安全的藏匿地点。塞尔女士被捕后，警察在她家搜出了数箱秘密报纸，之后，她被盖世太保送往谢尔什 - 米迪监狱（Cherche-Midi），而卢卢和卡门只是默默地接下了母亲在抵抗组织中的工作，继续奔走。

最终，盖世太保没能找到足够的证据，因此释放了塞尔女士。获释后，她决定带两个较小的孩子回马赛。她给了一位向导（passeur）1 公斤干香蕉和 30 法郎，请求他带他们穿越分界线。在马赛，如今的她因为青光眼几乎失明了。她在杂货店找到了一份工作，会利用店主的马和板车把秘密报纸《人道报》分发到码头工人手中。对塞尔一家而言，抵抗与其说是一种行动，不如说是一种精神状态。在政治信仰和责任的感召下，四个孩子都十分钦佩、热爱他们不屈不挠的母亲，就像皮埃雷特·罗斯坦那样。

从 1940 年整个严冬到 1941 年初春，越来越多不同年龄层的女性投身于抵抗运动。由于之前大量男性被捕了，她们的队伍不停地壮大，不仅承担起前者的工作，而且干得相当得心应手。那时，她们的行动目的仍不明确，同时还不断地受到德国人的骚扰，她们至少希望让对方随时保持警戒。她们还试图向维希政府传达讯息：法德合作让人厌恶，正直的人们绝对无法接受；一旦法国恢复理智，赢得胜利，他们终将受到严厉的惩罚。

这些女学童、准妈妈、祖母、全职太太和职业女性之所以加入抵抗运动，或因为她们的父亲、兄弟早就是其中的成员；

或因为她们曾听祖父谈起过德雷福斯事件（Dreyfus affair）①、凡尔登战役；或因为她们曾眼看着西班牙难民的孩子在比利牛斯山附近挣扎生存；或因为——正如塞西尔所言——她们不愿看见自己的孩子在纳粹统治的世界里长大；或因为非常简单的理由，也就是她们是反叛者（*frondeuses*）——反抗权威和教条主义，是法国启蒙运动（French Enlightenment）的真正女儿。正如塞尔家的女性所见，她们真的别无选择。

当她们携带消息和传单奔走在各自的乡村、城镇时，她们感到一种古怪的安全感，因为人们仍不相信女性会积极参与抵抗运动。他们还不知道的是，这将变得多么致命。

1941 年春末，在被德国占领的法国各地出现了零星的破坏行动，海报战仍在继续，越来越多的"德意志帝国的敌人"被逮捕、拘留。数份秘密印刷的报纸被曝光，他们的运营者受到了审判，被投入监狱。5 月，数百名法国警察被派往巴黎的犹太人聚居区，"邀请"那里的居民接受"身份检查"。法国的法律竟然无法保护他们，不由得令人困惑不解。3710 名在外国出生的犹太人相继被关押。首都的墙壁上出现了海报，声称只要能提供逮捕激进派共产党员的情报，就可以得到 1000 法郎的回报。到了 6 月，法国各地的监狱、拘留营中关押了 2325 名共产党员。在圣女贞德纪念日（fête de Jeanne d'Arc）当天，数千名学生聚在一起高唱爱国歌曲，并高呼："圣女贞德，请把我们

55

① 1894 年，法国陆军参谋部犹太籍上尉军官德雷福斯被诬陷犯下叛国罪，遭革职并处以终身流放，法国右翼势力乘机掀起反犹浪潮。此后不久，真相大白，可法国政府仍然不愿承认错误。直到 1906 年，德雷福斯才被改判为无罪。——译者注

从野蛮人的手中解救出来吧！"

事实很清楚，不仅共产党员在支持抵抗运动，天主教徒、犹太人和戴高乐主义者也都参与了法国各地的反抗行动。因此，在 5 月初，相关人士决定重新协调他们的力量。15 日，他们向所有抵抗运动成员发布了一份联合公报，涉及占领区和自由区。所有法国男性和女性，无论他们的政治倾向如何，"只要认为自己是法国人，并决心以法国人的方式行动"，都欢迎在法国独立国民阵线（National Front for the Independence of France）的名义下联合起来。该想法试图在法国各地的工厂、煤矿、乡村建立起小型国民阵线。"在失败中生存，便意味着每天都在死去。"一份小册子引用了拿破仑的说法。尽管如此，奥托·冯·施蒂尔普纳格尔将军和德国占领军仍认为，不必对法国的情况感到恐慌，因为共产党——当时抵抗运动中实力最强大的组织——仍由于《苏德互不侵犯条约》而被大部分公众视为边缘群体。

之后，在 1941 年 6 月 22 日的清晨，一切都变了。

天刚破晓，200 万德国士兵、3200 架飞机、1 万辆坦克在绵延 300 公里的前线入侵了苏联。[6]一夜之间，在全世界反希特勒的浪潮中，共产党不再被诟病为与敌人勾结。斯大林重新定义了战争，他从拥护帝国主义的一员转变为"伟大的反法西斯人士，要打响一场卫国战争"。苏联——以及共产党——如今成了盟友。在被占领的欧洲国家中，各国共产党接收到的信息非常明确：必须抵抗德国入侵者，必须在敌人的阵线后方建立起爱国团体、展开破坏行动、摧毁铁路和电话线路。这样，德国占领者才会感到"恐惧"。抵抗运动将进入一个更为险恶的阶段。

深陷困境的法国共产党得知了入侵的消息后，大大地松了一口气。历时数月的模棱两可的、大惑不解的情绪一扫而空。马伊、她的丈夫乔治、她的好友德库尔、埃莱娜、雅克·所罗门、达妮埃尔、塞西尔和贝蒂面临的处境更为严酷。秘密报纸《人道报》呼吁要发动武装斗争。

几个月以来，人们都在谈论需要组建一个特殊组织（*Organisation Spéciale*），由一群武装人员来保护激进人士，同时惩罚叛国者和告密者，以及收集武器、策划破坏行动。据抵抗者所言，这些人将成为这场运动的突击队。但是，人们对开展武装袭击、暗杀德国士兵这种行为存在极大的担忧，尤其是大部分采取"消极观望"态度的法国平民，非常担心这会助长德国人的进一步镇压和报复。更重要的是，他们能搞到的枪都是"古董"，性能相当不可靠。

如今，在苏联遭到入侵之后，圣日耳曼大街上的丁香园咖啡馆（Closerie des Lilas）召开了一次会议。出席者有达妮埃尔·卡萨诺瓦，还有一个名叫阿尔贝·乌祖利亚斯（Albert Ouzoulias）的年轻男性，他不久前刚逃出奥地利的战俘营。[7]两人分别时，乌祖利亚斯——他在地下组织中被称为祖祖（Zouzou）——同意组建后来以"青年武装翼"（les Battalions de la Jeunesse）而为人所知的组织。协助他的是曾经历过西班牙内战的 22 岁的乔治·皮埃尔（Georges Pierre），他的化名（*nom de guerre*）为法比安（Fabien）或弗勒多（Fredo），是唯一一个有些战斗经验的人。两个年轻男性也是形影不离的好友，他们着手招募其他成员。不久后，他们便组建了一支 56 人的队伍。许多成员刚过 20 岁。他们都视 31 岁的达妮埃尔为他们的

058 / 冬日列车：维希政权与纳粹集中营里的法国女性

大姐。

57　　率先加入的有 18 岁的乔治·通德利尔（Georges Tondelier），他曾负责第 19 区的法国共产党青年翼；波兰人伊西多尔·格鲁嫩伯格（Isidore Grünenberger），以及他在学校的朋友、年轻的鞋匠安德烈·比韦（André Biver）。[8]比韦有个女朋友，名叫西蒙娜·尚帕克斯（Simone Sampaix），16 岁，个性坦率，笑容甜美，脸颊粉嫩。她的父亲吕西安（Lucien）原来是《人道报》的执行编辑，相貌出众，有着一头浓密的灰发，剪得非常短。他在战前写过一系列文章，揭露反犹恐怖组织"斗篷"（Cagoule）①与法国企业家、德国情报机构之间的关系，因此在共产党内部深受人们的爱戴。他曾因此接受审判，最后无罪获释。尚帕克斯是波利策夫妇、家庭牙医达妮埃尔的朋友，曾在非常年轻时就参加过法比安婚礼的庆祝活动"vin d'honneur"②。吕西安的太太伊冯娜（Yvonne）在纺织厂工作，全家住在第 19 区的一栋小房子里，位于共产党工人阶级的心脏地带。

　　到 1941 年夏天，吕西安被关押在监狱，他在法国警方取缔地下媒体的一次行动中被捕。"想想我们的祖父辈曾攻占过巴士底狱吧，"他在给妻子的信中写道，"还有多少个巴士底狱在等着我们攻占！"西蒙娜去监狱探望父亲，告诉他自己加入了青年武装翼，已经开始用学校的课本做掩护，为他们传递资料。她纯真、孩子气的长相很难让人产生怀疑。吕西安告诉她，自己多么为她感到自豪，不过他同时提醒她要小心。警察的手段

---

① 全名为革命行动秘密委员会（Comité secret d'action révolutionnaire），法国亲纳粹与反共恐怖组织，主要活跃于 1935 年至 1941 年间。——译者注
② 字面意思为"庆祝酒会"，通常在婚礼之后举行。——译者注

愈发多样，告密者的人数正不断增加。妇女和女孩不会长久地
处于安全状态。直到这时，伊冯娜才知道女儿所参与的活动，
她既为女儿感到骄傲，但也非常为她担心，她把皮埃尔
（Pierre）和雅克（Jacques）这两个年幼的孩子送去了乡下朋友
家。在武装翼年轻的新成员中，有些人不过十六七岁，他们大
多身无分文，饥肠辘辘，没钱坐地铁，也没地方过夜。[9]他们的
鞋子是破的。伊冯娜经常在她看起来更像农舍而非城市房屋的
第 19 区的家中做饭给他们吃。

德国人禁止 5 人以上的聚会，但乌祖利亚斯和法比安假装
参加一次经维希政府批准的野营活动，组织了 20 名新成员前往
塞纳 - 瓦兹省拉尔迪（Lardy）的森林。他们从巴黎的奥斯特立
茨车站出发，带着背包，穿着短裤。最年轻的是安德烈·基尔
申（André Kirschen），刚年满 15 岁。在森林中，他们搭起帐
篷，在篝火上煮吃的，讨论战术。男孩们学习如何使用左轮手
枪、扔手榴弹、用空罐子制作炸弹，他们在罐子里塞满了炸药、
钉子和一些金属导线；女孩们则做饭，在河中洗盘子。正如马
鲁西亚·奈琴科所观察到的，年轻的抵抗者中涌动着一股强烈
的蛮勇和大胆。

西蒙娜和其他几个女孩得知，作为女性，她们将扮演"后
勤"角色。夜晚，他们辩论冷血射杀一个人时是什么感受。西
蒙娜非常怀疑自己是否有勇气这么做，当得知自己不必使用手
枪时，她大大地松了一口气。法比安讲述了一战时期一位英雄
的故事，他是个年迈的农夫，仅凭一把长柄草耙就攻击了一个
排的全副武装的德国士兵。和塞尔姐妹卡门和卢卢一样，西蒙
娜在日后回忆起自己所做的事情时，并不认为这有多英勇。让

战前西蒙娜·尚帕克斯和她的弟弟一起野营

她感到奇怪的是：其他人为什么没做同样的事。她有两个被送到了乡下农家的年幼弟弟，他们非常羡慕姐姐的好运气。

59　　然而，西蒙娜父亲的担心是有道理的。抵抗者和德国人之间的对峙日益激烈。首批加入武装翼的年轻人中有数名犹太人，他们来自庞大的俄罗斯、波兰和亚美尼亚移民群体，于 1920 年代及 1930 年代来到法国。他们成立了自己的组织，即"移民力量"（Main-d'Oeuvre Immigrée）①。许多人在家中讲意第绪语。[10]8 月初，均不满 20 岁的三个朋友——萨米埃尔·蒂什尔曼（Samuel Tyszelman）、夏尔·沃尔马克（Charles Wolmark）和埃利·瓦拉赫（Elie Walach）——突袭了塞纳 – 瓦兹省的一座采石场，偷走了 25 公斤炸药。8 月 13 日，蒂什尔曼和另一个朋友亨利·戈特罗（Henri Gautherot）领导了一场反对德国禁令的

---

① 法国工会组织，成员主要来自 1920 年代的劳工总联合会（Confédération générale du travail unitaire，简称 CGTU），都是移民工人。——译者注

示威抗议活动。数千人参加了集会，高呼"法国万岁（'Vive la France）!""打倒占领者（à bas l'Occupant）!"德国士兵开枪了。蒂什尔曼腿部中枪，他和戈特罗都被捕了。

西蒙娜和她的年轻朋友们对事态的突然暴力化感到震惊，尤其在得知蒂什尔曼和戈特罗被德国军事法庭判处死刑之后，他们更加忧心忡忡了。19 日，各地均出现了海报，使用的是惯常的红色、黑色粗体字，宣布行刑队在当天清晨处死了两个年轻人。仿佛为了传达维希政府对法国外来犹太人的态度，几乎在同一时间，当局在第 11 区展开围捕，拘留了 4232 人。除他们之外，法国的拘留营中已经关押了超过 3 万名犹太人。

两天后，即 8 月 21 日清晨，安德烈·比韦让西蒙娜陪他去格兰大道站（grands boulevards）。他没有解释原因。他们刚抵达巴贝斯站（Barbès），就听到一阵叫喊声，法比安和武装翼的数名成员飞速跑上地铁站的台阶，冲入人群之中。经过他们身边时，法比安喊道："我们已经为蒂蒂和亨利报仇了！"一直让西蒙娜感到害怕的杀戮开始了。

他们精心策划了这次袭击。[11]法比安挑选了 4 号线上的巴贝斯站，因为它的站台是曲折的，控制人员无法观察到整辆列车的情况，而列车的一等车厢——德国人通常坐在那里——在列车停下时正好位于台阶附近，因此可以从那里直接跑到罗什舒亚特大街（Boulevard Rochechouart）。经过侦察，法比安发现，几个德国官员每天会在早晨 8 点至 8 点 30 分之间搭乘 4 号线。

那天早晨，约有 30 人在等车。其中之一是新上任不久的纳粹海军军官阿尔方斯·莫泽（Alfons Moser），当天，他要去蒙鲁日（Montrouge）的一个车站。他刚上车，法比安就朝他背后开了两枪。莫泽当场身亡。伊西多尔·格鲁嫩伯格当时正在街上放哨，他感谢西蒙娜带来了武器，使袭击得以顺利进行。小打小闹正式宣告结束了，一切都变得真实又可怕。

德国人的反应非常迅速。[12]希特勒得知莫泽的死讯后，下令立刻处决 100 名人质。当局宣布，所有被捕的法国人，无论是在法国警方还是德国人手中，从此之后都将被视为人质，只要德国人被袭击，他们就会被处死。可是，奥托·冯·施蒂尔普纳格尔尚未做好放弃与维希政府愉快合作的准备，因此，他通过联络官卡尔·伯梅尔伯格少校（Major Boemelberg）告诉贝当，纳粹海军只要求交出 10 名人质。与此同时，新当选的内政部部长皮埃尔·皮舍（Pierre Pucheu）下令仔细搜索巴黎的大街小巷，寻找暗杀者。夜晚 9 点开始实施宵禁，餐厅、剧院必须在 8 点关门。3 小时内，当局检查了 3000 人的身份证件，但没有找到任何武装翼的成员。

当局已经在计划成立一个特殊的法国法庭，来审判抵抗者，相关人员都对宣判死刑心照不宣。8 月 27 日，仓促召集的新法庭宣布对 3 名共产党员判处死刑，第 4 名被告——西蒙娜的父亲吕西安——在发表了一场雄辩的、慷慨激昂的讲话后，被改判为终身苦役。他被铐上了手铐和脚链送往卡昂监狱（Caen）。

如今，维希政府主动提议在公开场合用断头台处决死刑犯。而德国军方则担心法国民众会产生逆反心理，因此尽管同意使用断头台，不过仍坚持在私下场合行刑。8 月 28 日，三名共产党员被送上了行刑台。之后的数天内，德国又枪毙了五名共产党员——他们都参加了蒂什尔曼组织的示威抗议活动——以及三名戴高乐主义者。现在，是法国法官在判处法国人死刑，他们完全没有被惩罚的罪行，仅仅因为他们被认为在理念上接近那些可能犯了罪但尚未被证明有罪的人。

　　在拉尔迪的森林中，在山毛榉与橡树之间，与其他青少年一同接受训练的西蒙娜完全有理由质疑武装袭击德国士兵将造成的后果。巴贝斯车站的袭击事件——首次公开暗杀一名德国军官——成了一个转折点。乌祖利亚斯在日后表示，这次行动是武装翼作出的最重大贡献，它促成了抵抗运动的升级、加速。然而，由于抵抗者选择了杀人，因此惩罚将变得更为致命。

　　用不了太久，抵抗运动的所有成员——甚至包括目前身处暗处的、相对安全的妇女和女孩——都不再安全。贝蒂、达妮埃尔、塞西尔以及其他一些人，她们才刚开始会面、建立联系，如今却终日生活在惴惴不安之中。从现在起，袭击、报复、更多袭击、更多死刑，将没完没了地循环往复，它将演化为占领者与人数不停增长的、反抗德国暴行的被占领者之间的全面战争，人们也将慢慢变得更加同情抵抗运动。正如贝当所说的："从法国各地，我感到一阵阵令人不安的风开始吹起来了。"[13]

第四章　追捕抵抗者

　　直到 1941 年夏天，驻扎在法国的德国士兵仍感到相对安全。在他们如此轻易地就攻占的这个国家，它的人民似乎在多数情况下都能容忍他们的存在。他们甚至享受起占领带来的好处，尽管走在街上时，越来越多的普通人会选择挪开他们的视线。但现在，在巴贝斯车站袭击事件之后，士兵不再在天黑后独自上街，且绝不让他们的汽车无人看管。奥托·冯·施蒂尔普纳格尔继续一边坚持对所有抵抗行为的镇压，主要交给高度配合的法国警方处理，一边向法国被占领的各地区德国军事指挥官发出一份秘密公报。

　　他表示，与共产党员的战斗到了非常关键的阶段，德国人的职责便是确保法国会用最严苛的手段对付他们。"审判要迅速、严厉、坚定。"他向纳粹国防军的军事法庭做出指示。9月13日，夏洛特·德尔博和乔治·迪达什的建筑家老朋友安德烈·沃格（André Woog），以及另外两名"激进的共产党员"，在拉桑特监狱（La Santé Prison）的院子里被送上了断头台。沃格因为散发反德传单而被捕。到那时，已经有 33 名共产党员和"德意志帝国的敌人"被处死了，其中最年轻的男孩仅 19 岁，最年长的超过 70 岁。

　　在柏林，希特勒继续催促发起更频繁、更残酷的报复，不仅针对法国，还包括所有被占领的欧洲城市，尤其要针对共产党员，让他们继续受到广泛的谴责，继续被人们视为不断发起

武装袭击的元凶。尽管德国拥有 850 万军人，但他们还需要更 63
多的士兵来控制法国、荷兰、比利时、丹麦和巴尔干地区。西
部沙漠地区和东部前线还在爆发激烈的战斗。抵抗运动不该分
散德国士兵的精力，他们本该投身热战之中。9 月 28 日，在公
然违反 1934 年《东京公约》（Tokyo Convention）第三章第 19
款——其中明确规定，任何情况下都不得对人质施行肉体惩罚
或判处死刑——的情况下，当局向法国人民颁布了一部《人质
法规》（Code of Hostage）。它违反了公约中的上述两项内容。

　　无论是被德国人还是法国人拘捕，法国的"拘留人员"，
只要涉及共产党员或无政府主义行为——间谍、叛国、蓄意破
坏、武装袭击、协助外国敌人、非法拥有武器——都将被立即
视为德国士兵袭击事件中的人质。根据每项罪行，相应数量的
人质将会被处死。只要 1 个德国人被杀害，将会有 50 至 100 个
法国人被处死。由于这些人基本没有经过法庭的审判，外界无
法得知他们是否真的有罪。各地区的军事指挥官接到命令，要
他们随时更新人质名单。一旦发现人数不足，他们就会搜查大
学教师和学生，还有戴高乐主义者，如今，后者也被视为威胁
到了德国占领者的安全。著名人士（Notables）经常被认为是人
质的合适人选——他们因为"反德"而被除掉，主要是共产党
员——他们始终是维希政府最痛恨的人；还有"知识分子"，
他们经常通过写作来传播共产主义思想。"一般而言"，会对一
个大家庭的父亲网开一面。

　　在早期的抵抗运动中，有些成员的内心会因为德国人对他
们袭击的反应而饱受折磨，担心诉诸武力和暗杀会使他们疏远
法国公众。但达妮埃尔、塞西尔和马伊却坚定地支持发动一场
"争取独立和解放的国家战争"，还积极为其辩护，包括它意味

的所有武装暴力。巴黎墙上的海报出现了这样的说法："每枪毙一位爱国者，就将有十个德国人被杀。"乌祖利亚斯辩护道，如果放弃巴贝斯车站的武装袭击策略，便意味着"投降和蒙羞"，这只会导致更可怕的镇压。西蒙娜·尚帕克斯和武装翼的年轻男孩和女孩留在家中，等待进一步的指示。西蒙娜仍然对冷血地杀人感到反感，但她现在完全无意于放弃战斗。

64

在那一年的早些时候，即国民抵抗阵线成立之初，相关人士就很清楚，某种形式的武装翼将会组建。巴贝斯站袭击事件前后，移民力量、法国共产党的特别行动队（Opérations Spéciales）和青年武装翼，在《人道报》前编辑皮埃尔·维永（Pierre Villon）的领导下，被合并为"狙击手和游击队"组织（Francs-Tireurs et Partisans，简称 FTP）。它有四个目标：袭击向东部前线运输人员和物资的铁路；惩罚叛国者和通敌者；破坏为德国运作的工厂；处决占领军队中的士兵——所有这些行动的象征意义都将远远超出它实际所造成的破坏。

阿蒂尔·达利代（Arthur Dallidet）沉默寡言，个性阴沉，他总在抽烟斗，是雷诺（Renault）汽车厂的前锅炉修理工。他对纪律非常较真，格外谨慎，对变节者和叛徒恨得咬牙切齿。他主要负责"狙击手和游击队"的安全事务。[1]图书管理员米歇尔·伯恩斯坦（Michel Bernstein）是个伪造文件的高手。年轻的药剂师、拥有双学位的弗朗斯·布洛克（France Bloch）则负责制作炸弹。她是犹太人，不久前失去了法国国家自然历史博物馆（Musée d'Histoire Naturelle）的工作。弗朗斯是著名的批评家、历史学家让·里夏尔·布洛克的女儿，后者如今流亡莫斯科。她嫁给了车工弗勒东·塞拉齐（Frédo Sérazin），有一个18个月大的孩子。

1930 年代中期以来，她在参加反法西斯集会时，和化工工程师玛丽－埃莉萨·诺德曼（Marie-Elisa Nordmann）成了亲密的朋友。诺德曼长着一张圆脸，体态丰满，举止文雅。她是一个有着大好前途的年轻研究者，曾在德国住过一年，对希特勒集会的场面大感震惊。她年纪轻轻就结婚了，有一个儿子，对他非常宠爱。可是，这段婚姻没能维持下去，玛丽－埃莉萨和孩子搬去与守寡的母亲同住了。夜晚，她和弗朗斯一起参加刚成立的反法西斯知识分子警戒委员会（Vigilance Committee of Intellectual Anti-fascists）的会议，玛丽－埃莉萨是该组织在巴黎第 5 区的出纳员。埃莱娜、雅克·所罗门及波利策夫妇都成了她的好朋友。如同弗朗斯一样，玛丽－埃莉萨也是犹太人。

1940 年夏天，两个女人逃到南方后，带着她们的儿子同住在波尔多附近。如今，她们又一起制造炸弹、手榴弹。玛丽－埃莉萨从她的研究所偷来水银，其他人则从汽车工厂偷来金属管。她的实验室位于第 19 区的德比杜尔大街（Debidour）5 号，弗朗斯也为抵抗运动保管所需的药品和疫苗。夜晚，玛丽－埃莉萨和她的母亲会收留抵抗者，因为那些人发现自己的家被监视了，无处可去。在不远处的拉维莱特大街（boulevard de la Villette）上，另一个年轻妇女和她的丈夫开了一家自行车店；夜晚，他们会保养左轮手枪，制造炸弹。

对达妮埃尔而言——她是新合并的抵抗组织的领袖之一，现在似乎是在法国被占领地区发起武装抗争的好时机，制伏越多的德国士兵，就越能减轻巴黎附近被镇压的负担。正如巴黎抵抗者所见，他们现在不停地改变住所、使用化名、远离家人，"无论白天黑夜"，都无法找到片刻安宁。[2] 在鲁昂、南特和波尔多，人们正在策划同时发起三次袭击。组织者想派新加入"狙击手和游击队"的战士，因为他们是外人，袭击结束后就会消失，因此很难追踪他们的下落。他们会得到当地人的协助，后者比较熟悉德国占领者的行动方式。

在首个目标城市——鲁昂——找到潜在的战士不是一件难事。安德烈·皮肯和他在当地高中教书的妻子热尔梅娜（Germaine），就长期在鲁昂附近写作、印刷、分发秘密的反德时事通讯。安德烈是国民抵抗阵线的创始人之一。他四十岁出头，精力充沛，瘦高结实，相貌英俊，还是一个演讲高手，说服了原先不太情愿的妻子与他并肩作战。对安德烈而言，从来就没有过可以选择的时刻。热尔梅娜将自己的丈夫形容为：他必须战斗。德国人一来，他就开始走访各家工厂，传播抵抗理念，招募战士。"一场伟大的革命开始了，"他告诉大家，"我们，法国的工人，绝不会失败。"他宣称，法国不能，而且不允许被击败。热尔梅娜表示认同。自西班牙内战以来，她就感到不能对法西斯分子袖手旁观。她在无线电中听到了戴高乐的呼吁。她乐意骑车前往乡村各地，将挂包中装满的反德传单分发到各个村子。

66

安德烈·皮肯，教师，国民抵抗阵线创始人之一

热尔梅娜·皮肯，教师，热心抵抗事业

皮肯夫妇有两个年幼的女儿，是他们的掌上明珠。[3]这是一个非常亲密、快活的家庭。热尔梅娜说，她从小就是个快乐的女孩，她有三个姐妹，她们出生在一个热心于与人打交道的、充满爱的家庭。1940年夏天，安德烈被捕、被关进拘留营后，热尔梅娜接替了他的工作，即担任与巴黎"狙击手和游击队"联系的联络员。她还精通印刷，因为她的父亲擅长于滚筒雕花，用它制作鲁昂非常有名的印花布。她找到了一个帮手，16岁半的克洛迪娜·介朗（Claudine Guérin），她比自己的女儿大不了多少。克洛迪娜的母亲露西（Lucie）是一名教师，也是她的好友，由于分发传单而被判在雷恩的监狱做8年苦役，热尔梅娜十分想保护这个年轻的女孩。克洛迪娜很招人喜欢，她长得漂亮、健谈，相当开朗，从不抱怨，而且她总能逗得大家哈哈大笑。热尔梅娜、克洛迪娜以及当时尚未被捕的安德烈，他们经常骑车去乡下找鸡和黄油，把它们带给城里的同志们。

67

然而，1940 年初秋，热尔梅娜也被拘捕了。当局怀疑她在丈夫被捕之际，组织、运作了下塞纳省的抵抗运动。她的两个女儿也都躲了起来。克洛迪娜的母亲和热尔梅娜是监狱中为数不多的女性抵抗者，当时，法国大部分地区的人仍笃信女性不关心政治、热爱家庭。热尔梅娜被关在鲁昂的监狱，克洛迪娜每天都骑车来探望她，两人透过一个窗口交换信息。10 月，克洛迪娜被送到了巴黎的一家寄宿高中。在那里，她接替了热尔梅娜的联络员工作，将情报从首都送往鲁昂。她非常聪明，已经拿到了一张文凭。

离她们不远处，正在等待分配任务的是 23 岁的马德莱娜·迪苏布雷。[4]1941 年初，马德莱娜加入抵抗运动并转入地下。她使用迪特尔特女士（Mme Duteurtre）的化名租了房子，尽管她有时也用泰蕾兹·帕基耶（Thérèse Pasquier）的名字。马德莱娜的母亲已经去世了，她的哥哥、姐姐已经投身于抵抗运动；他们的父亲，一名农机工程师及社会主义者，把孩子们培养得在政治上非常活跃。身为一战老兵，他表示莱昂·布鲁姆和人民阵线给了他这辈子第一个带薪假期。在西班牙内战期间，迪苏布雷一家收留了一些西班牙难民。

68　　　马德莱娜正在学习如何成为体育教练，尽管她也在考虑改学数学。她那些热爱体育的朋友们经常讨论尝试横渡英格兰，从而加入自由法国。他们告诉彼此，他们将忠于真正的法国，即使这意味着死亡。死亡，他们认为，"不该把它看得太重"。眼看着鲁昂各地的墙上出现了德国人的海报，在他们的残酷和威胁之下，马德莱娜很清楚自己所冒的风险。这只让她觉得自己和朋友们更加团结一致了。正如她日后所说的，讨论他们可以做些什么时，他们很害怕，"不止为我们自己，更是为彼此"。德国人禁止人们在公共场合跳舞，但仍可以上舞蹈课。正是在舞蹈课上，男生们用植物油梳起大背头，女生们则绑上黑色和金色的时髦发带，聚在一起讨论他们的计划。"你怎么能不抵抗呢？"马德莱娜日后说，"你无法在纳粹的统治下生存。你根本不可能接受它。"到 1941 年秋天，马德莱娜已经是鲁昂共产党秘书处的一名关键成员了。

鲁昂的袭击预定在 10 月 19 日实施，即制造马洛奈（Malaunay）车站附近一列火车出轨的事故。投身于抵抗运动的当地火车司机和铁路工人同意拆掉连接轨道的螺栓，但这会发出很大声响。马德莱娜拿一把手枪，负责侦察经常出没的德国巡逻队。在德国人一无所知的情况下，他们成功断开了数条轨道，使得一列驶往东部前线的、载满了物资的火车脱轨。没有人员伤亡，但损失惨重。第二天，当地的法国警察局局长下令逮捕了 150 名疑似法国共产党员的人。马德莱娜设法逃过了追捕。

第二次袭击预定在 20 日实施，它更加大胆。两名年轻的抵抗者——吉尔贝·布吕斯特兰（Gilbert Brustlein）和吉斯科·斯帕提科（Guisco Spartico）——从巴黎来到南特。南特有大量驻军，他们看见两名德国军官穿过一座教堂前的广场。他们开始跟踪两人，接着，拔出手枪射击。斯帕提科的枪卡膛了，布吕斯特兰的枪则正常击发。陆军中校霍尔茨（Lieutenant-Colonel Holtz）"发出了猪一般的尖叫"，瘫倒在地。两名袭击者又一次成功脱身了。"在枪杀共产党员之前，他们还在等什么？"罗贝尔·布拉森在报纸《无所不在》上发问道。

第三次袭击——射杀波尔多的德国军事指挥部成员赖默斯（Reimers）——发生在 10 月 21 日晚。当时，德国人已经对霍

69

尔茨遇袭做出了反应。奥托·冯·施蒂尔普纳格尔派一名军官去布列塔尼夏多布里昂（Chateaubriand）的一个拘留营，要求对方交出一份拘留者名单。城里出现了海报，宣布由于一名军官被"接受英国和莫斯科资金的懦弱罪犯"谋杀了，当局将立即处死50名人质；到23日午夜，如果无法逮捕到袭击事件的肇事者，将再处死50名人质。当局悬赏1500万法郎，鼓励人们提供关于肇事者的情报。波尔多的袭击和赖默斯的死亡发生后，还将枪毙另外100名人质。日后，据说内政部部长皮舍拿到了名单后，用"最危险的共产党员"交换了"40个法国好人"，后者都是曾参加第一次世界大战的老兵（anciens combattant）。

22日午后，德国士兵驾驶卡车从夏多布里昂的拘留营带走了27名男性，将他们送往2公里外的一个采石场。他们之中包括一个名叫夏尔·米歇尔（Charles Michels）的共产党副书记，还有多名杰出的工会领袖、一位医生和数名教师。最年轻的是一个名叫居伊·莫凯（Guy Môquet）的学生，他的父亲是共产党政治家。每个男人都拿到了一张纸、一个信封和一支铅笔，用来写他们的告别信。"我即将赴死！"居伊在给母亲的信中写道，恳求她像与他一同赴死的人那样勇敢，正如他所希望的那样。卡车驶出营地大门时，围观者脱下了帽子。男人们唱着《马赛曲》。他们在被分成三批带往刑场前，也不停地唱着这首歌。没人要求戴眼罩。"那天的胜利者，"一个在场的德国人表示，"不是我们，而是那些死去的人。"

夏多布里昂不是唯一遭大规模报复的拘留营，实际上，在之后的数天里，其他一些共产党党员教师、工会成员也跟随第一批人的脚步，被带往其他的行刑地。但夏多布里昂的名字不仅将进入法国人的意识，而且也进入了盟国的意识，成为德国

残暴的象征。在处决发生后的那个星期天，镇上的居民不顾当　70
局禁令，在采石场安放了花圈。尸体被小心地分散到九个不同
的墓地，从而避免某处成为烈士的圣地。

罗斯福和丘吉尔均发表声明谴责杀戮，警告将在战争结束
后严惩这一行为。然而，戴高乐却更加谨慎了。[5]他宣称，法国
人杀死德国人是完全正确的、恰当的行为。但是，战争也需要
策略，而负责制定策略的正是他本人和民族委员会（National
Committee）①。作为战士，"狙击手和游击队"应该听从命令，
而他的命令是不要杀害德国人，因为这很容易让敌人屠杀"此
刻尚未武装起来"的人们。肯定会有武装行动的，但现在为时
尚早。达妮埃尔、塞西尔、马德莱娜、马伊和青年武装翼根本
不把他的话当一回事。不过，希特勒从柏林下令，从拘留营的
人质名单中剔除戴高乐主义者。

对占领法国的德国人来说，南特和波尔多的暗杀行动标志着
将进入更残酷的镇压阶段。[6]他们希望做出立即的、明确的报复，
况且那些人本该受此报应。但至少在这一刻，奥托·冯·施蒂尔
普纳格尔仍继续坚称，必须由法国自行执法，由纳粹国防军和盖
世太保辅助。贝当曾想顶替其中的一名人质，后来被皮舍劝阻
了。贝当称，维希政府比以往任何时候都更注重与德国的合作，
虽然他个人为大规模处死所造成的"血流成河"而感到悲痛。
"我用心碎的声音向大家呼吁，"他在无线电中告诉法国人，"不
要再让更多伤害降临到法国了……我们签署了停战协议，同意放
下我们的武器。我们没有权利再次拿起它们，将子弹射向德国

---

① 全称为"法兰西民族解放委员会"（French Committee of National Liberation），
　　成立于1943年6月，由戴高乐领导，负责协调和组织解放法国的活动。

人的后背。"[7]他没有就每死去 1 个德国人需要 100 个法国人付出生命代价一事作出评论。他安慰听众道，人质来自那些"确实犯了罪的人"。17 岁的居伊·莫凯被刻意无视了。

然而，对于法国通敌者而言，按照德国人的要求做事变得更难了。为了完成监视翻倍、揪出罪犯、迅速逮捕所有共产党领袖的任务，他们需要新的编制力量。维希政府将从大量的专业警察中找到这批人，老警察（*polices d'occasion*）合适各种场合，要求他们把所有精力投到追捕（*la chasse*）抵抗者上。

没有人料到抵抗者竟如此顽强、英勇地发起反击。之后的数周、数月，更多的德国士兵、告密者被击毙了。他们炸毁铁路，向德国人的餐厅投手榴弹。车站、德国人所在的图书馆、食堂都发生了爆炸。在下塞纳省的工业区，即热尔梅娜·皮肯和克洛迪娜·介朗活跃的地方，接连发生了数起袭击：铁路被切断，汽油弹爆炸，火车头被戴高乐主义者、共产党员、天主教徒和社会主义者联手破坏了，他们中的许多人是学生或铁路工人。一度，由于铁路上的袭击过于频繁，德国人在每列运输德国士兵的列车中强制安置了法国平民作为人质。缺少资金时，抵抗者洗劫了当地的市政厅，抢走了他们发现的所有现金。

身为联络员而在法国各地奔走的贝蒂听说她和她的同伴们被形容为"恐怖分子"时，认为这是对词语本义的曲解。恐怖分子指那些袭击无辜旁观者的人，而她和她的朋友们是正在同敌人作战的战士。他们感到非常自豪。

在占领初期，德国人对法国警察相当警惕，怀疑他们心底仍是狂热的共和国拥护者。实际上，少数人确实如此，而且很快辞职了。但在遍及巴黎和塞纳省（Seine）① 各地的 1.5 万名警察中，大多数人选择了留下来。随着时间的推移，他们被更深地扯入通敌者的网络中，踏入普里莫·莱维（Primo Levi）所谓的"灰色地带"——占领者与被占领者之间的某个地方。[8]正如许多法国人一样，他们相信德国肯定会赢得战争。最好的结果是他们将尽量缓和占领者的残暴，最坏的结果则是他们自己成为施虐者。

1940 年夏天通过了一项法律：任何公务员如不合作，将被立即革职。许多法国警察多年来受到公众敌视共产党的情绪的感染，对公众与左翼"布鲁姆那帮人"的对抗仍记忆犹新，对自己的工作感到恐惧，还受到对自身责任感呼吁的胁迫，他们选择了在战争中毫发无伤、毫不妥协地生存下去。到了 1941 年夏天，这么做对他们来说越来越难了。[9]

巴贝斯车站的暗杀以及鲁昂、南特和波尔多的袭击事件，只是加快了事态发展的进程。内政部部长皮舍决定尽一切可能防止镇压的权力完全落入德国人手上，因此出台了一项计划，它旨在重新组建、振作法国警力，同时要他们效忠于提出了国家革命（révolution national）观念②的维希政府，并全面打击抵抗运动。皮舍向施蒂尔普纳格尔保证，最精锐的力量将用来针对袭击事件的肇事者。警官将得到加薪、强化训练、发放新制服，但令他们失望的是，不会给他们配备新型枪支，因为德国人不愿意看到法国人提高武装水平。

①　法国历史上的省份，设立于 1790 年，所辖区域是此前法兰西岛行省的一部分。该省于 1968 年被撤销了，拆分为 4 省。——译者注
②　由维希政权推动的官方意识形态，始于 1940 年 7 月，贝当担任领导。——译者注

法国当局成立了新部门，由自己的"专家"来追踪犹太人、共济会成员和外国人。此外，还成立了两个新分支，一个负责"共产党员"，一个负责"恐怖分子"。过去就设有特别旅（brigades spéciales），它隶属于信息部（Renseignements Généraux），是法国警方的情报部门。他们的工作是监视可疑分子，但他们接下来的行动将变得更无情、更独立，也更讲究技巧。

1941 年夏天，法国警察局的新局长下令抓捕德意志帝国的敌人，并任命资深法国警官吕西安·罗滕为信息部负责人。罗滕长得又高又瘦，穿三件式西服，走到哪里都带着一条大狗。他痛恨共产党员，认为他们都是苏联特工。上任不久后，罗滕就任命"自己人"费尔南·达维德（Fernand David）负责反共特别旅，不久之后，又任命自己的侄子勒内·埃诺克（René Hénoque）负责反恐特别旅。达维德三十岁出头，高傲，极富野心，他很快将以"爱国者的刽子手"而为人所知。两个旅都与德国人——尤其是盖世太保——合作密切。

招募新人根本不难。更优渥的报酬，更多自由，穿便服而非制服，承诺会迅速升职，强调抓捕"敌人"而非处死犹太人和共济会成员，因此，年轻人很少会拒绝。在法国的其他占领区，警察同样被权力、升职所诱惑，匆忙地自愿加入当地的特别旅。第一批人是从优秀的审讯员中挑选出来的，但新招募的成员忙着学习监视、情报传递、安全屋，以及如何侦查可疑行为，识别所有能透露出秘密生活的迹象。罗滕对他们很好，邀请他们参加招待会，从中挑出表现特别优秀的人士，消除少数人对监视同胞而感到不安的疑虑。很快，他们便被视为精英，获得了特权和丰厚的回报，得到了许多配给物资，偶尔还可以从德国的战俘营中救出某位亲戚。

　　罗滕很快就明白了，一切都靠监视。他的手下轮班工作，回到办公室后撰写详细的报告。他教他们发掘自己的记忆力，仔细研究监视对象的脸部、姿势、所穿的衣服，巨细无遗地写下他们的观察。有些人把数年来对付共产党的经验运用到工作中，有些人则精通破解密码。巴黎西岱岛（Ile de la Cité）警察局总部二楼的办公室正慢慢地汇集起索引卡片，内容包括姓名、地址、联络人、活动情况、化名、易辨认特征，大多由告密者、心怀不满的邻居、嫉妒的友人以及过分热心的老板们提供。有些散布谣言的人会附上照片。每条线索都有专人跟进，可疑共产党员的每份档案都会受到仔细检查。敲诈、贿赂、承诺，都能换来情报。

　　1941 年的整个秋天，当局将人手安排到巴黎各战略要地，包括大桥、地铁站、火车站，他们利用老人、女性甚至孩子作为他们额外的眼线。罗滕的手下慢慢拼凑出了巴黎秘密活动的图景。他们监视、跟踪——罗滕要求他们穿橡胶底的鞋而非木底鞋，避免引起过多关注，并且等待。有时，他们伪装成邮递员或查看电表度数的读表员。如果他们跟踪的对象显得过于焦虑或警惕，他们会选择保持距离。

　　总有一天，他们的索引卡片将使整个抵抗运动中的人员身份全曝光，但现在还不是时候。所以，日复一日，警察回到警察局后，巨细无遗地撰写报告。"身高 1.8 米，30 岁，留胡子，有点跛脚，绿色外套"，"身高 1.55 米，20 多岁，优雅，白色短袜，羽毛装饰的帽子"。他们在巴黎的大街小巷奔走，沿着塞纳河河岸，穿过广场、大桥，进入公园，进出地铁车站，他们跟踪的许多对象是女性。警官称贝蒂为"红指甲"，因为她的指甲涂得又红又亮，还有她时髦的打扮。

74

阿蒂尔·达利代试图让抵抗者明白他们的危险处境，不停地告诉他们要不断改变路线、装扮以及交换情报的地点。他告诉达妮埃尔尽量让自己看起来优雅一些，要懂得卖弄风情；一向打扮时髦的贝蒂则不需要他的提醒。[10]达利代在给抵抗运动成员的小册子中提醒道，时刻保持警惕，随时做好准备。不时改变化名。如果有人没在约定的地点出现，他建议不要直接回家。他还补充道，永远、永远不要迟到。

然而，不止共产党员和其他抵抗者的危险在与日俱增，还有一群人的生活也将彻底被摧毁。

1940 年夏天，看着德国军队长驱直入，巴黎警察局局长罗歇·朗热隆（Roger Langeron）决定疏散外国人服务部（Service des Étrangers）所保管的文件，以及内阁资料、政治文件。驳船停泊在警察局总部（quai des Orfèvres）附近，相关人员组成人链，轮班持续作业 48 小时，传送了数吨文件。载有政治文件的驳船在德国人抵达巴黎前顺利驶往了南部，而载有外国人档案的驳船却因为塞纳河上一艘搭载军火的小船的爆炸，而被困在河中。虽然朗热隆的公务员们拼命找回文件、藏匿它们，不过，大部分文档还是被德国人发现了，被重新运回了警察局。10月，外国人和犹太人事务局（Bureau for Foreigners and Jewish Affairs）成立。当时找回来的文件——尤其是"犹太人文件"（fichiers Juifs）——在之后开始的围捕"不受欢迎人士"的行动中发挥了重要作用。

1940 年秋天，当局通过了第一批反犹法令，将犹太人排除在绝大多数公务员岗位之外。[11]维希政府定义的犹太人比纳粹的范围更广，任何有三名犹太人祖父母，或两名犹太人祖父母并嫁给犹太人的人士，均被视为犹太人。直到那时，有些法国犹太家庭数代都是法国公民，他们过着世俗的生活，通常不认为自己是犹太人。弗朗斯·布洛克和玛丽-埃莉萨·诺德曼从小就没有宗教信仰，认为自己本质上是法国人，而非犹太人。

　　早在维希政府提出任何要求之前，第一批反犹法令已经提出。一接到通知，大部分法国的犹太人——基本上是外国犹太人，他们都急于表明自己效忠法国的立场——就前往有关部门登记，既因为他们害怕违反法令的后果，也因为很少有人意识到接下来将发生的事。无论如何，许多不打算申报身份的人士很快被告发了。[12]律师、医生、银行家和商店老板都急着告发"伪装的犹太人"（Juifs camouflés）、住在"豪华别墅"的犹太人、"道德沦丧"的犹太女性，以及以牺牲善良的天主教家庭为代价而"致富、贪婪"的犹太人。由于实行配给制且食物短缺，犹太人正在"狼吞虎咽"地进食的想法激怒了这些告密者。

　　逮捕巴黎犹太人的行动始于1941年5月，即犹太人问题委员会（General Commissariat for Jewish Questions）设立不久之后，其负责人是右翼议员格扎维埃·瓦拉（Xavier Vallat）。瓦拉在第一次世界大战中失去了一只眼睛和一条腿，以在1936年野蛮地攻击莱昂·布鲁姆最为人所知。1941年夏天，逮捕犹太人（chasse aux Juifs）的行动变本加厉，据说，法国通敌者对这件事的狂热甚至让纳粹肃然起敬。外国犹太人被拘留了；犹太人的公司被"雅利安化"。"为了让我们的家绝对洁净，"一场展览的海报上写道，"我们必须肃清犹太人。"

　　早期的抓捕对象相对严格——没有法国公民权的成年男性——但在8月18日这天，法国警方封锁了巴黎第11区。这道命令来自德国人，执行者则一如既往，即维希政府。警察在地铁

76

站、街上检查身份证件，他们突袭公寓、商店和办公室，带走了所有年龄在 18 岁至 50 岁之间的犹太男性。突袭延续到了 23 日，当时，已经有 4242 名男性被拘留了。他们被带往德朗西（Drancy）新建的一座拘留营，它位于巴黎郊外，过去曾关押过英国平民。那里有床，但没有床垫；有食物，但都是冷冰冰的。此时，身在德国大使馆的阿贝茨与丹内克尔——他在索赛路上盖世太保的犹太人事务部（Jewish Affairs Department）的办公室中——已经达成了共识：先把犹太人送往占领区的不同拘留营，等到有足够的火车时，再把他们运往东方新征服的土地。

12 月中旬，在对付共产党员相对平静的时期，又一轮围捕犹太人的行动开始了，743 人被送往贡比涅的拘留营，不久后，加上从德朗西的拘留营中挑出来的 300 名犹太人，他们一起被送往东部。有多少人知道希特勒的最终解决方案（Final Solution）呢？莫斯科电台（Radio Moscow）播送了德国人企图屠杀犹太人的报道，巴黎也有人撰写小册子，它们在人们之间流传，但谁又读过呢？

1941 年初夏，路易·茹韦离开巴黎，前往布宜诺斯艾利斯（Buenos Aires），他带着 8 个剧本和一群演员，以及他的助理夏洛特·德尔博。他对德国的审查以及禁止他在公司雇用犹太人感到越来越厌烦，为无法排演犹太剧作家的作品而愤愤不平。所以，他决定离开已经沦为通敌者的戏剧界。选择布宜诺斯艾利斯以远离德国的占领，这个决定部分地来自夏洛特的提议，她曾负责寻找可能的海外旅行地，而阿根廷恰好发出了邀请。

夏洛特的丈夫乔治·迪达什选择留在巴黎，他正与乔治·波利策夫妇紧密合作：在索邦大学的不同学院组织抵抗运动，同时招募学生加入"狙击手和游击队"。在费桑迪耶路（rue de la Faisanderie）上租来的公寓中，迪达什撰写、打印传单，呼吁法国的爱国者成为"法国自由精神"的新卫士，尽管它正受到"希特勒谎言的侵蚀"。迪达什坚持认为，拒绝保持沉默的法国作家应该有个平台。

1941 年 6 月，在夏洛特去南美洲后不久，迪达什穿过分界线，接应路易·阿拉贡和爱尔莎·特奥莱前来巴黎开会，探讨创办一份报纸，以反映文化界抵抗运动的范围。随着法国抵抗阵线的建立，此时似乎该迈出摒弃不同宗教信仰这一步。在从分界线回来的途中，即安德尔 – 卢瓦尔省（Indre-et-Loire）的拉海 – 笛卡尔（La Haye-Descartes）附近，如特奥莱所说，在黎明"灰暗、危险的寂静"之中，迪达什被一支德国巡逻队拦下并拘捕了。[13]阿拉贡和特奥莱则顺利地穿过了分界线。

迪达什被拘留了三个星期，后来被释放了，他的真实身份尚未暴露。他及时赶回巴黎，协助筹建了全新的全国作家委员会（National Committee of Writers），其成员涵盖各种背景、政治信仰，并创办了新报纸《法国文学》（Les Lettres Françaises），它旨在维护"人类的精神纯洁"，提醒作家、学者、诗人法国所引以为傲的共和国传统。[14]正如启蒙时期的哲学家曾奋起反抗邪恶的蒙昧主义一样，法国的知识分子将再次拿起他们手中的笔与希特勒作战，因为后者泯灭了真理和自由的光芒。《法国文学》由波利策、迪达什和德库尔编辑，马伊·波利策、埃莱娜·所罗门担任助手，它刊发书评、诗歌以及法国被禁作家的作品，还公布被处决的人质名单。

不久后，还诞生了新改版的《自由思想》（La Pensée Libre）以及秘密出版机构——午夜出版社（Les Editions de Minuit），　78

它致力于挑战德国对法国文化的严酷统治。小说家兼雕刻家让·布吕莱（Jean Bruller）使用韦科尔（Vercors）的笔名，很快开始了第一本书的创作。《沉静如海》（*Le Silence de la mer*）讲述的是一名德国军官临时借住在沙特尔（Chartres）的叔叔、侄女家中，两人都不愿和他说话。后来，他震惊于德国对法国的所作所为，自愿去东方参战。尽管有人批评他塑造的德国人形象过于容易让人产生好感，不过韦科尔认为，"出于人性"，我们"需要这样的人存在"。在法国国内和国外，《沉静如海》迅速成为对压迫和审查的隐喻，但人们依旧有说"不"的权利。这些不同的出版物诞生后，又相继成立了其他艺术形式的全国委员会——音乐、电影、戏剧，它们歌颂有关法国的一切，并与流亡海外或身在自由区的艺术家们保持联系。

实际上，在已经被德国占领了的法国重申法国文化，确实存在巨大的需求。到 1941 年年底，德国人经常说，巴黎拥有"熠熠闪光的文化"，但它只向德国人露出迷人的面貌。剧院的演出座无虚席，卡巴莱舞表演大受欢迎，作家写作，画家作画，音乐家演奏，但条件是：其中没有一个犹太人，必须接受全面审查，不得违反禁书名单。这份名单最近扩大到了包括 1870 年以后所有的英国或美国作家。它意味着即便是乔治·梅瑞狄斯①这样的作家——法国最受欢迎的外国作家之一，人们都只可以读到他的部分作品。

戈培尔和约阿希姆·冯·里宾特洛甫为该由谁来掌控德国的海外舆论而爆发了冲突，里宾特洛甫暂时占了上风。在阿贝茨虚伪的善意之下，为了创造有利于德国的文化氛围，法国看似可以

---

① 乔治·梅瑞狄斯（George Meredith，1828—1909）：英国维多利亚时代的小说家。——译者注

保持文化上的独立，实际上却受到控制、审查和颠覆。阿贝茨在德国大使馆盛情款待作家、艺术家之际，戈培尔在宣传部（Propaganda-Abteilung）的人手正试图不露声色地摧毁法国知识界，并用德国的知识界来取代它。许多巴黎人受到了这样的威胁：如果他们收听国外的广播节目，将会被送去强制劳动，乃至于被判死刑。所以，他们不愿参与到同谋、通敌的问题中来，他们宁愿躲去电影院观看逃避现实的电影。通敌是个全新的、未知的概念，是特殊情况导致的，而如今它只能幸存下来。

　　马伊·波利策和乔治·波利策、德库尔和夏洛特的丈夫迪达什都决心用尽他们的一切手段来反抗，来对抗这种无处不在的共谋恶臭。对此，他们主要依靠印刷工和分发员。马伊、塞西尔、维瓦·南尼和埃莱娜·所罗门比任何时候都更勤奋，为了即将出版的刊物，她们携带校样、铅版、锌版和排版毛条，从巴黎的一头奔走到另一头。达利代要她们保持谨慎、警惕，但这变得越来越难：要做的事太多了。风险每天都在增加。

　　这些年轻的女性被法国警方视为"移动中的技术员"（les militants techniques），她们协助建立了一个高度组织化的体系。费尔南·达维德和他的手下知道它的存在，但尚未能渗透进这个网络。一名妇女会从波利策或德库尔处拿到手稿，把它交给打字员。从那里起，它的旅行便开始了。另一名通信员（courier）会把它交给照相凸版制作员。之后，第三名妇女会拿走所有版面，把它们交给印刷工。

　　如今，城市周边有许多独立的秘密印刷工作室，有些人用合法的工作来掩饰与抵抗运动相关的活动——比如，克利希广场上的维瓦·南尼和她的丈夫，白天，他们是外人眼中普通的印刷工，夜晚却在紧闭的大门背后为抵抗运动忙碌。维瓦的丈夫亨利·多比夫（Henri Daubeuf）非常不愿意协助抵抗运动，但维瓦很坚持，称她秉持社会主义理想的意大利父亲肯定毫不犹豫会这么做的。她不知道，多比夫曾坚持要为他的付出得到丰厚的报酬。

还有其他参与其中的人士，许多也是女性，她们递送墨水和纸张，有些人会收集印好的报纸，把它们放到存放点，让别人继续分发。永远不要相信任何靠近你的陌生人，达妮埃尔告诉她们，除非他们可以拿出我给你们的地铁车票的另一半。

80　　　其中负责印刷的是 29 岁的机修工阿蒂尔·廷特林（Arthur Tintelin）。战争爆发前，他曾是法国共产党青年翼的成员。廷特林每天都在巴黎各地行走数英里，利用玛莱区（Marais）和第 5 区错综复杂的小路来掩盖他的踪迹，而后与塞西尔、卢卢、马多·杜瓦雷、达妮埃尔的人会面。这时，另一个年轻妇女也加入了他们。雅克利娜·卡特勒梅尔（Jacqueline Quatremaire）二十岁出头，是个打字员。工会被迫关闭后，她失去了劳工介绍所（Labour Exchange）的工作。她喜欢时髦的、色彩鲜艳的衣服。雅克利娜的父母都被关在拘留营。马多和雅克利娜成了朋友，她们感到越来越寂寞，独自生活在附近人烟稀少的公寓，经常因为无法及时收到伪造的配给卡而挨饿。她们常常见面，一起散步。她们发现销毁与她们有牵连的名单和地址簿的任务很困难——先要默背下来，还要寻找安全的地方藏匿伪造的身份证件和配给券，每隔几天就要改变装束、行动路线。一旦被捕，她们要确保外人无法破解由她们保管的任何密码。

1941 年的冬天依旧冷得让人无法忍受。巴黎下了 31 场雪，气温跌至零下 20 摄氏度，塞纳河结了冰。"巴黎如此冷漠，巴黎如此颓废，”保尔·艾吕雅（Paul Éluard）在《勇气》（Courage）一诗中写道，“巴黎寒冷，巴黎饥饿/巴黎已不在街上吃栗子……/像一颗星一样战栗的巴黎。”① 所有的煤炭都被运往工厂了。人们用树叶、针叶来制作木炭的尝试以失败而告终。

　　所有的东西似乎都靠配给，甚至包括婴儿的牛奶。[15]母亲们希望她们的孩子晚点学习走路，因为 1 岁以下的儿童没有鞋子的配给。占领区超过半数的工厂为德国工作。据说，1941 年为占领者生产、运送的物资，使德国得以集结并维持 18 个装甲师、40 个步兵团，制造了 2500 架飞机，以及为东部前线的德意志部队提供了三分之二的冬季装备。黑市的交易非常活跃，因为有些人很有钱——比如告密者，越来越多的肮脏的工作为他们取得了丰厚的赏金，他们还能巧取豪夺。巴黎，这座城市的肌理正逐渐崩溃，有轨电车的铁路被拆来炼铁，木制铺路石被用作燃料，排水沟无人维修。因为卡车没有汽油，废物堆得越来越高。

　　到年底，1.1 万名共产党员被拘留在监狱或拘留营，其中有超过 1000 人四散在全国各地。他们无时无刻不在担心被当作人质处死。由于大规模处决仍在继续，南特、鲁昂和波尔多袭击事件的肇事者没有再露面。

　　12 月，为报复霍尔茨在南特遭遇袭击，行刑队押解了最后一批人质。其中就有吕西安·尚帕克斯——西蒙娜的父亲。由于他具有毫不动摇的勇气、无懈可击的道德，他被许多年轻抵抗者视为英雄，因此，他们在策划从卡昂监狱营救他。处决日定在 12 月 16 日，西蒙娜和她年轻的朋友们疯狂地努力，贿赂

---

① 戴望舒译，原文为“Paris ne mange plus de marrons dans la rue …/Paris tremblant comme une étoile”。——译者注

看守，确保逃生路线。

但在 15 日，尚帕克斯和其他 12 人被带到附近的一座营房枪毙了。临刑前，他告诉朋友们，不用上断头台让他大大地松了一口气。还是年轻记者时，他被迫观看过一次断头处决，当时的画面仍在他头脑中挥之不去。那些即将被处死的人认为自己不过是先走一步，尚帕克斯的朋友、与他一起被处决的加布里埃尔·彼得里如此写道。他写下的一句话迅速传遍了整个法国：他们正在准备"明天的歌唱"（les lendemains qui chantent）。

没有人在事前得到过提醒。通过地下网络，西蒙娜在行刑数小时后得知了父亲的死讯。她尝试让母亲做好心理准备，但伊冯娜当时觉得很开心，因为她刚收到尚帕克斯的信，说他将被赦免。直到法比安现身并确认他已经被处决了，伊冯娜才明白发生了什么。她一言不发地走到衣橱边，拿出了丈夫所有的衣服，把它们交给法比安，让他送给年轻的抗争者。从那天起，伊冯娜便开始为抵抗运动收集、藏匿武器，把它们偷偷地放在购物篮的蔬菜下方。

在得知即将被处死后，尚帕克斯在给孩子们的最后一封信中鞭策西蒙娜为了"我如此渴望看到的普世幸福"而努力工作。"你已经长大了，"他告诉她，"哭吧，但要保持坚强、坚定……你仍要继续活下去，那是属于你的生活，为它而努力吧。"在卡昂，他的坟墓前很快铺满了鲜花。德国人下令移走它们，却不停地涌现出了更多鲜花。

西蒙娜一直深爱着父亲。他的死让她震惊、错愕。第二天，她决定以最公开的方式谴责刽子手。在武装翼的朋友们的协助下，她印刷了以黑边做装饰的海报和传单，指责德国人是凶手，并将它们分发到整个社区。警方知道是她所为，于是搜查了尚帕克斯家，但他们没有任何发现。西蒙娜后来说，父亲的死让她变得比以往更加坚定，她发誓要与维希政府和德国人战斗到底；从那天起，她与抵抗运动中朋友们的关系变得更加牢固了。她只有 17 岁半，但她早就不再是个孩子了。

从 1941 年 8 月起到年底，巴黎及其周边发生了 68 起针对德国人的袭击事件。抵抗者受到的残忍对待、大规模处死人质、日益严峻的食物短缺，终于让法国人慢慢站到了占领者的对立面。连奥托·冯·施蒂尔普纳格尔、阿贝茨也开始认为大规模处决起到了反效果。普遍的"消极观望"的态度宣告结束了。如果说在早期，反对暴力的普通人还愿意协助抓捕罪犯的话，如今，他们都背过身，选择走开，不发一语，甚至会掩护为了逃生而冲入人群的人们。17 世纪投石党（Fronde）的著名精神——反抗——开始表现在消极怠工、拖延、遗失文件等行动上。哪怕是最微小的不服从举动，都在恢复法国因崩溃而丧失的尊严。贝蒂、达妮埃尔、夏洛特和其他年轻的女性抵抗者感到氛围转变了，她们比以往更加努力地工作。抵抗运动正在向其他女性以及法国被占领的其他地区蔓延，且变得更加活跃。

从来没有涌现过如此之多的伪造文件和假印章。根据《保卫法国》（*Défense de France*）——它在日后将成为法国规模最大的地下报纸——的说法，各个工作室制作了两千多套假印章，从出生证明、婚姻证明到配给簿，当地的杂货店用通心粉的空包装做掩护，然后将它们分发出去。各地的行政长官报告了当时的氛围，即对德国人存在的一种"藏在面纱背后的仇恨"，还有日益增长的怨恨和悲观主义。他们警示道，法国人正变得越来越焦虑，越来越"不稳定"。

第五章　等狼来了

　　　　根据《法德停战协议》（Franco-German Armistice）第二款，法国 87 个省份中的 53 个省份被德国占领了，其中 41 个处于完全被占领的状态。分界线划分了表面上的南方自由区与北方以及沿海的被占领区。然而，分界线本身并非听起来的这么清晰。实际上，它蜿蜒地穿过乡下，沿河流延伸，有时把农场、村庄甚至小镇一分为二。孩子与他们的学校，医生与他们的病人，农夫与他们的庄稼，被迫分开。它径直穿过舍农索城堡（Château de Chenonceau）：它的一半被德国士兵占领了，另一半则由修女打理。在谢尔省（Cher），一支德国巡逻队发现河对岸有一片看起来相当惬意的沙滩，便改变了分界线的走向，将它归入自己的管辖地。有些地方有绵延的铁丝网，甚至还埋下了地雷。整条分界线上，包括森林的边缘、田野、路边、十字路口和桥梁，都竖起了 1.5 米高的柱子，漆成象征德国国旗的红、白、黑三色。

　　停战协议签署后，两区之间所有的通信和流动——无论是信件、电报、火车、贸易还是人员——均立刻中断了。但很快，奥托·阿贝茨同意为"重大家庭事务"签发特殊的通行证（*laissez-passers*）。一点一点地，分界线被打破了。中间地带恢复了邮政服务，能提供特别的预印卡；电话也恢复了；火车开始运行。生活在边界区（*frontaliers*）——两边各 5 公里范围

内——的人们有资格申请每日通行证，可以在固定时间跨越分

界线，前往通行证上登记的地址。15 岁以下的儿童因上学而跨越分界线则无须通行证。

但对来自更远地方的人来说，则要困难得多。巴黎设立了一个特殊的中央局，向确实在南部做生意的人们签发通行证。首先是在维耶尔宗（Vierzon）和布尔日（Bourges）设立了它的地方办事处，之后则是图尔和昂古莱姆。对于想要逃脱占领区的犹太人而言，对于抵抗组织中负责与南部沟通的联络员而言，以及对于在北部被追杀而试图重新夺回他们国家的盟国士兵而言，穿越分界线是一件非常可怕的事。正如抵抗运动领袖雷米上校（Rémy）[①] 在日后所说的，分界线成了体现英雄主义的地方，但它也是耻辱之地。

占领的前八个月，由德国士兵和德国宪兵——他们常被称为"获奖奶牛"（vaches de choix），因为他们的脖子上挂着半月形的金属牌——负责监管分界线的占领区一侧。但是，在希特勒入侵苏联后，因为东部战场需要更多的部队，他们的位置由德国边防部队取代了。巡逻时，他们四人一组，或骑马，或骑摩托车，或坐双轮马车，经常带着狗。他们会毫不迟疑地搜查分界线后方的村子，以寻找可疑的非法越境者，或者突袭他们认为可能藏匿可疑人士的房屋。法国方面，巡逻的主要是装备落后的法国停战部队（armée d'armistice）和警察。维希政府一直试图将分界线作为缓冲地带，以便更好地维护其所谓的主权。

在法国被一分为二的早期，和国内大多数人一样，边界附近的人们也保持着消极观望的态度，与此同时，他们也抱怨检查站和通行证所造成的不便。占领进入第二年后，德国士兵目

[①] 原名为吉尔贝·雷诺（Gilbert Renault），雷米上校为他的昵称。——译者注

空一切的态度和破坏乡下的行为变得尽人皆知。他们在新耕种的田里进行军事操练，征用数量日益减少的马匹，肆意掠夺供应量极少的肉类和新鲜蔬菜，分界线一带逐渐出现了反抗精神。如同在巴黎的墙上张贴反德海报一样，协助人们秘密地穿越分界线成了一种对占领者的反抗。不仅如此，如同巴黎的情报员、夏朗德的联络员一般，向导的角色经常由女性扮演。

86　　　起初，几个农夫在夜晚偷偷地协助旅客穿过分界线。但之后，一种模式慢慢建立起来了，目的是回应占领区人们的绝望情绪，无论因为他们是犹太人，还是因为他们参加抵抗活动，或是因为占领者对他们起了疑心。最早的一批向导——偷偷带人穿越分界线的人们——经常是医生、牧师、熟悉乡下林间小道的农夫或者火车司机，他们会把人藏在驾驶室或煤堆后面，待火车进入自由区后，便让他们下车。一旦进入自由区，司机常常让火车减速，放出白烟，以便掩护那些人的行踪。

　　后来，向导的网络逐渐扩大了，包括将人从一处安全屋转移到另一处安全屋，他们常常对自己要帮助的男人和女人一无所知。绝大多数时候，向导勇敢又无私，拒绝收取任何报酬。但正如雷米所留意到的，也有寡廉鲜耻的人贩子从中赚钱，敲诈胆战心惊的人们，有时甚至会在最后时刻多敲上一笔。不仅秘密地跨越分界线本身——通常是在夜晚，徒步穿过乡间或坐船过河——需要许多沟通工作，住在分界线附近的安全屋亦是如此，他们往往需要在那里等待一名向导或一个没有月光的黑夜。1941年12月，维希政府命令自由区和占领区的警察特别留意火车、旅店和火车站。从此之后，最好别让人看见你在分界线附近任何城镇的街上漫无目的地闲逛。

　　非法跨越分界线被抓住的惩罚，涉及罚款、暂时入狱，理论上也包括终身监禁。随着时间的推移，德国人开始留意到每天都有数千人秘密地穿越分界线，对向导而言，被捕即意味着坐牢、酷刑，还可能被驱逐或者囚禁在关押人质的拘留营，等待最终报复时被枪毙。

在卢瓦尔河（Loire）和它的支流洛特河（Lot）、谢尔河（Cher）、格雷斯河（Greuse）、维埃纳河（Vienne）沿岸，分界线有时落在这边，有时落在那边，还常位于河的中央，乡下树林密布且多山，它经过的许多地方人烟稀少。河岸多沙，河流本身往往很宽广，中间点缀着小岛，河边生长着高耸的杨树和柳树。葡萄园绵延至远方。著名的城堡被包围在森林之中，它曾是贵族的打猎场。这些山谷都是向导的完美"天堂"。

1940年7月初，德国人抵达了圣马丹勒博——谢尔河上的一个小村庄，它离图尔不远。[1]吉塞勒·塞尔让（Gisèle Sergent）当时10岁，她和她的母亲、祖父正藏在一个地窖中。听到头顶上方的吵闹声和碰撞声，他们明白士兵们想要啤酒和葡萄酒。

吉塞勒的母亲雷蒙德（Raymonde）在村里经营一家咖啡馆。她出生在信仰天主教的农夫家庭，家中有五个姐妹，从小乐观，意志坚强。她拒绝在星期天陪姐妹们去教堂，而是选择了嫁给附近布莱雷（Bléré）的伐木工保罗·塞尔让（Paul Sergent）。在1930年代，这对夫妇的政治观点逐渐左倾。他们去了巴黎，靠在餐厅洗盘子、端盘子赚到了足够买下一家店的钱。听说圣马丹勒博的旧联合咖啡馆（Café de l'Union）打算出售，他们便拿出所有积蓄，回家买下了它。

生活相当不错。保罗在当地的球队踢球。村里有个活跃的共产党小组，吉塞勒总记得那天他们从车站步行至咖啡馆时，

人人都高唱着《国际歌》。人民阵线推行的带薪假期让巴黎的
工人们带着家人住进了咖啡馆楼上的房间，他们从昂布瓦斯
（Amboise）坐火车而来，或者沿着谢尔河畔骑车。夜晚，客人
们围着大桌子吃晚餐，从摆在中间的餐碟中各取所需。晚餐后，
歌声总是会响起，还经常有人跳舞。吉塞勒和她的许多兄弟姐
妹一起玩耍。雷蒙德对独生女相当严格，吉塞勒痛苦地意识到
她的母亲十分渴望有个儿子，但她依然非常受宠爱。

　　1940年，保罗在马其诺防线被俘了，随后被押往德国的战
俘营。雷蒙德加入抵抗运动，成了一名向导。昂布瓦斯的圣马
88　丹勒博附近有一座拘留营，有些设法成功越狱的囚犯会逃到联
合咖啡馆，她把那些人藏在地窖里，或者让他们睡到姐妹家农
场的马厩里，她则忙着安排他们偷偷穿过分界线。尽管圣马丹
勒博位于占领区，不过，一河之隔的谢尔河畔阿泰埃（Athée-
sur-Cher）却属于维希法国。教区神职人员马塞尔·拉库尔
（Marcel Lacour）神父也是一名抵抗者。1940年至1941年，他
们通过一个拥有一艘非法小船的男人珀莱（Pelé），协助了无数
人从占领区逃往自由区。

　　雷蒙德有个丹尼丝（Denise）的化名和一句暗号——"嗨，
我的姐妹"（Bonjour, ma cousine），分界线两边的向导都知道。
她还有一句警告——"地平线上乌云密布"（Le temps est
bouché à l'horizon），意味着谢尔河的河边有警察的巡逻队，或
者当时没人能带人们过河。河上禁止通船，但珀莱和他三个年
轻的儿子轮流带着人们坐船渡河。每当传来德国人出现的消息
时，雷蒙德会让试图逃出咖啡馆的人们走后门，将他们送去邻
居家，后者再把他们藏在地窖里的水泥袋后面。

　　在等待期间，她的客人们的生活和1930年代来旅行的人们

没什么两样，大家会一起在大桌子上吃饭。一个名叫安德烈·瓦尔（André Wahl）的书商在杀死一名守卫后，从德国的战俘营成功越狱。他在 1941 年初和他的妻子一同抵达圣马丹勒博，急切地想去南边。日后，他说雷蒙德待他们犹如朋友，安慰他格外焦虑的妻子，而且拒绝收任何钱，直到他再三保证他们不缺钱。瓦尔最后一次见到雷蒙德时，他和妻子正坐船过河，她站在河边，举起手臂做出向兄弟致敬的姿势。她告诉他，她梦想着找到能帮助保罗逃出德国战俘营的办法。

拉库尔神父——一个能讲流利德语的友善男人，非常注意与驻扎在勒谢奈城堡（Château de la Chesnaye）的士兵保持友好关系，他经常忙到没时间在主持弥撒前换靴子。他有一套自己的办法，能够帮助人们穿越分界线。一支出殡队伍离开占领区，跟随的是悲痛伤心的送葬者，他们都拿着德国人签发的通行证，跨过谢尔河上的桥梁，走向他处于阿泰埃（Athée）的教堂。在那里，棺材被打开，放出里面的活人，与此同时，几名送葬者很快会消失在乡间。剩下的送葬者则回到法国占领区，而人数却明显减少了。

一天晚上，盖世太保出人意料地闯入了联合咖啡馆。当时，两名精疲力竭的北非士兵正在阁楼上大声打鼾，雷蒙德凭借天大的好运气才瞒过了他们，但她认为让吉塞勒继续住在家里已经不安全了。她把女儿送去了图尔的一所寄宿学校，每星期回家一次，小女孩每个周末骑车沿河边回家探望母亲。雷蒙德告诉她，如果任何人问起关于我们的任何事，"你就说你什么都不知道，什么也没看见"。

1941 年 6 月 6 日，法国警察来咖啡馆逮捕雷蒙德时，吉塞勒正和母亲在一起。"别哭，"雷蒙德告诉她，"勇敢点儿。我会回来的。"她被带往了巴黎的谢尔什－米迪监狱，法国人和德国人都在那里关押抵抗人士。从这里，她给吉塞勒写来数封长信。"小吉塞勒，你是我最爱的人……爸爸让我照顾你，让你成为更好、更勇敢的人。因为我不在你身边，快快长大吧，要听话……我会很快回家疼你。"她不想让保罗发现自己的处境，所以她让一位姐妹告诉他，她弄伤了手，暂时无法给他写信。

雷蒙德在 8 月获释。她又做起了向导。她不再用丹尼丝的名字，而是改用夜莺（Rossignol）。她依然大胆，计划周详，在与拉库尔神父、珀莱一家的合作中，她确保了最佳逃生路线。一天，吉塞勒和她母亲都认识的一个法国人穿着德国制服走进咖啡馆，她的母亲扇了他一个耳光，呵斥他离开。吉塞勒害怕极了。"走着瞧，绝不会放过你的。"男人大声嚷嚷着。

联合咖啡馆总是人满为患。雷蒙德组织舞蹈表演，为战俘家庭筹款。但有些村民很嫉妒，警察第二次上门逮捕雷蒙德时，她知道自己是被一个不如她成功的咖啡馆老板告发的。如同上一次，吉塞勒也在场，她再次眼睁睁地看着母亲被人带走了。

这次，雷蒙德被带到了巴黎的桑特监狱，就像谢尔什－米迪监狱一样，这里也关押着等待德国人处置的抵抗人士。"不要辍学，"她在信中告诉吉塞勒，"要努力，去上音乐课，记得去看牙医。"她说自己被单独囚禁，还提到需要针和一些棉花。她只字未提桑特监狱的单独囚禁是多么糟糕又孤寂的经历。"照顾好外婆。全心全意地爱你。"吉塞勒打包了果酱和罐装肉，将它们寄去了巴黎。雷蒙德的父亲酗酒，她在信中严厉地提醒他好好吃饭，"最重要的是，别喝酒"。三个月后，雷蒙德又获释了。

雷蒙德·塞尔让与女儿吉塞勒

　　即使这时，她仍不会拒绝请求她协助去自由区的人们。随着犹太人在巴黎被围捕的人数的增加，更多慌乱的犹太家庭来到了圣马丹勒博，恳求人们协助他们离开占领区。德国人加强了巡逻。现在，雷蒙德在前门放了一只行李箱。如今，身份暴露了的向导，处境非常危险。法国秘密警察中一个有同情心的人来圣马丹勒博警告她，德国人和他的法国同事们正在严密地监视她。吉塞勒苦恼极了，无论她的母亲说什么、做什么都无法安抚到她。但是，雷蒙德和拉库尔神父仍在继续他们的工作。雷蒙德会说，如果她转入地下，谁来经营咖啡馆呢？谁来藏匿犹太人呢？谁来协助绝望的人们逃跑呢？别人问她是否害怕，她回答道："我觉得自己像只山羊，被拴在柱子上。我正在等狼来，把我捉住。"

91

　　狼真的来了。那天，雷蒙德花光了所有的运气。她和拉库尔神父被分界线上另外两个向导告发了。到那时，她秘密协助穿越分界线的绝大多数是犹太人，他们都是为了逃离占领区的围捕。"勇敢点，"她告诉 11 岁的吉塞勒，吉塞勒默默地看着母亲被人带走了，"会没事的。"

　　为了拯救敦刻尔克大撤退的幸存者，1940 年，在法国之外开辟了第一条营救盟军士兵的逃生路线。[2]但之后，又出现了尝试加入戴高乐和自由法国的志愿者；接着，是在被占领的欧洲被击落的盟国空军飞行员，他们希望穿过英吉利海峡，回到家中。沿着法国西部海岸，抵抗者的网络逐渐连到了一起，起初只是提供安全屋和伪造的身份文件，但他们很快就开始收集关于德国军事设施、营地、弹药库的情报，并将它们送往伦敦和盟军处。

　　在希特勒横行欧洲之际，1940 年 7 月，受丘吉尔对游击战热情的启发，特别行动处（Special Operations Executive，简称 SOE）成立了。但它也遭到了怀疑游击战能否大有作为的人们的反对。当时的想法是通过它在被占领的国家组织抵抗军。不过，还有一个与之竞争的抵抗运动计划，它由伦敦筹划，由战争内阁的最高情报部门军情九处（MI9）执行。1. S. 9（d）部主要负责法国、比利时和荷兰。该计划的作用是提供资金和无线电，同时在法国海岸附近从空中或者海面上投递、接收补给品。

92　　军情九处人手有限，主要依赖于地方上的抵抗团体，它们大多成立于 1940 年至 1941 年间，遍及布列塔尼的乡下。其中之一名为"约翰尼"（Johnny），它由来自坎佩尔（Quimper）

的档案保管员阿拉泰尔（Alaterre）组建，阿拉泰尔的化名是安德烈（André）。"约翰尼"擅长搜集情报，尽管它也保护想逃跑的人们，把他们藏在夏朗德的农夫家或咖啡馆中。它是首个定期向英国传递布列塔尼军事情报的网络。正如所有类似的团体一样，约翰尼极容易被渗透，极容易出现叛徒。盖世太保和特别旅都决心要破坏它。

西蒙娜·阿利宗（Simone Alizon）——她以普佩特的名字为人所知——还是个孩子时，经常生病，身体虚弱。[3]她的父母经营一家名为阿沃尔（Arvor）的旅馆，它是个陈旧的驿站（*relai de poste*），位于雷恩最大的火车站对面。它楼上有 18 间客房，底楼是咖啡馆和车库，背面是由从前的马厩改造而成的工作间，那里曾挤满了法国旅客的马匹。直到 6 岁，普佩特大多住在乡下一个农家，那里空气新鲜，食物健康，对她的身体有好处。尽管她很想念比她年长 4 岁的姐姐玛丽（Marie），不过，她的生活并不是不开心。由于失去了 2 岁的儿子，她的母亲变得终日郁郁寡欢而虔诚，家里的气氛经常很消沉。普佩特日后说，农村的生活让她体会到了孤独，并培养出了一种独立精神。

1938 年，在普佩特 13 岁那年，西班牙难民首次来到雷恩，她和玛丽都对他们的凄惨模样震惊极了。普佩特很喜欢姐姐，并且视她为偶像。玛丽是个满怀深情的、好脾气的漂亮女孩，在是非对错的问题上看法坚定。普佩特后来说："光看她活着，便让人开心。" 1940 年 6 月，在法国人向南大迁徙期间，雷恩被逃避德军进攻而惊恐的家庭淹没，小镇被轰炸，还有一辆运输军需品的火车发生了爆炸。对普佩特而言，这些日子是她的政治启蒙，她敏锐地察觉到雷恩的居民在得知贝当签署的停战协议条款之后，所表现出来的愤怒以及他们感受到的屈辱。当她和玛丽看见第一张德国海报，上面微笑的士兵怀中抱着法国小孩，还写着"要对德国士兵有信心"时，她们觉得气愤极了。她们在想该如何表达抗议，后来，她们收集了由戴高乐的侄女热纳维耶芙印刷、分发的邮票大小的戴高乐画像。

93

不久后，附近一座军用机场的几名德国飞行员来到了阿沃尔对面的一家旅馆。他们是轰炸机飞行员，晚上会来这边旅馆的酒吧喝酒，飞行员毛茸茸的靴子在脚踝处翻折下来。普佩特心想，他们看起来棒极了，非常健康，一头金发。阿利宗家能够避免阿沃尔被德国当局征用作妓院，但他们无法阻止德国士兵晚上来喝酒。阿利宗夫人从不掩饰对于他们的厌恶。她那时已经病了，后来逐渐发展为胃癌。

一天晚上，阿利宗夫人在咖啡馆向朋友抱怨德国人，当时，坐在另一张桌子的一个年轻人正好是约翰尼网络的当地负责人。他来雷恩的目的是为他的无线电设备找一间安全屋。第二天，他派两名同事更仔细地查看了旅馆的情况。与玛丽、普佩特交谈了后，他们认为阿沃尔的阁楼是安装发射器的完美地方。姐妹们同意了。阿利宗先生和夫人讨论后表示，虽然他们个人不愿牵涉其中，但也不反对这个主意。他们说，这场战争不再是他们的战争，而是很远的地方的其他人在打仗。但普佩特认为，你不能忽视身边正在发生的坏事。

不远处的布雷斯特港停泊着三艘德国船只。年轻的抵抗者经常来阿沃尔接收、发送有关它们动向的情报。其中一人爱上了玛丽，因此，她开始谈婚论嫁。普佩特认为，她的姐姐从未看起来如此美丽、开心过。这是1941年的初冬。约翰尼网络的生活正变得愈发危险。如今，装有发射器监控的德国汽车经常在雷恩的街上巡逻，试图探测出秘密电台发射机的信号。一天晚上，一个与两姐妹相熟的年轻的巴伐利亚飞行员把玛丽拉到一边，用他自己听到的风声警告她，也就是即将进行一系列的逮捕行动。他告诉她："你不知道纳粹会做出什么事。"不久后，玛丽突然和普佩特说，她们该一起拍一张照片，"因为你永远不知道我们可能会遇上什么事"。照片上，两个年轻、漂亮的金发女孩微笑着。

94

玛丽·阿利宗和普佩特·阿利宗

此时，阿利宗家已经得到警告：约翰尼网络被渗透了。玛丽的男友为了逃避追捕，从坎佩尔一栋楼房的二层窗户跳下来，摔坏了脚踝，正处于被拘留状态，还有关于折磨和刑讯逼供的传闻。1942 年 3 月 13 日，德国宪兵抓走了玛丽，当时普佩特在学校。玛丽被带到了雷恩的中央监狱，在那里关了三天，之后，又被押往巴黎的桑特监狱。

　　普佩特等待着。她不再去学校。她本可以躲起来的，但她担心自己的父母。五天后，上午 11 点，两名德国军官来阿沃尔抓走了她。他们把她带到雷恩的监狱，审问她，扇她耳光，告诉她要把她押上开往巴黎的火车，让她在那里接受进一步的审问。她的父母收到了她将要乘坐火车离开的消息，他们来到火车站，站了一整天，希望能和她说上话。当她乘坐的汽车驶入火车站前院时，普佩特装出一副若无其事的开心模样。她不停地告诉自己，她只是个女学生，他们不会拘留她太久。她很自豪，德国人竟派了三个全副武装的士兵来押解一个刚过完 17 岁的生日的女孩，她看起来还像个孩子。她的父母因为痛苦而脸色苍白。

95　　如同雷蒙德·塞尔让一样，玛丽和普佩特是第一批被捕的女性。其他人，一个接一个，一组接一组，在巴黎，在分界线上，在布列塔尼和诺曼底的农场，在她们波尔多的家中，也将相继落入德国人的手中。

第六章　对女性的宽容

1941年的晚冬对抵抗者而言糟糕透了。人类博物馆的那拨人被审判，七名男性——人类学家、民族志学者、社会学家——均因创作、散布反德材料而被判处死刑。在彻骨的寒风刮过法国大地而人们在没有暖气的房间里被冻得瑟瑟发抖之际，达维德和埃诺克手下的巴黎特别旅正打算庆祝他们的首次重大胜利。他们的行动仿佛一个巨大的羊毛线球，一旦找到线头，每次发现——一个名字、一个交换信件的场所或一个告密者——都会牵出另一个线索。某个时候，法国警方肯定想过，他们也许永远到不了头。

在巴黎，秘密记者、出版商、印刷工和分发人员夜以继日地工作。《沉静如海》经过拷贝、油印和捆扎后，已经做好分发的准备了。巴黎各地的作家、医生、艺术家、科学家、演员和教师团体在各自组成的委员会制作他们自己的新闻通讯。受德国配给制的影响，纸张越来越难找了。玛丽-克洛德、达妮埃尔和马伊仍保持见面，她们打扮得非常时髦，装作是老朋友们一起外出购物，暗地里却在交换编辑好的版面、探讨今后的策略。塞西尔和贝蒂仍从巴黎的这头穿梭至另一头，从法国的这头至另一头，传达指示并分发活动资金。

她们没有人知道，达维德的人正一点点、一条条地准备着卷宗。经常，警方仍不知道他们跟踪的男人和女人的名字。贝蒂还是"红指甲"，达妮埃尔还是"巴拉车站1号"。但他们的

97 坚持不懈与一丝不苟的记录即将带来回报。并非抵抗者的疏忽让她们出了事——达利代把她们教得很好，而是对手的一根筋。

　　第一个落入指挥官达维德手中的是玛丽－克洛德，那几乎是一场意外。特别旅采用钓鱼策略，原本是为另一个嫌疑人设下的陷阱，但一名警官留意到她去了同一个房子。他不知道她是谁，但记得在跟踪安德烈·皮肯时曾见过这张脸。他回到办公室查询记录，发现与描述相吻合。2 月 4 日，达维德决定逮捕她。她在给一个战俘的家人送去 1 磅黄油时，被警方逮捕了。她被带到警察局审问，可她只交待了自己的名字。

　　达维德的下一个举动犯了整场行动中仅有的错误。他在一份名为《小巴黎人》（Le Petit Parisien）的日报上刊登了玛丽－克洛德的照片和一份广告，询问是否有人知道这个女人的地址和身份，有人发现她在大街上游走，看起来很迷茫，似乎丧失了记忆。他们把报纸拿给玛丽－克洛德时，她暗自庆幸。她知道这能提醒其他人她被捕了，这样一来，他们会避开所有固定的会面地点，加倍小心。达利代很佩服他们，因为他们会想尽办法在被捕的最初 24 小时拒绝交代任何事，从而为其他人争取到掩盖踪迹的时间。

　　然而，事到如今，达维德和他的人开始明白，他们跟踪的男人和女人——安德烈·皮肯、"小胡子"（Moustaches）、"特罗卡德罗女士"（Femmes Trocadéro）、"共和国"（République）、"富兰克林"（Franklin）以及其他一些人——正变得格外紧张，他们在巴黎各地奔走时经常改变方向，进入又离开地铁站，穿过马路又再折返回来。[1]2 月 15 日，由于担心他们可能会因全部转入地下而消失，达维德决定不再拖延了。他派出 60 名警官去抓捕他们跟踪的所有人，最好是在街上而非他们家中，因为他们也许会销毁所有证据，包括最重要的名单和地址簿。

特别旅首先盯上了马伊·波利策和乔治·波利策在格勒内　98
尔路（rue de Grenelles）上的公寓。如今，他们已经证实马伊为"樊尚女士"（身高 1.6 米，金发，戴眼镜……）。他们监视着，等待着，直到雅克·德库尔按响门铃，他们便蜂拥而上。德库尔是来提醒他的朋友们的，他担心警察正在跟踪自己。在他身上，警察找到了一张马伊的小照片。在厨房的一袋土豆底下，他们找到了将交给《法国文学》的手稿。德库尔被控以"协助敌人"以及利用反德舆论威胁德国士兵生命的罪名，处于"绝密"拘留状态。

那时，达维德让两名警官留在波利策家中，通过这种方式，他在那天早上的晚些时候逮捕了按响门铃的达妮埃尔。她带着一小袋煤，作为礼物。达妮埃尔被证实为"巴拉车站 1 号女士"，她也被带到了巴黎的警察局，与波利策夫妇一同接受审问。

之后，轮到了安德烈·皮肯和他的太太热尔梅娜·皮肯。热尔梅娜不久前刚出狱，她来巴黎与丈夫会合，把两个女儿留在了鲁昂。他们住在他们的朋友拉乌尔（Raoul）和玛丽－路易斯·茹尔当（Marie-Louise Jourdan）——"34 号女士"（Femme No. 34）的家中。茹尔当在第 18 区经营一家干洗店，偶尔也将它用作抵抗运动的安全屋。正是在这里，达维德的人找到了他们四个，当时，他们拉上了百叶窗，坐在屋里。他们根本没有机会逃走。

一见到警察，安德烈便试图吞下一张名单和地址，但警官迅速阻止了他。他被扒光了衣服搜身。在他的鞋子里，他们找到一张名为莱昂·罗尚（Léon Rochand）的伪造身份文件，以及另一张纸，上面写着名单和即将举行的会议的日期。名单上出现了伊冯娜·埃莫里纳（Yvonne Emorine），她是住在克里米亚路（rue Crimée）39 号的裁缝。两位警官出发去逮捕她。他们搜查她时，在她的包中找到了 3000 法郎现金。伊冯娜拒绝说出任何客户的名字，坚称这是买国家彩票（National Lottery）赢的钱，尽管她似乎不记得开奖日期了。伊冯娜的丈夫安托万（Antoine）由于是主要的共产党成员，已经在早前就被拘捕了。之后，达维德的人把注意力转移到了热尔梅娜身上。她的口袋中被搜出来一封克洛迪娜·介朗的信，于是，警方去不远处她就读的高中逮捕了她。当时，克洛迪娜年仅 16 岁。

第一波扫荡共逮捕了 19 人，均为共产党的领导人物或者抵抗运动的联络员，这让特别旅极为满意。其中 9 人为女性。许多人身上被搜出来大量现金和伪造文件，显然，他们即将转入地下工作。其中的一位关键人物是制图员兼工会成员费利克斯·卡德拉斯（Félix Cadras），他负责组织南部的抵抗活动。卡德拉斯在家附近被捕时高声提醒了他的妻子，警察破门而入时，发现她正站在暖气片上向窗外扔一个装满文件的购物袋。他们找回了袋子，发现了里面是关于全国各地抵抗活动的报告。首个阶段——日后它将以皮肯阶段（*phase Pican*）而为人所知——证明警方的行动卓有成效。

实际上，比起被逮捕的人而言，警方在他们家中找到的东西更有价值。[2]它们被藏在水槽后面、食物底下、衣服和鞋子里，被塞在阁楼和地窖里——这些地方都经过达维德的人的仔细搜查，其中不仅有传单、手稿、现金以及抵抗运动中其他成员的详细名单和地址，还有用来与人接头的不完整卡片和车票。它们中的一部分与巴黎的行动有关，但更多信息与鲁昂、埃夫勒、图尔、瑟堡、南特和吕费克有关。在达妮埃尔身上，他们甚至找到了远至比利牛斯山的联络名单。

因此，行动的第二阶段——地方阶段（*phase de Province*）——就此拉开了帷幕。达维德一直确信，皮肯只是庞大网络中的一小部分，但他现在才开始理解到它究竟有多么庞大、复杂。

在瑟堡，警察伪装成抵抗运动成员，使用卡德拉斯身上找到的一半车票拜访了一个名叫梅尼尔（Mesnil）的男人。后者拿出另一半车票，并带他们参加了卡尔瓦多斯（Calvados）和曼切（La Manche）地区的会议。这导致六名抵抗者落网。图尔省有九人被捕；吕费克又有九人；南特三人；埃夫勒又有三人。

他们发现鲁昂是最重要的中心。在安德烈·皮肯身上搜到的一张通行证（*passes*）上有一行地址，指向蒙布雷特路（rue Montbret）20号。警官德拉吕（Delarue）伪装成抵抗组织的成员，拿着一半通行证，开始调查。开门的女人是马德莱娜·迪苏布雷，那个曾在10月参与制造火车出轨事故的教师，她还在鲁昂为执行袭击的青年武装翼的年轻成员费尔德曼提供了安全屋。

马德莱娜在确认了他们的通行证吻合后，告诉德拉吕她正要去见地方抵抗组织的领导人。[3]他们一起出门，虽然她回避了所有人的名字，但坦率地提到了他们的计划、印刷机，以及抵抗组织在诺曼底的组织结构。德拉吕仔细地听着，很少插话，表现得很像抵抗组织的一员。当他判断出已经无法再从她口中得到更多情报时，他亮出了警察的证件，并告知她被逮捕了。马德莱娜尝试逃跑，大喊求助，赖在地上，但德拉吕毫不迟疑，

100

还招来了援军。马德莱娜被带到了警察局，独自一人被关在一楼的房间，她还尝试爬排水管逃走。她接受了多次审问，要她说出人名，但她绝口不提。之后，在等将她送往巴黎的火车之际，她把行李箱砸向了卫兵的大腿，再次尝试逃跑。可她打了个趔趄，跌倒了，大腿严重擦伤。随着"地方阶段"的展开，法国警方拘捕皮肯网络中的人数已经超过了六十人。

但是，警方的第三波行动——"达利代阶段"——才是最致命的。就同玛丽-克洛德的被捕一样，它几乎是一个意外的收获。

2月28日晚，巴黎仍覆盖在厚重的积雪之中，"狙击手和游击队"谨慎的安全事务负责人阿蒂尔·达利代——别人所知的"埃米尔"（Emile），在地铁勒伊站（Reuilly）附近的一家咖啡馆和一名女性交谈。那天早晨，警方刚发现他的踪迹。很长时间以来，达利代的高度警惕性发挥着作用，但如今他没有了好运气。被逮捕时，达利代和他的同伴呼喊着求助，可街上的人们只是驻足观看。达利代被关进了桑特监狱，被铐上了手铐和铁链。达利代遭受了毒打，以致他的朋友们后来差点认不出他，但他没有泄露任何情报。不过，他根本不必这么做，因为警方在他身上搜出了一份写满名字和地址的长名单。

名单之中包括他最重要的联络员贝蒂——"红指甲"。3月3日早晨7点，她在巴黎的家中被捕，警察伪装成了上门检查线路的电工。她和她的伴侣吕西安·多兰正打算前往南部，他们要去送钱，并向波尔多的抵抗组织传达指令。他们本打算更早动身的，但贝蒂在冰上摔了一跤，弄伤了膝盖。日后，她记起来似乎有被跟踪的迹象：她买东西时，一个长相古怪的女人在她附近转悠，还有一个看上去若无其事的男学生。但她没有对他们留下太多印象。在她家，警方找到了一批重要文件，包括伪造的证件、手稿，以及写满名字和地址的笔记本。她被带往桑特监狱，很快，她成了别人口中"最难对付的人"（dure de dure）。贝蒂被扇耳光，遭毒打，被反复审问。和达利代一样，她没有透露任何事。她被关进了惩罚牢房，里面漆黑一片，没有床或床垫，她对时间和地点一无所知。日后，她告诉父母："但是，我在被放出来时和被关进去时一样骄傲，有点不舒服，但很快就过去了。"

　　夏洛特·德尔博身在布宜诺斯艾利斯，她坐在沙滩上读报，发现她的朋友安德烈·沃格被送上了断头台。[4]她急忙跑去告诉茹韦，她必须回法国。她说，她无法忍受自己安然无恙，而她的朋友们正在死去。她想分担他们的危险。茹韦竭力劝阻她。他指出，如果她的丈夫乔治知道自己的妻子安全地留在南美，肯定会轻松许多——身为抵抗运动的战士，最好不要有太多负担。有一段时间，茹韦收走了夏洛特的护照，可她非常固执，向开往欧洲的巴西轮船预订了一张船票。她向他告别时，茹韦告诉她："尽量别被抓住。你是在往狮子的血盆大口里跳。"

　　经葡萄牙抵达法国后，夏洛特在波城（Pau）见到了乔治。他们分头返回巴黎，在不同向导的带领下，从法国的自由区穿越分界线进入占领区。当乔治在左岸为《法国文学》奔忙时，夏洛特坐在费桑迪耶路95号的家中，一边一支接一支地抽烟，坐在书桌前咳嗽，裹着抵御彻骨寒意的毯子，一边记录、翻译苏联和英国广播的新闻，它们都会出现在地下的新闻通讯中。她和乔治约定，两人最好不要一起出门，这样比较安全，但他每次晚归时，她的胃总会因为担惊受怕而绞痛。

102

　　夏洛特开始使用德莱皮纳女士（Madame Delepine）这个名字。波利策夫妇、德库尔、达妮埃尔和玛丽－克洛德都已经被捕了，但他们都很有信心，他们绝不会供出任何名字。就像往常一样，她时刻提心吊胆，因为每个陌生人都可能是警察，每次出其不意的敲门都可能是警方的突袭。夏洛特不知道，当她离开家，与朋友们在咖啡馆见面，并交换各自携带的篮子和包时，她已经被人跟踪了。

　　3月2日，她在家里工作，乔治回来时带来一位朋友，他是知识分子抵抗运动（*résistance intellectuelle*）的关键成员皮埃尔·维永。维永出生于阿尔萨斯，父亲是自由派的犹太拉比，同时，维永还是玛丽－克洛德的情人。由于波利策被捕，他接替了《法国文学》的编辑工作。他来时穿着睡衣，外面裹着一件宽大的外套，脚上穿的是居家拖鞋——城里许多人都长了冻疮，这幅画面并不让人觉得陌生。当天早上，达维德的人去了维永家，他从窗口跳下，逃脱了逮捕。

　　维永带来的消息相当糟糕：不仅曾协助翻译苏联广播的房东太太被捕了，雅克·所罗门在最近三次约会中都没有露面。现在没人敢去找埃莱娜。乔治告诉夏洛特，他认为自己也被人跟踪了。他们讨论了最快什么时候能离开巴黎。三人谈话时，门铃响了。从楼道上传来一个男人的声音，说是来读煤气表的。

　　由于担心惹麻烦，夏洛特把维永推进卧室，他从那里跳出窗户，跳上一处屋顶，然后逃跑了，两名邻居震惊地目睹了他穿过公寓的过程。特别旅的五名警官强行闯入迪达什家中，他们显然对夏洛特也在那里感到十分惊讶，但告诉她，她也要跟他们回警察局。她询问能否添件衣服，之后走进了卧室。在那里，她瞥见一张写有名字的纸，显然是维永逃跑时不慎弄丢的。

103

她飞快地把纸揉成一团，吞了下去。现在，她和乔治被带到了警察局。警方从维永逃跑时留在迪达什家的外套里，发现了即将出版的《法国文学》的完整稿件。

夏洛特和乔治之后，轮到埃莱娜·所罗门被捕了。她在巴黎圣拉查站的锁柜中取走一只装有雷明顿牌（Remington）打字机的箱子时被捕。在她身上，警方搜到一篇文章，上面写着："法国必须自己解放自己！"

到 1942 年 3 月 25 日，特别旅口中有史以来针对"恐怖分子"最成功的行动宣告结束。113 人被拘捕，他们遍及法国占领区各地，其中 35 人为女性。他们之中有共产党中央委员会成员、联络员和地方领导人，警方还找到了指向从巴黎北部一路延伸至比利牛斯山的抵抗运动的足够证据。这些文件清楚地表明，他们要向法国警方发动"全面战争"，而且称法国警方为"头号敌人"。

警方行动对达维德和他的人而言最有价值的地方在于，大量文件、名单、地址和伪造文书表明抵抗运动本身不再单纯地受几个共产党小团体的鼓舞，而是掌控在"狙击手和游击队"以及游击队员手中。搜查期间，特别旅的警官格外细致，他们挖开了花园里的土壤，剥下了墙纸，还搜查了外屋、车库和地窖。特别旅自豪地宣称，"法国和巴黎可以指望他们"，他们完全明白被指派的任务有多么重要（grandeur）。

大部分被捕的人被关在警察局地下的牢房。他们在那里接受审问。多数人给出的是模棱两可的回答，或者干脆什么也不说，他们因此被扇耳光、被拳打脚踢。他们假装不认识彼此。达妮埃尔被殴打，受了很严重的伤，她设法从监狱给母亲送了

104

一封信。"我的内心充满了阳光，"她坚定又乐观地写道，这正是她的处事方式，"我很平静，而且坚决。"她给朋友们唱歌，告诉她们，她对被捕感到自豪。随着一个又一个人被带到巨大的牢房，女人们对于男性同伴的遭遇感到十分震惊。

阿蒂尔·达利代受到了惨不忍睹的折磨，他的脸部变形了，而且失去了全部听力。他被铁链铐着，喝汤时要趴在地上，就像一条狗。乔治·波利策也戴着手铐、脚链，他生了褥疮，而且感染了，警察打断了他的手腕。日后，据说波利策——时年40岁的杰出的匈牙利哲学家——被剥光衣服鞭打时，维希政府的内政部部长皮舍就在现场。马伊没有受折磨，但她很清楚她的丈夫乔治和情人德库尔的遭遇。费利克斯·卡德拉斯先是被法国人折磨、拷问，接着盖世太保上场了，可他什么也没说。

与此同时，女性们开始为自己争取权利。她们意识到被关在一起是幸运的，因此开始集体抗议太冷、太脏且到处都是跳蚤，强烈要求给她们保暖的毯子。3月11日晚，她们要求搬出警察局半地下室式的牢房——从窗户处，她们可以看见外面巡逻士兵的脚。那里太宽敞了，而且漏风，她们要求搬去更小、更暖和的牢房。在一群戴蓝色小面纱的修女的管理下，她们不停地制造麻烦，发出野生动物般的叫声，直到招来警察，最终被制服。年长的女性——夏洛特、热尔梅娜·皮肯和玛丽-克洛德——尽全力安抚年轻的女性。克洛迪娜·介朗被严重的耳痛所折磨。让夏洛特痛苦的是口渴，实际上，关押了数百人的牢房里只有一个水龙头，囚犯们必须依次取水，何况她们还戴着手铐。

105 　　3月20日，他们中的七名女性和五名男性被转往桑特监狱，包括安德烈·皮肯和他的太太热尔梅娜、马伊·波利策和乔治·波利策、马德莱娜·迪苏布雷，以及玛丽·克洛德。他们在一队武装警察的护送下，坐上了警察局的卡车。爬上卡车时，安德烈·皮肯在设法挣脱控制后逃跑了，四名警察立刻追了上去。意识到无法成功脱身后，他爬上一堵墙，翻过栏杆，跳进了塞纳河，他逆水游了 150 米，挣扎着与身上笨重的外套作对。他游到了岸边，已经筋疲力尽，在警察逮住他之前，他朝聚拢的人群大喊道："瞧瞧法国警察都对法国人做了些什么！"在警方的卡车上，他的妻子热尔梅娜看不见正在发生的事，但可以听见围观者的喊声，她唱起了《马赛曲》。之后，所有囚犯都用最响亮的声音，高喊道："法国万岁！"

桑特监狱位于巴黎第 14 区，是法国和德国共同管理的几座监狱之一，双方有各自的辖区，分别部署了自己的人。随着时间的推移，这些监狱将以"缓慢死亡的城堡"（*châteaux de la mort lente*）而为人所知。那里有分别关押男人和女人、平民和政治家的不同监区，还有惩罚牢房。被拘押者可能会因为微不足道的不轨行为被送去惩罚牢房，那里逼仄，像个黑洞，没有床垫，犯人只能蹲着，伸手不见五指。尽管理论上德国人只能管辖他们的监区，实际上，他们却对法国囚犯颐指气使。在桑特监狱，食物短缺，没有暖气，石头墙壁上挂着凝结的水珠，到处都是跳蚤和虱子。几乎没有获释的可能。夜晚，可以听见德国监区或等待被处决的囚犯在高唱革命歌曲。在楼上的一间牢房里，有个男人每天夜里都会吹口哨，吹的是莫扎特的《小夜曲》。

达妮埃尔、马伊、玛丽 – 克洛德、夏洛特，以及其他来自波利策、皮肯和达利代网络的女人们，以两人或三人一组被关

押，虽然小部分常惹麻烦的人被关在单人牢房，比如马德莱

106 娜·迪苏布雷。马德莱娜被单独囚禁了五个月，其间，她被完全禁止与其他囚犯交流。她只离开过牢房两次，一次去洗澡，一次去锻炼。玛丽－克洛德、贝蒂和夏洛特也被单独囚禁过数周。即使是思想独立、早已习惯独处的女性，日复一日地彻底断绝与外界的联系，永远不知道自己将经历什么，仍是一件非常可怕的事。她们心中充满了焦虑，等待着从牢房外听到人类生命迹象的那一刻，她们生活在一个沉寂的、空洞的世界。她们必须调动所有的勇气，避免让自己陷入绝望，从而变得麻木不仁。

那些没犯重罪的囚犯，每两星期可以收一次装有干净衣服和食物的包裹，在极为罕见的情况下，她们还可以收到书。特别是她们每星期会被带到中央的小空地上一次，锻炼十分钟。在其他漫长的、寒冷的、焦虑的日子里，她们无所事事，只能思考、聊天，为更好的未来作打算。克洛迪娜的耳痛好转后就开始唱歌。在第一批被捕的女性中，许多人没有孩子。但对于有孩子的女人而言，比如马伊，她们日夜都在想念孩子，却永远无法获准与他们见面或得知他们的消息，因此，这也是对她们的一种折磨。缺少熟悉的气味和孩子们的身影，仿佛一种持续的痛苦。

夏洛特在被单独囚禁期间，为了努力抓住一丝现实感，她尝试在脑海中回想路易·茹韦作品中的人物，但他们固执地躲在"阴影之中"，拒绝出现。她常常盯着光线在牢房墙壁上投下的图案，度过一个又一个小时。但有一天，她通过管道和楼下牢房的女人说上了话，还发现她有一本书，即司汤达的《帕尔马修道院》（*Chartreuse de Parme*）。她从毯子上拆出线头，开始

编织一条绳子，将它伸去对方的牢房，又时刻担心会被人发现。之后，她说："我的牢房里也有别人了。"

从一开始，在她们被送到桑特监狱后不久，达妮埃尔就成了众人的领袖。正如她曾为法国女青年联盟的年轻女子筹划各种活动一样，如今，她尽量让大家保持精神上的振奋。她很快掌握了监狱里的沟通系统：通过墙上生锈的、老旧的管道，加上一种用莫尔斯电码精心组织的句子，可以与其他牢房或楼层的人们交流。女人们告诉彼此自己的故事。她们唱歌。日后，在向她的父母形容桑特监狱的生活时，达妮埃尔写道："我们每晚都唱歌。如果你挨着脏兮兮的墙壁走过，可以听见歌声，那就是我们。说到'我们'，我指的是'危险分子'。"

每晚，达妮埃尔都会发布新闻，都是些从看守或其他囚犯处收集到的消息。囚犯们躺在靠近门口的地上，朝门缝喊话，让消息传往一个又一个牢房。有段时间，看守们还能忍耐。但有一天，他们来到关押达妮埃尔和热尔梅娜的牢房，发现达妮埃尔正在写东西。在她把纸塞进嘴里、试图吞下它时，他们剧烈地摇晃她的身体，把她带到了惩罚牢房。之后的十天，她没有床，没有毯子，没有光，只有一些面包和水。她脸色苍白，形容枯槁，却依旧保持轻蔑的、挑衅的态度。

随着春天的来临，牢房暖和起来了，达妮埃尔组织所有囚犯拆掉了窗户的一块窗格。之后，她开始从自己的窗口大声向外传递消息，鼓舞士气，公布计划。没人看得见她，但站在她们弄坏了窗户的牢房下，可以听见她的声音。她再次因此而受罚，四天没吃东西，但看守们懒得修理窗格。在桑特监狱各处，囚犯们能感到彼此保持着联系。克洛迪娜 17 岁生日时，所有囚犯都朝通风口为她唱了生日歌。"我们不感到孤独。"热尔梅娜日后说道。

指挥官达维德和特别旅对已被毁掉的达利代、皮肯联络网中文件内容的评估是正确的。[5]抵抗运动的实质确实在发生变化。它不再是个体抵抗者的问题——依靠自己或小团体，大多受到宗教信仰、个人愤怒或憎恶占领者的驱使——而是一个更大、更团结、更有实力、更具威胁性的整体。早期抵抗运动的各个武装翼，比如青年武装翼，在过去几个月已经与其他团体展开联合行动了，但 1942 年 4 月 3 日，秘密出版的《人道报》刊登的一篇文章让人们注意到了"狙击手和游击队"——"狙击手"（*francs-tireur*）是维克多·雨果（Victor Hugo）在 1870 年对战士的形容，"游击队"（*partisan*）则是苏联对游击队员（guerrillas）的形容。

根据《人道报》的说法，"狙击手和游击队"将联合所有武装战士——无论他是共产党员、犹太人、意大利人、波兰人还是天主教徒——共同发起武装斗争（*lutte armée*），他们将在统一的政治阵线下，抵抗德国占领者和他们的维希政府通敌者。即便盟国、轴心国的战况不能激励法国抵抗者——埃尔温·隆美尔（Erwin Rommel）正在向西部沙漠挺进，新加坡落入了日本手中，美国人被困在菲律宾，不过戴高乐的战斗法国（*France combattante*）即将向绝大多数法国抵抗运动成员发出号召。

然而，并非只有抵抗者意识到了联合、重组的必要性，由于连续不断地被袭击，德国人也在重新思考他们的镇压策略。

人们曾形容德国的法国军事指挥官奥托·冯·施蒂尔普纳

格尔将军举止优雅，长得像个木偶人，性格忧郁又疯狂。他向来不喜欢用大规模的处死来报复对德国士兵的袭击。[6]他认为这种策略只会适得其反，更容易激发对占领者的敌意，而非起到镇压抵抗者的效果。尽管 1941 年的秋天和冬天处决了数百名人质，然而，这非但没能阻止武装袭击，反而使它成倍激增了。与此同时，那些被枪毙的人则被视为烈士，他们的坟墓成了圣地，他们的照片在人们之中流传。吕西安·尚帕克斯——西蒙娜的父亲，他英勇对峙占领者的事迹广为流传，成为人们心目中的英雄。

1942 年 2 月，冯·施蒂尔普纳格尔前往柏林，争取对抵抗运动采取更精准的回应：只惩罚被定罪的人和他们的同谋，而非针对所有人、驱逐更多人以及实行更长时间的宵禁。希特勒拒绝接见他。冯·施蒂尔普纳格尔回到巴黎后，辞去了他的职务。他在提到大规模处决时表示："我已经无法——至少在此刻，在目前的情况下——让自己的良心承担起历史面前的责任。"[7]他的职位很快由他的堂弟卡尔·海因里希（Karl Heinrich）接替，他是一个更强硬的人。冯·施蒂尔普纳格尔在离开巴黎前提到，一股由大规模处决引发的充满怨恨的旋风（*tourbillon*）正横扫法国大地。

也许更值得关注的是，对法国的控制权正从德国国防军转到盖世太保手中。法国抵抗运动中出现了武装袭击后，海因里希·希姆莱设法让希特勒相信，德国占领军队的做法还不够强硬。5 月初，热衷于消灭波兰犹太人的卡尔·奥贝格将军（Karl Oberg）被任命为德国在法国占领区的纳粹党卫军与德国警察的最高指挥官。他几乎不懂法语，对法国一无所知。在丽兹酒店举行的盛大典礼上，奥贝格在莱因哈德·海德里希的见证下就职。只过了几天，海德里希就在布拉格遭到了捷克爱国者的伏击。奥贝格的助手是赫尔穆特·克诺亨，一个学哲学的年轻人，狂热的反犹分子，1940 年随党卫军的先头部队进入巴黎。克诺亨被提拔为陆军中校，如今，随着奥托·冯·施蒂尔普纳格尔的离去，他开始纵容部下为所欲为地残暴行事。

奥贝格还得到了一群法官的协助，后者向他建议谁出庭受审、驱逐谁以及枪毙谁。但实际上，为了追求速度、便利以及表面上的合法性，德国人所注重的准确性以及官僚主义很快就被抛弃了。与此同时，法国法官无法再出于同情而仓促地审理抵抗运动成员的案子，由此一来，德国的观察人士来不及充分理解案情，或者坚持认为那些因为收听 BBC 而被捕的人们实际上只是按错了无线电的按键。

奥贝格时年 45 岁，金发剃得仅剩数毫米。他脸颊绯红，挺着啤酒肚，一对蓝灰色的眼珠向前突出。在同事眼中，他是一个注重家庭、小心谨慎、头脑冷静的官僚，在执行命令时，带着纳粹式的一丝不苟。很快，奥贝格成了法国最让人痛恨的人。随着春天的来临，他宣布的措施不仅将严厉打击那些实施袭击的人，还包括他们的家人，他提议把女人送去强制劳动营，把他们的孩子送到托管机构。6 个月内，他让克诺亨手下的人数从 600 人增加到了 2000 人。海德里希和戈林所推崇的折磨和制裁，都是为了迫使抵抗者交代同伴的名字，以及他们自己犯下的罪行。如果针对的是共产党员、"恐怖分子"、抵抗者、"波兰人或苏联流放者"、耶和华见证会成员以及"反社会分子"，那么，不须事先获得批准就可以实行严刑逼供，包括只有面包和水的漆黑的牢房，剥夺他们的睡眠，使人精疲力竭的运动，以及"拷打"。奥贝格的一部分手下还在德国参加了特殊课程，学习有关折磨的理论和方式。如果嫌疑犯拒绝开口，折磨就会升级。

奥贝格认同海德里希的观点：如果法国人享有一定程度的自由，必定会对镇压抵抗运动表现得更为激烈。他倾向于与法国警方"真正合作"，在所有层面展开联合行动，为此，德国将提供慷慨的资金，而法方也要付出更多的努力。事到如今，已经别无选择了，因为东部前线需要更多的德国部队。法国通敌者很乐意接受这项提议，即使在之后几个月，德国人并没有太在意双方之间的协议。

在奥贝格和克诺亨以及法国当局的纵容与默许下，法国警方逮捕的嫌疑人会被移交给德国人。犯人经常辗转在数名审讯者之间。他们戴着手铐，被关押在索赛路上盖世太保办公室的地牢里，或者任何一栋修建于 18 世纪、现在由德国人说了算的优雅的联排房屋中，等待残忍的折磨——用任何对方能够想象到的方式。波利策、德库尔、达利代、卡德拉斯和所罗门均落入了盖世太保手中。当德国审讯者感到厌倦了，或者认为他们的法语不足以执行任务，或者只是懒得沾手脏活时，他们会向指挥官达维德以及他的法国同事求助。特别旅成了法国版的盖世太保。当局发布了一本法文手册，关于可以采取哪种折磨、持续多久。法国的助理警察因为勒索以及喜欢把囚犯的头按入冰冷的浴缸中而变得臭名昭著。作为信息部的头目，负责特别旅的罗滕向手下保证，他们在战争结束后不会因为残忍的行径而受到调查。

奥托·冯·施蒂尔普纳格尔曾提议将大量嫌疑犯送往德国。这项措施被命名为"夜雾命令"（*Nacht und Nebel*），即"在黑

111

夜和雾气之中"，将第三帝国的敌人押往"前线的远方……（使他们）孤立于外部世界"，这种做法已经在德国国内得到应用，并取得了一些成效。它背后的用意是剥夺这些"消失"的人们的权利，断绝他们与外部的联络，这样一来，外界无从得知他们的下落，不知道他们身在何处，甚至不知道他们是死是活。据说，这种不确定性形同恐吓，从而能够遏制他们的家人和同伴采取进一步的行动。在法国，当局将采取新措施——保护性监禁（Schutzhaft），指肆意发动逮捕和拘留，但不起诉或审判被拘留者，他们将被移交给盖世太保，之后，便会"消失"在东方。

起初，德国国防军反对这么做，但在之后的数月中，保护性监禁和"夜雾命令"将被用来针对无数法国男性和女性，他们被怀疑参与了间谍活动、叛国以及协助第三帝国的敌人，或者非法持有武器——一切可能被判处死刑的犯罪行为。

从 1941 年的冬天到 1942 年的早春，武装翼没有取得太大成果或重大胜利。10 月，他们在鲁昂、南特和波尔多相继发起了三次戏剧性袭击，但一系列破坏活动仅造成了有限的损失，他们策划的火车出轨事故也屡屡失败。作为成就，他们只能列出致使 1 名德国士兵死亡、2 人受伤。但是，他们即将为这些行动付出惨重代价。

112　　　首轮逮捕的发生是因为他们不够谨慎。有时，年轻的抵抗者似乎不太理解自己的危险处境，或者意识不到许多法国警察已经站到了占领者一边的事实。一个年轻人向他的女朋友展示了手枪。女孩告诉了她的父亲。那个父亲决定向警方告密。找到他的同伙不是难事，因为他们大多是十几岁的孩子，都和父母住在一起。

盖世太保认为，一系列公开的审判也许可以产生震慑效果。第一批的七名年轻抵抗者均被判处死刑。3 月 9 日执行死刑时，卡尔·海因里希·冯·施蒂尔普纳格尔就在现场。很快，在悬挂了巨大纳粹标志的化学之家（Maison de la Chimie）大厅，举行了第二次公开审判，规模更大。被告席上 27 人中有 25 人曾受到严刑逼供，他们戴着手铐脚链。一名 15 岁的男孩以及两名女孩中的一人被判处长期监禁。其他人均被判处死刑。得知审判结果后，作家让·盖埃诺在日记中悲伤地写道："饥饿、寒冷、穷困、恐惧。国家正处于虚脱状态之中。"

尽管对判决结果感到震惊，但幸存的武装翼年轻成员比以往更加坚定，他们继续会面、交换情报、传递武器以及策划日后的行动。[8]由于向德国人发起了首次真正意义上的武装袭击，他们将自己视为某种精英与首个团结起来的战士团体。乌祖利亚斯——他和法比安共同策划了对德国士兵的首次袭击——自豪地表示，他估计一名年轻战士的活跃期不会超过六个月。

西蒙娜·尚帕克斯的男朋友安德烈·比韦——人们都称他为德德（Dédé）——搬到了拉斐利路（rue Rafaelli）上的一个小房间。但在他患胸膜炎去乡下休养时，西蒙娜经常去古得多地区（Goutte d'Or）的格鲁嫩伯格家，伊西多尔的岳母会教她法文和德文。伊西多尔是武装翼的活跃成员，他是个容易害羞的严肃的年轻人，曾与吕西安·尚帕克斯在《人道报》共事。西蒙娜的母亲开始担心她太晚回家会不安全之后，西蒙娜有时会在古得多过夜。每星期有两三次，她会去见另一个伊西多尔——伊西多尔·格林德贝格（Isidore Grindberg），人们称他为"罗贝尔"（Robert）——除了她和比韦外，他是西蒙娜所在小

113

组的第三个成员。会面中，她会携带新闻通讯、子弹，有时还有手枪。格林德贝格称她为他的小妹妹（petite soeur）。他们的英勇无畏中带着一股纯真，甚至有些孩子气。

5 月 10 日，西蒙娜收到消息，要她在拉雪兹神父公墓柏树掩映的老地方见其他人。她等待着，但没有人出现。根据指示，她又去了两次——每天在相同的时间，回到相同的地点。13日，她决定去格鲁嫩伯格家。开门的是特别旅的警官。西蒙娜告诉他们，她是吕西安·尚帕克斯的女儿，还在念书，像往常一样来古得多上法文课。警察要求陪她回母亲家，进行搜查。他们没有找到任何东西，但告诉西蒙娜，他们要带她去总部进一步审问。她向母亲耳语，说她很快就会回家的，"因为他们没在我身上找到任何线索"。

之后，西蒙娜被带到地牢，几乎被审问了一整夜。她被威胁，但没受到刑讯逼供。警察在她的书包里搜到一首她正在学习的革命歌曲，不断地向她大吼大叫，要她交代这是谁给她的。最后，她说出了已经去世多年的祖母的名字。警方给她看了一组年轻人的照片，都是青年武装翼的成员，她说除了安德烈·比韦外不认识任何人，比韦是她的邻居，而且他们现在订婚了。另一个女孩西蒙娜·埃菲（Simone Eiffes），一名女裁缝，她还带着六个月大的孩子，也出现在古得多，她也被警方拘留了。埃菲是一个举止轻佻的年轻妇女，其他小组成员不怎么信任她。她带着一块巨大的草莓牛奶塔，为了讨好其他更讲纪律的同伴。

西蒙娜·尚帕克斯不知道，他们组年轻的乔治·通德利尔已经在 4 月 25 日被捕了。他受到了刑讯逼供，特别旅从他口中获得了足够多的情报，从而将他们引向了古得多。一天，趁着这家人都外出了，警官去搜出了不少清单，上面写了名字、地址、笔记、地图以及关于武器的手册。格鲁嫩伯格成功脱身了，但后来在分界线附近被捕，他试图逃跑时脚和肩膀被子弹击中了。被交给德国人后，他试着揽下一系列破坏活动的唯一责任。西蒙娜同样不知道，在稍早的一次针对古得多的埋伏中，安德烈·比韦也被捕了。

如今，武装翼已经有十名年轻男性和女性被捕。其中两名男性是莫伊扎·费尔德（Moijase Feld）和莫尔卡·费弗曼（Mordka Feferman），两人从小就是形影不离的朋友。费弗曼曾是波利策和德库尔的学生。他们在一次交换武器时被捕。其间，费弗曼尽管受伤了，不过仍设法骑车逃跑。后来，他被警察逼到墙根，开枪自杀并吞下了氰化物。他当场死亡。费尔德被警方拘留。国际纵队成员法比安——他曾在巴黎附近的森林训练年轻人——及时收到了警告，成功脱身。从此之后，天真的日子一去不复返了。

西蒙娜被带到牢房宽敞的大厅时，留意到在尽头处有些人躺在地上。这些是受到了刑讯逼供的年轻男人。她在其中认出了安德烈·比韦，在夜晚的大多数时间，她躺着都能听到他发出的呻吟。她恳求去他身边，但被狱警拒绝了。

第二天早晨，她的母亲设法送来一些衣服和食物，她也分给了其他女性。两天后，她看见安德烈离开了她对面的牢房，他戴着手铐，身体倚靠在另一个男人的手臂上。他脸色苍白，脸颊凹陷，她几乎认不出他来。但他看见了她，第二天，他们设法相处了几分钟。

牢房的食物非常糟糕，而且短缺。尽管年长的女性做了许多努力，尽力照顾还在念书的女孩们，然而，西蒙娜仍变得越来越瘦，她更加忧郁、虚弱了。她总担心安德烈可能会遭遇不测，她没再获准与他见面。最后，一名医生把她转往了弗雷讷（Fresnes）的监狱，它位于巴黎郊外，也是法国人和德国人共同管理的监狱。那里的情况稍好些，而且弗雷讷有医务室，修女给她安排了一张像样的床，还有被子和食物，她慢慢恢复了健康。

听说安德烈被处决时，西蒙娜仍在弗雷讷。莫伊扎·费尔德也被处决了。法国当局称伊西多尔·格林德贝尔为"危险的罪犯"，把他送上了断头台。被拉到院子里时，他说唯一后悔的事就是没多杀几个德国人。临刑前，费尔德给他的姐妹写信，请求她温和地告诉父母这个消息。他年仅 17 岁。

阿拉贡将 1942 年 5 月称为"黑色五月"（le mai noir），它很快成为抵抗运动的象征词之一。日后，玛丽－克洛德说这几乎是一个精神纯洁、英雄主义的年代，被德国人拘捕的囚犯总表现出完美的自尊和骄傲。至今，已有多名女性被长达数周地关押在单独牢房。伊冯娜·埃莫里是其中之一，她被迫把 4 岁的女儿交给母亲照顾，以便组织夏朗德的抵抗运动。[9]伊冯娜的丈夫、煤矿的工会成员安托万在她之前被捕了，也被关押在桑特监狱。据说，安托万告发了其他人，恳求"盖世太保先生"（les Messieurs de la Gestapo）饶他一命，不过，如今他已经死了。德国人说他是自杀的，但一位狱友看见他在审讯后被人拖了回来，毫无知觉地躺在地上，显然，他受到了严重的虐待，所以狱友认为他根本没法上吊自杀。

在皮肯—波利策—达利代行动中被逮捕的女性之中，现在又加入了两个来自雷恩阿利宗家的姐妹。玛丽和普佩特先后从不同的监狱被带到这里，她们被单独囚禁，直到其他狱友通过通风口报信，才知道彼此都在这里。普佩特时年 17 岁，她感到格外孤独，恳求看守让她见见她的姐姐，但男人们无动于衷。得知玛丽被关押的牢房离她不远后，她得到了些许安慰，但还是要等上数月，两人才被获准见面。5 月 9 日，在玛丽 21 岁生日这天，普佩特唯一能做的是给她捎信。还有一位名叫热尔梅娜·雷诺（Germaine Renaud）的老师，她来自安德尔－罗亚尔省，曾协助雷蒙德·塞尔让、拉库尔神父带人穿越分界线。在来到桑特监狱之前，她遭到了毒打，浑身血迹斑斑。另一间单独牢房中关押的年轻女性是玛丽－让娜·杜邦（Marie-Jeanne Dupont）。她在刚过完 20 岁生日后被捕，曾尝试打破灯泡，吞下玻璃碎片自杀。"我们对女性很宽容，"一个德国上尉告诉一个被扣押者，"非常宽容。"

　　然而，好景不长。春天以来，奥贝格全面掌权，党卫军越来越常绕过审判，对被逮捕的抵抗组织成员的命运作出自己的行政决定。如今，奥托·冯·施蒂尔普纳格尔已经离开了。奥贝格认为应该继续进行大规模的处决，从而使那些企图反抗的人感到恐惧。党卫军奉命挑选人质，安排处决的日期、地点和具体时间。4 月 12 日，法国警方将"皮肯事件"（l'affaire Pican）的相关人士移交给了盖世太保。5 月 22 日，桑特监狱的女性得知，第二天会有多名她们的男人被处死，目的是报复在一系列袭击中两个德国人丧生了。那些丈夫即将被处死的女性得知自己可能有机会与对方告别。

　　首批被枪毙的人中包括热尔梅娜的丈夫安德烈·皮肯、马伊的丈夫乔治·波利策、埃莱娜的丈夫雅克·所罗门、夏洛特的丈夫乔治·迪达什。[10] 几天前，波利策经通风口传来消息：他终于在

116

头脑中完成了一部新哲学著作的草稿，只要他有一些纸，就可以直接写出来。见了他最后一面后，马伊给他的父母写信，波利策"让人肃然起敬……他似乎特别开心，因为自己能死在法国的土地上"。波利策，一个匈牙利难民，一直非常崇拜法国。热尔梅娜·皮肯被带去见安德烈时，发现他脸上、身上的许多地方都留下了刑讯逼供的伤痕。安德烈在自己牢房的墙上画了一辆车，车上装满了行李箱。"看，"他对她说，"这是我们在意大利度假。"皮肯终年41岁，是四名被处死的囚犯中最年长的。

117 　　量子物理学家雅克·所罗门仅与埃莱娜相处了数分钟。她发现他的肘部被打断了，头上有一道很深的伤口。

　　破晓前，一名士兵来到了夏洛特的牢房。"快穿衣服，如果你还想见你丈夫一面的话。"他说道。她跟着士兵来到迪达什的牢房。分别时，她紧紧抓住他的手。士兵把她带回了她的牢房，她在日后写道："我的同伴们让我在简易床上躺下。她们没问任何问题，我也没开口说什么，没有提在他临死前我所说的话。"

　　如今，热尔梅娜、马伊、埃莱娜和夏洛特都成了寡妇。夏洛特时年28岁——与迪达什同年，马伊和埃莱娜三十多岁。热尔梅娜41岁。马伊的儿子米歇尔和热尔梅娜的两个女儿都失去了父亲。最糟糕的时刻来得如此仓促。桑特监狱的其他女囚犯，一旦她们的丈夫或爱人被拘留了，就都开始过上了担惊受怕的日子。

　　人们对枪毙（*fusillade*）——处死人质或抵抗者——的想象，通常是一个男人站着，被绑在柱子上，那人挺直身躯，坚定不移。实际状况如何则不得而知。巴黎的大部分死刑都在城市西边瓦莱里安山（Mont-Valérien）上一座废弃的营房执行，1850年代，拿破仑三世的敌人曾被关押在此，后来，它被改建成一所军事电报学校。[11]即将被处死的男人首先会被集中到一座老教堂，由党卫军看守，直到他们被带往山上的刑场。有些人有机会在墙上留下他们最后的遗言。但是，上山的路很陡，有时还会碰上下雨或结冰天气，路面非常湿滑，爬行对受过严重折磨的囚犯来说相当困难。那些没法站起来的囚犯直接以仰卧的姿势被枪毙。有人曾听一名德国士兵说，这些场合仿佛像在观看一场体育比赛（fêtes sportives）。[12]

　　谦逊、说话温和、亲法、本质正直的德国人施托克神父（abbé Stock）被任命为随军神父，主要接触巴黎的囚犯，正是他陪伴男人们走过了最后一段路。[13]尸体被装进棺材，运往巴黎的不同墓地，不会有墓碑记载他们被埋在何处，目的是防止那里成为悼念的圣地。如果一天被枪毙的人数太多，部分尸体会被运往拉雪兹神父公墓，经火化后，骨灰会被装进没有名字的骨灰瓮。每次处决后，施托克神父会悄悄地在一本课本上记录所有细节，这样一来，家属日后便能找到他们的亲人。施托克神父后来写道，在他的陪伴下走完最后一程的约 2000 名死刑犯中，绝大多数人都展现了无与伦比的勇气，他们拒绝戴上眼罩，一言不发，"轻蔑又坚定"。

　　许多年后，人们重新掘出乔治·迪达什的遗体，将他安葬在拉雪兹神父公墓中一片专门留给法国共产党员的墓地，位置在他的游击队队友安德烈·沃格的身边。

　　一个星期后，第二批被处决的人包括阿蒂尔·达利代，他的脸由于受到虐待而肿胀了，完全张不开眼睛，他的一条胳膊彻底失去了知觉。达利代成了其他抵抗者心目中的英雄，在长达数周的骇人的折磨中，他没有交代任何一个名字。他没有妻

118

子，也没有女友，但在他被带去瓦莱里安山之前，玛丽－克洛德被允许见他最后一面。"现在，我的老朋友，"达利代对她说，"我的一切都结束了。但你们，我深爱的人们，你们必须继续……"他年仅 36 岁。

达利代之后是费利克斯·卡德拉斯，他未获准给家人写告别信，只设法在一条手帕上留下了只言片语，他把它塞进了外套的衬里，后来，手帕在衣服归还家人后被发现。那天被处死的还有身材高大、热爱运动又博学的德库尔——马伊的情人。他在最后给家人的信中要他们把自己家里马伊的一些东西归还给她的父母，包括让·德·拉封丹（La Fontaine）的《寓言诗》（Fables）、理查德·瓦格纳（Wagner）的《特里斯坦》（Tristan）和施特劳斯（Strauss）的《四季》（Four Seasons）唱片，还有两幅水彩画。他希望把自己的钢笔、自动铅笔、钱包和手表送给马伊的儿子米歇尔。德库尔写道，他的死不该被视为一场灾难。他没有宗教信仰，但他现在觉得自己"仿佛一片树叶，从树干飘落下来，化为肥料"。在仅仅一个星期之内，马伊便同时失去了她的丈夫和情人。

119　　塞西尔的朋友兼导师雷蒙·洛瑟朗在伊西莱穆利诺（Issy-les-Moulineaux）附近被枪毙了。他也受到了残酷的折磨。

因波利策—皮肯—达利代事件而被捕的人中共有 46 名男性被处死。他们中的大部分人只不过参与印刷、分发了反德材料，渴望德国人不再出现在法国的土地上。他们的死没有让知识分子抵抗运动就此陷入沉默：立刻就有其他人取代了他们的位置。《自由大学》仍在出版；《沉静如海》被搁置了一段时间，但它很快出版并立刻售出 1 万本；《法国文学》很快激励了其他人投身于抗争。"我知道有些人会说'他们死的不值得'，让·波扬写道，他是接替波利策、德库尔编辑工作的其中的一人，'对那种人，你必须这样告诉他：正因为这样，他们才活在我们心中'。"

由于担心引发抗议，贝当请求德国人谨慎行事，因此，在清晨或黄昏，男人们会被叫到牢房外集合，当被带往瓦莱里安山时，桑特监狱的囚犯开始唱歌。他们唱《马赛曲》，如今，它已经成为反抗者的颂歌，歌声总在绝望和恐惧之时响起，他们的声音清晰地飘荡在寂静的监狱。之后，女人们会尽力安慰新寡妇，对于单独囚禁的热尔梅娜·皮肯或者亲眼见到了丈夫雷蒙德被酷刑折磨的路易赛特·洛瑟朗（Louisette Losserand）而言，她们能够得到的安慰实在微不足道。

一天，桑特监狱的女人们得知，第二天早晨，四个男人将在院子里被送上断头台。他们均因为抗议德国人限制购买食物的政策而被捕。黎明时分，她们听见士兵的靴子发出的声响，意味着他们要被带走了。四个男人唱《马赛曲》的声音在寂静、惨白的光线中响起，接着是三个声音、两个声音，最后一个孤独的声音在一句歌词中沉默了下来。之后，整个监狱的囚犯们从歌词停止的地方，开始唱起来。

7月14日，即巴士底狱日（Bastille Day），夏洛特、马伊、埃莱娜和热尔梅娜仍被关押在桑特监狱。凌晨3点，监狱归于平静，以哀悼被枪毙的男性。随后，她们唱起了《马赛曲》，以及另外两首知名的法国革命歌曲——《卡马尼奥拉》（La Carmagnole）和《出征曲》（le Chant du Départ）。看守们显得焦躁不安，女人们猜测盟国军队也许取得了重大突破。她们都相信，德国人撑不过一年了。"即使最脆弱的人们，"玛丽-克洛德留意到，也前所未有地打起了精神，"也感觉自己比以往更加坚强了。"

第七章　认识到无法想象之事

　　到 1942 年 2 月初，德国人开始准备大规模地驱逐法国犹太人。[1]起初，贝当表达了某种不安，尤其对于拥有法国国籍的犹太人；对于 14 万非法国公民的命运，他其实并不怎么在意。尽管如此，围捕犹太人为维希警察头目（secretary-general）勒内·布斯凯（René Bousquet）提供了一个机会，用来证明他的效率以及他对于合作的重视。双方迅速在要驱逐的犹太人的人数上取得了共识。但实际的驱逐行动暂缓了一段时间，因为在苏联前线的春季攻势占用了全部车辆。第一辆载着犹太人离开法国开往灭绝营的列车，于 3 月 27 日出发。

　　在当局要求 6 岁以上的犹太人佩戴"大卫星"标志——一块拳头大小的黄色布块，上面写着黑色的字 *Juif* 或 *Juive*——后，确认法国的犹太人变得容易多了，不管他是法国公民，还是外国出生的移民。维希政府一度反对过大卫星标志，波兰的犹太人自 1939 年底开始佩戴它，德国的犹太人则从 1941 年夏天开始。但在驱逐一事上，贝当很快便让步了。"将你所在的地区从外国犹太人中解放出来。"布斯凯这样敦促各地方长官，大部分地区很快就照做了。5 月，占领区的犹太人被强制佩戴黄色的大卫星。如今，约有 200 座收容所、拘留营关押着即将被驱逐的犹太人，自由区的犹太人数量稍多于占领区的犹太人。贝利兹宫（Palais Berlitz）举办了一场关于犹太人与法国的展览，宣传手册的封面上印着一个衣衫褴褛的、脏兮兮的犹太人，他头上盖着一条祷告巾，瘦骨嶙峋的双手抓着一个地球仪。20万人参观了展览。

1942年的整个春天以及初夏，法国人对35万犹太居民的命运完全无动于衷。这个曾狂热拥抱《人的权力》的国家，对于当局通过的一条又一条针对犹太人的法令袖手旁观：眼睁睁地看着他们失去工作，被禁止涉足娱乐场所，只能坐在地铁的最后一节车厢，如今，又被成群结队地赶上牛车运往波兰——这真是一件古怪的事。使用牛车并非德国人下的令，这个想法来自法国国家铁路（SNCF）。[2] 正是法国人驾驶的法国列车，将被驱逐者运往了边界。

然而，并非每个人都会坐以待毙。一旦驱逐开始、列车定期发出后（有时每周多达三次），在巴黎郊外集中关押犹太人的德朗西拘留营，对于德国人的敌意就在逐步加深。强制犹太人佩戴的黄色大卫星催生了其他黄色标志，非犹太人会把布块裁剪成玫瑰或玫瑰状，佩戴在身上。在巴黎，"扎祖族"——年轻气盛、打扮显眼的爵士乐爱好者们——经常穿着古怪的外套，戴着深色眼镜，还会故意在外套上加上一个黄色的星星。之后，占领区的数位红衣主教和大主教以"人性与天主教原则"的名义给贝当写了一封公开信，抗议围捕犹太人的行动。犹太学生埃莱娜·贝尔（Hélène Beer）刻意戴着黄色大卫星在巴黎四处走动，她在日记中写道，陌生人常对她报以前所未有的热情微笑。但是，驱逐仍在继续。

7月，德国和维希政府达成了共识——新一轮围捕将涉及3万名犹太人。在巴黎抓捕2万人，其余的则来自自由区。直到那时，警方只拘捕男性。正是皮埃尔·赖伐尔——又是这个在谈判中不断向德国人妥协的维希政府总理——主动提议加上女

122

人和孩子，尤其是因为当列车留下孩子们的时候，父母因为陷入绝望而撕心裂肺的那种场面使警察感到非常不安。在 16 日、17 日，巴黎连续发动了大规模围捕。行动由法国和德国警方联合展开，他们逮捕了 3031 名男性、5802 名女性和 4041 名儿童，虽然还没有达到预期人数，但足够塞满数趟列车了。

约 7000 人被带往冬季赛车场（Vélodrome d'hiver），一座位于第 15 区的室内自行车体育馆。1936 年 9 月，曾有 3 万人聚集在那里，聆听"热情之花"多洛雷斯·伊巴露丽（Dolores Ibárruri）呼吁国际联合，共同抵抗法西斯主义。在这里，他们怀着极度的不安和恐惧等待着。如今，他们中的有些人明白了等待他们的将是什么。春天以来，伦敦广播电台（Radio London）就在播送关于波兰灭绝营的消息，7 月 1 日的广播报道德国自入侵波兰以来，已经屠杀了 70 万波兰犹太人。巴黎各地正在分发关于小孩和老人遭到毒气杀害的新闻通讯。

在围捕犹太人（*chasse aux Juifs*）行动中被捕的人之中，有一名意志坚定、直言不讳的阿尔萨斯医生。[3] 阿代拉伊德·奥特尔（Adelaïde Hautval）医生本人并非犹太人，她出生在一个新教牧师家庭，有七个兄弟姐妹。1942 年 4 月，阿代拉伊德穿越分界线去自由区探望生病的祖母，在布尔日（Bourges）车站看见数名德国士兵在刁难一家犹太人。她曾在德语区阿尔萨斯的一家精神病医院工作多年，德语十分流利。阿代拉伊德走到士兵附近，要求他们放过这个犹太家庭。"没看见他们是犹太人吗？"其中一个士兵反问她。"那又怎样？"阿代拉伊德回答道，"他们也是人，就像你和我一样。"她被捕了，被送往布尔日的监狱。数星期后，有人问她是否愿意收回说过的话。她拒绝了。

"这样的话,"负责此事的官员表示,"你会和他们拥有相同的下场。"直到现在,她才明白这种下场意味着什么。

她刚抵达卢瓦雷省的皮蒂维耶(Pithiviers)拘留营不到 24 小时,就看见塞满犹太人的卡车队驶往德朗西。组织押送的是法国警方,法国的边防守卫则从旁协助。

那天夜晚,营房空荡荡的,仅剩下"情况不明"的几个人,比如她。德国人在她的胸口缝了一颗黄色大卫星,上面写着"犹太人之友"。

皮蒂维耶有两间关押女人的营房,有人在离开前设法向阿代拉伊德诉说了她们的故事。其中一人又老又瞎,无法理解正在发生的事。另一个因焦虑而近乎精神错乱的年轻女人告诉她,警方来抓她时,她被迫将六个月大的孩子独自留在家中,没人知道那里只有他一个人,也没人会来看他。几个女人已经到了妊娠后期。"对正常人来说,真是无法想象的事。"阿代拉伊德写道。

在接下来的几天,另外 5000 名犹太男性、女性和孩子来到了皮蒂维耶。营地变得泥泞不堪,饮用水非常有限,也没有足够的食物。阿代拉伊德获准将大门附近的一个巨大的飞机库用作医务室。在一名 19 岁立陶宛女孩的帮助下,她尽最大的努力照看着病人。有几个人似乎失去了理智。喊到他们的名字时,他们往阿代拉伊德的手中塞钱和珠宝,恳求她想办法把他们送回亲戚家里去。营地外,法国看守在给男人们剃头,周围的泥地里很快堆起了头发。盖世太保拎着水桶,看到值钱的东西就一把抢过来。行李箱被洗劫了,鸭绒被被撕裂了,鸭绒和鹅绒飘浮在半空中。

阿代拉伊德目睹过的最为难受的离别发生在 8 月 2 日。当

124

局决定只有 15 岁以上的孩子可以陪同他们的父母乘车前往德朗西，再转往波兰。阿代拉伊德眼看着婴儿被从他们母亲的手中夺走。卡车车队离开时，孩子们在营地的栏杆前排成一行行，目不转睛地盯着前方或者号啕大哭。年纪最小的孩子的衣服上缝了布块，上面写着他们的名字和年龄，阿代拉伊德不禁想，如果布块掉了，父母该如何找回他们的孩子呢。在之后的几天里，四个孩子彻底陷入了沉默。直到一个来自德朗西的卫兵宣布，要除掉所有臂章（包括婴儿身上的）之后，阿代拉伊德才明白他们接下来的命运。到皮蒂维耶关闭时，1.2 万名犹太人被驱逐到了东边，其中有 1800 名儿童。[①]

在接下来的几个星期，阿代拉伊德被转移到了 18 公里外的博讷拉罗朗德（Beaune-la-Rolande）拘留营，她在那里照顾痢疾患者，每晚都用果酱罐从满满的桶里舀水。她写信告诉她妹妹，自己满身跳蚤，患了白喉，还在尽力照顾一个独自被带到营地的 3 岁男孩。他的父母被捕后，有些朋友找到了男孩并照顾他，当时，他正在街上漫无目的地闲逛。但警方发现了男孩，把他带到了博讷。几天后，他得了白喉，很快就去世了。当局下令关押犹太人的营地不准出现雅利安人，于是阿代拉伊德被转移到了奥尔良（Orléans）的监狱。她曾有机会扮作红十字会的工作人员逃跑，但一个德国士兵突然出现了，让她丧失了时机。她现在是一名囚犯，没人再提释放她的事了。

阿代拉伊德不是唯一一个反感法国人对犹太人的做法的人。

[①] 1942 年至 1944 年共有 75721 名犹太人从法国被驱逐，约 2500 人活着回来了。13.5% 的法国犹太人被驱逐，42% 的没有法国国籍的犹太人被驱逐。——作者注

在巴黎见到了令人痛心的围捕犹太人的场面后，年轻的卡车司机皮埃罗（Pierrot）决定自己组织一条逃生路线。他的父亲在拉雪兹神父公墓附近的杏仁路（rue des Amandiers）上经营一家咖啡馆。他的未婚妻马德莱娜·莫兰（Madeleine Morin）则与守寡的母亲在同一条路上开一家美发店，店里可以为建立、运作网络提供完美的掩护。

起初，皮埃罗让犹太人家庭藏在卡车上的板条箱里，然后将他们送去分界线附近。后来，他意识到这样无法帮到更多的人，于是他和朋友们合力，印刷假身份证和火车票，建立了从巴黎到自由区的"一条龙"服务。马德莱娜的美发店成了收集和分发材料的地方。但是，一天早晨，一群秘密旅客被警方拦下了，当后者发现他们的证件与警察局的注册资料不符后，他们被捕了。盖世太保根据线索，一路追踪到了马德莱娜在杏仁路上的美发店。她和她的母亲被捕了，被带往索赛路，并遭到毒打。她们意外获释了，尽管受到了警告，不过，她们仍然坚持回到美发店。很快，她们又被捕了，这次再未获释。与她们一同被捕的还有逃生路线上的另一个女性奥尔加·梅兰（Olga Melin），她的丈夫是一名战俘，有一个患小儿麻痹症的 13 岁的儿子。战争爆发时，奥尔加和丈夫正在闹离婚。

1941 年的某个时候，雅克·所罗门和乔治·波利策曾询问他们的犹太科学家朋友玛丽－埃莉萨·诺德曼，是否愿意在索邦为他们分发反德材料。作为杰出的化学研究者，玛丽－埃莉萨和学生、教职员工联系紧密。她加入《自由大学》编辑的队伍，撰写、筹备文章，夜晚则在寡妇母亲的协助下，将新闻通讯塞进信封，而后送往各家各户。她还持续地向她的朋友弗朗斯·布洛克提供化学原料，弗朗斯利用它们在多瑙河路（rue du Danube）上

126

的秘密实验室为新组建的"狙击手和游击队"制作炸弹。

　　然而，在 1942 年春末，特别旅逮捕了三名为武装抵抗运动做事的年轻人，经过"一次激烈的审讯"（une intérrogatoire énergique）（他们在报告中如此声称）后，他们得知一个名叫"克洛迪娅"（Claudia）的年轻化学家在为抵抗运动生产弹药、药品和疫苗。他们很快收集到了足够多的情报，情报将他们带往了多瑙河路。在那里，他们发现一名年轻女性，"身高 1.58 米，脸蛋漂亮，棕色卷发，'看起来像波希米亚人'，戴眼镜"，她走路的姿势很特别，脚呈外八字。他们看见"克洛迪娅"在街上将一只瓶子交给了一个男人。"克洛迪娅"便是弗朗斯·布洛克。她开始受到监视。

　　临近 1942 年 5 月中旬，地下组织得知弗朗斯的丈夫弗勒东·塞拉齐即将被处死，他被关押在沃夫（Voves）一个专门囚禁共产党活跃分子的拘留营。[4]弗朗斯和玛丽 - 埃莉萨参与了营救他的计划。弗朗斯回家拿衣服时，发现警察正在等她。

　　被捕后，弗朗斯只透露她有一个 2 岁的儿子，她的父亲是历史学家让 - 里夏尔·布洛克（Jean-Richard Bloch），目前身在苏联。她确实在街上给过一个男人一只瓶子，里面装的是硫黄，但她不清楚对方的身份，也不知道硫黄的用途。在弗朗斯的实验室，警方搜出了铝、电池、电线、金属导管、伪造的身份证件以及各种化学品。

　　达维德手下的警官很快就留意到了弗朗斯最亲密的朋友之一玛丽 - 埃莉萨·诺德曼。玛丽 - 埃莉萨被带到了警察局接受审问，先是在法国警方手上，接着被移交给德国警方，后又被带到了关押弗朗斯的桑特监狱。特别旅不知道这两个女人都是犹太人。在玛丽 - 埃莉萨之后，许多同个网络的人被捕了，经

玛丽－埃莉萨·诺德曼和她的朋友弗朗斯·布洛克

过更多的强迫审问（*intérrogatoires énergiques*），男人们和女人们承认了自己曾使用伪造身份证、收留其他抵抗者，以及协助策划和执行针对德国人的破坏行动。在审问期间，玛丽－埃莉萨承认自己认识弗朗斯已经八年了，但坚称她们从不讨论政治。后来，通过她的朋友偷偷藏在烟盒中的小纸条，她才知道自己六十多岁的寡妇母亲也被捕了，之前，她一直帮忙照看玛丽－埃莉萨的儿子弗朗西斯（Francis）。被毒打后，她的母亲承认了自己是犹太人。玛丽－埃莉萨为母亲的安危而感到心神不宁，又不清楚弗朗西斯的下落，所以，她只能等待。6月24日，两个女人收到消息，弗朗斯的丈夫弗勒东被枪毙了。身为犹太人，玛丽－埃莉萨和弗朗斯更加害怕随时会被送去德朗西，再被驱逐到东部；而身为抵抗者，她们或其他女人都不知道接下来会发生什么。

128 　　在特别旅所称的"塞拉齐事件"（*l'affaire Sérazin*）中，还有另外五名女性被逮捕了。

　　在抵抗运动的另外两个早期网络中，女人们扮演了关键角色。她们的落网也是法国警方的细致工作和她们的坏运气的结果。就像"皮肯事件"的那个毛线球，一旦被扯出了线头，它便越滚越远，越滚越大。

　　指挥官达维德反复逼问了皮肯—达利代—卡德拉斯的囚犯之后，他发现除了编辑、记者和出版人的网络外，还存在一个技术活跃分子团队（*équipe de militants techniques*），成员包括印刷员和排字工，他们才是实际上生产秘密报纸、伪造证件和军事通行证的人。[5]德国人仍认为地下媒体存在非常大的威胁，虽然此前数次的逮捕导致它们的发行量暂时下跌，但数字很快就再次回升，其他编辑和记者接手了被捕同事的工作。不过，直到1942年5月底，达维德手下的警官才开始留意到一名经常出没在巴黎第11区圣安布罗斯街（rue Saint-Ambroise）的年轻男子，他和数人交换过包裹和篮子。他们将他取名为"安布罗斯1号"（*Ambroise 1*），开始跟踪他。

　　"安布罗斯1号"其实是29岁的装配工阿蒂尔·廷特林，战前，他曾是法国共产党青年翼的活跃成员。有人看见廷特林拿着袋子前往数家印刷店。他有时坐地铁，有时步行，在街上疾步如飞，不停地张望身边的动静。4月7日，有人曾看见他与一名身穿亮丽服装的年轻女性交谈，她的打扮在占领第二年笼罩在这座城市的单调灰色中格外显眼。她便是近视的速记员雅克利娜·卡特勒梅尔，不久前，她失去了劳工介绍所的工作，成了印刷工之间的联络员。

廷特林见的下一个人"圣摩尔女士"（*Femme Saint-Maur*）——达维德的人仍在用巴黎大街和地铁站的名字来给被盯梢的人命名——是达妮埃尔的心腹，即 21 岁的马多。为了排解寂寞，雅克利娜有时会在晚上去她家。与廷特林频繁接触的第三名女性是卢卢，她的妹妹卡门正忙着用手推车在印刷店之间运送纸张。

129

根据警官们的报告，廷特林的所有联络人都显得格外紧张。6 月 17 日晚，达维德认为是时候了。马多是最早落网的人之一。她在父母位于伊夫里的家中被捕时，她的父亲告诉警察："我拍了你的照片。如果你敢伤害我的女儿，我一定会找到你的。"

同一天，卢卢去探望她的儿子保罗，当时，他在乡下和她的公婆一起生活。回到巴黎后，她直接去了一个朋友家，给他生病的妻子送去 1 公升牛奶。开门的是特别旅的警官。看见这些男人，卢卢转身就朝街上跑，她打碎了牛奶瓶，抓起一片玻璃，打算刺向跟在她身后的警察。她被逼到了角落，无处可逃。她被戴上手铐，拖到了人行道上等车。挣扎之际，她向路人喊道："他们抓我，因为我是法国爱国者！我不可能活着回来。告诉每个人，他们逮捕了吕西安娜·塞尔，一个永远都无法再见到她的孩子的母亲。"在报告中，警官称她是"母老虎"（*la tigresse*）。尽管路人始终保持沉默，不过，她被捕的消息还是传到了她所住大楼的看门人耳中，后者通过地下网络，转告了她在马赛的母亲。她的妹妹卡门也在同一轮扫荡中被捕，她供出了一个假名。她以勒妮·林伯（Renée Lymber）的名字被登记在册，很长一段时间以来，没人知道她和卢卢是姐妹。她们认为这样更好，就互相装作不认识对方。

在巴黎警察局的地下室，这两个年轻女人在谋划越狱。她们发现一扇几乎坏掉了的窗户，说服其他几个女人掩护她们逃跑。夜幕降临，卢卢和卡门准备拆下窗户时，突然出现了一辆警方的卡车，上面载满了刚被捕的妓女，整片地区亮起了灯光。这对姐妹没能找到第二次机会。

130 在之后的 24 小时里，达维德逮捕了 37 名印刷工、排字员、分发员以及他们之间的联络员，发现了两份大型非法报纸、六处藏匿秘密材料的地点和两家秘密照片工作室。就像他早期跟踪、尾随（*filatures*）的嫌疑分子一样，每个被扣押者都成了拼图中的一块，每个名字、每个地址都会导致更多人被捕。他收手时，"廷特林事件"（*l'affaire Tintelin*）的相关嫌疑人达一百人。达维德最重大的收获之一是抓获了亨利·多比夫，一个相当好斗的印刷工，声称他是受到勒索才被迫为地下组织工作。他的妻子、意大利社会党领袖南尼的女儿维瓦·南尼本有机会逃跑。她所有的朋友都恳求她逃走，她却选择每天都去探望被监禁的丈夫，给他带去衣服、食物和香烟。最终，警察决定也逮捕她。当她结束探望准备离开监狱时，他们告诉她，她不能走了。

不仅如此，在警方其他的扫荡行动中，也有人是意外落网的。马德莱娜·德谢瓦宁（Madeleine Dechavassine）是一名药剂师，曾因为分发秘密报纸《人道报》被关押过一段时间。逃过一劫后，身为药剂师的她又为"狙击手和游击队"准备炸弹，后来，在她所在的团队成员悉数被捕时，只有她成功脱身。现在，达维德的人来家里，她刚好和雅克利娜在一起，两人在战前便认识了。警方对这个意外逮到的人感到很高兴。

　　印刷工网络的关键人物是塞西尔·沙吕奥，警察只知道她是"塞纳河畔埃皮奈"（*Cygne d'Enghien*）。[6] 6 月 1 日，有人看见她在阿姆斯特丹路（rue d'Amsterdam）上的一家咖啡馆和"南希"（*Nancy*）——一个名叫格朗根的男人——交谈，警方已经跟踪后者一段时间了。6 月 8 日，一名警官又在拉法叶路（rue Lafayette）一家烟草店的门外，看见了她和格朗根。两人沿着林荫大道散了一会儿步，随后，一起在沐浴着阳光的一张长凳上坐下。她总共被人发现、跟踪了八回。但是，塞西尔却设法躲过了 6 月 17 日的围捕。

　　她坐公共汽车去见一名印刷工时，留意到前排的男乘客穿着一件亮边翻领夹克，这种闪亮的翻领意味他肯定是警察，因为把领子往后翻就会露出警徽，被磨得相当光滑。下车后，塞西尔设法通过耳语告诉等在车站的抵抗运动成员她被跟踪了。她没有继续去见印刷工，而因为她没有出现，后者藏起了秘密工作的所有证据。

　　得知她的同事们被捕后，塞西尔搬了家，销声匿迹了一段时间，加入了一个新网络。一天，她回到自己的小公寓，在那里，她藏了两名立陶宛的犹太人。好心的看门人告诉她，他们出门时曾来过两名警察，并留下了清晰的、不容置疑的话：她和她的两名犹太人房客当天下午"必须留在家中"。后来，塞西尔回忆道，偶尔也有做事正派的法国警察。她收到提醒之后，就和大家一起搬到了其他住处。

　　然而，她的好运没有持续太久。8 月 5 日，她在第 5 区的蒙日广场（Place Monge）购物时，一名曾跟踪她会见廷特林的警员发现了她。他和他的同事逮捕了她，发现她在报纸内页藏了伪造证件、配给证，还有一把钥匙，于是把她带往警察局审

131

问。塞西尔告诉警方，她是一个失业的皮货商，有一个孩子放在寄养家庭，曾在 1937 年加入过共产党。她承认，确实在以联络员的身份为法国共产党做事，不过只是为了领些薪水。但是，一旦要她指认会见的男性，她一概一无所知。她还拒绝交代那把钥匙的用途。实际上，她声称根本不知道自己包里为什么有把钥匙。

警方跟踪了一个名叫戈利亚多·孔萨尼（Goliardo Consani）的人，认为他是塞西尔的情人。他们在他家中搜出了她的数本笔记本，上面记录了代号和支付的款项。但那些代号指谁、具体指什么事，塞西尔都拒绝交代。孔萨尼告诉警方，他在一家餐厅认识了塞西尔，在过去一年，她都是他的情妇，但他对她的活动一无所知。他们从不谈论政治。廷特林组织中的几位负责人后来和她对质，这几个人曾给过她钱，要她转交给印刷工，塞西尔称自己完全不认识他们。男人们也说从没见过她。她大大地松了一口气，因为审问草草结束了，尽管警方拒绝释放她：他们以为她是廷特林名单上遗漏的第 101 人，却没想到她之后还为另一个组织工作。她加入了其他被关押的女性，她在其中找到了她的朋友卢卢和卡门。

达维德的手下抓捕的技术团队中有 17 名女性。其中 10 人二十多岁，好几个人有年幼的孩子。卢卢的儿子保罗当时尚不满两岁。

廷特林组织中的男人受到达维德手下警官极为恶劣的折磨，他们被移交给盖世太保时，半数人已经死了。8 月 11 日早晨，在天亮之前，女人们在《马赛曲》的歌声中醒来。直到那时，她们才知道自己的丈夫已经被带往了瓦莱里安山，将和其他100 名人质一起被枪毙，目的是报复向巴黎体育馆里训练的德国空军飞行员扔手榴弹的人，以及在之前几个星期丧生的其他人而采取的报复行动。100 人中，只有 4 人被德国军事法庭判处了死刑，尽管还有几个人因为是危险的恐怖分子而被"特别指定要处死"，然而，其他人均为人质。维瓦没有获准与她的丈夫告别。

第八章 "对她们，我们另有打算"

波尔多及其周边地区对抵抗运动非常关键，拉罗谢尔（La Rochelle）与波尔多之间绵长的海岸线是绝佳的逃生路线。在夏朗德省、滨海夏朗德省（Charente-Maritime）、吉伦特省（Gironde）、朗德省（Landes）和下比利牛斯省（Basses-Pyrénées）——传统上工会成员和共产党员活跃的省份，战争甫一爆发便建立了自己的抵抗组织。他们得到了两拨人的协助，一拨是在1930年代末为了加入国际纵队而穿越西班牙边界的男人们，他们在回来后变得更加激进，而且接受了良好的训练；另一拨则是为了逃离佛朗哥政权，以难民身份进入法国西南部的西班牙人。

但是，从比利牛斯省到布列塔尼之间漫长的海岸线对德国人而言也至关重要。[1]从波尔多港口——那里是扫雷舰、鱼雷艇和潜艇的天然避风港，货船驶往印度尼西亚和日本，为战争工业运来橡胶和稀有金属。不远处便是梅里尼亚克（Mérignac）机场，那里很快被改建成德国重要的军事基地。波尔多市市长阿德里安·马凯（Adrien Marquet）是一名牙医，他在1940年6月下旬德国人进城时曾欢迎过陆军元帅克莱斯特（Kleinst）的占领部队，而且大家都知道他崇拜墨索里尼。马凯是德国大使奥托·阿贝茨的好友。还有吉伦特省虔诚的贝当主义者皮埃尔·阿利佩（Pierre Alype），以及在阿利佩办公室工作的狂热亲德分子、高级公务员乔治·赖格（Georges Reige）。三个人都非常乐于执行德国的命令。

在占领部队之后，迎来了大波尔多地区（*Gross-Bordeaux*）的新指挥官莫里茨·冯·法贝尔·杜·福尔（Moritz von Faber du Faur），他外表出众，举止谦恭，内心却非常冷酷。几个小时内，每栋政府大楼都升起了万字旗；高中被征用为德国人的办公室；成立了一个德国军事法庭；在波尔多西南 25 公里外的苏热（Souge），一处军营被改造成营房，它的中央留出一块空地，用来处决犯人。就像在巴黎一样，德国部队接到命令，必须严守纪律；就像在首都一样，波尔多的人们被演奏贝多芬的军乐队吸引。有段时间，波尔多人像巴黎人那样安静地、默默地观察，虽然他们不停地抱怨鱼的数量锐减，因为它们受到了海岸线上炮火声的惊吓，或者被霸占来喂饱占领者。

1941 年 10 月，纳粹国防军的汉斯·戈特弗里德·赖默斯（Hans Gottfried Reimers）在乔治五世大街（Boulevard George V）的街角被巴黎抵抗运动武装翼的两颗子弹射中脊椎而亡。在这很久之前，德国人就非常重视波尔多及其周边地区的抵抗运动。所有的违法行为——传单、海报、墙上的留言——都被迅速且如实地记录在案。到 1941 年秋天，该地区由德国宪兵、秘密警察（Geheime Feldpolizei）、阿勃维尔以及几十名盖世太保严密巡逻、把守。他们听命于反犹党卫军上校赫伯特·哈根（Herbert Hagen），他把所有与抵抗活动有关的可疑分子都关进了修建于中世纪的杜哈堡（Fort du Hâ）或者佩尔萨克路（rue de Persac）上的营房。有段时间，艾希曼的同事哈根生活在一艘原属于比利时国王的游艇上，战争爆发后，它便被遗弃在波尔多的港口。

在围捕抵抗战士（*chasse aux résistants*）的行动中，出动的不只有德国人，或者说实际上主要不是德国人，而是法国警察。

134

他们受体形肥胖、圆脸、一头黑发的指挥官皮埃尔·拿破仑·普安索（Pierre Napoleon Poinsot）的指挥。要说残忍，普安索既有创意，又干得极为彻底。

普安索生于 1907 年，曾是神学院学生，加入警队之前，曾在卡萨布兰卡的法国空军服役。[2]在那里，由于他巨大的野心和过人的智慧，他在军中的晋升平步青云，尽管他有时候不请示上级的擅自主张并非得体。到 1936 年，他以憎恨人民阵线和共产党而为人所知。1940 年，德国人进入法国，警察局长和他的助手很快就意识到一名狂热的反共分子将对他们多么有利，于是普安索的事业实现了大飞跃。1941 年 1 月，在一份警方报告中，阿利佩为普安索的"专业性"打了 20 分的满分。

普安索本能地意识到，他需要数名忠诚的支持者，一些会毫不怀疑地服从他的命令的人，因为他们同样野心勃勃、残暴无情。警官拉法格（Laffargue）和朗格拉德（Langlade）加入了他的队伍，之后还有他自己的兄弟让（Jean）和亨利（Henri）。普安索和他的手下大规模地搜查房屋，追踪每一条线索，威胁和欺凌每一个被他们拦下的人。他们迅速地建立了关于可疑分子的档案，招募了大量告密者，准备开始拘捕抵抗者。

赖默斯在 1941 年 10 月被射杀一事对普安索十分有利。身为一名法国官员，普安索负责把必要数量的人质交给德国，之后在苏热枪毙他们。[1] 他乐于为这些杀戮出力，因为这使他能够更加接近波尔多的盖世太保，如今，他们都受身材高大、一丝不苟、蓝眼睛且非常讲究纪律的汉斯·路德（Hans Luther）的领导，尽管普安索很快发现，真正有权力的是汉堡的一个法

---

① 普安索日后称，在被处决的 47 人中有 12 人本不该出现在名单上，因为他们确实没有造成任何威胁。——作者注

语教授 29 岁的儿子弗里德里希·多泽（Friedrich Dohse），他是身在巴黎的克诺亨的人。多泽和普安索结成了强大的合作关系。

　　普安索在警察局的办公室审问囚犯。他毫不手软地使用酷刑。男人们被吊起双手，被烟头烫，头被按进水桶中；女人们被脱光衣服，被迫下跪，被强迫听自己的丈夫在隔壁房间受折磨时发出的惨叫声。那些拒绝开口供出名字或背叛同伴的囚犯，会被折磨到松口或死亡为止。很快，普安索的团队被称为"杀手旅"（brigade des tueurs），他的"不间断审问"（interrogatoire prolongée）成为地下组织中人尽皆知的恐怖经历。一名波尔多的警员称，普安索会"残害"嫌疑犯。

　　盖世太保——他们在自己的队伍中给了普安索一个编号 192——会警告难对付的囚犯，除非他们好好配合，否则就会被交给普安索和他的人。除了刑讯逼供外，法国警察还会参与抢劫和勒索。波尔多成为继巴黎之后法国全境内镇压力度最残暴的地方。这座城市，正如青年武装翼的乌祖利亚斯日后所说的，成了"最优秀的战士的坟墓"。

　　1941 年夏末，达妮埃尔·卡萨诺瓦的朋友夏尔·狄戎（Charles Tillon）来到波尔多，协调西南部的抵抗活动。狄戎是国民抵抗阵线武装翼的创始人之一。他自称科弗莱（Covelet），伪装成一个假期来吉伦特省作画的业余画家。他拜访了老朋友和联络人，确立了"三人一组"的抵抗小组结构，要求每个人必须谨慎行事，同时还在招募新的抵抗者。他们中的许多人是年轻女性，她们很快就变得像贝蒂和塞西尔一样熟练又勇敢。

　　在狄戎的努力下，不同小组和组织之间的合作更加紧密了。西南部的占领者和被占领者、德国人和抵抗者之间的战斗，即将进入一个全新的、更加致命的阶段。

狄戎有个名叫安德烈·苏凯（André Souques）的朋友。他经营一家洗衣店，将抵抗运动的报纸藏在一堆堆从波尔多的旅馆收来的脏被单下。与此同时，他们在巴斯蒂德（Bastide）弄了一台印刷机。他的姐姐吉尔贝特·塔米西（Gilberte Tamisé）和妹妹安德烈·塔米西（Andrée Tamisé）主动提议从青年旅馆招募波尔多的学生和年轻人。年长十岁的姐姐吉尔贝特还答应做狄戎在波尔多、巴约讷（Bayonne）和塔布（Tarbes）之间的联络员。她是一名非常能干的年轻女性，年近三十。她的母亲去世后，她便开始照顾父亲，打理家务，当时，安德烈刚 7 个月大。吉尔贝特非常爱护妹妹，她当时刚年满 18 岁。

长久以来，贝格勒（Bègles）附近都是工会活动的大本营，狄戎很快就在那里招募到了一批志愿者[3]，包括苏凯的朋友、在安吉伦路（rue des Anguillons）上经营家具店的博纳方（Bonnafon）。两人总在星期一交换情报，那时，苏凯会装作洗衣服，他的妻子让娜（Jeanne）则把伪造的文件和印刷机藏在脏被单下。博纳
137　方的女儿热尔梅娜（Germaine）天生适合于地下活动。一天，她大胆地让一个锁匠打开了一套公寓的大门，据传闻，那里藏着武器。她告诉对方，这是她的住处，但她弄丢了钥匙。锁匠完全没有怀疑，打开了锁，热尔梅娜得到了一堆珍贵的枪支。

到 1941 年深秋，枪支已经变得比传单更加重要了。狄戎和他的联络员们决定，由夏朗德省和吉伦特省的一个秘密小队负责获取、隐藏武器。容扎克（Jonzac）有个名为厄尔特比兹（Heurtebise）的采石场，那里的地下有多个很深的洞穴，原来种蘑菇，如今被德国人用作供应诺曼底前线和大西洋沿岸的武器储藏仓库，这是法国规模第二大的武器储备点。当地的抵抗

运动成员成功渗透进了这个储备点，那里约有 200 名年轻人为德国人做事，他们每个星期都从容扎克向外偷武器和弹药。问题是，该把它们藏在哪儿？

阿米瑟·吉永和普罗斯珀·吉永在圣塞韦尔（Sainte-Sévère）的村子里拥有一个小农场，位于干邑（Cognac）附近，离容扎克约 40 公里。⁴ 那里由于宁静和四周繁茂的树木而得名"紫罗兰园"（Les Violettes）。附近的乡村人烟稀少，地势平坦，冬天常遭洪水，小农场田连阡陌，隐于矮树丛中。阿米瑟从她的父亲处继承了"紫罗兰园"。她和普罗斯珀有一匹马、几棵葡萄树和 5 公顷用来放牧和种植小麦的土地。他们用麦子交换面粉，当地的面包师傅则给他们面包。

他们的小儿子皮埃尔（Pierre）是战俘，大儿子让（Jean）与新婚妻子伊薇特（Yvette）——邻居家的女儿——则住在外屋，两家人一起种田。他们很穷，但不至于一贫如洗。战前，普罗斯珀曾支持过共产党。当地人很喜欢这家人，尽管邻居们总担心阿米瑟的大嘴巴，因为她不停地告诉每个愿意听她讲话的人，她有多么厌恶、鄙视贝当以及德国占领者。阿米瑟是一名个性坚强的女性，从不轻易畏缩。她时年 56 岁，已经经历过一场与德国人的战争了。

吉永家的朋友玛格丽特·巴利尼亚（Marguerite Valina）和吕西安·巴利尼亚（Lucien Valina）经常来朴素的农场做客。吕西安是西班牙人，15 岁来到法国，他曾在西班牙内战期间回国当飞行员，后来，又回到当地开卡车。玛格丽特会庇护抵抗者，为从事破坏活动的人士寻找安全的藏身之处，以及传达指示。巴利尼亚家有一个十来岁的大儿子、一个女儿和一个 6 岁的小儿子。

138

阿米瑟·吉永，圣塞韦尔乡间农夫的妻子

伊薇特与吉永的儿子让

正是吕西安·巴利尼亚向其他人提议，他们可以收集从容扎克偷来的武器，从而协助抵抗运动，并请求他们的邻居不要向德国人上交任何猎枪和弹药。吉永一家则同意把枪支藏在外屋的稻草堆下，并定期让狄戎的人取走它们。在容扎克一带，其他农夫也同意参与此事。武器不停地在夏朗德省和滨海夏朗德省的道路和田野间运输，它们经常深夜被藏在马车里或自行车上的挂包里。有时，农夫也会徒步 40 公里去容扎克把武器用背包背回来。

在这片广阔地区，农夫参加抵抗运动需要联络点，而最重要的则是联络员，其中之一便是 16 岁的埃莱娜·博洛（Hélène Bolleau），她的父亲在当地经营一家邮局。在德国人到来之前，罗歇·博洛（Roger Bolleau）就已经在储备武器了。与此同时，他在妻子埃玛（Emma）的协助下，用一台油印机印刷自己的地下新闻通讯《夏朗德之声》（*La Voix des Charentes*），并把它们藏在邮局柜台下，偷偷向人分发。埃玛在当地成立了一个由达妮埃尔·卡萨诺瓦倡导的法国妇女联盟的分支。她去附近营地帮助西班牙难民的孩子时总带着埃莱娜。在家里，话题总围绕着政治、不公正以及德国终将失败。埃莱娜清楚地记得，流动电影院曾来他们的老家鲁瓦扬（Royan）放映过一部关于三 K 党的影片。

埃莱娜是独生女，她反应敏捷、大胆，似乎毫无畏惧。德国人在 1940 年夏天到来时，她正在学校攻读一个商业学位。[5]很快，她开始为抵抗运动打文字稿，机器被她藏在祖母家。每当意识到有风险时，她便把它转移到另一个藏匿地点。她的首个任务是藏在波尔多附近一家农场的稻草堆后，观察并记录德国人在附近机场的动向。

开始从容扎克偷窃武器后，抵抗运动需要有报信员（messenger）。

于是，当地组建了一个运输小组，埃莱娜日后称自己便"顺势"加入其中。她骑车在乡下各地传达指令和情报，还收集墨水和纸张。"就是这么回事，"她解释，"我们这么做是因为别无选择。"在家里，博洛夫妇收留逃出德国人魔爪的抵抗者、犹太人，再设法把他们送去南部。

埃莱娜·博洛

埃玛，在丈夫被捕后继续抵抗事业

140 1942 年早春，警方从告密者处得到了情报，因此，埃莱娜和她的父亲被捕了。让埃莱娜大感意外的是她在五天后获释，但罗歇则被送往了鲁瓦扬的监狱。他被毒打得喉咙哽住了，许多天后才可以吞咽。埃玛去监狱拿丈夫的脏衣服时，发现他的衣服上沾满了血迹。就像阿米瑟·吉永一样，埃玛不是一个轻易保持沉默的人：她在各地大声谴责德国人的残暴以及法国人的通敌。

埃莱娜不打算放弃抵抗活动——实际上，她父亲的被捕以及他在狱中的遭遇使她变得更加坚定了，但这不是一件容易的事。警察的数量激增，他们夜以继日地在鲁瓦扬各地巡逻。在一名德国守卫遇害后，每天下午5点开始实行宵禁。但是，她继续与藏匿武器的农夫们联络，与巴利尼亚一家保持联络。在乡间骑车被德国人拦下后，她告诉对方自己在为兔子们找食物。她看起来年幼又天真，一副还不懂说谎的模样。有时，道路太危险了，她便推着自行车穿梭在田间。她还会坐火车沿海岸线去桑特见她的联络人，与对方交换另一半照片和暗号："你知道路易十六广场（Place Louis XVI）吗？"正确的回答应该是："你是说路易十四广场（Place Louis XIV）吗？"

在离她不远处，安妮特·埃波在拉罗谢尔开了一家咖啡馆，那是抵抗运动的另一个联络点。德国缩减了法国拖网渔船的捕鱼活动，这导致她丈夫失业了，因此，她做起了咖啡馆生意。[6]安妮特是巴利尼亚一家的老朋友，她是一名活力充沛、精力旺盛的女性，成长在一个满是车工和海员的大家庭。她有一个孩子，即12岁的克洛德，两人非常亲密。安妮特为咖啡馆取名"殖民之锚"（L'Ancre Colonial），她在前面的房间里招待德国士兵，而把抵抗者和武器藏在后面。在地窖，她藏了一台印刷机和一台复印机。安妮特是那种不会对任何人说不的女人，她需要帮助别人。人人都喜欢她，甚至包括来"殖民之锚"喝酒的

142　德国人。在克洛德最早的记忆中，便有他站在潮湿的地窖，他的母亲教他如何使用复印机的画面。安妮特的丈夫被捕关在梅里尼亚克后，她还做地下印刷工之间的联络员，在拉罗谢尔周边收集和分发传单。

安妮特·埃波，开了一家咖啡馆，帮助庇护抵抗者

随着德国人深入法国腹地，逃离北部的人员将其他年轻男女抵抗者带到了南方夏朗德省和吉伦特省。这些家庭曾在 1930 年代支持过莱昂·布鲁姆和人民阵线，如今，他们带着抵抗运动的种子被迫流亡。他们有家难回，那里已经被德国人占领了，于是，他们开始在南部和西南部筹划他们的抵抗活动。

其中一名意志坚定、拥有一对碧蓝眼珠的年轻女性名叫热尔梅娜·勒诺丹。[7]热尔梅娜是一个虔诚的天主教徒。她和整个村庄的人被迫离开了马其诺防线上的家乡，在离波尔多不远的埃什帕尔（L'Espar）重新落脚，她对被迫疏散的人员所受到的对待感到非常气愤。她去见市长，为了争取更好的条件。之后，她关注起

热尔梅娜·勒诺丹，和她的三个孩子

抵抗运动，收留需要安全屋的人们。由于担心三个孩子的安危，　143
她把两个女儿送去利布尔讷（Libourne）附近一个童年玩伴的
家中，唯一的儿子托尼则留在她身边。托尼一辈子都记得警察
来家中搜查武器的这一天。枪支藏在壁炉里，没有被发现。但
热尔梅娜厨房围裙的口袋里塞满了抵抗运动的传单。她冷静地
脱下围裙，把它交给一个邻居，说："不好意思，我忘了还给
你围裙。"这次，热尔梅娜逃过了一劫。但是，警方在上交给
总部的报告中写道，应该继续监视她，那个勒诺丹女士毫无疑
问是一个"激进分子，板上钉钉的共产党舆论宣传员"。

　　还有一个来自北部的难民，名为马德莱娜·扎尼。德国人

马德莱娜·扎尼，和她的儿子皮埃罗

逼近时，她是最早一批被迫离开梅斯附近老家的人，因为她当**144** 时刚生下儿子皮埃罗（Pierrot）。[8]正如热尔梅娜的丈夫一样，她的丈夫也是一名德国的战俘。德国士兵将他们抛弃的房子洗劫一空了。马德莱娜和皮埃罗在利布尔讷住了一段时间，不过后来搬到了波尔多，很快就参与了藏匿抵抗运动成员的行动，这让和她一起逃亡到南部的姐妹们感到非常气愤，因为害怕她这么做会连累她们坐牢。马德莱娜对政治不太感兴趣，但她大胆无畏，而且憎恨德国人。她从不墨守成规。刚结婚不久，尽管邻居们纷纷反对，马德莱娜还是经常在家附近的河里游泳，那时很少有年轻女性会这么做。

她有两个来自摩泽尔省（Moselle）的朋友——约朗德·皮卡（Yolande Pica）和奥萝尔·皮卡（Aurore Pica），她们差不多同时被送来南部。在流亡波尔多期间，三名年轻女性继续会面。约朗德的孩子比皮埃罗稍小一点。就像马德莱娜一样，皮卡姐妹的祖父母也是意大利移民。时年 19 岁的奥萝尔长得仿佛弗拉·安杰利科（Fra Angelico）笔下的圣母玛利亚（madonna）。她不仅加入了抵抗运动，同时还找到了一份为德国人做饭的工作。此后，她不仅为同伴提供食物，还包括武器和关于部队调遣的情报。之后，她又设法调往办公室，弄到了盖章的通行证，使抵抗者可以不被怀疑地穿梭在法国的被占领区和自由区之间。

马德莱娜来到波尔多一段时间后，和一名自称阿尔芒（Armand）的年轻男性成了朋友。[9]阿尔芒几乎还是个男孩，他是共产党在巴黎与西南部数个城镇之间的联络员。马德莱娜和她的朋友们——甚至包括阿尔芒自己——都不知道，已经有人看见过他在该地区和身份已经暴露了的共产党员交谈，他现在正处于监视之中。普安索和他的人曾收集到了一批可疑人士的照片，他们之间正流传着对这名健壮、结实的 20 岁男性的详细描述，"有一张长脸，淡棕色的头发，梳分头，剪得乱七八糟的"。阿尔芒会受到监视，但暂时还不会逮捕他。如果巴利尼亚一家、吉永一家、热尔梅娜·勒诺丹以及摩泽尔省来的年轻女性们，早知道波尔多及其周边地区的警方行动这么复杂和顽强的话，他们肯定会非常焦虑。

145

1942 年 4 月，皮埃尔·赖伐尔决定清洗一批中央及地方政府中对共产党员和抵抗运动过于宽松的人。[10]波尔多和吉伦特省是第一批被清洗的地方。新来的官员、"能力强，做事积极"的莫里斯·帕蓬（Maurice Papon）担任大波尔多地区的总干事（general secretary），并负责犹太事务；此外，阿基坦（Aquitaine）的地方领导人莫里斯·萨巴捷（Maurice Sabatier）也同意采取强硬措施，在该地区"摧毁恐怖主义"。尽管哈根因升职为主要负责人而被调往巴黎协助奥贝格，然而，在 12 个新成立的区域性联合安全部门中，就有一个设在波尔多，它主要负责德国人员的安全以及镇压所有反德活动。如今，政治事务处（Section des Affaires Politiques）的负责人、残酷又野心勃勃的普安索正急于展示他的热情和清除抵抗者的能力。

普安索办事周到、执着。借助于细致的、挨家挨户的搜查，从暴露了身份的共产党员、无政府主义者和国际纵队成员处缴获的大量珍贵的战前档案，以及强逼、霸凌所有被他审问的人，他很快拼凑出一幅关于法国西南部的抵抗运动地图。波尔多人也出了一份力。邻居秘密地举报了他人。宣泄反德情绪、收听外国新闻广播的人被揭发了。然而，直到 1942 年春末，这幅地图仍然相当模糊。在两名抵抗运动的叛徒的协助下——一个名叫皮埃尔－路易·吉雷（Pierre-Louis Giret）的校长，化名为阿尔贝（Albert）；以及费迪南·樊尚（Ferdinand Vincent），人称乔治（Georges）——事情才变得清晰起来。在吉伦特省、朗德省和夏朗德省，早期抵抗组织的崩溃始于一场背叛。

费迪南·樊尚原是一家船厂的负责人，曾研究过旺代省（Vendée）的公共工程。他对普安索而言无比珍贵，因为他曾以国际纵队成员的身份在西班牙活动，广为波尔多抵抗运动人士所知，并深受信任。在战争初期，樊尚与共产党员相当友好，尽管他不愿意加入任何组织。但在他的表弟被德国人逮捕后，樊尚辞掉了工作，通过招募加入了抵抗运动。他的首个任务是联络国际纵队的一批老同志，准备接收空降的武器。很快，他跌入了普安索所设的陷阱。这次，他成功脱身了，之后，他低

146

调行事，还蓄起了大胡子。然而，普安索很快就找到了他的踪迹，并逮捕了他，不过当时抵抗运动人士对此一无所知。普安索提出要和他做一笔交易：他可以选择合作，背叛抵抗运动的成员；或者选择被驱逐出国，包括他的妻子和孩子。如果他敢设法逃跑，他的全家人都会没命。樊尚接受了这笔交易。

很快，吉雷也被收买了。他在一个青年营工作时因为表达了"共产主义观点"而被捕。一个囚犯泄露了他的名字，称他和他的妻子都是西南部抵抗运动的高层。在他们的家中搜出了两台打字机和一把手枪。吉雷在受到刑讯逼供后，答应为普安索做事。几天后，一名曾为这对夫妻提供安全屋的女性被捕。很快，洗衣店老板、吉伦特省抵抗运动的组织者安德烈·苏凯也被捕了，还受到了令人震惊的折磨。从苏凯身上搜出的名字使警方留意到了一个名叫"拉乌尔"（Raoul）的男人。他们设下了陷阱。第一拨落网的人中就有热尔梅娜·勒诺丹，她是天主教徒、三个孩子的母亲，也是一名共产党员。在法国沦陷后，她搬到了西南部定居，尽管曾受到过多次警告，但她仍不放弃参与抵抗运动。

警方来逮捕热尔梅娜时，她的儿子托尼正在树林干活。他晚上回家后发现家里没人，才知道母亲被带到了波尔多臭名昭著的迪哈堡。这是一座修建于中世纪的堡垒，曾关押过旧制度（Ancien Régime）① 的敌人，至今几乎没有变化。他赶到郏儿时，门口的一名警察告诉他："快走开，小伙子。不然我们连你也抓。"托尼时年 15 岁。他的父亲被关押在战俘营，姐姐们住在母亲朋友的家里。他的一个舅舅并不支持他的姐妹参与抵抗运

---

① 指 16 世纪晚期至 1789 年法国大革命爆发期间法国的体制，由国王和封建贵族把持国家政权，实行专制统治。——译者注

动，最终，他把托尼安置在马恩省（Marne）的一个农场。

147 没人知道吉雷被策反了。他告诉同志们他逃出了特别旅的魔爪。他的妻子仍被押为人质，他自己则开始渗透到西南部的组织中，有时装作逃亡中的抵抗运动成员，有时装作卖保险的人。他每天向普安索和警察保安指挥处（Kommando der Sicherheitspolizei，KDS）报告消息。指挥处意识到他的情报非常有价值，因此，任命他为 155 号特工，每月给他 5000 法郎，外加旅费。普安索向整个地区的警察发出细致的指示：如果有人看见他，不要挡住他的去路。

与此同时，樊尚正在与抵抗者接触，假装在寻找安全屋。从朗德省到夏朗德省、滨海夏朗德省，人们都乐于收留他。在拉罗谢尔，他住在安妮特·埃波的咖啡馆时，还和她的儿子克洛德玩了好几个小时。同样也是樊尚，把普安索和德国人引向了干邑附近的农夫，后者正在协助藏匿从容扎克偷来的武器。

1942 年 7 月 24 日下午，两个男人来到了安德尔河畔圣塞韦尔。他们自称是想购买牲畜的屠夫，询问怎么去"紫罗兰园"——吉永家的农场。确定了农场的位置后，来了更多人，他们藏在离农舍 200 米外的树篱中观察。第二天凌晨 4 点，一个农夫早起挤奶，看见几辆卡车穿过村庄，开上了驶往"紫罗兰园"的路。他没来得及提醒吉永一家。

农场被包围了。在里面，警方不仅找到了普罗斯珀和安妮特、他们的儿子让及其妻子伊薇特，还有阿尔贝（Albert）和伊丽莎白·迪佩龙（Elisabeth Dupeyron），两人是前一天晚上来运送武器的。迪佩龙是当地抵抗运动中的关键人物。六人均被押上了卡车。男人被直接带往迪哈堡，女人则被送往干邑一家规模较小的监狱。很快，吉永一家的邻居和朋友巴利尼亚一家，以及他们的三个孩子让（Jean）、吕西安娜（Lucienne）和年仅7岁的塞尔日（Serge），也被捕了。

在坐卡车去监狱的路上，巴利尼亚女士拥抱了坐在她身边年仅13岁的吕西安娜，仿佛在安慰她。与此同时，她在女孩的耳边低语，告诉她不要向警察泄露任何事，尤其是来过家里的人的名字。抵达干邑后，警察把吕西安娜带到一边加以审问。女孩拒绝回答。过了一会儿，一个警察发脾气了，开始威胁她："你妈妈已经告诉了我们所有事。你想让我们杀了她吗?"吕西安娜仍一言不发。之后，她和塞尔日获释了，并获准去找他们的祖父母。16岁的让被留了下来，他被强迫观看普安索的人用蜡烛烧他父亲的脚。警方对这些名字了如指掌，但有一些地址他们还没有得到。

在吉永一家被捕的第二天，他们年轻的儿子皮埃尔回家了——他设法从苏台德地区（Sudetenland）的战俘营逃了出来。邻居们提醒他，德国人仍在监视他的家。他离开了当地，藏身在普罗旺斯（Provence）。没人敢靠近"紫罗兰园"。最后，安德尔河畔圣塞维尔的镇长要一个住在附近的农夫去照看那里的牲口。让从杜哈堡给一个已经结了婚的、住得不远的姐妹写信，让她在母亲和他妻子获释之前先去打理农场。他们很有信心，觉得自己不会被关太久。

但是，抓捕干邑的农夫只是一个开始。根据吉雷和樊尚提供的情报，普安索在接下来的几个星期，从吉伦特省、朗德省和夏朗德省逮捕了138人。有些是农夫，但也有工人、邮递员、卡车司机和店员，还有一名钢琴老师。警方从他们家中搜出了反德传单、弹药、炸弹、小型印刷机和手枪。有些人的家里什么也没搜出来，但他们仍被逮捕了。

被捕的人中便有安妮特·埃波，樊尚经常住在她家的咖啡馆"殖民之锚"。当时，她的儿子克洛德正和巴利尼亚女士的妹妹住在一起。就像托尼·勒诺丹一样，他回家后发现没人，他的母亲不在，狗却在里面狂吠。几天前，他刚看见母亲将一把手枪扔进河里。克洛德不知道该怎么做，于是去杜哈堡找她。那里的守卫要他离开。他又去梅里尼亚克的拘留营探望父亲，发现他极其沮丧，因为他的犹太朋友知道自己即将被驱逐到波兰，不久之前自杀了。克洛德生长在一个彼此关爱的大家庭。他的姨妈接走了他，待他就像亲生儿子一样。

在这轮扫荡中落网的有来自摩泽尔省的热情洋溢的、从不墨守成规的马德莱娜·扎尼，她刚把不到两岁的儿子皮埃尔送去父母那儿；她的两个朋友奥萝尔·皮卡和约朗德·皮卡；还有塔米西姐妹——吉尔贝特和安德烈，她们在事前得到警告，本应该已经逃走了的，可是她们担心没人给身在拘留营的父亲送吃的和干净的衣服。

皮埃罗·扎尼与外祖父母

　　最后一名被捕的女性——那几乎是一个意外，因为她只是回鲁瓦扬的家里拿些衣服——是 18 岁的联络员埃莱娜·博洛。自从她父亲在 3 月被捕后，她就接替了他的一部分工作。

　　特别旅在吉雷和樊尚提供的名单上找到了她的名字。8 月 7 日清晨 6 点，他们来到她家。埃莱娜被带往拉罗谢尔一家有些年头的精神病院，如今成了镇上的监狱，那里肮脏不堪，到处都是跳蚤。她的母亲埃玛经常来探望她。但有一天，另一个狱友在审问中说出了埃玛的名字，说她在为抵抗运动做事。9 月 15 日，埃玛来监狱探视时被捕了。让母亲和女儿感到欣慰和开心的是，她们被关在同一个牢房。几天后，她们在德国守卫的押送下被转移到昂古莱姆的监狱。路上，她们被嘲笑为妓女、通敌者，直到她们将手臂举过头顶，露出她们的手铐。在昂古莱姆的监狱，有人听见一名德国士兵这样问他的上司："他们也会杀女人吗？因为这里有两个我们想杀的女人。""不，"那位官员回答道，"对她们，我们另有打算。"

　　到 10 月底，普安索和波尔多的特别旅非常心满意足地报告：法国西南部的"恐怖"组织已经被"彻底瓦解"了，不可能再死灰复燃。[11]在他们赢得了胜利后不久，隶属于波尔多地方政府（Mairie of Bordeaux）的一家博物馆，举办了一场在里尔（Lille）和巴黎均大获成功的展览。展览名为"布尔什维克主义与欧洲的对抗"，展示的是苏联被毁于一旦的场景。当地报纸《小吉伦特》（La Petite Gironde）的编辑指出：这场展览非常及时，因为人们越清楚、理解共产主义的"邪恶"，便能越好地与它作对。参观者络绎不绝，闭展日期被推迟了好几回。

　　相关人士设法营救伊丽莎白·迪佩龙（她的孩子年仅 8 岁和 4 岁），但行动失败了。1942 年夏天，大部分被普安索逮捕的女人或分批或单个地被从当地的各个监狱，转移到了波尔多布代（Boudet）的兵营，或者和男人一起被关押到了杜哈堡。10 月，她们从这里被送往巴黎北部郊外的军事要塞罗曼维尔（Romainville），与其他从被占领的法国各地逮捕到的女性关押在一起，进而被驱逐到东部。

第九章　122 拘留营

罗曼维尔堡是一幢笨重的灰色石头建筑。1830 年代，阿道夫·梯也尔①为保卫巴黎，下令修建了一圈防御工事，这座堡垒便是其中之一。¹ 它的外墙高 10 米，桥墩宽 17 米。其外形构造呈一颗巨大的星星状，中间有片空地，墙壁的样式使它看起来有点像 19 世纪为法国外籍兵团（Foreign Legion）而修建的前哨堡垒。

纳粹国防军最早在 1940 年 6 月占领了罗曼维尔，但它很快成了关押"帝国敌人"的拘留营。到 1942 年夏天，它成为关押巴黎地区的人质的主要场所。如今，在有关镇压的词语中，"赎罪者"（Sühnepersonen）一词基本取代了"人质"（Geisel）的说法。"赎罪者"指他们对反抗占领军的行动负有集体责任。一旦要报复那些针对德国士兵而发动的袭击，关押在罗曼维尔监狱的"死敌"和"犹太 - 布尔什维克党人"就随时都可能会被处死。德国人不枪毙女性，至少不把她们当作人质。因此，罗曼维尔也成了关押参与抵抗运动女性的监狱，因为她们犯下了严重的罪行，必须受到严厉的惩罚，尽管目前还不清楚这可能意味什么。在法国被占领的四年间，约 4000 名女性被关在了罗曼维尔。二号人物、突击队长特拉佩（Untersturmführer Trappe）的统治异常冷酷，使人感到恐惧。罗曼维尔也被称为

---

① 阿道夫·梯也尔（Adolphe Thiers, 1797~1877）：法兰西第三共和国首任总统，残酷镇压巴黎公社的罪魁祸首。——译者注

"122 拘留营"。

1942 年 8 月 1 日，第一批 230 名参与抵抗运动的女性被送到了罗曼维尔，她们最终将前往德国占领下的波兰。[2]她是一名32 岁的西班牙护士，名叫玛利亚·阿隆索（Maria Alonso），朋友们都叫她约瑟（Josée）。她曾照看过抵抗运动中的伤者和病人，还在医院秘密协助一名女医生做小型手术。她因为向一个邮政工作人员网络提供了一台属于她哥哥的油印机，被另一名遭受刑讯逼供的抵抗运动成员告发而被捕，在庭审中，她被判无罪，但她所在组织的男性均被判处死刑。她本可以逃跑的，但她不是这样的人。无论如何，与丈夫分开后，她还带着两个年幼的儿子。她是个性开朗的、好心肠的女性，迅速成了堡垒中女子监区的领袖。院子中间有一个带刺的铁丝网，将这里与男子监区隔开。约瑟在狱中仍然尽最大可能地保持自尊。据说，在她当值分发包裹、信件并传达特拉佩的指令时，陪同她的德国士兵仿佛在她的指挥之下。

8 月 10 日，17 名因"廷特林事件"被捕的女印刷工和技术员被送到了约瑟所在的监区。这意味着年轻的马多，她的朋友雅克利娜、卢卢，她的妹妹卡门，以及维瓦·南尼都被带到了罗曼维尔。维瓦仍有逃走的机会。她被带到了特拉佩的办公室，被告知只要她愿意放弃嫁给法国丈夫亨利（Henri）后所获得的法国国籍，她就会被送去意大利的监狱服刑，就像她父亲那样。她没有丝毫的犹豫。正如她曾说服亨利为抵抗运动印刷材料，理由是她父亲肯定也会这么做，现在，她拒绝了德国人的提议，表明这不是她父亲能够接受的事。维瓦被带回到了其他女囚犯身边。

很快，"塞纳河畔埃皮奈"塞西尔也被送来了这里。8 月

24 日，"波利策－皮肯－达利代事件"的 37 名相关人员抵达堡垒，包括马德莱娜·迪苏布雷、玛丽－克洛德、达妮埃尔·卡萨诺瓦、夏洛特·德尔博和"红指甲"贝蒂。不久后，在高中墙上书写"英国万岁"的 16 岁女学生罗莎·弗洛克也来到了这里。她被分在约瑟的房间，那里可以看见院子尽头的铁窗，男人们被从那里拉出来枪毙。一旦大规模的屠杀清空了牢房，很快又会从巴黎周边各地的监狱送来更多的囚犯，他们是等待当局召唤的新人质。罗莎看起来像个小女孩。夜晚，她总啜泣着醒来，呼喊妈妈，她还会做父亲被德国人追捕的噩梦。约瑟动用自己的影响力，把她换到了西蒙娜·尚帕克斯的房间，尚帕克斯只比罗莎大九个月。两个女孩抱在一起，她们都非常想念她们的母亲。西蒙娜仍因为男友安德烈以及其他年轻同伴的死而深陷于恐惧、悲伤之中，几乎无法开口说话。

　　女人们逐渐养成了一些习惯。她们在桑特监狱狭窄、昏暗的牢房里被关了数月，几乎没有放风的机会，无所事事，而罗曼维尔的房间明亮，还有狱友之间的相互陪伴，对她们而言仿佛是一种自由。对于那些被单独囚禁的人来说，她们感到如释重负。女囚犯被分成数拨人，搬进了主楼二层 8 张床或 24 张床的囚室。男人们被关押在一层。堡垒不仅用来囚禁被当作人质的男性，还用于惩罚囚犯。中间那片巨大的空地供囚犯活动身体，尽管大部分时间女人都被要求待在各自的房间里，不过，她们可以在走廊或楼梯见朋友，交换消息。每个房间的中央都有一张长条桌，还有长凳和火炉。非单独囚禁的人们，包括新来的囚犯，可以穿着并清洗自己的衣服，每星期一和星期三还可以收到家人送来的包裹。

　　不准探监。但是朋友和家人们发现，从堡垒附近的一座小

153

山上，正好可以透过监狱的窗户，瞥见被关押在里面的犯人。许多家庭来到小山上，朝堡垒挥手，希望有人回应。一天，一对父母来到小山上，他们的女儿刚在另一座监狱生下了孩子，她被转移到罗曼维尔时，不允许带走自己的孩子。夫妇两人带来婴儿，高高地举起他，希望他的母亲可以看见。

8月底，玛丽-埃莉诺·诺德曼和其他"皮肯事件"的相关人士被转移到了罗曼维尔。她发现她的母亲不久前被关在这里，但因为她的犹太人身份，她已经被送去了德朗西。她只晚了几个星期。母亲如今身在何处，她已经无从得知。玛丽-埃莉诺也不知道盖世太保对曾与她一起制作炸弹的好朋友弗朗斯·布洛克做了什么。德国人还没发现她是犹太人，她的朋友们小心翼翼地保守着这个秘密。

罗曼维尔的食物及其供应量略优于桑特监狱，即便如此，女人们仍很饿。每天只有一顿饭，午餐时间可以从厨房的布列塔尼厨子那儿领到一大桶汤，她们在各自的房间分着喝。随着时间的推移，更多女人来到了堡垒，汤里的肉碎渐渐消失了。不止一次，有人发现汤的表面漂浮着死老鼠。家人尽量送来多余的食物，美国红十字会偶尔也会设法送来包裹，但大部分东西都被守卫偷走了。女人们很快决定，将所有食物包裹汇总到一起，使用房间里的火炉和大炖锅，在早晨加煮一锅汤。分享，很快成了她们生活中的关键。

大部分时候，这个系统的运作慷慨而公平，每名女性贡献出自己的包裹后，可以多分到一点儿食物，刚从桑特监狱来的囚犯也可以多舀到一勺，她们往往非常虚弱，甚至无法从床上爬下来。塞西尔的母亲很穷，只能偶尔送些胡萝卜和土豆来，但维瓦的姐妹人脉广，她坚持不懈地动用关系让维瓦获释，还常给她送来整只鸡。在许多年后，塞西尔还能记起维瓦对她的鸡有多么吝啬，总是在挑光了所有的好肉之后，才把骨头放进盆子里。

然而，无论从外面送来多少东西——有时，长达几个星期都没有任何女人的家人送来东西——食物一直非常匮乏。有些女性因为饥饿而胃抽搐，很少还有人剩下体力。一天，玛丽-克洛德因为太饿而昏倒了。贝蒂仿佛一具"行尸走肉"。大家都太饿了，达妮埃尔再次成为所有女性的领袖，她让所有床位靠窗的囚犯打开朝向街道的窗口，同时大喊："我很饿（J'ai faim）！我很饿！我很饿！"堡垒外，路过的人们驻足聆听。达妮埃尔和热尔梅娜·皮肯被视为此次反抗的罪魁祸首，她们被关进一个潮湿的、昏暗的惩罚牢房，几天都没有东西吃。但是，特拉佩拿起长勺，舀了一勺米粥，尝了尝味道，后来，汤水便浓稠了些。"这给了我们一个重要的教训，"热尔梅娜日后说，"让我们明白，我们不是完全手无缚鸡之力。"

玛丽-克洛德告诉家人——字写在纸片上，非常小，没有放大镜几乎看不清，由愿意接受金钱的布列塔尼厨子带出监狱——由于缺钙，女人们的牙齿都烂了。"我们身边有些朋友在不停地发抖。"她继续写道，一想到冬天即将来临，她就害怕每天只有一碗汤喝，"我会梦见豆子、扁豆、面条、土豆和奶油布丁"。

达妮埃尔总是小心地隐藏起她的沮丧，而表现出幽默、意志坚定的一面。她在另一封带出监狱的信中告诉她的母亲，她看起来前所未有地优雅，因为好不容易甩掉了战前增加的数公斤体重。她写道，她的老朋友们肯定认不出她了，她变得太瘦了。塞西尔后来说这些对她来说不像对其他女人那样艰难，因

155

为她从小就经常挨饿。一个摄影师接到盖世太保的指示，来罗曼维尔拍摄女人们的照片，17 岁的所罗门是唯一一名看起来比较健康的、吃得不错的女性，尽管有些照片捕捉到了她的笑容，不过，拍摄时，她们的朋友笑嘻嘻地做鬼脸。

西蒙娜·尚帕克斯

157　　　在拉罗谢尔经营"殖民之锚"的安妮特·埃波也找到了把信送出堡垒的机会。她告诉家人，自己患上了严重的间歇性发作的抑郁症。"与自己所爱的人们分开实在太痛苦了。我希望这一切快点结束……我很想念克洛德。"她还写道，那些从没收到过家人音讯的女人非常可怜、孤独，尤其像马伊和卢卢，她们被迫抛下了年幼的孩子。安妮特提议她的姐妹做一个蛋糕，把信藏在里面，如果可能的话，再送双鞋来。她在信中告诉克洛德："小克洛德，要听话，要乖。妈妈永远爱你。"

　　在较年长的女性的严格管理下，女子监区很快变得忙碌起来。曾为助产士的马伊组织大家每天早晨做操、洗冷水澡，她认为她们需要适应即将到来的严酷环境。她们请求家人送来羊

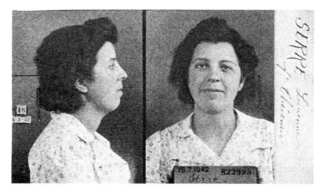

夏洛特、贝蒂和卢卢摄于罗曼维尔

毛、缝纫材料和旧衣服，随后，她们拆掉这些东西，将它们做成毛衣和袋子。

就像在桑特监狱那样，达妮埃尔、夏洛特和其他数名参与过知识分子抵抗运动的女性办了一份新闻通讯——消息主要来自守卫的交谈、布列塔尼厨子以及新来的囚犯。玛丽-克洛德能说一口流利的德语，这帮了大忙。她们从医务室偷来亚甲蓝，将字写在红十字会寄来的包裹的棕色包装纸上，《罗曼维尔爱国者》（*Patriote de Romainville*）就这么出版了。它在各个房间传阅，等所有人都读完后，会在每天夜晚被销毁。它的语调慷慨激昂，总是有好消息：德国在东部受到了攻击，盟国军队正在向北非挺进。非常有理由相信，战争很快就会结束的。《罗曼维尔爱国者》还会刊登各种不满：苍薹的汤水配给，缺少脂肪和糖，禁止通信。这来自达妮埃尔坚不可摧的意志，以及约瑟和玛丽-克洛德出色的组织能力，她们不允许任何人陷入沮丧，变得冷漠。两名女性还向众人灌输一种自豪感，一种绝不轻易屈服的决心。这种精神传遍了每个房间，将所有人团结在一起。

158　　　随着时间的推移，女性之间的友谊变得愈发深厚。塞西尔刚来到罗曼维尔时，对达妮埃尔、玛丽-克洛德那样格外自信、了解很多事的人抱着警惕。如她所见，她的共产党员资历不比她们差，但她们的出身、教育程度无疑比她优越太多。她经常感到紧张、不适。每天，塞西尔在楼梯间遇见夏洛特时，她总披着路易·茹韦给她的宽大斗篷，戴一顶毛帽子。她的身形如此高大、挺拔，并且，由于搞到了粉扑和唇膏，她还化了妆。塞西尔心里觉得她骄傲又无情。每天早晨，仿佛带着深深的讽刺，她都会向她微微鞠躬，问候"您好，女士"。夏洛特从来不回应她。但从某天开始，两个女人开始哈哈大笑，之后，她们更是变得形影不离了。她的朋友们说，夏洛特的笑声格外充满魅力。

在女子监区的各处，房间里，楼梯上，空地上，其他人的友谊也在萌芽、生长。女人们按年龄、教育程度、出身和职业，自然地结为小团体，她们分享自己的经历、相似的损失，加深了她们对于彼此的理解和爱意。为被处死的丈夫而悲伤，想念她们的孩子，担心她们的家人——女人们常常在一起聊天，因为也没有太多其他事可做。通过诉说，她们觉得自己变得更坚强了，更能面对如今的局面。她们已经明白，女性之间亲密的友谊将在今后保护她们，而身处堡垒另一侧的男性，则没能培养出类似的关系。"我们不需要'交朋友'，"马德莱娜说，"我们已经紧密地团结在一起了。"贝蒂则说："我们是一个团队。"

有些女性的丈夫、爱人参与了抵抗运动，但尚未被捕，她们时刻为他们的安危担心；有些女性的家人已经落入盖世太保手中，一部分人被关押在罗曼维尔院子另一侧的人质牢房，她们终日痛苦不堪：她们很快就会作为袭击德国人的人质而被枪杀？马德莱娜·诺尔芒的丈夫是农夫，她曾卖掉了牲口，为自己的地下活动筹钱。有一天，她在院子里看见了自己的丈夫：他几乎看不清她，因为他已经被折磨得失去了视力。

从一个房间到另一个房间，相似的恐惧、悲伤将女人们紧紧地联系在一起。两姐妹卢卢和让娜通过抵抗运动结识了塞西尔，如今，她们和她走得更近了；夏洛特成了维瓦的好朋友；热尔梅娜很喜欢达妮埃尔。一点一点地，她们从相互帮助中感受到了对方的好意，记住了彼此的生日，经常惦记对方的需要，

160

罗曼维尔拍摄的照片
上：苏珊·马亚尔　马伊·波利策　玛丽–埃莉萨·诺德曼
中：奥尔加·梅兰　伊冯娜·诺泰里　安妮特·埃波
下：伊薇特·吉永　波利娜·波米耶斯　雷蒙德·乔治

用温暖来对抗无穷无尽的苍凉。许多女性很聪明，总能惹得对方哈哈大笑。西班牙女人卢斯·马托斯（Luz Martos）在共和军战败后逃来了法国，她会跳上桌子为大家表演西班牙舞蹈。在寒冷的夜晚，女人们会依偎在一起，分享彼此的毛毯。她们标注每个纪念日，并且都会小小地庆祝一番。11 月 11 日中午，每名女性都放下手头的事，唱起了《马赛曲》，以此纪念第一次世界大战停战。

起初，存在一种政治意识。有近一半女人是共产党员，她们认为自己在地下活动中发挥了最大作用，意志也更坚定。无论是联络员，比如塞西尔和贝蒂；还是作者和编辑，比如马伊和埃莱娜·所罗门；还是组织者，比如达妮埃尔，她们都对自己为之奋斗的事业非常清晰。贝蒂刚被送来罗曼维尔时，曾在一封被偷偷带出监狱的信中小心翼翼地写道："就算身在监狱，我们也不会忘记，我们都是共产党员。""你知道吗？"达妮埃尔写道："他们可以杀死我们，但只要我们活着，他们就永远都不可能浇熄我们心中炽热的火焰……我们的国家很快就会解放的，苏联必胜。"正如她们所见，早期的抵抗运动主要由共产党领导，她们对后来加入的人们较为警惕，认为那些人要么只是出于对某种关系的忠诚，要么只是单纯地厌恶占领者。在她们眼中，那些女性都缺乏坚定信念。

刚来到罗曼维尔的那段时间，这种政治意识促使女子监区拂起了一股讲究政治纯洁的清风，让新来者知道自己在被这个圈子接纳之前会受到谨慎的考察。新来的人往往缺乏共同的政治信仰，更容易与人相处，接受的教育不多。

但那只是早期的事。几个星期后，堡垒变得越来越冷，女人们开始把床推到一起，挨着旁边人的脚睡，分享彼此的毯子，她们很快就抛开了政治观点上的差异。随着争论的偃旗息鼓，她们之间培养出了一种真正的团结，至少，它的部分原因在于多数女性明白并意识到了参加抵抗运动的风险。这种共识，还有所有人所经历的不幸，造就了一条紧密的纽带。"我们不是受害者，"马德莱娜·迪苏布雷日后说，"这和犹太人或吉卜赛人不同。我们看到了德国的海报，我们读到了有人被判处死刑，我们亲耳听到了刑讯逼供。我们知道自己在做什么。这是我们自己的选择，这让我们在情感上产生了强大联结。"数星期后，阿代拉伊德·奥特尔也被送来了罗曼维尔，她认为这个地方非常"慷慨，就像姐妹会"，她从不觉得自己是局外人。

即使是出身最为高贵的弗朗辛·龙多·蒙布兰（Francine Rondeaux de Montbray）也不例外，尽管从家庭背景、教育程度以及她所拥有的财富而言，她与其他人截然不同。弗朗辛是一名说话直爽且自信的高大女性，四十多岁，她的表兄是安德烈·纪德（André Gide）。她在诺曼底的一座庄园长大，身边不乏保姆、家庭教师的关爱。她离婚了，有一个年轻的女儿，是为数不多的信仰天主教的女性之一。法国军队战败、德国占领者进城后，弗朗辛将巴黎住处的底层改建为秘密医院，医治受伤的盟国军人。一旦他们康复了，她就会协助他们以及其他犹太家庭穿越分界线。贵族对占领者的蔑视导致了她的不幸命运。她会定期开车去诺曼底，为她的病人找食物。一天，她的汽车撞上了纳粹国防军的卡车。她被带到了一家警察局，她本可以轻易脱身的，如果她没有向推搡她的那名警官扇一巴掌的话。

然而，在罗曼维尔，确实有三名女性出于某些原因而被人排挤。她们是告密者（délatrices），其他人怀疑是她们导致了大量抵抗者被捕。据说，安托万·比博（Antoine Bibault）为了得到奖励而向盖世太保告发了他人。不过，她没有得到报酬，德国人反而逮捕了她。让娜·埃尔韦（Jeanne Hervé）是一名满口怨言、说话尖酸刻薄的女性，她不仅告发了犹太人，还包括她的邻居，如果不是约瑟插手的话，她还要告发一名在罗曼维尔与她同处一个房间的女性。据波尔多的女人们说，20 岁的吕西安娜·费尔（Lucienne Ferre）与普安索的人是一丘之貉。三人都遭到了别人的冷漠对待。

也许，对女性之间的凝聚力起到最关键作用的是在牢房蔓延开来的求知欲和分享欲。为了打发漫长的白天，为了避免回忆过去且担心孩子的未来所带来的恐惧，女人们开设了一系列非正式课程，每名女性都贡献出自己的经验和技能。维瓦·南尼教意大利语；玛丽－克洛德教政治史；马伊记得她和乔治之间的长谈，她会和大家讨论哲学；达妮埃尔讲述每天的新闻；夏洛特拥有惊人的记忆力，并和茹韦相处了多年，她的脑海中充满了话剧的每个场景与茹韦一丝不苟、孜孜不倦的舞台指导，她重现了在剧院的那些夜晚。

17 岁的普佩特·阿利宗只接受过来自修女的有限教育，而且战争的爆发大大缩短了她的学习时间。她在桑特监狱和弗雷讷监狱（Fresnes）度过了近八个月的单独囚禁的时光，牢房只有五步宽、八步长。来到罗曼维尔后，她发现了一个学习和友谊的全新世界。她心想，这就像在上大学。每天，她都能学习到新的知识；每天，她都打开了从未梦想过的世界。她日后说起："人们常常从自身的经历中了解生活，而我是从别人的故事中学到的。"在桑特监狱漫长而孤独的日子里，她只见过一

162

眼玛丽。如今，能够和姐姐团聚，她实在太开心、太欣慰了，她们总能在一起连着说好几小时的话。玛丽再次扮演起姐姐的角色，保护着普佩特。在罗曼维尔，现在有个非常年轻的由女孩们组成的小团体，有些人从没离开过家，有些人几乎还是孩子。她们想念自己的母亲，年长的女性尽全力照看她们。

少数女性设法携带了图书，如西蒙娜就拥有一本她父亲在被处决前看过的地理书，她们都会拿出来和大家分享。她们还可以从由名叫朱利安·卡昂（Julien Caen）的女囚犯所设立的小图书馆里借书。卡昂曾是法国国家图书馆（Bibliothèque Nationale）的管理员，她在1941年和人类博物馆的抵抗者一同被捕。卡昂有一辆小推车，她会推着书本走过牢房的长廊。

夏洛特从没有亲自导演过话剧，但她曾坐在舞台的一侧观察茹韦工作，她很清楚该怎么做。她很快就发现，她们中的有些人很有表演天分，有些人会唱歌，还有人会缝制服装道具。雅克利娜有一副格外甜美的歌喉。她们聚到一起，开始排演话剧。曾与茹韦共度过许多时光的夏洛特开始回忆并写下他的笔记和舞台指导经验，她还记得许多经典话剧的台词，那些记不起来的部分便由其他人即兴创作。塞西尔制作表演服，因为她在缝制皮毛时练就了好裁缝的手艺。为了演出《装病》（*Le Malade imaginaire*），她让母亲带来一块巨大的旧毯子，通过裁剪，把它制作成了一个病人的戏服。她们口中的"午后话剧"（les après-midis artistiques）在星期日吃完午餐后开始。在院子里，前来观看的不只有囚犯，还有德国守卫。一度，被告知男囚犯无法出席，妇女们便宣布要暂停演出。但之后特拉佩发善心，表示所有牢房的囚犯都可以观看表演。

9月13日，星期天，她们演出了数个世纪中发生的一系列历史事件（*tableaux vivants*），在 20 世纪的场景中出现了手铐和脚镣。"完全不用同情我。"雷蒙德·塞尔让在给女儿吉塞勒的信中这样写道。尽管她们无所事事，不过，这里有"各种文化、体育活动，有舞蹈、戏剧、唱歌……白天的时间根本不够我们做所有想做的事"。

　　按照特拉佩的命令，关押在罗曼维尔的男性和女性之间不允许有任何形式的交流。但是，人们会把纸条塞在活动身体的院子的墙缝里，还会让获准不时地来堡垒的神父、在医务室做医生的囚犯传递消息。女囚犯提议为男囚犯洗衣服，这样一来，她们偶尔能和对方说上几句话，或者把鼓励的字条塞进干净的衣服里。男人做运动的时候，女人有时可以在一旁观看。在这些日子，以及表演话剧的星期天下午，她们可以看见对方，观察他们外貌上的变化。14 名女性的丈夫或爱人是人质，她们整天为此担惊受怕。其中之一是贝蒂。特别旅的报告称，她的伴侣吕西安·多兰是极其危险的"坚定的共产党员"，绝不可能在审问时从他口中套出任何情报。贝蒂在给母亲的信中写道，她最大的"安慰和快乐是有时可以从我的窗口看见他"。正如其他男性一样，吕西安也受到了刑讯逼供。

　　9 月 20 日晚，贝蒂和其他几名女性被告知，可以去和她们的男人相处数分钟。她们没有特别担心，因为近来没有武装抵抗运动袭击德国人的消息。贝蒂被带到吕西安的牢房了，她带了一双为他缝制的羊毛袜子。当陪同她的德国守卫说"他去的地方不需要这种东西"时，她和吕西安都认为，他也许指罗曼维尔有 46 名男囚犯将被驱逐到德国某地一家工厂的事，他们会在那里领到所需的所有衣物。"再见了（*Au revoir*），我亲爱的

164

妻子。"贝蒂被带回她的房间后，吕西安写道，"我想，我会先被送去贡比涅，再被驱逐……我们一定不能放弃希望……事态变化很快。"

没有任何女人知道，9 月 17 日晚近 10 点，两颗炸弹在巴黎市中心的雷克斯电影院（Rex cinema）爆炸了，而那里自1940 年起被纳粹国防军征用了。10 个德国人丧生，19 人受伤。奥贝格立刻下令处死 116 名人质，这些人都需要由罗曼维尔提供，但堡垒的人质数量不够。8 月的大屠杀处死了 88 人，留下的空位还没被填上。因此，罗曼维尔出了 46 人，不够的 70 人将来自波尔多的迪哈堡。这意味即将被处死的人们所在的监狱不仅距袭击发生地远达 600 公里，而且他们对此一无所知。在波尔多被选中的人中，包括 7 月在干邑附近被普安索的人逮捕的农夫们。阿米瑟·吉永的丈夫与两个儿子普罗斯珀和让都在其中，还有伊丽莎白·迪佩龙的丈夫——他与吉永一家一起在"紫罗兰园"被捕，以及玛格丽特·巴利尼亚的丈夫吕西安，吕西安夫妇曾收留过被普安索的人追捕的抵抗者。卢卢和卡门19 岁的弟弟在不久之前被捕，随后被送往了罗曼维尔。他本来也是其中之一，但他当时因为脓包病在医务室接受治疗。

9 月 21 日，星期一，清晨 7 点，罗曼维尔的女人听见靴子踏过地面的声音，男人们唱着《马赛曲》。堡垒外的街道上停着数辆卡车，它们的窗户很暗。女人们仍在尝试说服自己，男人们只是要被送去贡比涅车站，随后会被驱逐到德国，所以她们不用太害怕。600 公里外，同样的场景也在迪哈堡上演。

几天来，罗曼维尔充斥着各种传闻。有人看见男人们的行李依然堆在地堡外面，但女人们仍在安慰彼此，也许它们只是在等另一辆火车。但是，吕西安的一个朋友被关进了 46 个男人在 20 日晚上曾待过的牢房，他在墙上发现了用铅笔写的字，只有一行："我们是 46 个即将被处死的男人，我们无怨无悔，自豪又勇敢。"他问一名守卫，男人去了哪里，对方告诉他："你不会想知道的……我相信你肯定明白我的意思。"

直到现在，女人们才知道 46 名男性每五人一组爬上陡峭的山坡，被带到了瓦莱里安山的行刑场。没有一人要求戴眼罩。事后，行刑队队员分到了 12 瓶干邑红酒。尸体在拉雪兹神父公墓火化，当局下令不准通知家属。从一张被藏在阿司匹林药瓶中偷偷带进堡垒的纸条中，女人们才知道了骨灰的下落。"他们太伟大了，那些倒下的人，"玛丽 - 克洛德在设法带出堡垒的一封信中写道，"给人的印象是一辈子都愧对他们，也不配为他们的死报仇。"在巴黎和波尔多被处决的 116 人当中，只有 1 人因为曾参与袭击德国士兵而被德国法庭定罪。"有些日子，"达妮埃尔写道，"我觉得自己已经逼近恐惧的极限了。"

平时充满韧性和活力的贝蒂因为悲伤和恐惧而陷入了沉默。她从吕西安的朋友处得知，牢房的墙上还有吕西安写给她的一句话。"勇气，"那行字写道，"我最亲爱的朋友。这是你必须熬过去的心碎时刻。"她给父母写了一封简短的、绝望的信。"他那么好。我的心碎了。我如此爱他……我们都是寡妇了……这些刽子手肯定打从心底里憎恶法国的年轻人，尤其是知识分子。他们是野蛮人。"她最在意的是，她和吕西安还没有孩子。她不停地让自己想象在战争结束的那一刻，她会回到他们在巴黎一起生活过的公寓，坐到他们经常一起工作的桌子边。"和他一起生活太美好了，他那不羁的气质，还有环绕着我们的书本……我只能想到一件事——为他的死报仇。"

如今，罗曼维尔多了 14 名寡妇。她们的朋友们倾尽所能。

女人们没有多说什么，只是待在她们身边，希望身体的温暖和接触也许能减轻她们的痛苦。贝蒂在给父母的信中悲伤地写道："这里只剩寡妇了。"许多年后，有名女性形容了她与丈夫共度的最后一刻："那天早上叫到我时，我身体里的某个部分仿佛停止了，没有什么可以让它再次启动，就像死去的人所佩戴的手表。"尽管她想寻死，但她选择了活下去，反抗德国人，不向任何人屈服。"我必须坚持到最后，向死而生。"

10 月 14 日，另一群寡妇被送到了罗曼维尔。在 30 名从波尔多来巴黎的女性中，包括玛格丽特·巴利尼亚、伊丽莎白·迪佩龙、伊薇特·吉永和阿米瑟·吉永，9 月 21 日，她们的丈夫在苏热的兵营被枪毙了。同行的还有马德莱娜·扎尼、约朗德和奥萝尔两姐妹以及克洛德的母亲安妮特·埃波。出发前，没有任何女性获准见她们年幼的孩子最后一面。

167　　在被枪毙前数小时，普罗斯珀·吉永和让·吉永拿到了纸和笔，给他们的妻子写告别信。笔头很钝，信潦草地写在粗糙的纸张上。"你啊，我最亲爱的妻子，你必须学会忘记，重新开始你的生活。"让在信中告诉伊薇特，"原谅我，如果我曾让你感到痛苦的话……永别了。我会勇敢地死去，为我曾奋斗过的事业。"普罗斯珀的信更简短。"我会勇敢地死去。"他在给安妮特的信中写道，"无论怎样。尽量让你的每一天过得舒服些。我最后想着的都是你。"但两个男人都不知道，他们的妻子没能平安地回到农场而是被关到了监狱，他们也不知道彼此会同时死掉。

奥贝格曾认为，疯狂的报复会遏制进一步的袭击。事实证明，他错了。在接下来的几个星期内，另外 64 名德国人丧生，警察局接到了来自法国各地的报告，"反德情绪正变得越来越暴力"。当局下令再次实施大规模处决。但"人质政策"（*politique des otages*）显然不奏效，处决被推迟了，当局开始讨论一项新政策——"夜雾命令"。

贝蒂和马德莱娜·迪苏布雷住在一个房间，早晨她们一起舒展身体时，会商量从堡垒越狱的计划。运动的时候，她们仔细观察了院子的情况，一致认为唯一的可能是钻进排水沟，顺着下水道走，希望可以穿过堡垒的围墙。计划的第一步进行得很顺利：她们逃跑时没人注意。但没过多久，她们遇上了一块挡住去路的铁栅栏，无论怎么推、怎么拉，它都无动于衷。她们沮丧透顶，被迫原路返回。没人留意到她们不见了。对她们来说，就算面对的是无法战胜的困难，也要保持顽强抗争的精神。在十月革命纪念日那天，她们协助院子空地里的男囚犯用盒子、纸和石头制作了一把镰刀和一把锤子。作为惩罚，她们在潮湿又阴暗的牢房里被关了三十天，没有床垫和毯子，但她们认为都是值得的。

圣诞节快到了。夏洛特和参与了午后话剧表演的女人们认为，让那些失去了丈夫的女性转移注意力，投入到某件事中非常重要，于是她们被分配了更多的活动。她们打算排演圣女贞德的戏，由达妮埃尔饰演贞德，由玛丽－克洛德饰演德国卫兵。塞西尔开始收集制作服装的材料。她日后说起，自己从来不会演戏，因为要不了多久就会笑场。普佩特正在背台词。她算不上不开心，现在，她经常听年长的女性谈论文学和政治。其他资历较深的女共产党员意识到，尽管她们为戴高乐主义者建立的"约翰尼"网络做事，不过，她和姐姐玛丽都不怎么对政治感兴趣。她们得到了许多人的宠爱和关怀。政治分歧不再让女性分裂。对她们来说，友谊和团结可以击退恐惧和饥饿。大家

168

讨论将食物汇总到一起，以制作特别的圣诞午餐，还设法弄到了坚果、苹果和姜饼（*pain d'épice*）来庆祝新年。女人们忙着编织，为对方准备小礼物。但天气越来越冷，罗曼维尔的气氛低沉又阴郁。

总体来说法国的氛围也不轻松。11 月 11 日清晨 7 点，尽管赖伐尔作出了很大的外交努力，德国军队还是跨过分界线，占领了整个法国。奥贝格和克诺亨的人紧随其后。很快，盖世太保在整个国家运作起来。尽管贝当仍是国家元首，但维希政府失去了独立区，还包括它的军队、舰队和国家。当局号召志愿者去德国工厂做事，并承诺每招到一名志愿者就会释放三名战俘，但民众意兴阑珊，最后，当局不得不制定了强制劳动方针。所有 18 岁到 50 岁的法国男性，只要并非在从事对国家至关重要的工作，现在都要去德国工厂。抵抗者开始在法国各地张贴海报："不要去德国！"在被占领的岁月中，年轻人变得无依无靠，维希政府提倡的合作和反犹主义似乎对他们很有吸引力。不过，一支民兵队伍正在形成。很快就证明，在抓捕和折磨抵抗者方面，它是有效的。

169　　　由于担心被送去德国参加强制劳动，一大批年轻人加入了地下抵抗活动，他们能够抓住的唯一希望便是潜入法国农村地区的森林和山冈，加入马基游击队（Maquis）——它来自科西嘉人（Corsican）关于灌木丛的说法。如今，许多小型组织和规模较大的抵抗运动遍布在法国被占领的各地，他们在政治上受到同样的迫害——比如对犹太人的迫害——让他们走到了一起，团结在让·穆兰这类人物的领导之下，并且从盟国得到了补给、武器和资金。

尽管有些组织无法得到戴高乐主义者和共产党员的信任，使得抵抗运动在一段时间曾因为竞争和仇恨变得四分五裂，不过，大部分人都赞成应该不分派系地会聚所有抵抗者，而且他们大多对戴高乐的领导能力有一定信心。另一个小进展是维希政府在 9 月颁布了一条新法令，它不再称女性是"无能"的，曾经，她们与未成年人、精神病患者、重罪犯划为等号。这项措施很有必要，因为法国现在有 80 万名女性正在独自打理家庭，而她们大多是战俘的妻子。

如今，也许比以往任何时候都更不能忽视占领究竟意味什么：42500 名犹太人被驱逐到了死亡营（运送他们的火车没能遇上抵抗运动制造的脱轨事故）；整个国家都处于德国军队的掌控之下；人民又饿又悲惨，正在经历第三个缺少燃料的冬天；数千名抵抗者不是牺牲了，就是被关进监狱，或者在被送去德国工厂的路上。厄尔－卢瓦尔省（Eure-et-Loire）省长在月度报告中写道，他辖区内的人民变得冷漠又可怜："凡尔登精神消失殆尽，一种可怕的个人利己主义风气占了上风。"巴黎迎来了又一个阴沉又萧索的寒冬。

1942 年圣诞节前不久，最后一批即将被驱逐的女性来到了罗曼维尔。[3]她们是波兰人，不是人人都会说法语。在 1920 年代与 1930 年代，她们受北部就业机会的吸引来到法国，只要情况允许，她们都打算回家。这是一个关系亲密的团体，民族主义情绪高涨，她们煮波兰餐——香肠和紫甘蓝；在温暖的夏日夜晚，男人会用口琴吹波尔卡舞曲。但是，战争和纳粹在他们祖国的迫害困住了在法国的波兰人，停战协定签署后，在法波兰人发起了抵抗运动，成立了"波兰独立斗争组织"（Polska

170

Organizacja Walki o Niepodległość，POWN）。该运动的领导人是前波兰总领事亚历山大·拉瓦科斯基（Aleksander Kawalkowski），化名为尤斯廷（Justyn）。1942 年夏天，他们发动了一项名为安格莉卡（Angelika）的计划，后改名为莫妮卡（Monika），协助同盟军在一次登陆中使德军的行动瘫痪；与此同时，其成员发起破坏行动，收集情报，还把犹太人偷偷运出法国。

1942 年初秋，达维德和他的特别旅抓获了数名为"莫妮卡"做事的女性。有些人是老师，在煤矿社区教波兰语；有些人在巴黎的商店工作，为抵抗运动修无线电发射器，或者在她们家中收留犹太人。还有一些法国女人，碰巧嫁给了波兰犹太人，而在围捕巴黎犹太人的行动中被捕。

布拉班德尔全家（Brabander）——弗朗索瓦（François）、他的妻子索菲（Sophie）、他们的女儿埃莱娜（Hélène）和小儿子罗穆亚尔德（Romuald）———起被送来了罗曼维尔。[4]弗朗索瓦在一战时曾与法国并肩作战。停战后，他参加了波兰解放运动，后来完成了医学学业，为生活在法国的波兰矿工家庭开设了一家外科诊所。法国沦陷后，他曾尝试带着妻子和孩子经西班牙逃往英格兰，但在西班牙边界被遣返了。决定留在法国后，他和索菲加入了莫妮卡网络，直到他们最终被盖世太保逮捕。家人被捕时，19 岁的埃莱娜和一个朋友在一起，逃过了一劫。但 24 小时后，她也落网了。在罗曼维尔，弗朗索瓦、罗穆亚尔德和一批即将被处死的人质关在一起，心惊胆战地过了一天。之后，他们被转移到了贡比涅的营地。索菲和埃莱娜则被安排和皮肯事件、廷特林事件的抵抗者住在一起。

还有一个名叫安妮－玛丽·奥斯特罗夫斯卡（Anne-Marie Ostrowska）的女人。她本人不是犹太人，但嫁给一个名叫萨洛蒙（Salomon）的波兰犹太人。这对夫妻在巴黎的奥伯康普夫路（rue Oberkampf）开了一家小皮革作坊。随着种族法律变得越来越严格，萨洛蒙和他们19岁的儿子阿尔弗雷德（Alfred）尝试穿越分界线进入南部安全地带，但他们被逮捕了。安妮－玛丽满脑子想的是如何拯救她的丈夫和儿子。身为"非犹太人"，在理论上她可以自由行动，但她和她17岁的女儿也在维耶尔宗被盖世太保逮捕了。由于安妮－玛丽不是犹太人，她被送到了罗曼维尔。让她感到害怕又痛苦的是，她的女儿被视为拥有一半犹太血统，因此被送往了皮蒂维耶的营地，如今，正等待被转移到德朗西。

　　圣诞节前夕，另外两个年轻的波兰女孩来到了堡垒。她们是卡罗利娜·科内法尔（Karolina Konefal）和安娜·尼津斯卡（Anna Nizinska）。她们的穿着像农村女孩，裹着颜色鲜艳的巨大披肩。她们唯一的随身物品是一只闹钟。她们不懂法语，似乎搞不太清楚为什么会身在法国，她们只是听说过一个为"莫妮卡"网络做事的男人的名字而已。

　　12月15日，40多岁的意大利歌手艾丽斯·维泰尔博（Alice Viterbo）来到了罗曼维尔。她出生在埃及的亚历山大港，曾在国立巴黎歌剧团演出。在战争爆发前不久，艾丽斯在一场车祸中失去了一条腿。没有人知道她究竟在抵抗运动中做过什么，但据说她帮助过一个戴高乐主义者的网络。她个性开朗，从不抱怨那条木头假肢，人们经常听见她在房间里唱歌。艾丽斯之后，来到这里的是31岁的夏洛特·德科克（Charlotte Decock）。她是一名来自诺让（Nogent）的车工，由于她参与抵抗运动的丈夫越狱了，她成了顶替丈夫的人质。夏洛特曾获准参加一场洗礼，本可以借机逃跑的，但她自愿

171

186 / 冬日列车：维希政权与纳粹集中营里的法国女性

回到了监狱。家人说服她的丈夫不要自首。没有人相信盖世太保真的会长期拘留一名无辜女性，况且她同时还是一个 10 岁男孩和一个 7 岁女孩的母亲。夏洛特很快赢得了众人的喜爱。正如艾丽斯一样，她相信不会发生什么坏事，她们很快就会回家的。在她之后，米兹·费里（Mitzy Ferry）来到了这里。她是一个 24 岁的女服务员，曾协助犹太人穿越分界线。米兹被单独囚禁过三个月，镣铐锁在墙上，而且她受到了反复的刑讯逼供。其他女人围拢在她身边，尽量安慰她。最后几名来到这里的女性中包括若尔热特·罗斯坦，她曾兴致勃勃地踩着高跟鞋在伊夫里各处奔走。后来，皮埃雷特记得曾抓着她的手，哭得泪流满面。

就算付出了巨大的努力来保持精神振奋，许多被关押在罗曼维尔的女人仍会低声啜泣，为她们死去的丈夫，或者为她们四散在外祖父母家和亲戚家的孩子们——她们已经好几个月没见过他们了。安妮特·埃波设法偷偷带了一张克洛德戴贝雷帽的照片。她在院子里遇见一名男囚犯，对方是一位艺术家，主动提议为她按照片画一张画像。画像和照片非常神似，她开心极了，现在，她有两张儿子的图片了。然而，那些抛下了孩子的母亲们，比如卢卢、马德莱娜·扎尼，则痛苦地意识到她们错过了孩子成长的所有阶段，包括他们如何学会说话和走路。不仅如此，孩子们可能已经认不出她们了。这是一种难以想象的严厉惩罚。

1943 年 1 月 9 日是达妮埃尔的 34 岁生日。和她同住的女人们设法让人偷偷带进来一束鲜花。一整天，她经过走廊或在院子里锻炼时，碰见她的女人都会送上一份小小的礼物——由碎布缝制的小玩意儿或者卡片，卡片是用红十字会包裹的纸做的。

"你无法想象，我们有多么喜欢对方，"达妮埃尔在信中告诉她的父母，"不仅仅是因为我们对对方有多么重要。"朋友们还给她送来一块小牛肉和一些胡萝卜。

1月中旬，特拉佩突然宣布允许罗曼维尔的女人与外界通信。"这里刮起了一阵离别之风，"玛丽－克洛德写道，尽管她和其他人一样，认为距离获得真正自由的时间，还差好几个月，"但我很有耐心，非常确信一切就快结束了。"有传闻称，同盟军即将攻占的黎波里（Tripoli），德国军队在斯大林格勒（Stalingrad）战败了。普佩特和玛丽刚得知，她们的母亲因为胃癌去世了。听说这个消息时，玛丽晕了过去。

1942年7月，在贡比涅附近的营地，首批1170名与"夜雾命令"有关的囚犯被送往"未知目的地"。他们均为男性。这批人中有车工、水管工、电工、轨道工人、码头工、裁缝、邮递员和农夫。他们中的90%都是共产党员，因为抵抗活动而被捕。其中之一是贝蒂的叔叔夏尔·帕索（Charles Passot）。在贡比涅时，他们继续学习政治、锻炼、分享食物。没人知道他们要去哪里。德国人在明白了大规模的死刑无法遏制抵抗者之后，认为驱逐——尤其是神不知鬼不觉的行动——也许会更有效。因此，他们又决定派第二辆列车驶往未知之地，处理掉罗曼维尔监狱里那些麻烦的女人。

1月22日夜晚，女人们正准备回自己的房间睡觉时，她们突然被集中到了一起，其中的222人被点了名。她们接到指示，只准随身携带一只装保暖衣物的小箱子。"等待我们的将是怎样的命运呢？"达妮埃尔飞快地给她的父母写信，"但你们在想念我时永远不要灰心……我觉得充满了干劲，年轻的血液在我的血管中奔腾。"她说她的同伴们已经"做好了一切准备"。她

173

刚得知她的兄弟与摩洛哥的内政部长攀上了关系，正在想办法
将她转移到南部的监狱，但她拒绝离开，说自己要留下来和大
家在一起。她的决心既来自她将自己视为大家的领袖，也因为
没有人真正意识到她们的处境有多么危险。

玛丽－克洛德从罗曼维尔寄出的最后的信，写于 1943 年 1 月 21 日

174　　　玛丽－克洛德在给母亲的信中写道，她带上了兰波
（Rimbaud）的诗歌小册子，除了似乎有更年期早期症状外，她的
身体很好，"旅行时它很实用，所以我没什么好抱怨的"。贝蒂在
写给父母的信中同样兴致昂扬。她已经分别在桑特监狱和罗曼维
尔熬过了五个月，她相信只要再过五个月，肯定就可以回家了。

　　堡垒中充斥着各种传闻。贝蒂记得在多次审问中都被告知，
她不太可能会被处死，但等待她的也许比死亡更可怕。埃莱
娜·博洛告诉了别人她在昂古莱姆监狱偷听到的话，一名军官
曾告诉一个守卫，德国人对女人"有其他的安排"。但大部分
女人是兴奋的：即使在德国的工厂工作，也不会比整天关在监

狱无所事事更糟糕，这里充满了不确定性，而且盖世太保对食物非常吝啬。玛丽－埃莉萨·诺德曼极力让她非常关心的西蒙娜·尚帕克斯尽量在路上多穿些衣服，穿上她母亲织的毛衣和毛呢大衣，还有一个囚犯送给她的几乎全新的外套，再穿上两双羊毛袜子。女人们一致同意，她们应该穿上所有的衣服，以防万一她们被送去某个非常寒冷的地方。普佩特·阿利宗和玛丽·阿利宗决定拿上从雷恩带来的毛皮围巾，被囚期间，她们一直小心翼翼地保管着它们。

没有人睡得着。她们给家人写告别信。她们打包，又拆开包裹重新整理。守卫向每个女人发了一个面包和一条10厘米长的香肠，告诉她们尽量把食物留到最后，因为旅途可能会持续数天。23日，女人们被带到火车站附近的贡比涅营地。在那里，另外八个刚被逮捕或从其他监狱转移来的女人加入了她们。她们在空旷大厅的床铺上过了一夜。

八名新来的女性之一是若尔热特，达妮埃尔在伊夫里的组织者。她最终在1月3日被盖世太保逮捕，后者贿赂了她公寓的看门人。在贡比涅，若尔热特设法给家人写了一封信。她说自己"没有干净的床单、食物和钱（sans linge，vivres et argent）"，所有的东西都被人收走了。"请你们照顾我的佩佩……我的皮埃雷特（Pierrette）……全心全意地亲吻你，我们的士气不错……我很快就会回来的。"

1943年1月24日的清晨潮湿又寒冷。空中弥漫着一股雾气，云层压得很低。这是一个星期日。天色渐亮后，230名女性在德国士兵和法国警察的陪同下坐卡车来到火车站，她们先经过了一条"被驱逐者专用通道"，之后，被分配到四辆运牛货车上。在去车站的路上，她们朝附近的几个人大喊，但那些人只是望向别处，匆匆地离开了。火车的前几节车厢已经关闭了，里面有 1446 名男性，他们是前一天晚上上车的。他们之中包括乔治·格鲁嫩伯格，即西蒙娜在青年武装翼认识的朋友。六七十名女性为一组，被分别带到前三辆运牛货车。剩下的 27 人爬上了第四辆运牛货车，包括夏洛特、达妮埃尔、玛丽-克洛德、贝蒂、西蒙娜和塞西尔。每辆车上铺了半捆稻草，这让夏洛特想起需要打扫的谷仓的模样。有一个供大家方便的桶。马德莱娜·诺尔芒不知道，而且永远都不会再知道，她们离开贡比涅的时候，她的母亲因为担心女儿而病入膏肓，奄奄一息。

门被关上后，插上了门闩。车厢非常拥挤，无法让所有女性同时伸展开身体，所以，她们设立了轮换制度，每次让半数人躺着，另外一半坐着。箱子堆在桶的四周，以免火车开动时翻倒。在夏洛特的车厢，有一个五十岁出头的荷兰女人，名叫雅各巴·范德莱（Jakoba van der Lee），她的前夫是阿拉伯酋长。她将一顶黑色帽子放在自己的行李箱上，摊开她的毯子，并把自己裹在一件长及大腿的水獭皮外套里。在车上所有的女人当中，她的存在也许是最荒谬的：她给在荷兰的兄弟写了一封信，满怀期待地预言希特勒肯定会战败。这封信被德国人截了下来。

出发前，玛丽-埃莉萨认为应该写下并记录车上每一名女性的身份。她催促大家留下姓名、年龄、有几个孩子，以及与每人经历相关的重要事实。

230 人当中有 119 人是共产党员，[5]有 9 人不是法国人。她们中的大多数来自法国各地，包括巴黎、波尔多、布列塔尼、诺曼底、阿基坦以及卢瓦尔河的沿岸地区。她们庇护抵抗者，撰写、复印反德的小册子，在购物袋中藏匿武器，协助发起破坏

176

行动。12 人曾经是向导——雷蒙德·塞尔让也是其中之一，她们协助人们穿越分界线。37 人由于皮肯 - 达利代 - 波利策事件而被捕，17 人为廷特林网络的印刷工和技工；40 人曾活跃在夏朗德省、滨海夏朗德省和吉伦特省附近。车上有超过 20 人——比如范德莱女士——几乎与抵抗运动没有任何关系，她们只是对占领者持有负面评价，或者认识抵抗者。还有 3 名告密者，她们的存在更加诡异，她们明明支持而非反对占领者。

车上有 1 名医生阿代拉伊德、1 名牙医达妮埃尔、1 名助产士马伊和 4 名药剂师，玛丽 - 埃莉萨是其中之一。她们中有农妇、店主，有在工厂和邮局工作的妇女，还有老师和秘书。有 21 个裁缝或懂针线活的女性。有几名学生。其中一人是歌手。42 人称她们是家庭主妇。半数已婚，51 人的丈夫或爱人被德国人处死了。99 人诞下了 167 个孩子，其中最年幼的婴儿出生仅数月。60 多岁的寡妇玛格丽特·里希耶（Marguerite Richier）生过七个孩子，她的两个女儿奥黛特（Odette）和阿芒德（Armande）也在车上。

就她们接下来将经历的事而言，最关键的是有 54 人在 44 岁或以上，尽管多数人是二十多岁或三十岁出头。车上最年轻的女孩是罗莎·弗洛克，她刚庆祝完 17 岁生日。最年长的是来自索恩河畔沙隆（Chalôns-sur-Seine）的 67 岁寡妇玛丽·肖（Marie Chaux），有人告发她在厨房的抽屉里藏了一把儿子的手枪——一战的纪念品；尽管根据后来的发现，她也为抵抗者提供安全屋。

车上还有几个家庭。卢卢和卡门、约朗德和奥萝尔是为数不多的两对姐妹；有六个母亲和她们的女儿，包括埃玛·博洛和埃莱娜·博洛，她们曾想尽一切办法要求分在同一辆运牛货车上，但未能如愿。布拉班德尔一家都在车上，男人在前面的车厢，埃莱娜和索菲在后面的车厢。在前一天，布拉班德尔医生在贡比涅瞥见了妻子和女儿的身影，他恳求获准与她们说几句话，但遭到了拒绝。还有艾梅·多里达（Aimée Doridat）和她的嫂子奥尔加·戈德弗鲁瓦（Olga Godefroy），她们来自南锡的一个共产党员大家庭。艾梅本来也可以逃跑的，一名铁路工人让自己八岁的儿子向她传话，要她最好想办法躲起来，但她不愿意离开她的六个兄弟，而他们则都处于拘留之中。

但最重要的是，尽管这些女性在年龄、背景、教育程度及拥有的财富上不尽相同，不过，她们都是彼此的朋友。她们在罗曼维尔度过了一段非常亲密的时光，车上到处是她们的朋友。她们知道彼此的长处和弱点，会陪伴在陷入可怕的痛苦的人们身边。她们照顾着彼此，共同踏上了未知的前路。阿代拉伊德推测她们将前往一家德国工厂，好奇她们将如何一起工作、关心彼此。

火车穿过法国时，铁轨上的字条

　　火车在贡比涅车站启动时，她们从包裹里拿出了铅笔和纸 　178
片写字条。维瓦在最后一行写的是"我会回来的"，还加了下
划线。她们在空白处写下了家人的名字和地址，写她们正在火
车上，即将前往遥远的某个地方——她们认为可能是德国。她
们用指甲刀在木质车厢壁上挖小洞，等火车在车站停下来后，
就往外塞纸条，还加上了一点钱，恳求捡到它们的人把纸条送
给她们的家人。安妮特·埃波给家人写的是"照顾克洛德"， 　179
给儿子写的是"妈妈亲亲最爱的儿子"（Maman t'embrasse, mon
cher fils）。在为数不多的随身物品中，她携带了克洛德的照片
和在罗曼维尔收到的他的肖像画。有人在讨论从车上逃跑，但
门是从外面锁上的。

安妮特·埃波与丈夫和儿子

　　第一天，女人们轮流透过车上的缝隙观察，试图弄清楚她
们所经过的地方。火车在马恩河畔沙隆停车时，一个铁路工人
走到车厢附近低语道："他们打输了。他们输掉了斯大林格勒。
你们很快就会回来。坚强点，女孩们。"在梅斯，法国司机换
成了德国人。现在，车上由盖世太保做主。几名女性获准外出

安妮特带在身边的克洛德的画像

为大家打水。一个车站的守卫告诉她们："充分利用你们的机会。你们将被送去永远无法再回来的集中营。"大家根本不把他不吉利的话放在心上。女人们唱歌，唱那些从童年起便记得的歌谣，以保持精神愉悦。

温度越来越低，在昏暗的、没有窗户的车厢里，女人们紧挨在一起，为对方揉背。有个女人把牙齿不停地发出"咯咯"声的西蒙娜拉入怀中。桶里很快积满了尿液，洒了出来，但好在尿水很快就会结冰。尽管她们很快就吃完了面包和香肠，但是，比饥饿更难熬的是口渴，每当火车在车站停靠时，女人们都恳求着要水喝。玛丽－克洛德持续用最大的声音喊道："给我们水喝，我们很渴。"没人回答她们。很快，她们陷入了沉默，尝试保存唾液。第二天夜晚，火车停在哈勒（Halle），车上的男人从此与她们分道扬镳，他们最终的目的地将是萨克森豪森集中营（Sachsenhausen），尽管当时车上没有人知道。布拉班德尔一家虽然还被蒙在鼓里，但他们还是在此分别了。

1943 年 1 月 26 日，星期二早晨，火车停在了弗罗茨瓦夫（Breslau），女人们喝上了温水。天越来越冷了，仅剩的面包块都被冻硬了。她们听见波兰人在说话。车再次开动时，负责从缝隙观察外部的女人们发现，这里被漫漫白雪覆盖住了。大地平坦，结了冰，了无人烟。那天夜晚，火车停下了，再也没有启动过。

第二部分

第十章 31000 次列车

在西里西亚（Silesian）黎明苍白的光线中，运牛货车的门 （183）被拉开了，首先击中女人们的不是寒意：她们已经太冷了，乃至身体几乎失去了感觉；那是一阵嘈杂声：第一下是喊声，有人发出指令，激烈又迅速，她们不懂德语，但它的意思——快点，快动，快爬下来，快排队，别管行李箱——非常直白。更可怕的是狗吠声，它们吼叫、咆哮，绷紧绳索朝女人的方向跑来，叫个不停。

一个接一个地，她们帮扶着彼此，用力伸出手或抓住彼此的肩膀，尽量不跌倒或陷入恐慌，这 230 名女性从车上爬了下来，她们站在崎岖不平的大地上，感到恐惧又困惑。缺少食物使她们虚弱极了，同时还口干舌燥。她们身边是延展开的一片广袤的、结了冰的平原，远方缀着几棵树。雪积得很深，看起来像头顶上方无穷的天空，泛着一种灰，一直绵延到视线的尽头。她们僵硬又震惊，身体依偎着彼此，按士兵喊出的命令，五人一组参差不齐地排成一排。带枪的党卫军中站着几名女性，她们披着黑色长披风，军帽外拉上了套头衫的帽子，穿着高筒黑皮靴。她们让普佩特联想到了乌鸦。党卫军手持警棍和鞭子。月台孤零零地延伸成一条直线，在乡间格外醒目。没有建筑，也没有车站。

女人们奉命前行。能说流利德语的玛丽－克洛德为大家当翻译，她的话一遍遍地被传到了后排。她们穿着单薄的鞋子走在结了冰的、光滑又不平整的地面，在半明半暗的光线下看见迎面走来的数名女性，她们仿佛来自另一个世界：憔悴，跌跌撞撞，头发被剃了，穿着不合身的奇形怪状的衣服，无法辨认每个人的面目。"她们真脏，"卢卢对身边的人说，"她们至少该洗洗。"西蒙娜留意到这些女人的脸因为冷而冻得发紫。在远处，她们看见了信号灯，它们被以间隔相同的距离悬挂在广阔的大地上。

又走了一小段，她们遇上了几个骨瘦如柴、衣衫褴褛的男人，他们都穿着条纹状的衣服。没人回应她们的招呼。她们前行时，嗓音甜美的年轻秘书雅克利娜开始唱起了《马赛曲》。很快，23 岁的锁匠女儿雷蒙德·萨莱（Raymonde Salez）便跟着唱了起来，她曾在巴黎参与袭击一家德国书店。之后，女人们三三两两地跟着唱起来。她们挺直肩膀，想让自己看起来高大些。就是这样，这 230 名女性高唱着歌曲，走过两排铁丝网和瞭望塔，走过头顶上方"劳动带来自由"（*Arbeit Macht Frei*）① 的标语，走进了集中营。其他女人因为听见歌声而惊讶极了，纷纷打开她们牢房的窗户来听。这些法国女人不知道她们身在何处，尽管玛丽 - 克洛德翻译了沿路柱子上钉着的一块标志："灭绝营"（*Vernichtungslager*）。"不存在（*Nichts*），"她说，"什么也没有，虚无，漫无目的。"就算她们听说过奥斯威辛（Auschwitz）或者比克瑙（Birkenau），她们也不知道这意味着什么。

---

① 许多集中营的门口都有这句标语，它可能是用来羞辱犹太人（纳粹宣传机器将犹太人描绘为懒惰且贪得无厌的人）或者带给人虚假希望的。——译者注

1941 年夏天，党卫军首领、德国警察的负责人海因里希·希姆莱任命德国军队的前中士鲁道夫·赫斯（Rudolf Hœss），担任在西里西亚新修建的奥斯威辛集中营的指挥官。赫斯曾因谋杀一名涉嫌叛变的教师而被判十年有期徒刑。[1]希姆莱告诉他，这座集中营与其他数百座分布在德国和被占领的欧洲各地的集中营、战俘营及奴隶营不同。它将成为一个灭绝集中营，"有史以来规模最大的"，他让赫斯想想，怎么才能使它最高效地运作起来。

　　赫斯不像艾希曼那样是一个施虐狂，他沉迷于命令、职责、服从和效率。1933 年，达豪那个由西奥多·艾克（Theodor Eicke）控制的集中营为他提供了一个蓝本，那里关押着"国家的危险敌人"：政敌、神父、犹太人、耶和华见证人、乞丐和精神病人。党卫军在那里接受了羞辱和折磨囚犯的训练，他们自己也要受到集体惩罚，目的是摧毁所有的自我价值感，让人和人之间互相陷害。就像艾克创建的集中营一样，那是一个封闭的世界，非人道是它的日常，野蛮是一种规范，囚犯被贬为肮脏的、带病的牲口，他们死于饥饿、疾病和暴行，它们都是这个系统的一部分。但是，赫斯现在下令要建立起一个杀人机器，一种快速地、有效地除掉人的方式，尤其是考虑到当时正在讨论的"最终解决方案"：消灭欧洲的犹太人，在他们之后，也许还有帝国想抛弃或消灭的其他人。正如赫斯日后所说，随着战争进入尾声，他是人类历史上最大的大规模谋杀机构的指挥官。[2]

　　奥斯威辛 1 号营位于波兰地方小城镇奥斯威辛（Oswiecim）的边缘，距离西里西亚的工业心脏地带卡托维兹（Katowice）30 公里，它在 1939 年被德意志帝国吞并。300 名奥斯威辛的犹太人被派来这里拆毁波兰骑兵的一座旧兵营，并驱逐生活在附近棚屋和小木屋中的 1200 名居民。很快，苏联战俘取代了他们。战俘继续夷平土地，建造新营地，但数以万计的人因为缺乏食物和水、因为疾病以及看守士兵的野蛮而葬身于此。维斯瓦河（Vistula）和索瓦河（Sola）交汇处的大片沼泽对健康极为不利。冬天，会从东边刮来刺骨的寒风；春天，融化的积雪使地面变成黏稠的泥浆，几乎种不出任何东西。

这片雾气弥漫的、潮湿的沼泽山谷的一部分是比克瑙，它在德语中的意思是桦木林。1941 年 3 月，希姆莱访问此地时，相关人士便讨论要在这里修建第二座集中营，用来关押 10 万名战俘以及为法本公司（IG Farben）① 新工厂劳动的奴工，该公司的合成化学品对德国作战至关重要。这里周围有煤矿、采石场和石灰坑，水资源丰富，还建有发达的铁路。比克瑙开工后不久，希姆莱告诉赫斯即将执行"最终解决方案"，灭绝欧洲的犹太人现在已经成为官方政策，而比克瑙将成为主要的杀戮中心。问题是：怎样在不制造大量流血场面的情况下——这会让刽子手不安，杀死这么多人？如何处理他们的尸体？大规模枪毙或向心脏注射苯酚会把事情弄得一团糟又不可靠。他们需要某种无菌的、不用直接接触的杀人手段。

他们已经尝试过利用马达放毒气，但效果有限。赫斯的副手卡尔·弗里奇（Karl Fritsch）建议尝试齐克隆 B（Zyklon B）②，这是由法本公司的子公司德国害虫防治公司（Degesch）

---

① 纳粹政府是法本公司重要的政府承包商。1951 年，该公司被拆分为爱克发（Agfa）、巴斯夫（BASF）、拜耳（Bayer）和赛诺菲（Sanofi）四家公司，如今，它们仍是世界上最大的化工和医药企业。——译者注

② 德国化学家弗里茨·哈伯（Fritz Haber）发明的氰化物化学药剂，原为杀虫剂。哈伯本人具有犹太血统，后因此而遭迫害。——译者注

比克瑙的营房

生产的一种灭老鼠和蟑螂的毒药。它像一颗药丸，扁豆大小。接触氢氰酸后，它会在密闭的、拥挤的空间释放出气体。齐克隆 B 可以在数分钟内就让人失去知觉。首次实验在 600 名苏联战俘和 200 名病人中执行，赫斯对它的效果相当满意：没有流血，也不会让刽子手感到不安。1942 年 1 月，在法国女性来到比克瑙的前一年，在一家孤零零的农舍里建成了第一间毒气室。之后，另一家农舍里的第二间毒气室于 6 月建成。如果这两个地方同时运作，一天里可以用毒气处死 2000 人。起初，尸体被埋在巨型矿井中，之后，为了提高效率，它们被浇上油、酒精，付之一炬。

　　但是，奥斯威辛和比克瑙集中营还有第二个用途，到 1942 年年底，这对德国人变得非常重要。随着越来越多的士兵被困在东部前线，军队的武器和补给日益短缺，集中营慢慢成了关押苦役的地方：强壮的、健康的人会被挑选出来，然后被送往集中营周围不断冒出来的许多工厂；虚弱的、体弱的人们刚到这里就会被"筛选"出来，直接送去毒气室。通过惩罚和使人精疲力竭又残酷的劳动，都可以达到毁灭的最终目的，它几乎与立即处死同样有效，还能为德国战争提供额外的好处。正如一名党卫军军官所说："你们最终都难逃一死，只不过在你们身上要多花些时间。"

到 1943 年年初，法本公司以及其他主要的工业公司都在为扩张集中营而努力，那里终将成为纳粹主要的工业化杀戮中心。³迫于增加合成燃料供应的压力，法本的员工和纳粹党卫军守卫同样残酷无情，每当有火车驶来，他们都会亲自挑选出电焊工、药剂师和电工。弱者不会得到丝毫怜悯。采石场、煤矿、工厂和沼泽已经沦为屠弱的、病入膏肓的、食不果腹的男人和女人的死亡陷阱，他们没有防护服，不停地受恶犬滋扰，永远活在恐惧之中。

法国女性抵达比克瑙时，集中营的双重功能发挥了全部潜力。每驶来一列火车，车上大多坐满的是来自荷兰、法国、比利时、希腊、德国、南斯拉夫、捷克斯洛伐克和波兰犹太人聚居区的犹太人，只有一小部分人——也许占总人数的 10% 到 15%——被认为足够健康，他们将劳动到死。其他人——老人、病人、孩子、抱婴儿的女人和孕妇——均从铁路直接被送去了毒气室。

188　　托夫父子公司（Topf and Sons）新建的四座焚尸炉即将竣工，还有地下更衣室。它们不仅将大大加快灭绝速度——理论上，每天要"处理"4416 人，还可以消除周围空气中人体烧焦的气味。在全新的流水线系统中，囚犯组成了"特遣队"（Sonderkommando）①，负责往锅炉里装尸体。在此之前，死者

---

① 指在焚尸炉工作的男囚犯，他们暂时得以存活，直到自己被送进毒气室，之后被火化。——作者注

的金牙已经被撬下，等待被运回德意志帝国银行（Reichsbank）重新铸造；剃下的头发日后将被制成毛毡或线头。锅炉里的炉灰将被取出来，碾碎，由卡车运往维斯瓦河。在法国女性抵达此地之前，有 44 趟从德朗西驶来的、满载法国犹太人的列车停靠在这里。除了极少数人外，车上的所有人都被送往毒气室。当局现在计划接收被占领的欧洲地区的吉卜赛人。

比克瑙不仅是死亡营和劳动营，自 1942 年春末以来，它也成了奥斯威辛地区关押女性的主要营地。1943 年 1 月，这里生活着来自欧洲各个角落的 1.5 万名女性，条件比其他地方的集中营更为恶劣。过度拥挤，长期缺水，公共厕所只是个开放的水泥洞口，下面堆积着烂泥和粪便。斑疹伤寒、痢疾、肺结核、疥疮和脓疱病肆虐，女人身上的脓肿似乎永远都无法痊愈。她们严重营养不良，每个月都有五分之一的人死去。过度劳累，浑身长疮，四肢肿胀，她们生活在所有正常的行为模式均被弃用的世界。党卫军的男人和女人滥用暴力、腐败、人格沦丧，如果不靠偷窃或说谎，根本无法生存下来，得到褒扬和奖励的不是人类最优秀的品质，而是最下贱的行为。在她们之上有女囚监（kapos）①——犯人的管理者，以及 *Blockältesten*——监区长者（block elders），她们在大多数时候由德国罪犯担任，且非常乐于效忠党卫军，因为她们能否活下来就看是否够凶狠，据说，她们的邪恶和复仇心远超过她们的男同事。② 普里莫·莱 189

---

① 她们也被称为功能性犯人，受党卫军的委任，在集中营管理其他犯人。犯人的自我管理制度也使纳粹节省了人力资源。——译者注
② 党卫军挑选最愿意听命行事的犯人，给他们一些特权和特殊的臂章，赋予他们可以用来针对他人的无限权力：囚监负责监督劳动"突击队"（commandos）；*Blockältesten* 负责维持秩序；Lagerältesten 负责直接向集中营的指挥官报告。——作者注

维在日后写道，比克瑙的女人"像鬼一样跌跌撞撞，完全丧失了她们的意志……蹒跚的行尸走肉真是可怕的景象"[4]。

这 230 名法国女性踏进的正是这样一个地狱。她们中有些人近六十岁或六十多岁了，有些人还是学生，习惯了饱足的生活、温暖的床铺和干净的衣服，对陌生人礼貌又谦逊。

她们五人一组排成参差不齐的队伍，尽量跟上前面人的脚步，抓紧仅有的随身物品，夏洛特戴着路易·茹韦送给她的皮毛帽子，雅各巴·范德莱披着水獭皮外套，她们被带到了集中营边缘的一栋建筑。她们看见营房整齐地伸展在白雪皑皑的、广袤的大地上，一座由木材和石材修建的平房仿佛加修了小窗口的马厩。她们经过的路上躺着一具尸体。她们震惊得不知所措，相互推搡着跨过了它。

她们被带去的营房没有暖气，然而，在令人痛苦的严寒中蹒跚、一步一滑地跋涉之后，能够坐下来就是一种安慰，尽管她们能坐的地方只是石头边缘，以及由木板条制成的一直延伸到屋顶的床铺。中午，两名穿条纹衣服的囚犯端来一大锅热汤，汤很薄，飘着几片叶子，每人分到了一只红色的搪瓷碗。并非每个人都喝了汤，有人说碗有一股恶臭，让人感到恶心，最好等着发面包。但她们被告知没有面包，最好有什么就吃什么。她们后来才知道，碗里的恶臭来自营房中患痢疾的女人，她们晚上来不及去厕所，只能拉在碗里。在法国女人们犹豫之际，已经在营房安顿下来的德国人和波兰人一哄而上，你推我搡地舀汤。

之后，营房的门开了，进来了数名党卫军。其中一人上前一步，询问法国女性中是否有人是牙医，因为集中营的牙医不

比克瑙营房内部

久前刚去世了。达妮埃尔举了手，于是她被叫了出来。

现在，她们即将开始在比克瑙的生活。女人们的名字依次被叫出，玛丽－克洛德充当翻译。她们被命令脱光衣服，将衣物、随身物品——包括家人的照片——放进行李箱，并写上自己的名字。凭借一些小伎俩，夏洛特设法留下了她的手表。安妮特·埃波被迫交出了克洛德的照片，但她设法藏起了他的小画像。

她们被带到了一个房间，几个手拿剪刀的囚犯正准备剪掉她们的头发，越短越好，紧贴头皮。她们的阴毛也被剃了。与此同时，另一个女人用浸过汽油的破布擦拭她们被剪秃了的地方，当作消毒。"看，"约瑟·阿隆索第一个被"剃毛"，她的幽默常常在罗曼维尔为大家打气，"你马上就会看起来像我一样优雅。"
轮到 18 岁的埃莱娜·布拉班德尔时——她的医生父亲弗朗索瓦
和兄弟罗穆亚尔德与她在途中分别了，被送往萨克森豪森集中
营——她的母亲索菲拿起剪刀，亲自剪掉了女儿的头发。车上为
数不多的犹太人之一雅尼娜·赫舍尔（Janine Herschel）——她
使用了伪造的洗礼证明，所以没人知道她是犹太人——交给一名
党卫军一块镶着钻石的黄金手表，恳求留下她的一头金发。那名
党卫军收下了手表，但雅尼娜的头发还是被剃了。

　　没有足够的水洗澡。之后，她们赤身裸体被带进一间蒸汽
房。有些女人从没在陌生人面前脱光过衣服。党卫军守卫——
男人和女人——靠近她们，嘲笑她们的裸体，她们畏缩着后退。
西蒙娜望向四周，试图从一片光头中找到一张熟悉的面孔。塞
西尔向她喊道："来这里，和我们坐在一起。"

比克瑙集中营的女囚

之后是在身上纹标记，用针扎。每名女性的编号来自她被 192
送来集中营时所乘的车次——她们搭乘的是 31000 次——一个
法国犹太人囚犯将编号纹在她们左臂的下方，她向大家保证不
会疼。她们觉得像被打上了烙印一样，仿佛牲畜。夏洛特的号
码是 31661，塞西尔是 31650，贝蒂是 31668。这 230 名女性，
日后将以 31000 次列车而为人所知。

接下来，仍光着身子的她们被带到了另一个房间。那里的
地上铺满了破布似的东西，有其他囚犯等着向每名女性分发一
件无袖背心、一条灰色及膝短裤、一条围巾、一条连衣裙、一
件外套以及粗糙的灰色短袜和没有弹性的长袜。外面的衣服都
是用条纹料子做的。她们拿到什么穿什么，不分尺寸，身材高
大的女人硬挤进小号衣服里，身材瘦小的女人的衣服则像挂着
的麻袋。更糟糕的是衣服很脏，还留着血迹、脓液和粪便，它
们被象征性地消过毒，但还没干透。轮到西蒙娜领鞋的时候，
只剩下木底鞋了，鞋上面草草地糊了些材料，意味她的脚趾和
脚踝将完全暴露在外。穿这种鞋很难走路。马多领到了一双用
破毡子做的拖鞋。

她们的最后一项任务是在外套上缝上自己的编号、一个象
征法国的字母 F 以及一个红色三角。她们问它是什么意思，被
告知这表示她们的身份——政治犯，即"从事反德活动"的
人。她们很快就会弄明白其他符号的含义：绿色表示罪犯；紫
色表示耶和华见证人信徒；黑色表示"反社会人士"；粉色表
示同性恋；大卫王六角星表示犹太人。有些囚犯身上同时有数
个标记——犹太人、"亵渎种族者"、惯犯和罪犯。

法国女人们发现她们被视为"危险分子"，而其他囚犯则
接到指示，在她们经过时必须转过身。缝纫室的一个荷兰女人

西蒙娜、夏洛特、贝蒂和埃玛在比克瑙

问道："你们有多少人？"得知230的数字后，她说："一个月后，只能剩下30人。"女人继续说，她在10月时和1000名女性一起从荷兰来到这里，如今，她是唯一还活着的人。其他人被处死了吗？不，她回答道，她们在周而复始的点名、雪地中长达数小时的罚站后，一个接一个地死去了。不要相信她，这样更令人舒心、令人宽慰。法国女人获准返回营房时，刺骨的寒风把她们的湿衣服吹得硬邦邦的。

女人们被带到了 14 号楼，让她们颇感欣慰的是这是一个隔离营。正是在这里，她们度过了在比克瑙的头两个星期，虽然她们在一天早晨被要求去男囚犯的营区，在那里拍了照片，同时测量了身高和体重。没人向她们说明之后去工厂、砖厂和沼泽地劳动的细节，但她们没有逃过点名环节，她们马上明白了荷兰女人的警告。凌晨 3 点 30 分，离天亮还有很长一段时间，手持鞭子的囚监要求楼里的每一个女人马上下床，站到室外积雪的泥泞地面，等待党卫军来点名。

起初，法国女人们几人一组依偎在一起，每个人都把手放在前排女人的腋下，队伍不停地变换位置，这样一来，就不会有人在外围站太久。"我们扶着彼此，"马德莱娜·迪苏布雷日后回忆道，"如果有人太冷的话，我们就让她站到中间。"利用夏洛特的手表，她们决定每 15 分钟变换一次位置。为了应对严寒，夏洛特尝试想象自己身处别处，她默念诗歌，保持"自己原来的样子"，但她实在太冷、太累了。有个女人几乎站不住了，守卫揍了她。阿代拉伊德上前帮忙，她也挨了揍。法国女人们感到害怕又困惑。

黎明时分，点名开始了。只要数字不符，就要从头再来。队伍必须整齐，女人们必须排成矩阵。守卫大喊大叫、猛推，用手肘顶人；狗狂吠，做撕咬状。点名可以持续好几个小时。每天晚上，还要再重复一次。根本不可能把脚上沾的泥和粪便弄干净，她们做梦都摆脱不了脏兮兮的泥巴。卢卢不断地想着泥地、一战时的战壕以及身处凡尔登的父亲。在点名的时候跌

195 倒可能意味着死亡，因为没办法清洗或换衣服，沾满泥浆的湿衣服会在她们的背上冻住。弄丢鞋子也可能意味着死亡，因为没有多余的鞋子。如果有人看见没穿鞋子的女人，她们经常会被直接送去毒气室，因为换掉女人比换双鞋更容易。每个黎明，夏洛特都在想自己能不能活到明天。一天早晨，她昏倒了，但被维瓦看见了，维瓦扇了一巴掌，把她打醒了，完成了点名。

　　法国女人来到比克瑙之后，显然不是每个人都想、都可以或者都能够选择活下来的。有些人的脸上刻着死亡的表情。对一些女人来说，有些事太侮辱人格，使她们极为震惊，完全无法忍受。使用厕所意味着要踩过粪便，蹲在露天的长长下水道上方，还要努力让自己不摔倒。习惯了秩序与理性的她们，既没有力量也没有意愿去适应这个专制的、野蛮的世界的规则。

　　最先死去的是年纪较大的人，然而，除了过度震惊外，很难说清楚她们的死因。53 岁的玛丽·加布（Marie Gabb）曾隶属图尔的抵抗运动组织，她在抵达比克瑙后的第一天便去世了，甚至没等到点名。很快，莱昂娜·布亚尔（Léona Bouillard）在第二次点名时滑倒在地。她身边的人尝试扶她起来，但发现她已经死了。莱昂娜终年 57 岁，来自阿登（Ardennes），她待人友善，很受年轻女性的欢迎。她们视她为祖母，叫她布亚尔奶奶（Nanna Bouillard）。四个女人把她的遗体抬回了营房。

　　在她之后倒下的是 50 岁的莱亚·兰贝特（Léa Lambert），兰贝特曾收留过从德国逃出来的囚犯。接下来轮到了苏珊·科斯唐坦（Suzanne Costentin）。她是老师，也是马德莱娜和热尔梅娜的朋友，因为撰写了男人被当作人质枪毙的传单而被捕。她曾被一名守卫狠狠地揍了一顿，浑身是伤。苏珊去世时，她的手指和脚趾长满了冻疮、坏疽，没法再爬上自己的床铺。伊冯娜·卡韦（Yvonne Cavé）之所以会死，是因为她的鞋子在夜里被偷了。她的父母经营一家种蘑菇的农场，卡韦唯一的罪状也许是因为她诅咒了一个法国年轻人，后者自愿加入了德军，当时正在炫耀他的新制服。她只得光脚参加点名，那天的点名又格外冗长，她的脚长了冻疮。一整天，她的腿变得越来越肿。黄昏之际，她去世了。

196

　　安托万·比博、让娜·埃尔韦、吕西安娜·费尔——三个被怀疑告发了抵抗者的人——很快就去世了。她们被群体排斥，很快就变得孤立无援。许多年后，有人问起塞西尔她们为什么这么快就死了，她只是说："她们死了。仅此而已。"吕西安娜知道自己不会活太久，她曾告诉埃莱娜·博洛："好吧，我这是咎由自取。"她终年 21 岁。

　　在女人们来到比克瑙约一个星期后，每天早晨的点名形式稍有变化。一名党卫军医生用出人意料的温柔嗓音询问道：她们之中是否有人觉得自己无法忍受这些漫长的点名，宁愿别人跳过她们？14 号楼的捷克囚监玛格达（Magda）——大家慢慢会喜欢上她——用手肘轻轻推了玛丽-克洛德，她在翻译时没有停顿地加了一句，"最好不要承认"。几个已经举手的女人放下了手臂，但玛丽·肖没有。她来自索恩河畔沙隆，是个寡妇，曾在自己家里收留抵抗者。肖女士身材矮小，站在最后排。她踮起脚尖，说道："我。我 67 岁了。"之后，玛丽·杜布瓦（Marie Dubois）也举手了，尽管站在她身边的玛丽-埃莉萨·诺德曼恳求她不要这么做。"留下来，和我们在一起，你不知道他们会带你去哪儿。"但迪布瓦还是这么做了。她曾在圣但尼（Saint-Denis）经营一家咖啡馆，抵抗运动的相关人士曾在那里开会或交换信件。"过来（*Komm*）。"党卫军医生说完，就带着两人离开了，但没人知道她们去了哪里。塞西尔问楼里的一个犹太女孩她的父母怎么了，她被告知他们"化作了一阵烟"，塞西尔当时还不太明白她的意思。

对更年轻、更强壮的女性来说，尤其是像塞西尔这样习惯了艰苦生活和共产党纪律的人，为了活下去，女人们必须对即将发生的事掌握一定的主动权。她们告诉彼此，她们不能成为受害者，不能总是不堪一击。她们必须组织起来，尝试去了解所处的环境，这样才能发现危险，对集中营中的行话指令做出迅速反应，而行话往往是波兰语、意第绪语、西里西亚方言和德语的大杂烩。

第三天早晨，熬过了严厉、寒冷又饥肠辘辘的点名之后，马伊、维瓦和夏洛特提议所有女人一起做体操。她们说，这会让她们的身体变得强壮，带给她们体力和希望。她们强迫同伴们在户外跳跃，舒展身体，几个走在去劳动的路上的女人看见了她们。"你们肯定疯了，"其中一人朝她们喊道，"不要浪费体力。你们会需要它的。"马伊跳起了传统舞蹈。女人们知道，她们看起来肯定很荒唐，阿代拉伊德在日后写道，穿着不合身的条纹衣服走来走去，"但这让我们觉得重新找回了自己"。比克瑙的恐怖还将继续向她们袭来。

没过多久，它便来了。2月10日，她们在集中营生活了两个星期之后，1.5万名女性全部在凌晨3点被叫醒参加点名。只有这次，始终没有传来准许她们回营房的指示。黎明降临，继而天光大亮。从喀尔巴阡山脉（Carpathian mountains）吹来刺骨的寒风，她们呼出的气息似乎在头顶上凝固了。那是一个湛蓝的、干净的、闪闪发光的日子，太阳照在雪地上，强烈的

光线使人睁不开眼睛。女人们呆滞地站着，快冻僵了。身披厚
重斗篷和大衣的党卫军守卫裹在暖和的外套里，狗在他们身边
来回走动。一名骑在马背上的党卫军军官来查看情况，之后，
又离开了。"别动，"玛丽－克洛德发出喊声，"保持冷静。"夏
洛特留意到她们身边广袤的结冰的平原上，除了乌鸦之外，没
有任何其他鸟类。

在各处，女人们开始三三两两地倒下，她们静静地躺在雪
地上，打破了队伍的整齐。时间流逝着。活着的人尽量摩擦前
排人的背，相互交谈。她们跺脚的时候，雪地不会发出任何声
响。马德莱娜告诉站在身边的西蒙娜："动动你袜子里的脚。"
"我没办法。"西蒙娜回答道，"我没有袜子，它们被我弄丢
了。"身边的人靠得她更紧了，强迫她活动脚趾。

在早晨即将过去之际，传来了卡车的声响。她们转头望去，
看见里面堆满了尸体，赤身裸体，层层叠叠，手臂和腿弯成了
不同的弧度。人们在队伍里悄悄传话："他们清除了 25 号楼。"
就她们所知，25 号楼是迈向死亡的前厅，专门关押极其虚弱
的、生病的女人，让她们在那里等死。更让人感到可怕的是，
并非所有的身体都静止不动。卡车驶过时，在那些被剃光了头
发的、男孩模样的消瘦脑袋中，有几个人正在呼救。在一辆卡
车上，笔挺地站着一个年轻女性，她的头发刚被剃过，显得高
高在上又饱含愤怒。"至于我们，"夏洛特日后写道，"我们则
被包围在冰雪、光和一片寂静之中。"

天色渐暗，终于传来了让大家活动身体的指令。周围的光
景在黄昏时分变得朦胧，树的轮廓也模糊起来。即便如此，折
磨仍未结束。夏洛特描述道：女人们跌跌撞撞，迈开"小步"，
相互依靠，她们的腿已经冷得失去了所有知觉，只是机械地迈

198

着步子，缓慢又沉默地朝营房走去。周围都是白天倒下的尸体。这让玛丽－克洛德想到了布满尸体的战场。目光所及，雪地上留有粪便的痕迹。西蒙娜的光脚根本迈不开步子，马德莱娜抓着她，推着她向前走。西蒙娜日后回忆道，她当时已经发不出任何声音，她的身体已经瘫痪了，但她不停地在心里告诉自己："我会挺过去的。我会的。"

比克瑙雪地中的尸体

199　　　快走到门口时，走在前排的约瑟焦急地向身后的队伍传话："他们靠近时，快跑。"直到这时，女人们才看见两排党卫军守卫，包括男人、女人以及囚监，人人手上都拿着警棍、鞭子或皮带。他们留出一条走道，当女人们经过时，他们便高喊"快点！快点！"她们手忙脚乱地推搡着，举起冻僵的手臂挡开拳头，开始跑起来。埃莱娜·博洛站在母亲埃玛身边，抓起她的手臂帮她。她们奔跑时，掉队的人被守卫拎出队伍，扔到了一

边。埃莱娜·所罗门正在帮阿莉塞·维泰尔博，她的木头假肢
根本没法在雪地里跑步。她告诉对方，抓紧她的大衣。但阿莉
塞摔倒了，埃莱娜发现只剩自己一人了。她回过头，看见阿莉
塞被人抓住拎出了队伍。埃莱娜继续向前跑。

　　在营房，大家绝望地清点人数。"谁回来了？维瓦在哪？
夏洛特在这吗？"她们数了一遍又一遍：少了 14 人。其他女人
陷入了沉默，等待着；再没有其他人回来。

　　囚监玛格达来了，问有谁自愿去收拾倒下的尸体。她想带
上西蒙娜，但西蒙娜惊呆了，一动不动。塞西尔自愿顶替她。
她说想看看大家都经历了什么。她回来时哭了。在一排抬走死
者的担架队伍中，她看见了一个还活着的女人，女人绝望地抓
住她的脚踝，恳求塞西尔救她一命。但一名守卫看见了她，用
他的警棍一下敲碎了她的头。塞西尔说起这些时，牙齿打战，
眼泪不停地从脸颊滑落，其他女人围上来，揉搓她的背，安慰
她，好让她感到暖和些。

　　那天，1943 年 2 月 10 日，1000 名女性在比克瑙死亡。后
来，有人声称那场"竞赛"（course）是党卫军的一次报复。2
月 2 日，斯大林格勒最终回到苏联军队手中；10 万名德国士兵
和 25 个将军沦为战俘。

　　在 14 名去世的法国女性中有范德莱女士，她的水獭皮外套
早就被守卫抢走了。站在她附近的人说，她在天寒地冻的环境
中站了这么久，已经疯了；还有索菲·布拉班德尔，她的女儿
埃莱娜没能帮上她；伊冯娜·B（Yvonne B），为了隐藏她的身
份，没人透露她姓什么，她是安德尔 - 罗亚尔省一个农夫的妻
子，年仅 24 岁，怀有身孕。伊冯娜是否曾告诉罗曼维尔的守卫
她怀孕了呢？还是她太尴尬，说不出口？否则，她也许不会被

200

送来比克瑙。但伊冯娜的丈夫自 1940 年以来就是德国的战俘，她感到非常羞愧。

45 岁的索菲·吉冈（Sophie Gigand）也去世了，但她究竟有多在乎这事，没人说得清楚，因为她年仅 21 岁的女儿安德烈（Andrée）在来到集中营后不久便死了，当时人人惊魂未定，几乎没人留意到她。阿米瑟·吉永死了，不过她的儿媳妇伊薇特挣扎着平安归来了。集中营在记录这些人的死因时非常随意。据说阿米瑟是死于心脏瓣膜阻塞。她们的死让活着的人害怕极了。如果这些女人都死了，如此唐突，如此随意，那么，她们怎么能活下去呢？之后，女人们望着堆在 25 号楼外的尸体，试着从中寻找到她们的朋友，却看见一群体积像猫一样大的老鼠正在冻僵的尸体上爬来爬去。有一段时间，阿莉塞·维泰尔博在雪地跌倒后被带到了 25 号楼，她还活着。其他女人可以从她们楼的窗口望见她。她不停地大喊大叫，恳求她们让达妮埃尔给她毒药。一天早晨，西蒙娜看见有什么东西躺在雪地上。她走近一看，才发现是阿莉塞的木头假肢。她喊来了别人，大家都来看了。它在那里躺了好几个星期，有一天，它消失了。

如今，27 个法国女人死了。她们去世时还不知道自己身在何处。两天后，幸存下来的人从 14 号楼搬到了 26 号楼。普佩特日后写道，从那时起，她们才发现地狱意味着什么。

201　　　虽然点名很可怕，但在隔离期间，法国女人仍可以在两次点名之间度过一段相对安全的时光。搬到 26 号楼后，她们与一些波兰女人住在一起，每张床铺睡八个人，看起来就像兔子窝。最底层的床铺在地上，由于融化的积雪和尿液，它们永远都是湿答答的。她们头挨着脚睡，每个铺位挤 8 个人，每张床睡 24

人，一起盖薄薄的棉花毯。第二天早晨，开始分配劳动了。17天来，女人们没有洗过澡、换过衣服，吃一顿像样的饭则是更久之前的事了。她们非常虚弱、饥饿，精疲力竭。喝下一碗过淡的代用咖啡，熬过冗长的早晨点名之后，她们顶着狂风大雪走出了集中营，仿佛顶着一堵坚固的墙。

1943 年春天，比克瑙仍在扩建集中营：还有些建筑要拆毁、收拾，为启动农业项目或挖鱼塘清理沼泽地。第一天早晨，女人们五人一排几乎走了两个小时，守卫喊着"左！二！三！"（*Links！Zwei！Drei*)，她们搀扶着彼此的胳膊，以避免在冰上滑倒，她们的鞋子都不合脚。为了提升士气，她们唱歌。雾很大，夏洛特·德尔博总担心她们会走散。那些脚肿的人由其他人支撑着。到达一片沼泽地后，她们分到了铲子、砖斗和没有轮子的手推车，她们要先将泥土、石头装满手推车，然后再把它们倒进排水沟。除了快中午的时候有人送来微温的、稀薄的芜菁甘蓝和卷心菜汤外，整整一天，她们都不停地在冰地里挖着、铲着，跌跌撞撞地摔倒在地。气温跌至零下好多度，她们的手冻得像针扎得一样。

苍白的太阳升起后，冰开始融化，她们的双脚陷进了泥地，冰冻的泥土和积水很快没到了她们的脚踝。女人们以前大多在办公室或教室工作，不习惯干体力活，由此一来，体力劳动格外艰辛。她们的背、手臂和腿都很疼。吃饱穿暖的党卫军燃起火堆，在附近蜷着身子。一旦他们发现女人停下了手中的活，就会把狗放出来咬她们脚后跟，或者亲自上前揍她们。雾蒙蒙的地里，到处都可以听见痛苦的哭喊声。望着一排排劳动的女人，夏洛特心想，她们看起来就像蚂蚁，"是光亮中的一片阴影"。个性坚强又开朗的维瓦和卢卢尽力维持大家的士气。推

202

车变得越来越重了。女人们觉得快疯了。黄昏降临，当哨子声让大家停止劳动时，每个法国女人都设法活过了这一天。但波兰人就没有这么幸运了，她们还要等着收拾尸体。然后，她们要再跋涉两小时回到集中营并参加晚上的点名。当她们回到营房时，天已经完全黑了。

比克瑙服劳役的女性

女人们在比克瑙的第三个星期，一列从巴黎驶来的火车带来了更多德朗西的犹太人。车上有吉塞勒·科特列夫斯基（Gisèle Kotlerewsky）。她的母亲玛格丽特（Marguerite）不是犹太人，当时正和法国女人住在 26 号楼。吉塞勒 19 岁，她通过了斜坡处的"筛选"，直接被送去了劳工的营房。那天晚上，她找到了她的母亲。她们拥抱在一起，不停地流泪。之后，吉塞勒突然质问她的母亲，高喊道："为什么我是犹太人？为什么我要经历这些？看看你都做了些什么！看看我！"玛格丽特感到羞愧又难过。不久后，吉塞勒又来探望母亲，她被党卫军

守卫揍了一顿，鼻子骨折了，一只眼睛伤得很重。玛格丽特设
法弄来水，给女儿洗了脸。但几天后，吉塞勒死了。玛格丽特
不再吃东西。之后，她也死了。埃莱娜·博洛看见她躺在 25 号
楼外的尸体堆里。

　　早晨有半升黑咖啡，中午有一碗稀薄的汤或 300 克面包，
如果她们足够幸运的话，晚上会有一小块黄油，一点香肠、起
司或果酱。这些食物根本无法阻止女人的身体迅速消瘦，更无
法让它维持正常运作，脂肪消失了，接着是肌肉。食物千篇一
律。囚犯们饿极了，她们的身体肿起来了，总想小便，胃鼓得
就像怀孕了。塞西尔仍说，情况对她而言不算太坏，因为她从
小就挨饿惯了，但玛丽·阿利宗来比克瑙时是一名健康的、充
满活力的年轻女性，她因渴望食物而痛苦不安。

　　一天夜里，西蒙娜梦见一匹马在她面前跪下了。她太饿了，
所以拿出刀割下它的一块肉。但是，马突然开始流泪了，她也
哭了。她们都变得骨瘦如柴，骨节突出。如今，她们被剃掉的
头发长出了几簇，这让西蒙娜联想到了豪猪；她们的脸苍白、
肿胀，变得又尖又长。她们的乳房消失了，或萎缩成了干瘪的
袋子。到处都是虱子、跳蚤，数量如此之多以至于在阳光下看
起来就像蚂蚁，女人们总在挠痒。许多人的伤口溃烂化脓，久
久无法痊愈。走路去沼泽地时，她们的步态就像长年被关押的
囚犯，她们的头和脖子前倾，好像在拖着后面沉重的、不情愿
的身体；她们的腿肿胀得不成形；她们的嘴唇由于寒冷而发黑，
或者由于牙龈出血而发红。雅克利娜的肩膀上长了脓疮，它很
快扩散开来，她曾用甜美的嗓音给大家带去许多希望。她躺着
死去的时候，身上爬满了虱子。

　　但是，比饥饿更折磨夏洛特的是口渴。痛苦、无休无止的

口渴使她的下颚紧锁，让她觉得牙齿仿佛粘在脸颊上。在女性营房中，1.2万名囚犯须共用一个水龙头，而且它由戴绿三角的囚犯——德国罪犯——死命把持。夏洛特变得越来越精神恍惚了。让其他人害怕又担心的是，一天早晨，在去沼泽地的路上，她离开队伍走到一条小河边舔冰块。守卫没有看见她。之后，她又喝了沼泽地的泥巴水。晚上回到营房后，她用一小块面包交换了一杯茶。她梦见了橙子，橙汁顺着她的喉咙流下来。

一天，她被派去和维瓦、卢卢一起种树。她那时太绝望了，害怕自己会发疯。那天夜里，她的朋友们用所有的面包交换了一整桶水。她们把水拿给夏洛特时，她一头扎了进去，就像一匹马一样将水一饮而尽。她的胃胀得很厉害。但神奇的是，她竟然痊愈了，头昏脑涨的感觉逐渐散去了。她日后说，每当想到自杀时，她都会拼命地抛开这个念头。在死亡如此频发的地方，眼前的目标不是死而是活下去，尽量吃，尽量喝，保持温暖。她满脑子都是这些。

事到如今，法国女人已经不再对集中营尽头的烟囱冒出的烟抱有任何幻想了，这种恶心的味道充斥着她们的嘴巴、喉咙和肺叶。她们亲眼见到一列搭载了犹太人的火车在抵达45分钟后，烟囱便开始冒烟。玛丽-埃莉萨·诺德曼不停地想，她的母亲也许就在某趟火车上。现在，当她们看到卡车载着25号楼的死者和濒死之人时，她们知道那些还活着的人也会和死者一起被直接扔进大火中。"这是一场无穷无尽的战斗，"马德莱娜说，"对手是我们自己，不要放弃。"

经历了漫长的一天从沼泽地回来，每当闻到刺鼻的烟味时，塞西尔便松了口气，对此，她感到内疚，因为知道她们快到集中营了。夜晚，她梦见了这种气味，这使她想起煮烂了的动物尸体。环视身边瘦弱多病的同伴们，她知道多数人很快就会死去，她总看见自己躺在尸体堆里的画面。"我不知道别人是否还怀有希望，"她日后说，"但我已经没有了。"她说自己很少流泪，因为总在担惊受怕，根本流不出眼泪。但约瑟因为被野蛮地殴打而去世时，她哭了，曾经，约瑟如此拼命地为她抵挡囚监的拳头。像约瑟这么强壮、勇敢的人都没法活下去，她怎么可能活得下去呢？

一个星期天，点名的哨声比往常响得更早。由于西蒙娜的身体还没从前一天繁重的劳动中恢复过来，因此，她花了更长的时间来穿鞋，然后发现自己落在了所有人后面。她站在一排波兰人中间，一辆载着党卫军的卡车在她们附近停下来。有人探出头说，好几个女人快昏倒了，其中有一个母亲和她一对八九岁的双胞胎女儿。她抓紧着女孩们，但还是被猛拉一把拽上了卡车，之后，车便开走了。小女孩们独自留在原地，哭了起来。回营房的哨声响起时，西蒙娜一手抓着一个女孩，牵着她们离开，唱歌给她们听。但是，突然出现了两个女党卫军，她们放出牵着的狗，用德语向它们下达指令。恶狗向女孩们扑来，撕咬着她们的喉咙。西蒙娜惊呆了。恶狗离开时，女孩们已经死了，她们的脸血肉模糊，无法辨认。西蒙娜还拉着她们的手，孩子们的身体软绵绵地躺在她的身边。塞西尔和夏洛特看见了发生的一切，赶紧跑过来拉走了西蒙娜，把她架回了营房。有好几天，她一个字都说不出来。

如今，这种场面经常出现。一天，贝尔特·拉佩拉德（Berthe Lapeyrade）倒在沼泽地里不愿爬起来。她在普安索的人围捕波尔多地区的抵抗者时被捕。一名党卫军守卫抢起铁锹，把她打得稀巴烂。那天夜晚，卢卢、维瓦、夏洛特和塞西尔把她的尸体抬回了营地，因为不能把人留在沼泽地，否则点名时会对不上人数。她们不得不经常停下来，将贝尔特的手放在她的胸口，以防止它拖在泥地里。她们跌跌撞撞地前行时，既为她感到解脱，因为她已经摆脱了这种痛苦，又为不得不把她沉重的身体抬回集中营而感到绝望。不久后，艾丽斯·瓦雷恩（Alice Varailhon）在一口井边发现了一具抱着娃娃的小女孩尸206 体。她捡起娃娃，疯狂地向远处的党卫军守卫挥舞，高喊道："刽子手！"一个男人平静地拔出手枪，向她开了一枪。那天晚上，埃莱娜·博洛和其他人把她抬回了集中营。晚上点名结束后不久，她就去世了。

　　一天，女人们从沼泽地回来时遇到一群格外瘦弱的男人，他们被饥饿折磨得不成人形。她们拿出剩下的面包，朝他们的方向扔去。男人们立刻撕打起来，从彼此的手上争抢面包。他们的眼睛让夏洛特联想到了狼。党卫军守卫放出了他们的恶犬。

　　有些日子，女人们不用面对杀戮或死亡，但她们快被饥饿和痛苦逼疯了，她们还会被狗咬或被守卫用棍棒殴打。2月20日，安妮特·埃波拿了一些水给一个女人，她已经可怜地呼喊了数个小时。"水，水，水。"安妮特曾在拉罗谢尔经营一家咖啡馆，那里曾庇护过许多抵抗者。她15岁的儿子克洛德曾亲眼看见她将手枪扔进河里。安妮特把水倒在杯子里，从栏杆递了过去。但她被一个名叫哈塞（Hasse）的党卫军看见了，后者正带着自己的阿尔萨斯犬经过。哈塞跑过来，抓起她的脖子，把她扔去了25号楼。安妮特刚好把克洛德的画像——她一直奇迹般地将它留在身边——交给了费利谢纳·比耶日（Félicienne Bierge），比耶日答应会保管它。

几天后，她们正点名时，她的朋友见到了安妮特，她站在一辆运送病人和死者去焚尸炉的卡车上。看见众人，她喊道："达妮埃尔，照顾我的儿子！"她们都害怕极了，怕变得更冷，怕被狗咬，怕被囚监打，怕摔倒，最怕与朋友们分离。

随着时间的推移，女人们渐渐弄清了哪几个守卫最可怕。所有人——包括男人和女人——都经过了严格的普鲁士式训练。他们被告知一旦表现得"不够狠"，就会被剥夺军衔，会在同事面前被当众羞辱。有一个名叫玛戈·德雷克斯勒（Margot Drechsler）的残酷的纳粹女监工（Aufseherin）①，三十岁出头，于 1942 年 10 月来到比克瑙。只要有人违反了一丁点规定，她就会放出阿尔萨斯恶犬，她还多次参与了"筛选"囚犯。德雷克斯勒长着巨大的龅牙，像一匹马，被女人们称为"死神"（Kostucha）。卡车载着尸体甚至活人驶离 25 号楼时，德雷克斯勒会大笑着挥手。人人都怕她。她经常手持带钩的棍棒站在营房门口，咆哮着将人赶去毒气室。在一块可以望见整片营地的空地上，德雷克斯勒和其他人一起训练他们的狗，他们用破布做成的娃娃做假人，命令它们又咬又撕。她的助手之一是一个非常漂亮的波兰女孩，名叫斯泰尼（Stenia），她被任命为囚监。女人们打好水回到营房时，她总喜欢踢翻水桶，如果有人摔倒，她便会用污言秽语朝她们咆哮。

还有军官助理（Rapportführer）②阿道夫·陶贝（Adolf Taube），一个大块头男人，让女人们联想到了公牛。陶贝特别喜欢追捕体力不济的女人。点名时，他总喜欢让犹太女人跪在

207

---

① 集中营的女守卫，3.5 万名守卫中有 3700 名女性。——译者注
② 党卫军的准军事头衔。集中营中每栋楼都有一名楼长，军官助理则是管理数名楼长的指挥官。——译者注

奥斯威辛的守卫

结冰的地上，双手举过头顶。正如玛丽 - 埃莉萨日后所说，如
果法国女人算过得很糟的话，犹太人则更甚，守卫不停地向她
208 们发泄，虐待她们。在无穷无尽的羞辱、公开裸露身体及语言暴
力面前，她们毫无防备之力。陶贝是"对她们而言最糟糕的折磨
者"。苏珊·罗泽（Suzanne Roze）生病后，其他人把她藏在床铺
之间。她曾是一个强壮的、结实的女人，多年来一直为抵抗运动
搬运沉重的打字机和油印机。但陶贝还是发现了她，把她打死
了。她还曾帮助马德莱娜·迪苏布雷运作鲁昂的抵抗组织。

不只党卫军，囚监也很致命。有些女囚犯同样恶毒。莱
亚·克里西（Léa Kerisit）是一名来自图尔省的护士，曾隶属于
一个向导组织。她在治疗德国罪犯的医务室工作，因为这些是
德国女人，所以她们的条件稍好些。由于拒绝女同性恋的求爱，
她曾多次被殴打。在她患上了斑疹伤寒后，虐待她的人直接把
她打死了。

2 月和 3 月，一趟趟火车从塞萨洛尼基（Salonica）运来了

犹太女人，车上满是健康的希腊女人，有些人穿着苏联伞兵部队制服，她们在苏联前线被德国人逮捕；有些人身穿颜色鲜艳的衣服和披肩。她们带来了橄榄，西蒙娜从没尝过。普佩特心想，这些女人真漂亮，她们的衣服和比克瑙灰头土脸的衣物比起来，实在是太好看了。但当局认为希腊女人带有斑疹伤寒病毒，没过几天，除了少数几个人外，其他人都被送去了毒气室。

随着春天的来临，吉卜赛人来了。火车从被占领的欧洲各地送来了许多罗马人和辛提人（Sinti）家庭，她们带着很多孩子。她们被带到一个特殊的吉卜赛家庭营地，那里没有水，也没有电，她们的食物比其他比克瑙的囚犯更少。在接下来的数月，吉卜赛女人生下了 363 个婴儿。许多孩子被直接处死。党卫军会拎起婴儿的头撞向墙壁，这成了卢卢一辈子挥之不去的记忆。其他婴儿则因为饥饿而慢慢死去了。一天早晨点名时，夏洛特看见一个吉普赛女人抱着一个明显已经死掉的婴儿。它的脸色铁青，头歪向一边。后来，她看见婴儿的尸体躺在厨余垃圾堆里，听说她的母亲曾像疯了一样阻止党卫军抢走孩子，而她本人则被棍子活活打死了。"你怎么知道她是吉卜赛人呢？"她在日后写道，"当仅剩下一具骨骼的时候？"她走回营房时，空中突然飘起了雪花。她路过一座孤零零的房子，看见窗口的花盆里开着一朵粉色的郁金香。

所有女人最怕的是所谓的"医务室"（Revier）。1943 年年初，柏林传来命令，让奥斯威辛更高效地为战争服务，于是当地做了些只留下最强壮的囚犯的尝试。其中之一，就是从囚犯中选出一些医生、护士，在特殊的医疗营房照顾病人。理论上，病人们也许能恢复健康；但实际上，那里就像 25 号楼一样，是走向死亡的"等待室"。事实上，那里没有药物，也没有绷带，只有一些纸片。肺结核病人和痢疾病人挤在同一张床上，她们身上散发着恶臭，老鼠在活人和死人身上爬上爬下。

因为生病而被送去"医务室"的女人，暂时不用去沼泽地干活，但她们随时可能会面临"筛选"。党卫军医生会在陶贝、德雷克斯勒或其他守卫的陪同下忽然出现，要求所有病人站起来，脱光衣服站在床铺附近接受检查，没有治愈希望的人会被送去 25 号楼。有些人则直接被注射致死。笼罩在她们头上的幽灵是她们随时会殉难，活着不过行尸走肉。那些精疲力竭、麻木不仁的人会没完没了地惩罚她们，那些在火炉上烫伤自己的人，是因为她们自己不再感觉到疼痛。[①]

由于 26 号楼的窗户正对着 25 号楼，因此，法国女人经常看见女人们死去或正在死去的景象。她们坐在床铺上，端着汤碗，可以看见外面空地上裸露的尸体正等着人去收拾。那些人的头发被剃光了，阴毛又硬又短，浑身乌青，身体摆出怪异的姿势，被冻得硬邦邦，她们的脚趾是棕色的。她们让夏洛特联想到了裁缝用的假人，她还是孩子时曾在一家商店的外面见过，她为它们裸露的身体而感到尴尬。她想象她们是自己"昔日的同伴"，这些女人和她一样，曾争先恐后地、狼吞虎咽地喝下稀粥，她们饥饿难耐，被人殴打。她们的生命戛然而止，也许是因为她们跑得不够快，或者是因为她们在"筛选"时看起来灰头土脸。塞西尔发现她正充满恐惧地盯着那些死人，发觉其中还有人在动，她告诉夏洛特："快喝汤。这些女人不再需要任何东西了。"

---

① 没人知道这个词从哪里来。有人称它来自一首德国流行歌曲。在这首歌中，*musulman* 指一个土耳其人，他因为喝了太多咖啡而身体虚弱、脸色苍白。——作者注

第十一章　友谊的含义

然而，法国女人也不是完全没有资源。她们唱着《马赛曲》走进比克瑙时，一些法国抵抗运动的男成员——他们的车次编号为 45000，于 1942 年 7 月来到比克瑙——听见了她们的歌声。由于可以讲流利的德语，玛丽－克洛德被安排在一个德国人的医务室当秘书。她设法与法国男性取得了联系，对方告诉她，8 个月前他们离开法国时有 1175 人，现在只有 100 多人活着。然而，只是找到了朋友、听到了零星的消息，就给女人们带来了某种希望。在共产党同志的协助下，几个法国男人被安排在车库和花园劳动，他们会用空乙炔瓶偷偷传递消息。

更重要的是，达妮埃尔·卡萨诺瓦现在是党卫军守卫和特权病人的牙医，她的劳动环境和居住环境都较好，还可以弄到多余的衣服，甚至包括"加拿大"（Canada）的药。"加拿大"是指堆满犹太人财产的营房，火车一抵达这里，那些财产就被充公了。取"加拿大"这个名字，是因为人们觉得它是一个富饶得难以想象的国家。男人们也设法从"加拿大"交换到了保暖的衣服甚至药物。埃莱娜·博洛患脓疮无法痊愈时，他们拿给她一管药膏。拥有一些珍贵的物品后，比如一条毛巾、一支牙刷，更大的问题是怎么保住它们。"别人每晚都盯着我们，"阿代拉伊德在日后写道，"总想偷我们的东西。"

晚上点名之后，达妮埃尔会来找其他人，就像在罗曼维尔一样，她为她们打气、安慰她们。由于她需要经常接触党卫军，而后者非常害怕正在集中营蔓延的疫症，所以她获准保持清洁，穿像样的衣服。她精力充沛、乐观、坚定的模样以及健康的外形，成了别人力量的源泉。他们告诉彼此，无论大家将经历什么，达妮埃尔肯定能活下来，亲眼见证她们身上发生的事。

达妮埃尔设法在医务室给马伊·波利策找了份活儿，她曾是一名助产士，拥有医疗技能，她还把其他几人安排在了缝纫队。达妮埃尔也成功把贝蒂带来了医务室，她的工作是从活人身上赶跑老鼠，以及把尸体抬出去。埃莱娜·所罗门的脚上长了溃疡，开始感染、发黑后，达妮埃尔也为她创造了一个护士职位。医务营房相对干净，她的感染得到了控制。有时，达妮埃尔会在晚上来探望大家，她的脸上总挂着泪水，太多朋友去世了，她自责没能让她们活下来。大家都坚信达妮埃尔肯定能活到战争结束，所以，在她们觉得自己快要去世时，会把自己的结婚戒指交给她保管，请她转交给她们的丈夫。对大部分女人来说，这些戒指是她们设法留下的唯一一私人物品。

法国女性之间的友谊变得更牢固了。不像她们营房里的波兰女人、德国女人那样，她们为彼此的亲密关系而自豪，她们待人友善、乐于助人、彬彬有礼，和在法国的时候一样。夜晚，她们蜷缩在昏暗的、潮湿的床铺上，若尔热特会唱歌给大家听，她坚定的嗓音在寂静的营房响起，使她们暂时忘却了痛苦，感觉好受点儿了。开始在沼泽地劳动后，玛丽-让娜·佩内克（Marie-Jeanne Pennec）总会在路上捡蜗牛，摘蒲公英和野草，给大家"加餐"。她从农村来，擅长分辨什么能吃，什么不能吃。

正如马德莱娜·迪苏布雷在日后所说的，每个人都认为自己的生存不比其他人的生存更重要或者更微不足道。她们省下

为数不多的面包，拿给特别虚弱的人，在点名时保护她们，在 213
陶贝和德雷克斯勒巡逻时照看她们。她们深知，每个人的命运
都取决于他人。普佩特认为，所有的个人利己主义似乎都消失
了，每个人都挣扎在生存的边缘，每个人都做到了几乎没有人
相信她们能做到的事。"我们不停地问自己，我们喜欢谁，不
喜欢谁。"塞西尔日后说，"与其说是友谊，不如说这是一种团
结。我们保证绝不抛下任何人。"

夏洛特患了斑疹伤寒，有几天几乎失去了视力，她们整天
陪在她身边，带着她去工作，把铁锹交到她手上，在党卫军走
近时提醒并告诉她该挖哪里。比克瑙的其他女囚犯之间很少有
这么亲密的关系。玛丽-埃莉萨很同情犹太女人，她们被迫与
朋友、家人分开；她为直接被送去毒气室，或者独自挣扎，或
者孤独地在担惊受怕、精疲力竭中难过的女人们感到悲痛。
"我们看着她们，我们知道这对她们来说有多么可怕，"玛丽-
埃莉萨说，"但我们什么忙都帮不上。"

在可怕的星期天，集中营突然传来要消毒的消息，其间，
所有的囚犯要脱光衣服，站在室外。法国女人会带着关心和怜
惜看着彼此，留意大家身上的伤痕、脓疮，取笑对方硬邦邦的
毛发。即便现在，她们仍会笑，仍保持着某种高傲。正是在这
些时候，在女人们衣不蔽体之际，负责招募女仆的党卫军会来
挑选他们看得上的女人。

卢卢和卡门两姐妹以及夏洛特、维瓦、马伊和塞西尔是一
个特别乐于助人的小团体，她们尽力照顾普佩特和其他年轻的
女孩。在沼泽地劳动的间歇，女人们谈论回家、文学和政治，
谈论她们要做一辈子的朋友，谈论战争一结束她们想做什么。
可是，她们小心翼翼地从不提起太多关于孩子的事，因为这个

话题太痛苦了。普佩特日后说，她就像一块海绵，试着吸收人们说过的所有话。

214　　如今，普佩特是少数仍有姐妹幸存的囚犯。但是，比克瑙摧残了玛丽。她曾是一名如此乐观、快乐的年轻女性，但如今，她的双眼似乎永远被厌恶、怀疑笼罩着。她们母亲的死让她心有余悸，她对未婚夫在盖世太保手中受到的对待忧心忡忡，总在寻思是谁出卖了他们。不过，她和普佩特都相信，她们已经无法分离了，必须好好照看对方。

　　埃莱娜的母亲、当时年仅 42 岁的埃玛发现，奥斯威辛的恐怖更加难以忍受。她为自己感到害怕、痛苦，但这完全无法与为女儿担惊受怕相比。每时每刻，她都在心惊胆战，害怕埃莱娜生病，又因为无力保护女儿或无法给女儿足够的食物而感到忧伤。渐渐地，她感觉自己成了埃莱娜的负担。2 月，埃玛患了痢疾。不同于其他许多女人，她坚持了一段时间，但她越来越虚弱，瘦得皮包骨。一天早晨，埃莱娜看见母亲趴在地上，朝几个马蹄印爬去，她想喝积在里面的泥水。第 52 天，她已经严重脱水到无法摄入水分了，埃玛死了。她几乎成了一具骷髅。如今，埃莱娜要依靠普佩特和西蒙娜才能活下去。

　　没有一个女人相信她能独自生存。夏洛特心想，她们只有在一起才可能抵抗绝望。在她的一生中，脑海里都有戏剧和小说中的人物相伴。来到比克瑙后，它们都陷入了沉默。"在这个让人们受苦、死去的地方，"她日后写道，"连剧场的角色都活不下去了。"她说，如果没有社会（society），就没有剧场，而奥斯威辛的人们"如此低下，如此卑微，如此丧失自我，根本无法形成一个社会"。

　　偶尔，她们也有机会与外人交朋友。一天，西蒙娜在走回营地的路上遇见一名男囚犯，他假装绊倒，在她脚边留下了某样东西。那是一双羊毛袜子，虽然她从不知道那个男人是谁。夏洛特奇迹般地与年轻的白俄罗斯女人埃丝特（Esther）成了朋友。埃丝特是德国女囚营房的囚监，她很干净，穿着体面。几个星期以来，埃丝特每天都会给她送一件小礼物，一支牙刷或一件毛衣。之后的某一天，她消失了。 215

也许更了不起的是关于艾梅·多里达如何得救的故事。她曾在德国占领初期帮助她的共产党员兄弟藏匿传单。

艾梅是"医务室"的一名清洁工。一天，她从活动的梯子上跌下来，摔断了腿。她的腿上长了坏疽。之后，"医务室"的捷克负责人埃尔娜（Erna）设法将她转到了男人的营区，一名波兰外科医生告诉她，他要为她截肢。艾梅说，那我宁愿去死。"但你没有孩子吗？"那名外科医生问道，"他们需要你。"艾梅有两个孩子，稍小的只有九岁。手术很顺利。在艾梅恢复期间，一名党卫军医生——他们之中为数不多的还有人性的人——告诉她，他非常钦佩她的勇气，所以，她可以问他要一件东西。"一个可以和我聊天的法国朋友。"艾梅回答道。于是，达妮埃尔把贝蒂带来照顾她。人们设法从"加拿大"为她"安排"了一副拐杖，她重新加入了其他人。如今，大家时刻看护着她，确保她不会陷入无助的境地。玛丽-克洛德在办公室做事，能够提前得知什么时候会进行"特别筛选"——把人送去毒气室。那些日子，大家会把艾梅藏起来。女人们变得如此团结，如此理解彼此的脆弱，相互保护、看顾，以至于谋划如何保住大家的性命成了她们的一种生活方式。

234 / 冬日列车：维希政权与纳粹集中营里的法国女性

3 月带来了雨水。积雪融化，沼泽地成了一片泥海。那些负责搬运汤锅的人的大腿陷进了泥地里。在来到比克瑙的 67 天，女人们第一次脱下长袜，获准在重新灌满水的水渠中洗脚。她们发现除了大拇指，其他脚趾的指甲都不见了。望着她那些坐在泥地里的朋友，夏洛特联想到"她们就像一群围着粪便'嗡嗡'转的苍蝇"。她梦见洗了三次澡，一次接一次，水又暖又柔和，还有一股肥皂香。在点名的间隙，她们会玩游戏。有人问："在一大碗热泡沫巧克力、用薰衣草香皂洗个澡和一张舒服的床之间，你会选什么？"几乎每个人的答案都一样：洗个热水澡，或一个暖和的床铺。

但是，幸存下来的人越来越少。集中营暴发了痢疾，女人们瞬间在她们的朋友面前老去。1941 年 4 月，从卢布林（Lublin）来的囚犯将斑疹伤寒病毒带到了奥斯威辛，后来，它便在集中营肆虐。一个接一个地，曾努力战胜饥饿、艰苦繁重的劳动、严寒以及无休止的皮肤感染的法国女人们，倒下了。点名时，她们使劲捏着灰白的脸颊，以便让自己看起来健康点儿。夜晚，不同的床铺上传来死亡的呻吟。早晨起来时，女人们发现她们的脸一夜之间全肿了，或虚弱到无法动弹。她们现在的死亡率就和犹太女人一样，而后者受到了守卫更残暴的对待。仅一个晚上，就死了 9 个法国女人。还有一天，安德烈·蒙塔涅（André Montagne）——他 19 岁，是 45000 次列车的幸存者——被派到比克瑙劳动，碰巧窥视了法国女人的营房。他永远不会忘记自己所见到的可怕画面：那里肮脏至极，过度拥挤，还传来了病人的呻吟。

3 月，曾向女儿吉塞勒保证很快就会回家的雷蒙德·塞尔让病了。头几个星期，雷蒙德非常坚强，她告诉所有图尔地区的女人们，一旦获释，欢迎大家来她在圣马丹勒博经营的咖啡馆，一起喝上几瓶她特地为庆祝战争结束而藏起来的好酒。但随着时间的流逝，她似乎放弃了希望。一天，其他女人问她是否真的相信她们能活着回去喝酒？雷蒙德回答道："不，你和我都喝不上那口酒了。"她被送到"医务室"时双腿肿胀、流脓，她死在了那里。去世前，她对图尔地区 17 名女性中唯一还活着的埃莱娜·富尼耶（Hélène Fournier）说："告诉我的丈夫和吉塞勒，我永远不会忘记他们，我真的努力过了。"

之后，马伊在一天早晨发现她的上嘴唇长了一个脓疱。她与达妮埃尔共事，住在条件较好的"医务室"。脓疱越长越大，开始扩散：她被诊断患上了斑疹伤寒。她的体温不断升高，失去了意识。几天后，她死了。法国女人中最年轻的罗莎也得了斑疹伤寒，她曾在罗曼维尔为自己的母亲哭得撕心裂肺。她又病又虚弱，再次变得像个孩子，不停地要找妈妈。之后，她也死了。她们的死亡让活着的人感到害怕极了。马伊总是如此鼓舞人心；而罗莎还只是个孩子，她们本以为能挽救她们的。

她们渐渐明白，年轻的女孩似乎不及年长的女人更有韧性。尽管她们身体健康，活动自如，但精神上很脆弱，因此更为弱势。20 岁的安德烈·塔米西患上胸部感染时，她的身体已经因为痢疾而十分虚弱了。无论如何，她都不愿意与姐姐吉尔贝特分开。在吉尔贝特的帮助下，她拖着自己的身体去沼泽地劳动。每一天，她都觉得呼吸变得更加困难了。最后，她在一个早晨告诉吉尔贝特："我没法再跟着你了。"当其他人去劳动时，她尝试去"医务室"门口排队，但一个守卫把她推出了队伍。安德烈爬回床铺，躲了起来。但一个因监发现了她，把她揪到室外，殴打了她。那天晚上，吉尔贝特回来时发现妹妹浑身是泥，

217

遍体鳞伤，几乎失去了意识。夜晚，安德烈死了。第二天天还没亮，吉尔贝特把她的遗体抱出了营房，小心地安放在一堵墙边。

下一个去世的是克洛迪娜·介朗，她是热尔梅娜·皮肯的年轻朋友，来自鲁昂。在比克瑙，克洛迪娜尽量保持乐观，从不抱怨，尝试逗笑其他人。一天，她遇见了热尔梅娜，两人是非常亲密的朋友。她的脸色极其苍白，热尔梅娜几乎认不出她来。她在条纹外套里穿了一条中式褶皱长裙，那是某个人从"加拿大"拿给她的。她告诉热尔梅娜："抱抱我。"那是一个星期天，热尔梅娜催她去室外呼吸新鲜空气、晒太阳。几天后，克洛迪娜在田里找到了一只青蛙，她坚持要和热尔梅娜一起吃。

之后，又到了消毒日。掸床垫时，女人们被赤身裸体地赶出了营房。回来时，克洛迪娜和其他人走散了。她们听见她一遍又一遍轻声地叫着"妈妈，妈妈"，在 18 岁生日的前几天，她死了。

但是，让所有人最泄气的也许是达妮埃尔·卡萨诺瓦患上了斑疹伤寒。党卫军欣赏她作为一名牙医的表现，给她打了疫苗，还给了她茶和柠檬水。但是，已经太迟了，达妮埃尔死了。夏洛特去探望她时，发现有园丁在她床边的玻璃杯里插了一束紫丁香，在她的手里塞了带树叶的树枝。据说，很久没有人看见过如此健康、漂亮的遗体了。她们为她痛苦地哀悼。她细心保管的戒指都不见了。与她非常亲近的玛丽－克洛德难过得痛不欲生。

在抵达比克瑙两个半月后，法国女人的数量下降至 80 人。她们中的 150 人已经去世了，死于斑疹伤寒、肺炎、痢疾，或死于被狗咬、被殴打、坏疽和冻疮，或死于吃不饱、睡不安稳，

218

或死在了毒气室。在肮脏的、寒冷的、危险的比克瑙，几乎任
何东西都可能是致命的。还活着的是那些比较强壮的女性，不
是太年轻，也不是太老，她们以新世界的秩序作为自己的信念
支柱；或者原因更简单，只是因为她们足够幸运。如果没有他
人的帮助，她们知道肯定会有更多人的死去。一个星期日，天
空湛蓝，女人们被允许休息，夏洛特想起春日里那些星期天在
塞纳河边的栗子树下散步时的情景。"没有人，"她心想．"没
有人能回去。"

第十二章 活下去，保持自我

　　1943 年春末，积雪开始融化，铁丝网后的草地变绿，金凤花、黑刺李遍布在雪白的大地，奥斯威辛正全速运转。每天，都有火车从普鲁扎内（Pruzana）、特雷津（Theresienstadt）、扎莫希奇（Zamosc），从荷兰、德国、法国的犹太人区驶来。新来的人中，只有十分之一的人会被挑出来继续工作，其他人则有"单独安排"，即被送往毒气室。从波兰来了 1750 名儿童，均不满十岁，他们在积雪融化之前，经过两天旅程才抵达奥斯威辛，最后悉数被送去了毒气室。新建的焚化炉夜以继日地工作，明亮的火焰升起在天空中。一名从柏林来的党卫军高官、几名托夫父子公司的视察员来比克瑙作正式访问，宣称"锅炉"非常有效率。

　　三十栋楼和空荡的飞机库都被用来堆放欧洲犹太人的随身物品。他们被怂恿着带上了到东部展开新生活所需的所有东西，不仅包括黄金和珠宝，还有专业设备、药品、毛皮外套、替换衣服、维生素和婴儿车。火车将人带来奥斯威辛后，又满载战利品回到德国，把它们输送到整个帝国复杂的网络中。

　　奥斯威辛本身——德意志帝国如今最大的集中营和灭绝营——已经成了包含办公室、仓库、工作间、食堂以及可同时容纳 3000 名党卫军的巨大场所。它的周围还有 39 个独立卫星营，那里可以生产坦克、卡车、飞机、高射炮的备用零件，还可以合成橡胶、弹药、水泥和制服。每租借一名劳工，法本或西门子等公司每天要向党卫军支付 3 马克，专业人员（比如熟练的电焊工）则是 5 马克。在比克瑙，每人每天被分配到的食物热量仅 1200 卡路里或更少，无法靠此维持劳动的人则被送去了毒气室。雇主有时会抱怨送来的都是骷髅，而非男人或女人。

如今，幸存的 80 名法国女性——她们中的许多人极其虚弱——非常清楚，她们能否活下去取决于巨大的运气，以及她们是否具备持续的适应能力和组织能力。她们用心学习足够的德语和集中营的行话，以避免因为对指令反应太慢而挨揍。她们学会了在盛汤的大锅端上来后拖延一段时间，以便舀到沉淀在锅底的蔬菜和肉碎。为了交换到额外的面包，她们知道怎么和"加拿大"的人交朋友，有时，她们也会冒风险偷羊毛袜子或不错的鞋子。她们明白待在一起不分开有多么重要，这样一来，她们可以提醒彼此身后的情况。

她们告诉自己，关心彼此和务实的女性特质使她们比生活在严酷又绝望的环境中的男囚犯更加坚韧。[1]适应至关重要，放弃则是致命的。正如她们所见，如果无法打破对生活原有的憧憬，或者拒绝接受现实，会使人变得冷漠、死气沉沉。她们尽量保持干净，用积雪或河里的冰水洗脸，她们相信这会让她们夏健康、更有尊严。而且，她们迫切地渴望活下去，从战争中幸存，向这个世界描述她们所经历与见证过的一切。

热尔梅娜·皮肯在沼泽地发现了一只死乌鸦，即使只是与大家分享一口食物，也带给她们一种成就感。为了抵抗严寒和疲劳，夏洛特想象自己身处别处，同时默默地背诵诗歌和剧本。她不停地告诉自己："活下去，保持自我。"尽管这无法阻止她身边的事情的发生，但让她感到了某种"战胜恐惧的胜利"。

尽管如此，绝大多数女人在心里已经不相信自己可以活到 221

战争结束了。比克瑙女囚犯的条件比奥斯威辛的其他地方更糟糕，那里更拥挤，水更少，而且情况还在不停地恶化，没有人相信自己可以躲过党卫军、囚监们出其不意又肆意的暴行。她们的身上爬满了软绵绵的、肥硕的白色虱子。她们累极了。漫长的一天结束后，在从沼泽地回集中营的路上，天性坚强乐观的塞西尔脑中只有一个念头：她离生命的尽头有多么近，她如何被剥夺了各种希望。

但那时，发生了一件完全出人意料的事。她们转运了。定夺奥斯威辛谁生谁死的最高层换人了。

在乌克兰和白俄罗斯，德国人曾见过种植橡胶草的田地。这是一种来自中亚的蒲公英，属多年生草本植物，它的根和汁液中含有乳胶，俄罗斯人会从中提炼橡胶。由于急需橡胶，在法本公司的支持下，德国人相信他们也可以在奥斯威辛的沼泽平原上种植橡胶草。德国任命拥有农业科学博士学位的突击大队领袖（Obersturmbannführer）约阿希姆·凯撒（Joachim Caesar）负责一间实验室。

第一批被挑选出来为他工作的是比克瑙的波兰女人。3 月，消息传到了玛丽－克洛德耳中。她在集中营的办公室做事，意味着她知道有什么新情况，而凯撒当时正在寻找生物学家。玛丽－埃莉萨·诺德曼和马德莱娜·德谢瓦宁在战前都是药剂师，她们应征了。当时，玛丽－埃莉萨因为肺炎还住在医务室，高烧不退，几乎站不起来。但一名护士告诉她如何用浓度 90% 的酒精和一小口咖啡迅速降低体温，因此，她在身体检查前及时恢复了过来。在玛丽－埃莉萨和马德莱娜之后，另外 15 名自称懂技术——实际上她们对此一无所知——的法国女人被派往在拉伊斯科（Raisko）的实验站。她们之中有塞西尔、夏洛特、热尔梅娜·皮肯、卢卢和她的妹妹卡门。卢卢日后说，她在那时甚至不懂得如何区分土豆和胡萝卜。

一名诊治囚犯的医生保证埃莱娜·所罗门只是得了感冒，因此，刚从斑疹伤寒中痊愈的她也获准加入了这批人。维瓦本该和大家一起去的，但她得了斑疹伤寒，正住在"医务室"，如此一来，似乎只剩她自己在苦苦支撑。

拉伊斯科有一间校舍，那里被田野和温室包围着，离比克瑙约3公里。校舍四周有铁丝网，不过没有通电，而且那里没有带有党卫军和枪支的瞭望塔。与所有党卫军一样，凯撒也很怕传染病，他的妻子不久前刚死于斑疹伤寒。他坚持所有为他工作的女人必须干净、健康。过了近三个月的脏兮兮的日子后，法国女人们不敢相信她们竟然被允许洗澡了，还拿到了新上衣和合脚的皮革鞋子。尽管食物还是老样子，不过汤比以前浓了一些，还有不计其数的"操作"（organising）机会——奥斯威辛用这个词来指代偷窃，即可以从附近的田里弄到各种蔬菜，那是其他囚犯为党卫军种的。

在新营房建好之前，女人们每晚都要回到比克瑙。集中营仍被一层薄雪覆盖着。月光洒下来，带刺的铁丝网在霜冻中闪着寒光。她们拖着沉重的脚步走过一个寂静的、纹丝不动的世界，相互扶持着，以防跌倒。但之后，她们搬到了拉伊斯科，那里有宿舍，每个女人有自己的床铺，上面铺着草垫。还有热水澡可以洗。夺走她们许多朋友生命的点名缩短至早晚各几分钟。跳蚤少了多了。凯撒更注重结果——这样他便不会被送上东部前线了，而不是折磨自己的手下。[2]有时，他把他们中的科学家当作同事对待。她们的病情被细致地记载在拉伊斯科医务室的记录中，生病的人可以去那里治疗。天气暖和起来后，一名党卫军允许女人们在池塘里洗澡、洗衣服。他一边说着要不是因为他马上要被调离奥斯威辛了，不然他肯定会为此送命的，一边谨慎地把头转向别处。

223　　劳动不算辛苦。她们中技术比较熟练的人，比如玛丽－埃莉萨和马德莱娜·德谢瓦宁，被分配给了实验室里年轻的德国化学家吕特·魏曼（Ruth Weimann），为她准备写论文所需的化学制剂，同时确保她们的实验结果是正确的，从而让拉伊斯科运作得更久。其他人则在橡胶草田里劳动，她们负责挑出有用的植物，或者担任助手。偶尔，她们会被要求为死于斑疹伤寒的党卫军制作花圈。

　　刚来这里时，玛丽－埃莉萨就发现了战前认识的朋友和同事，名叫克洛代特·布洛克（Claudette Bloch）。布洛克告诉她，几个45000次列车的法国男人在拉伊斯科做园丁。正如在比克瑙那样，男人能设法了解到新闻，甚至搞到了报纸，这些准备给妇女们的报纸如今被藏在安全的地方。玛丽－埃莉萨、夏洛特和其他人用一本从"加拿大"拿来的地图册，追踪纳粹在东部前线连连经历的败仗，平时，它被藏在实验室的阁楼。

　　凯撒和吕特·魏曼结婚时，女人们接到了为新婚夫妇缝制羽绒被的指示，使用的是不远处专供党卫军的鹅和鸭子的羽毛。她们兴奋地留下了一些边角料，把它们做成了羽毛笔。食物和温暖让她们重新感受到了生机。那些原本每小时都在关心如何活下去的女人，发现自己又需要消遣了。一个波兰女人教会了她们如何以物易物，她非常熟练地与身为园丁的俄罗斯囚犯交换卷心菜、土豆和豆子。她们发现可以用多余的面包——她们从配给中省下来的，来交换一块糖、一包面条，甚至是针、线和笔。眼看着大家慢慢地恢复了生气，看起来不那么形容枯槁，且重新展露出笑容，每个人都高兴极了。一天，党卫军将她们营房里所有的东西都充公了，女人们聚在一起唱起《马赛曲》，轻轻地，用呼吸声。第二天，她们就开始设法补上所有丢失的东西。

以附近的卫生局（Institute of Hygiene）拥有更精密的设备，需要用它们来做乳胶样本的离心处理为借口，玛丽－埃丽萨和埃莱娜把西红柿藏在松垮的短裤里，与在那里工作的法国男人交换了果酱，甚至还换回来一些猪血，后来被她们做成了血肠。她们这么做很危险，因为这种交易是被严厉禁止的，但这也让她们觉得自己并非完全无权无势。这还促使她们在暗中搞小破坏：挑选不那么优质的根茎来繁殖，将数批植物混在一起，以及使用化学品来阻碍植物的生长。

女人们已变得善于偷窃。夏洛特·德科克也被派到了拉伊斯科，她为党卫军做饭，会偷走能弄到的所有东西——红酒、面粉、鸡蛋和一罐腌制猪肉，尽管她在事后为弄走那只罐子费了老大力气。在比克瑙的数个月，夏洛特·德科克始终是所有女人中最积极乐观的那一个。大家都喜欢她，都因为她的存在而感到安慰。

夜晚，这些朋友坐在床上缝补、画画，甚至做刺绣，讨论她们怎么才能做出罗宋汤，想象如果她们能弄到一点奶油的话它会多么美味。如果不是因为热尔梅娜·皮肯在把洋葱偷偷拿给比克瑙的朋友们时被抓并受到惩罚的话，她们也许会在捡破烂时更大胆。尽管凯撒鼓励女人们尽量改善生活，有一次甚至给田里劳动的人弄了太阳眼镜，但他从不干涉惩罚。他也没有出手救一个名叫莉莉（Lily）的年轻女孩，她的未婚夫是园丁

224

之一，当他的一张字条被截获时，她被枪毙了。"我们就像充满了生命力和活力的植物，像植物般渴望生长、活下去。"那个男孩写道，"我不禁想，这些植物本不该活下去的。"

然而，即使在拉伊斯科，也经常有气势汹汹的党卫军出没。由于女人们新长出来的头发没有及时被剃掉，玛丽－埃莉萨新长出来的头发非常卷。一名党卫军相当怀疑地打量着她，说她看起来很像犹太人。没有人出卖她。

伊尔玛·格雷塞（Irma Grese）经常折磨女人们。她的父亲是一名农夫，她 18 岁加入党卫军，19 岁来到了奥斯威辛。在集中营巡逻时，格雷塞手上总拿着一条鞭子，身上散发着昂贵香水的浓烈香气。她是个非常漂亮的女孩，有一双又大又蓝且透着一股纯真的眼睛和天使般的脸蛋，她渴望成为电影明星。

225

留在比克瑙的女人们的命运，也会马上朝好的方向转变。

春天的某个时候，在医务室治疗斑疹伤寒的玛丽－克洛德偷听到了一名波兰医生和一名党卫军的一次对话。那名守卫说，法国女人不太适应波兰的气候，实际上，她们似乎正在像"苍蝇般死去"。他继续说道，她们也许会被"转移到拉文斯布吕克集中营（Ravensbrück）"。尽管这种事还没有发生，不过显然，集中营当局在关切非犹太法国囚犯的情况。

4 月底，巴黎的前共产党市议员埃马纽埃尔·弗勒里（Emmanuel Fleury）——他如今在法国从事地下活动——收到一封由抵抗运动成员传来的电报。电报本来是发给她父母的，告知他的妻子玛丽－泰蕾兹（Marie-Thérèse）在"奥斯威辛的医院"因心脏病而去世的死讯。这些"死亡通知书"是奥斯威辛畸形官僚主义的一种体现。至少在理论上，每间"医务室"

都配备了一名秘书记录每具尸体上的文身编号和死亡原因，以便日后通知家属。然而，实际上，文身处的肉经常被老鼠啃掉，许多死亡根本未被记录在册。

玛丽－泰蕾兹曾是法国邮政联盟联合会（French United Postal Federation）的联邦部长助理。被捕前，她和丈夫在抵抗运动中非常活跃，后来，她被押往了罗曼维尔。在这封电报之前，法国没有任何人知道 1943 年 1 月 24 日这天前往贡比涅的 230 名女性的命运。传闻称东部有劳动营，尤其是在妇女们从牛车缝隙中偷偷扔下的纸条到了她们家人手上之后——铁路工人在轨道上捡到了它们，再设法转交给了家人。但是，"夜雾命令"的条款规定，决不能泄露她们的行踪。

因为德国当局在发送时出了错，关于玛丽－泰蕾兹的电报意外地落到了在伦敦的法国抵抗运动成员手上，并在 BBC 的法语广播中定期播出。人们开始有了疑问：所有女人究竟去了哪里？她们中的许多人死了吗？弗勒里女士（Mme Fleury）在奥斯威辛的医院经历了什么？奥斯威辛，到底是一个什么地方？ 226

到 1943 年春天，已经有许多关于被占领波兰的集中营的讨论与文章。自从 5 名纳粹高级官员于 1942 年 1 月召开万湖会议（Wannsee conference）① 之后，一直就有关于纳粹对欧洲犹太人的"最终解决方案"和大规模屠杀中心的传闻。根据逃出来的囚犯以及实业家、旅客、工人、教会人员、犹太组织提供的情报整理而成的报告，被送往盟国政府、梵蒂冈和日内瓦的红十字国际委员会（International Committee of the Red Cross）。尽管

---

① 纳粹德国官员讨论"犹太人问题的最后解决办法（Endlösung der Judenfrage）"的会议，该会议落实了系统性的犹太人大屠杀策略。——译者注

红十字国际委员会在 1942 年 10 月投票否决了发布公报的提议，因为公报"毫无意义"，而且会妨碍到他们帮助战俘的工作；不过，到那年 12 月，伦敦和华盛顿都关注到了这个问题，并且发表了声明。尽管如此，仍没有采取任何军事行动，当时的关注点都是集中所有资源，以尽快结束战争。轰炸机继续在奥斯威辛附近的工厂投弹，还没有瞄准附近的铁路或它们所通往的集中营。

盟国领袖收到的大部分消息都描述了索比堡灭绝营（Sobibor）、贝尔泽克灭绝营（Belzec）和特雷布林卡灭绝营（Treblinka）的恐怖与恐慌，人们在那里的毒气室死去，但没有提到奥斯威辛，尽管关于比克瑙毒气室的报告也被送往了盟国。也许，正是因为集中营的大小和性质，即拥有面积庞大的工业区和卫星工厂，掩盖了它杀戮的用心。据说，奥斯威辛实际上是一个奴隶营，不涉及大屠杀。从德朗西被驱逐的犹太人继续被认为去了"未知的目的地，即波兰的某个地方"。

现在，31000 次列车上 229 名女性——母亲、妻子、姐妹、227 女儿的家人与玛丽 - 泰蕾兹一起，开始联络当地的教会、红十字会和维希政府，要求得到更多消息。有些询问信被送到了盖世太保的办公室。普佩特·阿利宗和玛丽·阿利宗的家人在一封信中提到阿利宗夫人去世了，她"被绝望击垮了"，因为不知道两个女儿的下落。逐渐地，奥斯威辛发出的其他"死亡通知"抵达了法国。当地警察局在回应波尔多和吉伦特省 19 名女性去世的消息时，称她们死于"糟糕的卫生条件和营养不良"。真相却有所不同：阿米瑟·吉永在 2 月 10 日残忍的"竞赛"（race）中被捕；伊丽莎白·迪佩龙和安妮特·埃波被送往毒气室；20 岁的奥萝尔·皮卡死于口渴；21 岁的安德烈·塔米西是被打死的。她们一共留下了 5 个孩子，最年幼的是伊丽莎白仅 5 岁的女儿。

在法国，国民抵抗阵线收集、汇总了所有已知消息，确定了达妮埃尔·卡萨诺瓦、玛丽-埃莉萨·诺德曼和其他几个人在车上，至今下落不明。还有大规模毒气杀人的传闻。在伦敦的一名法国记者费尔南·格勒尼耶（Fernand Grenier）留意到了这个故事，于 8 月 17 日长篇报道了"这些年轻的法国女性被谋杀"，其中 26 人是抵抗运动战士的寡妇，坚称贝当和维希政府必须为她们的死负责。[3]

他提到了马伊·波利策、埃莱娜·所罗门和玛丽-克洛德，相对准确地描述了奥斯威辛的情况，但他不相信自己拿到的数字是正确的，因此，将 5000 名女性共用一个水龙头修改为 500 人。"必须——"他在最后写道，"打破沉默。"BBC 其他语言的广播很快关注到了格勒尼耶的故事，后来，它也出现在了英国和美国的报纸上。得知达妮埃尔也在死者之中后，数名巴黎女性给贝当写了一封公开信。"我们希望告诉你，你应该为这些真正的法国女性的死负责。"

在法国、波兰和德国的档案或奥斯威辛的文件中，都无法找到任何可以解释接下来发生的事的线索。是因为美国、苏联和英国宣布战犯终将"受到严惩"吗？还是因为希姆莱无法再忽视这个事实，即一旦战败，他肯定会以战争罪被起诉？或者是因为关押女人的地方已经不再是秘密，"夜雾命令"企图制造的恐怖不再有效，所以柏林才下达了不能再让法国抵抗者死亡的指令？

无论原因是什么，玛丽-克洛德突然被叫到了集中营的盖世太保办公室，她害怕极了。在这里，她以为将因为某种不端

228

行为而受到惩罚，但一个名叫舒茨（Schutz）的党卫军——他因为喜欢亲自参与用毒气杀害囚犯而为人所知——告诉她，红十字国际委员会正在询问她的情况，她获准给家人写一封信。信不能超过15行，必须用德文写，而且不准批评她的处境。实际上，所有幸存的法国女性，也包括45000次列车的所有男性幸存者，都获准给家人写信，再经人翻译成德文。不仅如此，他们还被允许接收包裹。

更好的转变是女人们搬出了25号楼，被隔离在集中营围墙之外的一处营房。她们不用再去工厂和沼泽地劳动了，早晚两次的点名也取消了。

在比克瑙，31000次列车上幸存的法国女性，除了去拉伊斯科的那批人外，如今只剩下37人。绝大多数人濒临死亡。还活着的几个年轻女孩看起来饱受摧残，无法分辨她们的年龄。埃莱娜·博洛瘦得仅剩32公斤了，由于反复患痢疾，她在营地走动时总裹在一条臭气熏天的毯子里。西蒙娜正努力摆脱一系列的长期疾病，在卡车来清理她所在的"医务室"、把病人送往毒气室时，她奇迹般地逃过了一劫：她咬伤了一名党卫军守卫的手，躲进附近一群挖沟渠的女人之中。在她20岁生日那天，两名法国男囚犯送给她一只小包，里面有一小块肥皂和一小瓶香水。

229　　　　然而，对玛丽·阿利宗来说，搬去隔离营的日子来得太迟了。

整个初夏，玛丽总是饥肠辘辘，从未克服过对于食物的渴望，她越来越虚弱，因为痢疾而精疲力竭，她的双腿肿胀，几乎走不了路。她难过地告诉普佩特："也许我们祈祷得还不够。"很快，她就吃不下东西了，声音轻得像个小女孩。她紧紧靠着普佩特。她的耳朵感染后，被转移到了"医务室"。普佩特最后一次见到她的姐姐时，玛丽浑身赤裸地躺在一条脏兮兮的毯子下，嘴唇发黑。她昏迷了，耳朵里全是脓——一只老鼠曾咬过她。22 岁生日之后没几天，玛丽去世了。普佩特绝望极了。她无法接受总在照顾她、对每个人都那么好的姐姐就这么离开了。夏洛特把她紧紧地抱在怀里。玛丽－克洛德设法安排她被调往拉伊斯科，让她加入了生物学家的团队。

女人们命运的转变对维瓦·南尼来说也来得太迟了。让她的朋友们尤其是与她走得很近的夏洛特感到欣慰的是，维瓦似乎从一场来势汹汹的斑疹伤寒中康复了。之后，她再次病倒了。夏洛特去"医务室"探望她时，尽管她变得如此瘦弱，以至于她的双肩嶙峋如柴，但她的身体似乎异常健康；她又长出了浓密的、黑色的卷发；她们聊着维瓦的父亲彼得罗·南尼在得知盟军登陆聂图诺（Nettuno）之后，该有多高兴。夏洛特松了一口气。但突然，维瓦告诉她，她很快就会被送回法国，她的姐妹正在那里等她。斑疹伤寒使她变得神志不清。很快，她失去了意识。几天后，她去世了。这些朋友的死亡让生者痛苦得几乎难以承受——她们曾如此密不可分，共同忍受了那么多苦难。

转变对身材高大的、拥有贵族气质的弗朗斯·龙多（France Rondeaux）也来得太迟了。不祈祷的时候，她会通过背食谱来分散自己的注意力。弗朗斯死于斑疹伤寒，她的皮肤松弛地覆盖在她瘦弱的身体上。至少，她不用知道差不多同一时间她的小女儿在法国死于一场悲惨的意外。

230　　命运的转变让她们感到无比欣慰，剩下的女人们收拾好仅有的一两件行李，步行到几百码外铁丝网附近的新家。日后，她们纷纷表示，如果不是这次搬家的话，也许没人能活下来。埃莱娜·富尼耶太瘦了，她几乎可以摸到自己没有肉包裹的大腿骨。

　　她们现在开始通过写信、取代号、使用历史典故，来尝试告诉她们身在法国的家人自己经历了什么。玛丽－克洛德立刻用昵称确认了达妮埃尔和马伊的死讯。"我很难过，奥尔唐斯（Hortense）［达妮埃尔］去了父亲那儿［他死于 1937 年］。我还经常想念可怜的米米（Mimi）［马伊儿子的昵称，如今他是个孤儿了］。"她在信中提到了哈迪斯（Hades）① 和但丁（Dante）的《神曲·地狱篇》，说"就像欧律狄刻（Eurydice）② 收到了一封信"。她说，自己不仅掉了两颗牙齿，而且在 31 岁的年纪就已经有了 50 根白头发。

　　贝蒂在信中告诉她的阿姨，她对罗塞特（Rosette）［勃朗，法国女青年联盟一个分支的创始人］也和奥尔唐斯一起离开了感到很难过，但她很高兴波姆（Pomme）［玛丽－克洛德］身体不错。她又写道，得知莫妮克（Monique）［她自己的一个昵称］转学去了新学校之后，她很开心，相信她在那里会愉快得多。

　　伊冯娜·诺泰里（Yvonne Noutari）写信问她的姐妹，是否知道在她之前不久被捕的丈夫罗贝尔（Robert）的消息。她姐妹的回信是第一批被送达集中营的，里面称"无法捎来消息"。她无法在信中写下罗贝尔已经被盖世太保处决了的消息。伊冯

---

① 古希腊神话中的冥界之王，同时还是掌管瘟疫的神。——译者注
② 希腊神话中俄耳甫斯（Orpheus）的妻子。——译者注

娜在信中告诉母亲，"肯定会重新迎来愉快的日子的"——暗示纳粹的噩梦无法延续，她因此受到了一个月的纪律处分。这意味着她每天凌晨 4 点就要出门劳动，深夜 10 点才能回来。她的朋友们从自己的配给中省下一些面包给她。

　　听闻她的遭遇后，其他女人只在信里写一些乏善可陈的事。卢卢写的每封信都是关于她的儿子保罗的：向他表达爱意，恳求收到他的照片和消息。"全心全意地亲吻你，小保罗。"她写道，"我很难想象，他已经不再是婴儿了。我永远会为无法陪伴在他身边的日子而感到后悔……"他多高了？她问道。他平时说些什么？玩什么？她从未透露过有关奥斯威辛的只言片语。

231

　　在法国，人们收到来信后，破解了许多隐喻。埃莱娜·博洛的阿姨收到一封信，里面写着"从今往后，你就是我的母亲了"，她很快就明白埃玛去世了。然而，有些暗语仍是一个谜。为什么女人们要洋葱和大蒜呢？（为了预防坏血病。）塞西尔写道："别寄酸模（*oseilles*）① 来"，它在法国俚语中是"钱"的意思，但法国的一个朋友为她的家人翻译成了"生菜"。这究竟是什么意思呢？还有，她们说烤箱里有很多很多苹果（*pommes au four*）是指什么呢？

　　家人持续向当局施压，与此同时，阿拉贡创作了一首诗，其中有一句："成百张法国玛丽的面孔，我向你们致敬。"包裹很快就寄到了奥斯威辛，有些包裹——虽然不可能是所有急需的食物——被送到了隔离营中女人们的手上，她们都会拿出来与大家分享。埃莱娜·博洛的阿姨寄来的包裹中有油、巧克力、饼干、干李子、糖、果酱、吞拿鱼、豆焖肉、芥末酱和洋葱。

---

　　① 　草本植物，富含草酸，常被作为料理调料。——译者注

如此丰富的食物，在这么长时间之后，品尝起来尤其美味。贝蒂在收到父母寄来的第一个包裹时，她哭了。

一天，还是在拉伊斯科，玛丽－埃莉萨收到了一罐蜂蜜。她们一致同意：与大家分享包裹时，收件人可以舔瓶底留下的最后一口食物。玛丽－埃莉萨舔罐底时，发现那里黏了一张纸，下面是一张她小儿子的照片。她日后说，那是一个难以置信的时刻，从那时起，她知道自己会活下来，会回家，因为她要再亲眼看看儿子。尽管有被发现、受惩罚的风险（因为囚犯依然禁止私藏照片），她仍设法将它随时带在身边。其他女人也分享了她的巨大喜悦。

然而，有些从家里传来的消息却让人不安。普佩特得知，她的父亲在母亲死后爱上了一个更年轻的女人，正考虑娶她。在与曾经熟悉和理解的世界隔绝了如此之久之后，仅仅是再次与它取得联系，重新学习它、适应它，就让她们感到紧张不安。玛丽－克洛德说，与家人的联络提醒了她们一件事，"除这里之外，还存在另一个世界，那里有爱和温柔"。这不是一件坏事，因为重要的是别让自己变得坚硬（hard）。但她补充说，这也使她们意识到自己身在一个多么遥远的地方。这是一个与众不同的世界，她们已经成了与众不同的人。

也许所有人都有类似想法。一天，奥尔加·梅兰突然看见她的丈夫在比克瑙的铁路上劳动。她放下正在搬运的汤桶，跑过去和他说话。她很走运，没有党卫军看见她。回来后，她告诉大家，他之所以被送来奥斯威辛，是因为曾尝试从一个战俘营逃跑。那离婚的事呢？有人问道，那人知道在战争爆发之初两人曾打算分开。"我们和好了。"奥尔加告诉大家。梅兰的儿子由于小儿麻痹症行动不便，一直与她的母亲生活在一起。梅兰曾协助犹太人穿越分界线。

　　然而，有一名女性的命运在比克瑙发生了不同变化。她便是阿代拉伊德·奥特尔，一名来自阿尔萨斯的精神科医生，曾经谴责德国士兵虐待一个犹太家庭。阿代拉伊德在举手投足间透着一股严厉与矜持，这使她没能与其他女性变得亲近起来，但她清晰的道德立场没有使她在奥斯威辛被疏远，在那里，她受到了广泛的尊敬与钦佩。

　　来集中营后不久，阿代拉伊德就作为医生被派往德国的医务营，那里是德国罪犯和妓女这类"边缘人士"生病时住的地方。虽然那里的条件比其他医务营稍好，但同样老鼠肆虐，它们非常大胆，会公然袭击女病人。所有的"医务室"都像地狱，没有肥皂，没有干净的床单，缺水，女人们的身上不停地化脓，伤口仿佛永远都不会愈合。

　　阿代拉伊德尽全力通过偷药和偷食物去帮助其他法国女性，尽管她也常常一无所有，只有几片阿司匹林。达妮埃尔战前年轻的同事波莱特·普吕尼埃（Paulette Prunières）患上胸膜炎后，她设法从一名捷克医生那儿偷了一些胰岛素。阿代拉伊德必须不停地在谁生谁死上作出选择，这让她备受折磨。"几百人共用一个注射瓶，"她日后写道，"这怎么可能呢？谁可以用？抛硬币吗？"一天，一个在"加拿大"劳动的男人交给她一盒药，这是他从刚坐火车来的犹太人的随身物品中偷来的。她把它藏起来，偷偷拿给别人用。但是，她藏药盒的地方被一名党卫军医生发现了，所有药物都被没收了。阿代拉伊德愤怒地流下了眼泪。

　　德国医务室的病人也许会对她的死板感到不安，有时会针

233

对她。如果不是波兰囚监——一个具有强烈公平意识的妓女——保护她的话，她还会挨揍。阿代拉伊德染上斑疹伤寒后，正是这个女人在她身边照顾她。她发高烧后做噩梦，看见一个男人站在火炉前试图用铲子铲她，喊着"我倒要让你看看，人是怎么死的！"来到奥斯威辛约两个半月后，阿代拉伊德被告知她将作为妇科医生被调往医学试验营。她日后解释道，她没有反对，因为她想亲眼看看那里的情况，希望自己能活到战争结束，从而有机会向世人描述它。对奥斯威辛的囚犯而言，医学试验营充斥着各种传闻、噩梦；对囚犯医生而言，这里是他们因为妥协、共谋而受到最激烈的质疑的地方。

纳粹的医学试验在通过医学进行优生净化的漫长过程中处于核心地位。[4]1933 年夏天，一部净化法令认定一系列遗传疾病——包括精神分裂症、癫痫和酗酒——会威胁到德国种族的净化，并制订了安乐死计划。它预示了日后出现的死亡营，即通过"筛选"处决那些有心理和生理缺陷的人。奥斯威辛投入运作后，它似乎是野心勃勃的医生们拓展他们的实验的理想之地，不仅涉及对血液、药物和手术程序的试验，还将涉及优生学。人体比动物更廉价、更充足，人类试验品从不短缺。刚来到集中营的"新鲜材料"源源不断地补充着"消耗品"。玛丽－克洛德眼看着即将被用作试验材料的希腊犹太人排成长队，她意识到他们对即将经历的事一无所知。"但是"，她后来说，她的用词简洁、明确，"我知道"。

最重要的医学试验营在 10 号楼，位于奥斯威辛主营。那里窗户紧闭，贴上了封条，一切与外界的沟通都被禁止，这些都增加了它险恶的名声。它直接通往 11 号楼的院子，尝试越狱的囚犯会在那里的墙边被枪毙。阿代拉伊德无法回避这些枪决场面，枪毙后的尸体会被肢解，供党卫军研究者解剖。10 号楼也是党卫军和特权囚犯的妓院。它有个"吉祥物"，金发碧眼的 6 岁男孩彼得，他会在点名时模仿党卫军来回踢正步。阿代拉伊德正是被送去了这样的地方。

10 号楼及其 4 间实验室和精密的 X 射线设备来自上西里西亚（Upper Silesia）的党卫军准将克劳贝格教授（Professor Clauberg）的领地。他身材矮小、秃头、格外有野心，是一名阉割和绝育专家，他做手术时总戴着一顶窄边登山帽，脚蹬一双靴子。希姆莱对他的工作特别感兴趣，告诉对方他想知道"让 1000 个犹太人绝育要花多少时间"。克劳贝格的人体试验品均为生过孩子的已婚犹太女性，年龄在 20 岁至 40 岁之间。她们被直接从火车上筛选出来，同时得到一个含糊不清的承诺——她们也许能活下来。尽管她们害怕做手术，但更怕被带去比克瑙或毒气室。

克劳贝格的试验包括直接向子宫颈注射腐蚀性物质，以阻塞输卵管。这个过程极其痛苦，会导致高烧、炎症，幸存下来的人们常受到心理上和生理上的重创。两名男囚犯抓住大喊大叫的女人的情况并不罕见，她们的尖叫声可以传到几栋楼之外。阿代拉伊德的工作是判断这些女性是否受到了严重影响，以致"丧失了劳动能力"。如果无法劳动的话，她们马上就会被送去毒气室。阿代拉伊德总是坚称，她们肯定能康复。

由于女人在生理期无法做手术，因此，她会尽可能地开例假证明，尽管比克瑙的女性因为严重的营养不良早就停经了。工作涉及的道德模糊地带让她痛苦不堪。她还知道女人在集中营生产后，婴儿会被一个"绿三角"——因堕胎而被送来奥斯威辛的德国女人——带走，放进水桶淹死。这都让她感到非常

235

恐惧。那个女人告诉阿代拉伊德，孩子要花 20 分钟才会死去。但这个德国女人死后，找不到人来接手她的工作。所以，婴儿会暂时活下来，但很快又会死于饥饿或无人照料。为了拯救母亲，她们的一些朋友会把婴儿杀掉。

1943 年 5 月，约瑟夫·门格勒（Josef Mengele）来到奥斯威辛，进行眼部、优生和种族试验，借助的是双胞胎和聋哑人，他们是在德雷克斯勒和陶贝的协助下，直接被从火车上带到实验室的，如同上述女性一样。门格勒沉迷于创造一个更优越的种族，采用的方法是移除双胞胎的器官或使他们致盲，或故意让他们感染某种致命的疾病，来测试某些药物的效果。阿代拉伊德在得知将与他共事后，表示反对。"这项命令确定吗？"她问道。是的，她被告知，所有命令都是毋庸置疑的。

在门格勒的试验营，她被迫见证了他独特的筛选机制：要求囚犯裸体在他面前走动，他会挑出一些人，让他们去病房，另外的人则去一个特别的房间，等待卡车把他们送去毒气室。在这个过程中，阿代拉伊德和其他囚犯医生被锁在一个房间里，他们可以听见人们被赶上卡车时发出的哭喊声。阿代拉伊德哭了。一个名叫埃利（Elly）的护士告诉她，她觉得积极参与筛选的人和被动坐在一旁的、无动于衷的人之间，没有太大差别。"确实如此，"阿代拉伊德日后写道，"她说的完全正确。如果我们更有勇气的话，就会更勇敢地站出来抗议。"日后，她为自己以及其他像她一样处于"灰色地带"的人而感到痛苦，认为他们同样参与了这些医学暴行。如果她插手，会怎么样呢？"是毫无意义的举动吗？也许，但也不肯定……一个简单的动作就可以鼓舞到其他人。但我们没有一个人站出来。"

还有一名研究种族理论的医生霍斯特·舒曼（Horst

Schumann），身材高大，肩膀宽阔，是极其残忍的纳粹分子。他对子宫的早期癌症很感兴趣，这个兴趣与奥斯威辛的党卫军首席医疗官爱德华·维尔茨医生（Dr Eduard Wirths）一样。维尔茨也是高个子，声音尖锐又凶狠。舒曼医生还会摘除卵巢，观察 X 射线在破坏人体组织时是否有效，有时会严重烧伤女性。他的手术过程仿佛一条生产线，囚犯一名接一名，长长一排受伤的、痛哭的女人。还有一名来自奥地利的囚犯医生德林（Dering），拒绝为犹太病人打麻醉。

也是在 5 月，一名党卫军科学家来比克瑙验证他的种族论。操作时，他要求各个年龄段的女人在他面前脱光衣服。他让一些人站到一边，并告诉她们，他会让她们离开比克瑙，去条件稍好的集中营。之后，阿代拉伊德发现她们都被枪毙了。她们的骨骼被保存下来，送往斯特拉斯堡（Strasbourg）的一个机构做进一步研究。工作使她越来越不安，当那些被筛选出来的女人恳求放自己一条生路时，她只能被迫站在一旁。她说，那仿佛在观看一场"动物狩猎"。

一天，马克西米利安·萨穆埃尔（Maximilian Samuel）被驱逐到了奥斯威辛，成为舒曼的助手。他是犹太人，曾是科隆（Cologne）的一名妇科教授。萨穆埃尔要阿代拉伊德协助他进行一项女性子宫试验。他对工作的狂热使阿代拉伊德极其反感，她也看不起对方无法直面现实的无能。不久之前，她曾为一个 17 岁的希腊女孩做手术准备，后来，她发誓再也不会做同样的事了。她让萨穆埃尔告诉舒曼，她不会再与他共事。萨穆埃尔向党卫军告发了她。

她被叫到了维尔茨跟前。以奥斯威辛的标准而言，维尔茨算不上心狠手辣的人。实际上，他还在设法改善囚犯可怕的居

237

住环境。他问阿代拉伊德是否清楚犹太女人和她完全不同。是的，她回答道，这里的确有许多人和她不一样，比如维尔茨医生本人。之后，她不再协助任何医学试验。现在，她开始为最坏的结果做准备了，她告诉别人自己从不奢望能活着离开奥斯威辛，她唯一能做的是"在剩下的短暂时间里表现得像个人"。[5]她摆出一种姿态，并从中得到了勇气。尽管如此，让她担心的是，这仅仅意味着别人将不得不做她拒绝做的事。当她带着"良知"走开后，留下的人并不会比她轻松多少。

那天晚上，女子营区的医疗助理奥利（Orli）——奥利已经被关押了许多年——和阿代拉伊德成了朋友，奥利告诉她，听说第二天会来一支处理"特殊情况"的小队，她也是"特殊情况"之一。但奥利有个计划。她会给阿代拉伊德一颗强效安眠药，安排她睡在医务室，声称她在夜晚去世了，因此，一具"尸体"躺在了她原来的位置。计划成功了。阿代拉伊德醒过来后，被人偷偷带回了比克瑙。日后，她告诉另一名囚犯："我很幸运，因为我所坚信的价值比生命本身更崇高。"

秋天，没有一名法国女性去世。但短短六个月，已经死了177人。剩下的都是意志坚定的、能干的女性，她们在精神上和身体上都足够坚强。不意外的是，除了少数几人外，所有活下来的人都在政治上相当活跃，她们坚信会有一个美好的未来，同时习惯了艰苦的条件和纪律。她们几乎年龄相仿，年近三十或三十岁出头。除了普佩特和西蒙娜外，所有年轻的女孩都去世了；所有上了年纪的女性也无一例外，全部死亡了。普安索和他的手下在吉伦特省、夏朗德省逮捕的47人中，如今仅剩不到10人还活着。大部分巴黎的知识分子抵抗运动成员、几乎所

有印刷工以及许多为法国女青年联盟分发传单的年轻女性，都 238
去世了。

奥斯威辛发生了一些变化。党卫军大肆偷窃"加拿大"物资的丑闻爆发后，一个没那么野蛮的指挥官取代了赫斯。亚瑟·利贝亨舍尔（Arthur Liebehenschel）开始治理腐败，他将一部分他认为太过残忍的守卫调离了奥斯威辛。晚上，劳动队从工厂和沼泽地回来时，拖回来的尸体变少了。利贝亨舍尔特别钟爱音乐，他让女囚犯组成了一支管弦乐队，她们中的许多人以前都是杰出的音乐家，曾穿着百褶裙和白色衬衫在各种场合演出。从早到晚，这支管弦乐队不停地在集中营内外演奏。她们五人一排，一边走，一边演奏施特劳斯、奥芬巴赫的曲子。

在拉伊斯科，随着表面上稍稍恢复了正常以及大家的身体开始好转，人们变得渴望交谈与分享彼此的故事，她们总是小心翼翼地避开亲密的、痛苦的回忆。"我们从不谈起——"夏洛特日后说，"爱。"她们聊战争结束后要做什么，做一些让她们觉得自己也许还可以回家的梦。能做一些和文学、戏剧有关的事是再好不过的。玛丽-埃莉萨的药剂师朋友克洛代特·布洛克透露，她几乎能背下莫里哀（Molière）① 的《无病呻吟》（*Le Malade imaginaire*）。之后，法国女人们便开始一行一行地重现这部剧，记忆断断续续地一幕一幕地被找回来了。夏洛特担任导演，塞西尔还像在罗曼维尔一样为演员制作戏服。塞西尔很毒舌，但总能逗乐大家。卡门找来了小道具；热爱表演的卢卢扮演阿尔甘（Argan）。围裙被改成了医生袍，从实验室借来的薄纱网做成了褶边，削下的木屑则做成了假发。夜晚，每

---

① 莫里哀（Molière，1622—1673），法国喜剧作家、演员。——译者注

天劳动结束后的最后一小时，女人们聚在一起排练。

　　星期天，表演的日子到了，整栋楼的人都来观看。"太棒了，"夏洛特日后写道，"因为在整整两个小时中，尽管烟囱从没有停止冒出焚烧人体所产生的烟雾，但在这两个小时里，我们都对自己所做的事深信不疑。"在沉默了如此之久后，剧本和书中角色终于再次回到夏洛特的脑海中，她描述这些人物，为大家带来了许多乐趣。她日后说，她想不起包法利夫人（Madame Bovary）、安娜·卡列尼娜（Anna Karenina）和拉斯蒂涅（Rastignac）① 了，但她还记得马塞尔·普鲁斯特（Marcel Proust）②。

　　在平安夜，女人们获准 4 点就结束劳动。她们计划做庆祝晚餐：她们还活着，尽管只庆祝这个简单的事实听起来很奇怪。她们愉快地发现她们的头发又长长了一点，她们相互洗头，刷着对方头顶上的一丛丛短毛。几个女人收到了"加拿大"的长袜，她们"重新调整"了衬衣，给每人做了一个干净的白衣领。床单当成桌布，桌餐被摆成马蹄形，还做了装饰。她们用纸折了花，药剂师用实验室的粉末做了胭脂和口红。她们从由法国寄来的包裹中省下食物，从菜园里摘来蔬菜，做出了一桌包含豆子、卷心菜、洋葱酱和罂粟籽配土豆的盛宴。女人们吃得很少，她们变得不习惯吃太多东西，但看着这么多吃的，她们开心极了。她们喝着从党卫军的厨房偷来的甜黑啤。吃完饭，她们关掉灯，点亮蜡烛，波兰女人唱起了赞美诗和歌谣，互道

---

① 法国小说家巴尔扎克（Honoré de Balzac）作品中的人物，为小说《高老头》（Le Père Goriot）中的主角。——译者注

② 马塞尔·普鲁斯特（Marcel Proust，1871—1922），意识流文学先驱，代表作为《追忆似水年华》（À la recherche du temps perdu）。——译者注

239

Do domou：回家。她们交换了礼物：一块肥皂，绳子编成的腰带，还有人用在毒气室附近捡到的泰迪熊交换了两棵洋葱。

新年第一天的清晨，党卫军带着一份名单来到了拉伊斯科。名单上的法国女人要立刻回到比克瑙。她们非常不安，担心当局可能下达了处死法国囚犯的命令。她们每人准备了一小包行李，里面有珍贵的牙刷和一些肥皂。离开营房时，她们唱起了《马赛曲》，如同之前的每次旅程那样。她们坐上车，继续唱歌，由记得许多歌曲的卡门领唱。当她们看见带刺的铁丝网和冒烟的烟囱时，她们的心脏似乎停止了跳动。

不过，根据她们目前的判断，这应该是一个好消息。第一批法国女性即将前往柏林北部的拉文斯布吕克集中营。夏洛特、塞西尔、普佩特、卢卢、卡门、吉尔贝特和玛丽 - 让娜·佩内克被要求脱掉衣服，她们领到了更干净的替换衣服。之后，让她们大感惊讶的是，她们拿回了原来的行李箱，里面还剩下些东西。她们签署了一份文件，发誓不会向外界描述在奥斯威辛所看到的一切。更让她们感到震惊的是，一向凶狠的陶贝蹲下身为卡门系上了鞋带。就好像在梦中一样，她们向车站走去，穿着松垮的条纹衣服和不合脚的鞋子，登上了一辆普通列车。她们望向车窗外的普通人，他们过着平常的日子，仿佛奥斯威辛从来都不存在。她们高兴地留意到，盟国的轰炸对德国城镇造成了毁灭性的打击。火车经过一排坦克，这是一支正前往东部前线的装甲部队。最让她们感到惊讶的是，她们对于所处的奢侈环境似乎一点也不诧异：就像挂在门背后的外套一样，她们找回了原来的自己，仿佛从未离开过。

　　在柏林换车时，她们看见城市沦为废墟，感到"除了开心，还是开心"。守卫允许她们去女厕所，一年多以来，她们第一次在镜子中看见自己的模样。她们怔怔地盯着自己瘦骨嶙峋的、憔悴的脸和散乱的头发，露出难以置信的表情。她们讨论了逃跑，但身上的条纹衣服太显眼，几乎不可能成功。她们又能去哪儿呢？她们被赶上了第二辆火车，车上满是穿着软皮外套的盖世太保军官。在她们车厢，一个带着年幼女孩的年轻女人坚持要法国女人坐她们的位子，夏洛特为此既感动又惊喜。这让她们感到在这个世界上仍存在体面和怜悯。

241　　留下的法国女人仍住在比克瑙栅栏外的隔离营。赫斯被重新任命为指挥官，目的是加速消灭匈牙利犹太人。从 5 月起，每天都有成千上万的犹太人被送来这里。比克瑙里新建了铁轨，可以直接通往毒气室。它成了一条死亡流水线，其规模和速度是前所未有的。一天夜里，玛丽 – 克洛德听见了可怕的哭声。第二天早晨，她得知因为毒气室用光了齐克隆 B 药丸，小孩们被直接扔进了焚烧炉。"以后我们告诉别人这些，"她对其他人说，"谁会相信我们呢？"

　　轮到清除关押吉卜赛人家庭的营房时，法国女人也在那里。那些小孩奇迹般地熬过了饥饿，如今却与他们的父母一起被赶往了毒气室。有一个国际委员会访问了奥斯威辛，其成员被成功地糊弄了，没能弄清楚这里的真正目的。那时，法国女人仍不清楚自己的命运。委员会离开后，有人问女人们是否愿意去德国工作，但她们拒绝了，因为害怕那是个陷阱，所以，她们又被送回了比克瑙集中营内部，住在铁路支线附近的一栋木楼里。在那里，她们往普通衣服上缝叉形记号，因为奥斯威辛已经没有多余的条纹衣服给新来的人了。她们缝得很松，希望穿这些衣服的人能找机会逃跑。从她们住的地方，可以看见匈牙利犹太人源源不断地来到这里，母亲被迫与孩子分离的场面极其撕心裂肺。

夏天，赫斯家的花园开满了玫瑰，他的孩子们经常在草地上玩球，窗户上的花盆里长出了秋海棠。在带刺的铁丝网与玫瑰花丛之间，是一条通往火葬场的小路。从早到晚，她们都可以看见无数躺着死人的担架，等着被抬去焚烧炉。

但这天终于来了，她们也坐上了开往拉文斯布吕克集中营的火车。玛丽-克洛德、玛丽-埃莉萨、阿代拉伊德、热尔梅娜·皮肯和西蒙娜·尚帕克斯在第一批人之中。几天后，轮到了热尔梅娜·勒诺丹和埃莱娜·所罗门。她们被迫扔下了当初与她们坐同一辆列车来到这里的玛丽-让娜·鲍尔（Marie-Jeanne Bauer）。鲍尔撑过了斑疹伤寒和反复发作的脓肿，但她现在患上了严重的结膜炎，党卫军拒绝让她离开。有那么一刻，玛丽-让娜发现自己和四具尸体躺在同一张床上。大家离开后，她感到了无边无际的孤独和失落。 242

当初与姐妹、母亲或阿姨一起来到比克瑙的女人中，几乎没有人还剩下同伴：普佩特失去了玛丽，埃莱娜·博洛失去了她的母亲埃玛，约朗德失去了妹妹奥萝尔。坐同一辆列车来的人之中，没有人死在拉伊斯科。其他在隔离营度过了春天和夏天的人们之中，只有五人去世。其中之一是 17 岁的西尔维亚娜·库佩（Sylviane Coupet），有人看见她躺在"医务室"，浑身都是虱子。她去世时，卡门温柔地亲吻了她。卡门告诉陪她一起来探望西尔维亚娜的夏洛特："你也亲亲她。"夏洛特看着她骷髅般的身体、蜡黄的皮肤以及嘴唇边流出的粉红色唾液，后退了一步，她害怕极了。之后，每当她想起这个时刻，她都感到无比羞愧。

现在，只剩下 52 个法国女人了。非同寻常之处不是有那么多人死了，而是有那么多人活了下来。

第十三章　弃若敝屣

　　火车载着普佩特、塞西尔和其他人前往拉文斯布吕克集中营，停靠在菲尔斯滕贝格车站（Fürstenberg）。从这里，她们步行 7 公里，穿过梅克伦堡（Mecklenburg）乡下平坦的树林，走过几乎由白沙形成的沙丘，来到一排漂亮的平房和一片潮泊跟前。"和带刺的铁丝网相比，这里没那么可怕。"普佩特告诉其他人。她们面前有一堵高高的砖墙、一幢庞大的石头建筑和一片高耸的篱笆。走过由党卫军把守的大门，她们留意到了一排排整齐的楼房——和比克瑙的差不多，她们脚下是漫无边际的黑色煤渣地。没有通往火葬场的铁轨，没有将惊恐万分的家庭送去毒气室的火车，没有"筛选"的标志。这里有水，每栋楼都有一个水龙头，意味着她们终于可以洗衣服、尽情地喝水了。"我们可以在这里活下来。"马多说。

　　然而，这并不是看上去的全部，尽管至少在理论上，拉文斯布吕克集中营是劳动营而不是死亡营。[1] 它于 1939 年在一片重填的沼泽地上修建起来，专门用来关押参与了德国抵抗运动的女性。三年来，它的规模稍有扩大，从 12 栋楼增加到了 32 栋。俄罗斯人从东部挺进时，它仍在扩张。德国的集中营人满为患，正强迫他们的犯人长途跋涉迁往帝国内陆。看起来丰沛的水被集中营内外涌现的工厂的污水和废弃物污染了。每栋楼住了理论上最大负荷人数 4 倍以上的犯人。没有毯子，跳蚤肆虐，就像奥斯威辛那样。没人能克服对跳蚤的恐惧。没有多余的袜子，鞋子也不够，这意味着许多女人不得不光脚。没有足够的勺子，而旧罐头被当碗用。大部分楼房的窗没有玻璃，在北方漫长的冬季，房间里的温度始终在零度以下。当地人称这里是梅克伦堡的"小西伯利亚"（Klein – Sibirien），因为彻骨的寒意是从波罗的海侵袭而来的。

注册之后是洗澡，接着是羞辱人又不卫生的妇科检查。女人们一个接一个，医生根本懒得换橡胶手套。拉文斯布吕克集中营没有条纹衣服，她们拿到的是新来的人行李箱里的衣服，衣服前后都画着明显的大叉。之后，她们再次来到相对安全、条件稍好的隔离楼。正如卢卢在给家人的信中所写的，女人们现在离家"近了一点儿"。

四个星期后，她们被转移到一栋已经被俄罗斯女战俘占据的大楼，那些女人拒绝在德国的军需品工厂工作，被惩罚在楼外站了整整一天，没有任何吃的。被逮捕后，德国的宣传机器将她们形容为"亚马逊奴隶"、歇斯底里患者以及布尔什维克主义折磨女性的证据。由于强制性的跋涉，许多人到达拉文斯布吕克集中营时已经崩溃了。

这八个朋友很快在集中营发现了其他法国女人，有些是她们在法国抵抗运动中的熟人，从这些人口中，她们逐渐了解了这个令人困惑的新地方。无论她们望向哪里，都可以看见不同种族、国家、宗教信仰、阶层的女性，她们讲十几种语言或方言。正如在比克瑙时那样，她们的衣服有好几种明显的标记。就像从前一样，她们自己的身上有一个代表政治犯的红三角。

她们听说，拉文斯布吕克集中营的指挥官是弗里茨·祖伦（Fritz Suhren），他爱喝酒，看起来不太像军人，倒像能干的官

第十三章 弃若敝屣 / 267

僚，而且很愿意处决苏联犯人。他的手下有约 40 名党卫军军官
和数千名守卫，其中，绝大多数是女性，她们要么是党卫军，
要么是因战争而招募的附属人员，同时受到威胁和承诺的压制。
所以，据说就算是善良的、和气的女人，用不了几天都会变得
粗鲁又爱复仇。拉文斯布吕克以经常使用恶犬而闻名。那些在
栅栏处巡逻的狗都受过训练，它们会根据希姆莱的命令，将任
何试图逃跑的人撕得粉碎。

245

　　到 1944 年初，集中营关押了约 2 万名女囚犯。有反对民族
社会主义的德国人——要么因为她们是虔诚的基督教徒，要么
因为她们是共产主义者；耶和华见证者——她们被告知只要放
弃信仰，就可以获释；约 5000 名边缘人士——妓女、罪犯和堕
胎者；"危险的惯犯"，指犹太人、俄罗斯人和乌克兰人，帝国
会通过劳动来消灭她们；还有因为嫁给犹太人而污染了德国种
族的女人。那里有意大利人、南斯拉夫人、西班牙人、挪威人、
阿尔巴尼亚人，以及少数几个埃及人、阿根廷人、中国人、希
腊人、英国人和两个美国人。有鹿特丹（Rotterdam）钻石商人
的妻子和女儿，还有科学家、教授、记者、演员，以及来自欧
洲被占领各地的学生。

　　最多的是波兰人，她们来自波兰军队（Polish Army）或其
他政治派系。她们占有人数上的优势，又有强烈的纪律性和同
志情谊，占据了集中营各处最重要的职位——厨房、仓库和医
务室。她们会拼命捍卫这些位置。法国女人得知最受鄙视的是
俄罗斯人，她们有些是年长的农妇，还有医生和教师。至于法
国人，她们的人数如今已达数千人。其他国家的人都认为她们
长期不守纪律，并且极其憎恶党卫军所提倡的纪律性。

　　法国人认为，波兰女人在集中营"极其高傲，是缺乏社会

良知的罪犯"，尽管夏洛特和她的第一批七个法国朋友抵达拉文斯布吕克时，是由几个受过高等教育的德国人和奥地利人在把持办公室的职位。[2]她们大多是共产主义者，注重自身利益，这对整个群体来说是很有用的。八名法国女性中，只有普佩特和玛丽－让娜·佩内克没有强烈的政治信仰。佩内克曾带人穿越分界线，是一个孤僻的、神秘的农妇。在比克瑙时，她会在沼泽地寻找食物，这让她们中的许多人活了下来。

还有很多吉卜赛女人。天气暖和起来以后，天一黑就可以看见她们游荡在集中营各处，用她们找到的或偷来的东西交换多余的面包。来这里后不久，夏洛特就拿到了由拉鲁斯出版社（Larousse）出版的莫里哀的《恨世者》（*Le Misanthrope*）。回到营房后，她读给大家听，每人都给了她一些自己的面包。之后，她担心自己会忘记书中的内容，因此开始默背它，每天都会记下数个场景。在后来的几个月，她设法回忆起了自由的时候曾读过并喜欢的 57 首诗歌，她再次默背了它们，也把它们读给了大家听。

拉文斯布吕克的主营房有一个规模较小的关押男囚犯的附属营房，那里有德国人、奥地利人和波兰人，其中少数是犹太人，其他人则戴着象征同性恋的粉三角。他们是这里的劳动力，总是在集中营各处修修补补。在这里，男人受惩罚般地长时间工作，他们手边只有最简单的工具，缺少食物，经常被打骂，死亡率尤其高。

1939 年，在拉文斯布吕克刚投入运作之际，集中营被视为"种族污染者"——妓女、惯犯和同性恋——的再教育营。然而，随着德国战争经济的需求的增加，教育营很快让位于强迫劳动。到 1943 年，拉文斯布吕克成了 33 家卫星工厂的中心，生产从弹药到梅塞施密特公司（Messerschmitts）① 所需配件的所有东西。它所处的位置相当理想，周围有湖泊、森林，相对孤立，但铁路又很发达。正如亲卫队队长（Gruppenführer）、经济办公室负责人奥斯瓦尔德·波尔（Oswald Pohl）所说，帝国需要这些女人的"手臂和她们的腿，因为她们必须为德国人民的伟大胜利作出贡献"。犹太人被送去了毒气室，苏联战俘被屠杀，还有劳工死于疾病、饥饿和残暴对待，所以，当局总担心工人短缺。正如波尔所见，劳动"让人彻底精疲力竭"，似乎没有人质疑让饿着肚子的、身体虚弱的女人干如此繁重的活以至于累倒是不合情理的。

247

　　西门子在集中营里有一家生产电报、无线电和精密仪器备件的工厂。正如比克瑙那样，这些公司派出经理来检查、挑选他们所需的女性。玛丽－克洛德日后写道："就像一个奴隶市场。他们查看女人的肌肉、健康状况，挑出看中的人。"之后，女人会再次接受集中营医生的检查，这次要脱光衣服。那些"虚弱"的人很快就被退回来了，以便换上更好的"样本"（specimens）。

　　夏洛特和其他人很快就明白了，拉文斯布吕克的女人为什么会形容这里是"女人的地狱"（l'enfer des femmes）。过度拥挤的营房犹如文艺复兴画家笔下的地狱（Inferno），木盒子似的床铺向上叠了一层又一层，挤满了瘦骨嶙峋的、衣不蔽体的女人，即使是内心最坚定的人也会大发脾气。要活下来就意味着要战斗——为了空间、食物和水。夜里不停地传来痛苦的呻吟

---

①　著名的德国飞机制造商，其所开发的飞机在第二次世界大战中表现突出，如 BF109 战斗机、Me262 战斗机等。——译者注

声、争吵声和打鼾声，还有她们骨瘦如柴的身体碰上硬邦邦的木板床时，因为疼痛而发出的尖叫声。

被带到她们的营房之后，夏洛特、塞西尔及其他六个法国朋友被安排缝制德国军人的制服。她们仿佛坐在一条传送带上，在没有通风设备的、昏暗的小屋里一工作就是 12 小时。她们留意到那里的女人弯腰驼背，视力受损，还经常咳嗽。最让人厌烦的，也是让所有人最害怕的任务是脱掉在东部前线死亡的士兵的沾血制服。如果她们没有完成当天的目标的话，女党卫军宾德尔（Binder）就会扑向她们，带着狂怒揍她们的头和胳膊。

一天下午，所有女人接到了停止工作的指示，去小屋外站成一排。一名党卫军医生要她们脱掉鞋子、袜子，撩起裙子的下摆。很快，普佩特和其他年轻女性站到了队伍外侧，让上了年纪的女人站在中间。她们被要求绕一个大圈走路。在她们鱼贯而过的时候，那名医生会挑出腿部肿胀或者脚因水肿而变形的人。每绕一圈，队伍就会缩短一点。夏洛特日后说道，我们不停地走着，"就像教堂大拱门上永受地狱之苦的人们"。所有的朋友都过关了。据说，被挑出来的人去了附近的"禁食营"，但她们只能暗自猜测那意味着什么。

尽管名义上不是灭绝营，然而，拉文斯布吕克的宗旨之一便是剥削，剥削食物、温暖、睡眠以及消息。每个人都饥肠辘辘，渴望食物，担惊受怕。在这个不可预测的、出人意料的世界，鞋子没有鞋带，但如果女人们掉了鞋子的话，就会受到惩罚；没有梳子或包头发的围巾，但如果头发垂下来的话，也会受到惩罚。凌晨 3 点 30 分的警铃响起后，女人们有几分钟时间为出发劳动做准备，但她们没有毛巾和肥皂，而且只有十个供一千人使用的厕所。就像在奥斯威辛时那样，点名的时候天寒地冻，还有恶犬在附近咆哮。

她们到这里后不久，另一栋楼有两个年轻的法国女人尝试越狱。[3]其中之一的奥黛特·法比尤斯（Odette Fabius）被抓获，受到了折磨。那天，集中营的所有法国女人都被要求高举双手，一动不动地跪在煤渣地上。许多人晕倒了。

由于太拥挤了，加上不断送来新的囚犯以及混乱的局面，女人有时可以选择去拉文斯布吕克的卫星营劳动还是留在"一次性营地"（Verfügbaren）。留在"一次性营地"的女人往往是生病或身体虚弱的女人，或是"夜雾命令"的对象，或者上了年纪。她们经常无所事事，但随时都会被派去做不愿做的事，也可能会突然被捕。其中最糟糕的是为了修路，她们被人用绳子绑在钢轮压路机上，被迫像奴隶一样将它拖过崎岖不平的地面。但是，留在营地也许会找到一个蘑菇或一些蒲公英。几个朋友越来越擅长于逃避劳动，为了保存不断流失的体力，她们还会躲起来——藏在营房、公共厕所或梁橡下。有时，她们会藏身在 Schmuckstücke① 之中，这些人被称为拉文斯布吕克的"行尸走肉"——这些失去了所有希望和精力的女人，会在集中营附近面无表情地游荡。

她们都很清楚，为了活下来，最重要的是大家待在一起，如果没有其他人的话，根本不可能活下来。玛丽-让娜·佩内克突然被送去捷克的一家工厂劳动，这对所有人来说都是一个可怕的打击。她从没和任何人走得特别近，保持着孤立，还有些神秘，但所有人都视她的离去为一个可怕的征兆。

---

① 字面意思为"珠宝"（pieces of jewellery），这个词从没有合适的解释。——作者注

让内特·莱尔米尼耶在拉文斯布吕克的素描

夜晚，留下来的七个人——夏洛特、普佩特、塞西尔、卡门、吉尔贝特、卢卢和马多——聚在一起，她们拿出越来越少的、好不容易省下来的食物。每天端来的汤几乎都是用甜菜根、白萝卜和草熬出来的绿色黏稠汁水，她们像老鹰般盯着盛出的每一勺汤，以便在其中发现一些肉碎。不再有干蔬菜，也没有各种油脂。每个女人每星期可以分到一勺果酱和一小块芝士。偶尔会有看起来有些古怪的香肠，它们似乎在黑暗中发着幽光。她们在慢慢饿死，正如字面意思所示。如今，她们常常聊食物，背诵菜单和食谱，梦想着哪天可以再次吃到它们。但她们也变得越来越足智多谋、有创意，学会了用几段铁丝、布和橡胶做梳子和牙刷。每个人都想尽量维持残存的骄傲和自尊，但想要除掉身上的跳蚤变得越来越难了，她们已经三个月没换过内衣裤了。

在拉文斯布吕克集中营，夏洛特发现其他人也渴望保持头脑活跃。在瘦骨嶙峋的、穿着破烂衣服四处游荡的女人之中，诞生了"口头小报"，它收集外界新闻和集中营的消息，甚至包括诗歌，它们在女人之间口耳传播。正是通过这种方式，夏洛特得知了 6 月诺曼底登陆的消息，集中营的人们都为此欢呼雀跃。她们会在国庆日举行小型庆祝。老师教文学和历史。数学家在沙子上写写算算。她们成立了讨论小组，谈论各种话题——从如何养兔子到艰深的哲学问题。虽然没有书和纸张，她们对知识无比渴求，尤其是外语，尽管只有少数人选择了德语。

只要有机会，女人们就会唱歌。俄罗斯女人们饱含悲恸的歌声最受人欢迎，直到祖伦下令禁止所有人唱爱国歌曲。之后，她们开始吹口哨，直到吹口哨也被禁止。被要求唱德语歌时，她们用最大的声音发出"是（Ja），是，是"。每一个小小的反叛，都让人欢欣鼓舞。7 月 14 日，14 号楼的法国女性在衣服上别了法国国旗颜色的帽徽，唱了《马赛曲》，直到党卫军的棍棒向她们袭来。为了活下去，她们本能地明白，必须保持自己是个人，而为了保持是个人，她们必须牢记还存在另一个世界，那里有礼貌和文明，以及许多纵然痛苦的记忆。

集中营的七个朋友决定，她们的任务是向所有刚从法国坐火车来的女人介绍这里的情况，她们设法潜入了对方的营房，告诉她们什么该做，什么不该做。"我们告诉她们，"卢卢日后说，"永远不要承认自己是犹太人，永远不要透露自己累了或者病了。她们要尽一切努力表现得年轻、健康。我们告诉她们

251

相互照料有多么重要，因为这是她们也许能活下来的唯一方法。"

8月初，又从奥斯威辛送来了两批人，包括 31000 次列车的所有幸存者，除了一个人——玛丽-让娜·鲍尔因为病得太重了，没能离开。运牛货车启动时，玛丽-克洛德想起了 19 个月之前她们一起唱着歌走进比克瑙大门的那一天，也想起了所有去世的朋友。"我们，"她后来说，"觉得正在远离地狱。我第一次有了微弱的希望，也许能活下来，再看看这个世界。"现在，她们中的 51 人被转移到了拉文斯布吕克集中营。朋友们的重聚犹如一场庆典，因为没人曾知道她们还能再见到对方。夏洛特和其他人迅速教新来的人如何在周围的环境中求生存。1月以来，拉文斯布吕克的人数几乎翻了一番，每天都有更多的女人被转移到这里。这是一个令人困惑又乱糟糟的地方。

对有些人而言，来到拉文斯布吕克集中营证实了她们最大的担心。约朗德怀着巨大的喜悦与母亲塞莱斯特·皮卡（Céleste Pica）重逢，但她不得不告诉母亲 19 岁的奥萝尔去世了。塞莱斯特则告诉约朗德，她的父亲阿蒂利奥（Attilio）被德国人处死了。她们都不知道，在不久之前，约朗德的丈夫阿尔芒在和马基游击队并肩作战时身亡。热尔梅娜·皮肯要告诉她最近刚来到拉文斯布吕克的朋友露西·介朗，她 17 岁的女儿克洛迪娜去世了。

玛丽-埃莉萨、玛丽-克洛德和阿代拉伊德都是"夜雾命令"所针对的囚犯，尽管她们的下落其实不再是个秘密。[4]隔离期结束后，她们被分配到了 32 号楼，与其他从被占领的欧洲抓捕而来的秘密囚犯关在一起，其中的许多人是共产党领袖，她们坚强、有能力，很乐于保护被她们视为未来共产党员的年轻人。在这里，她们发现了戴高乐将军的侄女热纳维耶芙·戴高乐（Geneviève de Gaulle）、民族志学者热尔梅娜·狄戎（Germaine Tillon）以及 20 岁的安妮特·波斯特尔－维奈（Annette Postel-Vinay）。安妮特受过高等教育，她正直、年轻，在抵抗运动中被捕，直接被送来拉文斯布吕克集中营。热尔梅娜·狄戎的母亲也在不久前被转移到了拉文斯布吕克，她在女儿被捕后就落到了盖世太保手上。她六十多岁，是一名温柔的、受人尊敬的女性。

这些女人已经在集中营住了好几个月，越来越擅长于分辨陷阱。她们知道战争的最新进展，知道苏联军队离她们越来越近了。她们说服一个在党卫军餐厅做清洁工的奥地利女人，把找到的所有报纸交给一个捷克朋友，再由她交给法国女人。和阿代拉伊德一样，安妮特也来自阿尔萨斯，会说德语。在她们所住的楼的尽头，住着几个上了年纪的俄罗斯女人。她们非常虔诚，每当在汤里找到几片芜菁甘蓝时，都会在胸前画十字。一天，安妮特拆开一件正在收拾的德军制服，发现里面藏了一张丝绸地图，她们用它来追踪盟国军队的进展。这让大家觉得也许胜利近在眼前。

32 号楼也住着拉文斯布吕克集中营中致命的医学试验的幸存者。她们被称为"小白兔"（Kaninchen），都是波兰女孩，腿部均接受了卡尔·格布哈特教授（Professor Karl Gebhardt）的"治疗"。格布哈特是德国红十字会主席及柏林大学（Berlin University）矫形外科教授，也是 1936 年奥运会的首席外科医生，他的私人疗养院离集中营不远。海德里希遇袭后，格布哈特曾被招去救治他，但他的伤口感染了气性坏疽，因此没能救他一命。在东部前线，数百名德国士兵死于气性坏疽，治愈这种疾病的需求非常迫切。格布哈特曾被人批评为没给海德里希使用新的磺胺类药物。在拉文斯布吕克，为了挽回他的声誉，同时证明其他人也无力救活海德里希，他从 75 名波兰女孩身上切除了肌肉和骨头。之后，他向她们的伤口注射了破伤风菌、坏疽菌和链球菌，来测试各种药物的效果。

第一次痛苦的手术结束后，女孩们拒绝再经历第二次，但她们被迫躺下，在没有麻醉的情况下完成了手术。其间，格布哈特穿着军队制服，根本没花功夫消毒。尽管女孩们最初是因为得到了将获释的承诺才被引诱到"手术室"的，但最终没有一个波兰女孩得到自由：五人死亡，另外六人被枪毙，其他活下来的人在集中营附近一瘸一拐地走路，看起来十分痛苦。在 32 号楼，法国女人尽最大的努力照料她们。最年幼的仅 14 岁。32 号楼里没人偷东西，你可以把多余的面包放在床上，回来时它还会在那里。女人们保持大楼干净，清除跳蚤，与配给最少的囚犯分享她们的食物。然而，每个人都很清楚，德国人不希望楼里的任何人活着离开，因为她们是他们医疗试验的证人。

负责分配劳动的党卫军军官汉斯·普夫劳姆（Hans Pflaum）把新来的法国人派往集中营各处。他身材高大，性情残暴，刚二十岁出头，集中营里人人都怕他。普夫劳姆经常酗酒。有些女人被派去菲尔斯滕贝格（Fürstenberg）挖煤，为守卫的别墅供暖；有些人在花园里劳动，有时党卫军的孩子会朝她们吐口水；其他人砍树、从湖里搬沙子，或者加入夏洛特、普佩特和其他人，一起缝补德军制服。偶尔，她们中还会有人被派去卸一车又一车的铁或木头，那些都是从其他国家洗劫而来的战利品。

玛丽－克洛德先被派去了采沙场，后来在“医务室”当秘书，直到她和一名囚监大吵了一架。之后，她被派去清扫集中营的道路，她更喜欢干这个。埃莱娜·博洛被派去协助几个受人尊敬的、重要的奥地利女人。她们以人质身份来到拉文斯布吕克，住在一栋特权营房，生活条件比较舒适。她们获准接收包裹，所以不会喝集中营的汤，埃莱娜每晚都能把她们的配给带回去给朋友们。贝蒂再次当上了护士。最让她们感到吃惊的是，虽然拉文斯布吕克确实堪称地狱（*l'enfer*），但它似乎与比克瑙非常不同。比克瑙的首要目标是处决囚犯，大部分人刚到就被送去了毒气室，其他人则劳动至死；不过，她们很快就发现，这里的目标是成功地进行商业运作，死亡只是副产品，而不是它的终极目标。

在离开法国 19 个月之后，她们第一次认为自己真的有机会活到战争结束。但她们也知道放松警惕将极为致命，所有在比克瑙救了她们一命的法则——清洁、谨慎、幽默感和亲密的友谊——在这里仍然适用。她们之间的友谊，比她们从前所知道的任何东西都更为坚固，这成了她们的信条，也定义了她们这群人。

夜晚，在彼此之间分享完配给、蜷在各自的床上吃完之后，朋友们开始“串床铺”，交换消息，相互鼓励。她们仍不谈论家人，尤其是她们的孩子，因为还是太痛苦了。并非所有人都收到了家人的信，那些没收到信的人始终活在恐惧中，她们担心家人遭遇了不测。卢卢最后一次见到保罗时，他只有 18 个月，不过，至少她知道他是安全的；但她还是很痛苦，因为清楚地意识到自己错过了他的成长。只要获准写信，她都会恳求

254

寄来关于他的消息。尽管她们刻意将信写得平淡无奇，不过，信中有时仍包含了内心的呼喊。"我痛苦地意识到，"她在有一天写道，"他不再是个婴儿了……我将永远无法释怀：在他年幼的日子，我无法陪伴在他的身边。"塞西尔和热尔梅娜·皮肯抛下了各自年幼的女儿，她们不停地担心这么多个月不知道母亲的下落，将会对她们造成什么影响。

255　新来的人发现，已经在拉文斯布吕克集中营的五千多名法国女性几乎代表了所有的法国人。她们之中约四分之一的人是理论上的"罪犯"：把性病传染给德国士兵的妓女、黑市商人、自愿为德国战争出力后来又犯罪的女人。其余的都是"政治犯"，虽然有些人只是盖世太保想抓的某个抵抗分子的姐妹或看门人，或者只是被嫉妒的邻居告发的。她们发现，那些有"组织"的人——共产党员、布列塔尼人和小资知识分子——都具有团队精神，最容易相处。上流精英则最肮脏，最不友善。但是法国人作为一个国家团体，比其他国家的人更有凝聚力，更会照顾彼此。

会说德语的法国人设法把持了集中营各个办公室的职位，她们大大改善了新来的法国囚犯的生活。其中一人的工作是在火车每次驶来时分拣成堆的衣服，正如在奥斯威辛那样，她变得擅长将毛衣偷偷藏在衣服下面，每天早上只穿单薄的衣服去劳动。另一人在森林劳动，会带树枝回来，把它们做成木炭，这对治疗痢疾有点好处。每个女人都用碎布缝了小袋子，把珍贵的东西藏在里面，比如牙刷及不愿离开自己视线的那些东西。

女人们来到拉文斯布吕克集中营的时候，虽然磺胺类药物试验——从萨克森豪森集中营来的男囚犯也是试验对象——已经结束了，然而，这里仍在进行一系列净化试验，还计划继续克劳贝格教授在奥斯威辛的工作。阿代拉伊德很快被分配到了"医务室"，那里便是进行试验的地方。一个朋友日后形容道，她态度冷漠，看上去完全没有感情，并再次拒绝参与任何过程。"如今，我的信念非常坚定，"她写道，"我不会再服从命令。我会拿腿上无法愈合的脓肿当作一种保护。"这次，她也很幸运。她被派往了另一间"医务室"，开始拯救囚犯的生命。

这相当不容易。到 1944 年夏天，党卫军医生珀西瓦尔·特 **256**赖特（Percival Treite）负责拉文斯布吕克的医疗工作。他是一名样貌端正、一头金发、性格冷漠的外科医生，严厉但不残酷。很快，奥斯威辛的阿道夫·温克尔曼医生（Dr Adolf Winkelmann）加入了他。温克尔曼经常穿一件棕皮大衣，大步走在集中营里，他更让人害怕、憎恶。有时，他还会带上机枪骑摩托车。资深护士是身材高大而冷酷的白发女人伊丽莎白·马沙尔（Elisabeth Marschall）。他们不停地搜寻格外虚弱、显然正在死去可又要花一些时间的女人。她们被一一"筛选"出来，被注射了致命的一针。

随着集中营人数的不停增加，以及无法遏制的传染病，每天早晨，"医务室"外都排着长队，她们严重营养不良、咳嗽、身体疼痛、跛着脚，脚上长满了脓包，化脓的女人身上发出了阵阵恶臭。每个女人都最怕被送去 10 号楼，那里有"坟墓"之称，因为患结核病的女人都集中在那里。十几个国家的数百个女人挤在一起，没有任何治疗，没人相信会有人能活下来。10 号楼由卡门·莫里（Carmen Mori）管理，她是最凶残的囚监之一，经常把女人揍到不省人事。

阿代拉伊德的眼前有这么多生病的女人，她决心帮助她们躲过温克尔曼医生的筛选。她想了各种方法：在患病时间上作假，修改体温记录，还发现可以用"医务室"的红铅笔制成某种糊糊，抹在女人灰白的脸颊上。贝蒂的手臂得了蜂窝组织炎，扩散并感染后，阿代拉伊德和一名波兰医生在没用麻醉的情况下给她做了手术，还教她在党卫军检查身体时怎么举手，以便遮住长长的伤疤。在一个绝妙的日子，一名囚犯医生碰巧在从波兰运来战利品的列车上做事，意外地发现了一个装满药品的大药箱。他把箱子埋在沙里。每天，经过那里的女人都会在袜子里藏些药带回来。有一段时间，它救了许多人的命。再一次，阿代拉伊德为自己必须作出选择而困扰。"我身处于一个系统之中，它的细枝末节都来自魔鬼……我们都以某种方式成为它的一部分，我将永远为此而感到羞愧。"

257

每一名党卫军守卫都被反复灌输了这样一个前提：拉文斯布吕克的囚犯是堕落的，且低人一等。对不端行为的惩罚，无论它多么微不足道，都非常残酷。女人们若尝试逃跑或攻击守卫，会被飞来的子弹击中后脑勺。因为聊天、队伍排得不整齐、动作太慢、看起来目中无人或不理解命令等原因，她们都会被党卫军守卫毒打。他们戴着有骷髅标志的巨大银戒指，很容易打断人的牙齿和鼻梁。又或者，她们会挨囚监的鞭子——50 例死亡是允许的，75 例受鞭刑是不可避免的，而囚监为了得到额外的食物配给，还会主动请缨。

最可怕的是惩罚营（Strafblock）。这是集中营里的一个监狱，关着一群被守卫、恶犬的凶残逼疯的女人，犹如疯人院。24 岁的多萝特娅·宾茨（Dorothea Binz）原来是厨房的帮手。她是一个有一头金发的漂亮的年轻女人，脸却因为残酷的表情而变形了。她管理惩罚营的 78 个牢房，在女党卫军中不断得到提拔。在这里，女人们受 1944 年刺杀希特勒的阴谋的牵连，而被关在脚踝深的水牢里，她们的样子已是憔悴不堪。据说，宾茨是埃德蒙·布劳宁（Edmund Bräuning）的情人，后者身材高大，粗俗，负责下达集中营的各项命令。正是宾茨把女人们关进了惩罚笼，让她们无法躺下或站直，被剥光了衣服，还没有吃的。宾茨揍人时还会用剪刀。集中营的每个女人都怕她。点名集合时，当她踱着步子经过一排排女人寻找惩罚对象时，人人都在发抖。

　　如今的状况，正是法国女人们一直以来最害怕的：她们被迫分开了。最先离开的是塞西尔、普佩特、卢卢和她的妹妹卡门——她俩根本无法忍受分别，以及吉尔贝特·塔米西，塔米西的姐妹安德烈早前在比克瑙被人打死了。她们被带到普夫劳姆跟前，被告知将被送去下萨克森州（Lower Saxony）本多夫（Beendorf）的一家制造 V1 导弹和 V2 导弹的工厂。对塞西尔来说，这意味着将与夏洛特分开，而两人已经成了非常亲密的朋友。

　　本多夫有年代久远的盐矿，位于地下 600 米，可以免于同盟军的空袭，所以德国人在这里制造新武器。2500 名女工中有 600 名集中营囚犯，其中 200 人来自法国或比利时。她们住在 3 公里外一个人称"部件"（Stücke）的机库，每天点名之后，她们便步行去矿井，坐笼子电梯下降到地下。工厂所在的巨大洞穴被淹没在黑暗之中，她们需要经过危险的走道，那里的地面很硬。她们穿着不合脚的木鞋，运盐时很难不被绊倒，而盐又会使擦伤、伤口和开放的脓包的情况恶化。在有回音的巨大洞穴中，盐看起来白花花一片，而工厂看起来很小。

　　女人们每 12 小时换一次班，每星期工作 6 天，夜以继日，白班的人从来见不到阳光。法国朋友们发现她们被分到了不同组。普佩特和塞西尔在一起，她从不喜欢后者的毒舌。她和一个匈牙利的犹太小女孩韦罗妮克（Véronique）成了朋友。女孩最初与母亲一起来到本多夫，现在，母亲却躺在"医务室"等死。9 岁的韦罗妮克告诉普佩特她是独生女，曾与父母、一名女家庭教师住在布达佩斯的一栋大房子里，后来，她的父亲被德国人带走了。

凭着坚韧的精神，而且感觉到战争即将结束，女人们很快发起了小规模的破坏行动。她们被分配去操作滤油器以及组装部件，得到了该怎么做的明确指示，但她们却反其道行之。得知要把什么东西拧紧些时，她们就拧得松松垮垮；得知只要取一点润滑油时，她们就弄得到处都是。大部分时候，她们都在重复同样辛苦的劳动，拧紧什么，再拧松什么。塞西尔会把螺丝钉的孔做得大一点，这样螺丝就会直接穿过去，直到一名德国守卫被专门派来监视她。卢卢会收集盐，把它们混在油脂里。所有女人都会想办法弄掉敏感部件、打翻油罐。一个月内，十辆组装好的摩托车中有七辆在出厂前就起火了。

缓慢的劳动进度让德国监工很生气，他尝试通过贿赂女人来提高生产力。他们带来额外的诱人的食物，强迫她们收下，或塞进她们的胳膊里。但她们不肯拿，绷紧手臂，放在身体两侧，尽管她们经常很饿，因为现在每天的配给只有一些汤水了。换班时，她们相互传话，不要被人诱惑。"我们尽了最大的努力，"其中一人后来写道，"聪明地装傻，装得笨手笨脚。"

这么做并非毫无风险。机器有人在严密监管，搞破坏的人会被拎出去上吊。陪同女人从拉文斯布吕克来到这里的党卫军守卫，和集中营的一样野蛮。普佩特把裙子洗了、晾干，向一个生病的朋友借了一件，被人发现后，她被打了一顿。有人看见一个年轻的德国女人和一个普通的男工人在讲话，她的脸被打到无法辨认。秋天，有 14 名德国工人被处死，他们的尸体被包在纸袋里扔了出去。

她们来这里后不久，两个波兰女人逃跑了。那天夜里，塞西尔、普佩特和其他人被迫跑步 3 公里回到营房，到了后，又被党卫军拳打脚踢，之后，她们被迫在外面的雨中过了一夜，也没有吃的。第二天晚上，她们又同样地被迫跑回去，却发现逃跑的两个女人被抓住了。年长的是一个身材高大、模样温柔的女人；年轻的是她的儿媳妇，长得非常漂亮。她们害怕极了，不停地发抖。两人挨打时，其他女人被迫站在旁边观看。当她们试图避开时，会被抓着头发拎回来。最后，她们躺在地上，一动不动。现在，其他人可以回营房了，留下两具血淋淋的肉体，躺在一簇簇棕色的、金色的头发之中。之后，据说两人都没死，但她们失踪了，没人知道她们去了哪里。

但是，五个朋友仍保持坚强。11 月 7 日，即俄国革命纪念日，她们商量好一个时间，同时放下手上的工具，唱起了《马赛曲》。11 月 11 日，她们从仓库偷了彩色电线，用法国国旗的红、白、蓝三色做成了花朵，再次唱起歌来。来本多夫后不久，她们很快通过唱革命歌曲，与共产党员、社会党人取得了联系。他们中有些男人是应征到工厂劳动的平民，会设法偷偷带来一些额外的食物。在普佩特 20 岁生日那天，一个男人送给她一双凉鞋，另一个男人送给她一颗铁铸的心，上面刻着她的名字。她的朋友们都把自己的配给分给了她。一天，她们中有人搞到了一块长布条，提议给所有人做胸罩。[5] 但她们看看自己，才意识到已经不再需要这种东西了，她们的胸变得像男孩一样平了。

饥饿对女人来说有多种表现形式。有人在脑中默背食谱，一次又一次地品味每种原料。有人想象她们是空空如也的袋子，永远无法填满。饥饿不仅蚕食了她们的脂肪，还包括身上的肌肉。年轻女孩的体重下降了 10 公斤到 20 公斤，看起来犹如骷髅。那些身材丰满的人发现她们的皮肤完全失去了弹性，褶皱起来了，乳房下垂到胃部，胃则下垂到外生殖器处，上臂和大腿的肉分别垂到手肘和膝盖。指甲和头发不再生长。

31000 次列车上的每一名幸存者都无法摆脱一件事：终有一天，因被迫与其他人分开，她也许会发现只剩自己一人。五人被送到本多夫后不久，埃莱娜·所罗门听说，她将作为护士被送去柏林附近的博世（Bosch）工厂。她的丈夫雅克曾参与编辑《自由大学》，后来和乔治·波利策一起被枪毙了。尽管拉文斯布吕克集中营还有其他二十个法国女人会被送去那里，加入工厂的 1500 名女工，一起制作防毒面具，但她一个人也不认识。"唯一一次，"她后来说，"我哭了。整整两年来，我从没离开过我的朋友们，尤其是丈夫也被枪毙了的贝蒂和夏洛特。"她在比克瑙失去了马伊和达妮埃尔，但少数活下来的巴黎记者、编辑、印刷工紧紧团结在一起，深信只有依靠彼此的温暖和保护才能拯救她们。

如今，要独自一人坐火车去柏林，埃莱娜感到非常凄凉。活下去看起来不太可能。

在拉文斯布吕克，条件不断恶化。随着更东边的集中营被疏散，以及盟国军队逐渐解放被占领的欧洲城市，这里涌进了更多女人，配给被削减了。没有空间，水少得可怜，电力供应只是闪烁几下。不再有食物包裹和信。每间盥洗室和厕所都被泥浆、粪便等黏稠物淹没了。两座火葬场中有一座因使用过度而起火了，导致没有地方容纳尸体，因此，池子边出现成堆的尸体不再是罕见的画面。一天早晨，一个法国女人来洗漱，听见池子里有个囚犯在尸体的包围下独自唱歌。怪诞，反而成了常态。

　　尽管许多新来的人很快就被送去了卫星营，不过，对额外劳工的需求正在减少，越来越多囚犯无所事事地在集中营游荡，身上只挂着几条破布。夏洛特、塞西尔和其他人不用太担心被派去劳动，即便如此，党卫军仍在不停地寻找身体健康的劳工，女人们的藏身之地常被识破。装病的人会受到惩罚。有一次，党卫军出人意料地封锁了夏洛特碰巧所在的营地，她勉强才逃过一劫。她冲进一栋楼，将自己藏在床与床之间狭窄的缝隙。她们都很怕被分去一个组，那个组里有许多法国女人，她们被派去在森林中砍伐出空地，修建隐蔽的机库，或者夷成平路做飞机跑道。雪下得很早。女人们的脚踝陷在冰冷的泥地里。许多人去世了。

　　五个朋友去了本多夫的盐矿后不久，其他人眼看着集中营尽头的沼泽地里搭起一个巨大的帐篷。⁶它是由军人搭建的，延伸了 50 米。除了在锋利的渣子地上铺了一层薄薄的稻草外，帐篷一直空着。但之后，在华沙犹太区被毁中幸存的女人和孩子来了，还有许多精疲力竭、诚惶诚恐、一言不发的匈牙利人，她们因为大规模地驱逐匈牙利犹太人而来到奥斯威辛。有些人的体重尚不足 25 公斤或 30 公斤，她们的胳膊和腿瘦得仿佛木棍。很快，就没有能躺下的地方了。夏洛特和她的朋友们从不远处经过时，发现女人们没有保暖的衣服、毯子或床垫，帐篷里只有少得可怜的水和食物。有人搬来盛汤的大锅，女人们尖叫着、争抢着分几勺，那些女人们担心她们的孩子活不下去了。

从 1941 年冬天起，集中营当局就很清楚，必须让拉文斯布吕克发挥出真正的生产力，要除掉体弱、年老和生病的女人。医生们组成一个"委员会"，去医务室检查病人——如果认为病人有传染性，他们会保持一段距离，建议将其中一些人转移到萨勒河畔贝恩堡（Bernburg an der Saale）的一家"疗养院"——实际上是毒气室。对宁愿不知道真相的人而言，这种委婉的说法是一种安慰。老样子，大部分囚犯称这些驱逐是"黑色运输"（transports noirs），很难视而不见的是女人们的眼镜、牙刷甚至是假牙都被运回了拉文斯布吕克。

1944 年 10 月，祖伦接到了希姆莱的命令：每月要处死2000 名女性。普夫劳姆像着了魔似的追着想要逃跑的女人，抓着她们的衣服，一把揪住她们的后颈。在"医务室"，阿代拉伊德和其他囚犯医生加倍努力，至少使她们的病人看起来正在恢复健康。每一个祖母辈的老法子都拿出来试了。

在拉文斯布吕克的女囚犯中，有些人已经在集中营生活了数年，变得格外足智多谋。从匈牙利、华沙驶来的火车运来成堆的衣服、毛皮和居家用品，甚至还有玩具。女人们要分拣物品，尽管党卫军会严密监视，她们还是掌握了各种欺瞒手法。毛衣是最珍贵的衣服。一旦条纹衣服发完了，新来的每个囚犯会领到一件正面画着显眼的大叉的衣服。为了尽量让更多女人穿上暖和的衣服，分拣物品的人偷来一罐油漆，在每件有用的衣服上都画上大叉。

圣诞节临近了，一列火车给拉文斯布吕克运来一架钢琴。看着它被卸下车，一个年轻的俄罗斯女孩惊呼起来："我的上帝！如果我可以弹琴的话。"那天负责分拣的是德国女孩索菲

（Sophie），她询问了管事的党卫军守卫。那人觉得说一个年轻的俄罗斯犹太人会弹琴简直是在胡扯。但钢琴已经被搬到了平地上，女孩坐了上去。她是卓越的钢琴家。音符飘到了集中营的每个角落，女囚犯们都停下手中的活儿，静静地聆听。

这是法国女人在德国集中营度过的第二个圣诞节。她们又给彼此送了小礼物——自己做的、偷来的或存下来的东西。在党卫军办公室工作的女人传出关于战争进展的消息，并把它们翻译成了多种语言：一切正变得越来越好，这也许是她们在囚禁中度过的最后一个圣诞节了。她们从森林里拖来一棵圣诞树，从工厂偷了一些电线、线头和材料，将它装饰了一番。如今，到了晚上，法国朋友们会聊战后她们会如何重建家园，如何确保永远不让德国再次强大起来。集中营的几个女人为不久前来到这儿的孩子们排了一出木偶戏，连党卫军守卫也来观看了。又冷又饿又恐惧的孩子们瞪着眼睛，但他们没有露出笑容。

仍不停地有女人被送来这里。大雪覆盖了德国的大部分地方，那些穿着不合脚的鞋子或光着脚而被迫步行来这里的女人，到达时都生了冻疮。在拉文斯布吕克期间，51 个朋友没有一人去世，但西蒙娜·洛什（Simone Loche）病得很重，她经常被搬往集中营各处，以此来躲避普夫劳姆的筛选；来到比克瑙后，西蒙娜·尚帕克斯就没好过；31000 次列车上六个波兰人中唯一的幸存者朱莉娅·斯卢萨奇克（Julia Slusarczyk）得了胸膜炎，阿代拉伊德正在照顾她。过度拥挤的集中营混乱不堪，党卫军越来越无法逃避德国可能战败的后果，他们看起来更焦虑、急躁了。问题是，多少人能挺过即将吞没她们的乱局呢？

264

第十四章　战斗前的平静

　　　　到 1943 年冬天，拉文斯布吕克成了各个年龄段的孩子的家，有些是孤儿，有些与他们的母亲一起被送到了集中营。夏洛特和她的朋友们有时会看见他们几人一组在营房之间的小路玩耍，模仿拉文斯布吕克的生活：点名、惩罚、党卫军卫兵以及囚监。有一名女性认为，孩子们"从没学过怎么笑"。这些脆弱的、肮脏的、饥饿的、警觉的孩子，常常让抛下了自己孩子的塞西尔和伊冯娜·诺泰里感到不安，他们如此瘦弱，以至于很难分辨是男孩还是女孩。

　　　　1939 年秋天，第一批孩子随他们的母亲来到拉文斯布吕克集中营。他们是辛提人和罗马的吉卜赛人。在接下来的五年，还将加入的是被占领的欧洲各地的犹太孩子、被奥斯威辛集中营送来的匈牙利孩子和华沙犹太人起义中的儿童幸存者。据日后统计，他们共约 881 人，来自 18 个国家。他们没有玩具、书本，不上课，被迫忍受没完没了的点名的折磨，之后，整天躺在床上，等待母亲结束劳动。

　　　　孩子们总是饥肠辘辘。盛着稀汤的大锅端上来时，力气大的孩子总会相互争抢。年纪小的孩子们经常要讨食物。一个 4 岁的女孩说，如果她跳舞的话，就可以得到一块面包，连空袭期间，她都不敢停下。正如集中营的许多其他人那样，法国女人经常拿出自己的食物，尽力为他们找到暖和的衣服和吃的。

　　　　到了 12 岁，孩子必须参加劳动，在工厂 12 小时轮班。他们的食物与母亲的一样，几乎没有营养。儿童死亡率很高。伊冯娜和一名犹太医生的儿子成了朋友，那是一个聪明的、受过良好教育的 7 岁小男孩。他的父母不见了，伊冯娜发现他时，他正在集中营四处游荡。不同于其他法国女人，伊冯娜常常惦起自己的两个孩子，他们都比犹太男孩年纪小，如果能再次将他们拥在怀中，那会是什么感受呢？她让玛丽－克洛德保证，明年会来她家庆祝较年幼的那个孩子的生日。

阿代拉伊德的"死对头"舒曼医生从奥斯威辛来到这里，继续进行他的人种净化试验。他挑选了 120 名吉卜赛女孩，有些年仅 8 岁。他再次使用了 X 射线，造成了可怕的灼伤。那些没有死亡的孩子很快就从集中营消失了。

拉文斯布吕克设立之初是作为再教育营而存在的，怀孕的女性可以生产。之后，她们的孩子会交给纳粹收养。1942 年，拉文斯布吕克的功能转变成了一座劳动营，怀孕的女性被迫引产，有时，胎儿已经 8 个月大了。1943 年，特赖特医生开始负责这里的医疗事务，政策再次发生变化。现在，女性可以生产，但刚出生的婴儿会被淹死或勒死，经常当着他们母亲的面。

在八个法国朋友抵达拉文斯布吕克前后，当局宣布从此以后新生儿可以活下来。但是，母亲和婴儿不会得到相关配给，他们经常死于出血、感染或饥饿。母亲们被留在没有暖气的房间，无人照料；婴儿几乎光着身子，他们身上很快就爬满了跳蚤。夜晚，母亲们从工厂回来喂孩子——如果她们有奶水的话，会眼看着孩子在她们眼前变得又灰又干瘪。

婴儿的命运经常会触怒许多拉文斯布吕克的女性。1944 年秋天，特赖特批准设立一块特殊区域，即在 11 号楼开设儿童房（Kinderzimmer），大家都努力为新生儿寻找尿布和牛奶。西蒙

267 娜·洛什被捕、被驱逐时，她的儿子年仅 4 岁。朋友们将她救出可怕的 10 号楼，偷偷把她藏在 11 号楼。她在那里见到了许多令人心碎的场面。没有奶水的母亲们剪下医生的橡胶手套做成橡皮奶头，给婴儿喂牛奶和碎谷物的混合物。她们给孩子裹上布条，在床铺上排成一排。

婴儿非常虚弱，严重营养不良，所以他们进食很慢。而且，由于缺少橡胶奶头和瓶子，心急如焚的母亲们必须排队，而在喂饱孩子之前，她们随时都可能被叫去点名或出发去工厂。尽管女人们设法偷了些煤，然而，进入 11 月后开始下雪，气温跌至零下 30 摄氏度，营房冷得像一座冰窖。母亲们知道，如果她们留下珍贵的尿布的话，肯定很快就会被人偷走，所以她们把洗完的湿尿布贴身弄干。肮脏的环境从未改善。营房里经常可以看见老鼠。

婴儿一个接一个地死去。[1]有些存活了数小时、数天，乃至一个月。热纳维耶芙·戴高乐在投身于抵抗运动之前学过医，因此被派往 11 号楼工作。她向玛丽－克洛德和受"夜雾命令"影响的法国女人描述过她如何脱下死婴的衣服，裹上布条，再把他们送往停尸房，让他们和一排排死亡的裸体女人躺在一起。"太可怕了，"她在那时藏起来的笔记中写道，"这些小小的、粉白的柔软身体，我讨厌碰触他们……每天，死人被送走了，又躺上了新的尸体……我觉得自己在不停地下坠，日日夜夜，掉进了一座无穷无尽的楼梯。"战后，她在一个战争法庭作证，估计拉文斯布吕克出生了 500 至 550 名婴儿。几乎无人幸存。

如今，拉文斯布吕克有约 4.5 万名女性。混乱的、充斥着暴力的、肮脏的集中营还在不断地涌入新来的人，营房变得非

常拥挤，没有地方睡觉，厕所和盥洗室堵塞了，污物横流。因 268
此，党卫军守卫不断地缩回到他们自己的地盘，而把权力更多
交到了囚监手上。空袭不断。有些女人太虚弱了，甚至无法将
盛汤的碗送到嘴边。其他人持续争抢，为了食物、空间与暖和
的衣服。集中营谣言四起。剩下的 39 名法国朋友常常确认彼此
的行踪。

　　临近 1945 年 1 月底，青年营（Jugendlager）被清空了，等
待接收新送来的人。它建于 1941 年，距离拉文斯布吕克集中营
2 公里，那里主要关押少年犯，是德国清洗"腐化堕落"计划
的一部分。在没有点名和条件更好的承诺的诱惑下，拉文斯布
吕克的病人和老人将被送去那里。阿代拉伊德接到了命令，要
她列一份也许将"受益"的女性名单，她相当谨慎，直到弄清
楚她们的真实去向。之后，她告诉病人要坐直，梳好头发，尽
量让自己看起来强壮、年轻，并拒绝了所有要她们搬家的哄骗。

　　起初，自愿去那里的人对她们的新环境相当满意，那里拥
有一片环绕着松树的空地，不像拉文斯布吕克这里仿佛被火烧
过，寸草不生。但很快，她们发现自己身处于另一种地狱。青
年营没有毯子和床垫，雪又下得很大。她们只有以往一半的配
给，之后的几个星期被送到那里的 3672 名女性，每天被要求在
室外站五六个小时。艾梅·多里达被送去了青年营。她在奥斯
威辛时从梯子上跌了下来，后来腿被截肢，伤口又长了坏疽。
在她的朋友们因为她的离开而感到绝望之际，一名好心的囚监
出人意料地把她带回了拉文斯布吕克。意识到仅剩一条腿也许
意味着死亡之后，其他人合力把她藏了起来。

　　在祖伦抱怨青年营的女人死得不够快后，她们的暖和衣服、
鞋子被夺走了，被迫只穿一条棉裙光脚站在雪地里。一天，玛

丽－克洛德从附近经过，看见一大片冒着热气的大便。过了几分钟，她才意识到这是青年营的女人们拉的。对她们来说，踩着烂泥走 50 米去上厕所实在太远了。每天早晨，卡车会来收 50 具或更多的裸尸，都是前一晚死亡的。最令人惊讶的是，很多人竟然没有死。

为了加快死亡速度，火葬场附近的一间仓库被改造成了毒气室。一场系统性的屠杀开始了。温克尔曼医生在格蕾塔·伯泽尔（Greta Bösel）的协助下，每天在各个医务室抓人。伯泽尔会突然发起残忍的袭击，让所有人都很害怕。她检查体温登记表和医疗记录，要求病人撩起裙子，查看她们的脚和脚踝的情况。她会在有些人的名字旁边做记号。之后，卡车驶来，那些被标记了的女人——肺结核患者、伤口化脓的人或看起来精神失常的人们——仍穿着睡衣，被粗暴地赶上了车。

留下的女人沉默地看着、听着。路程约 30 分钟。她们可以听见毒气室关闭马达的声音。接着，被清空的卡车开回来了。第二天早晨点名时，风吹来一阵阵浓烟。所有女人都对于卡车的可怕穿梭感到胆战心惊。在集中营办公室，那些被送走了的女人在文件上被标记为"去休养康复"，目的地是米特韦达（Mittweida）的一家疗养院，这种委婉说法迅速为人所知。每天，被送去毒气室的名单越来越长。更荒谬的是，身为化学家的玛丽－埃莉萨还在分析生病囚犯的尿液，仿佛她们真的可能得到治疗，而事实上，所有人都注定被摧毁。

盟国军队持续挺进。忽然之间，党卫军变得愈发焦虑了，不知该如何处置如此之多的被蹂躏致死的人的遗骸。他们杀死了更多人，速度也更快。在 10 号楼，一个名叫施韦施特·玛利亚（Schwester Maria）的党卫军护士会给失眠的女人一种粉末，

吞下它就再也不会醒过来。第二个毒气室——党卫军口中的
"新洗衣店"——建好了，但与此同时，有些生病的女人会直
接被拖到火葬场后面，接着，后脑会被子弹击中。据说，祖伦
曾出现在屠杀现场。普夫劳姆——女人口中的"捕鼠人"或
"家畜商"——乐此不疲地展开围捕，他就像在打橄榄球赛，
抱摔似地抓住疯狂逃跑的女人的大腿。普夫劳姆也会去青年营
"挑人"。但是，亲自监督清空营房的是党卫军护士伊丽莎白·
马沙尔。女人和孩子被送去了贝尔森集中营（Belsen）。留下来
的 32 个孩子在拉文斯布吕克的毒气室被处死了。

　　临近 1945 年 1 月底，第一批约 7000 名女性从奥斯威辛来
到这里，她们是在红军（Red Army）抵达前不久离开的。她们
中的许多人完全处于崩溃的状态，几乎是从积雪、结冰的地面
一路步行而来，稍强壮的人会把虚弱的人夹在中间，党卫军守
卫不停地挥舞鞭子，放狗撕咬她们。路上死了数百人，尸体就
这么成排地被留在原地。最后一趟车坐了约 3000 名女性，她们
在露天等了 24 小时，然后才被允许进入集中营。

　　玛丽－让娜·鲍尔被留在了原地。她在比克瑙熬过了一个
孤独的秋季，十分想念她的同伴们。红军来了之后，她受到了
苏联医生和护士的照料。但是，还将发生更可怕的事。一天晚
上，一名士兵走进她工作的厨房，他在不久前刚得知全家人都
死在了德国人手上。他喝得很醉。他拔出手枪，误以为玛丽－
让娜是德国人，向她扣动了扳机。子弹在离主动脉很近的地方
穿过，停留在肩胛骨后方。她活了下来，还设法阻止那名士兵
被处死。尽管还要过好几个月她才会被送回法国，但至少有一
个法国朋友活了下来，能够讲述她们的故事。

夏洛特、玛丽－克洛德、阿代拉伊德和仍在拉文斯布吕克集中营的其他人都很清楚，现在正在展开一场竞赛。德国人决心销毁所有暴行的证据，而囚犯们则决心活到解放的那一天，她们预感已经为时不远了。在这场最后的生存战中，她们加倍努力地保护、拯救彼此。法国女性前所未有地坚定，她们不能死，发誓要打败她们的狱卒：这带给她们最后一股力量，一个共同的目标。民族志学者热尔梅娜·狄戎无法再为她的母亲埃米莉做什么了，她被带去了青年营，从此，她再也没见过母亲。但 20 岁的埃莱娜·博洛从厨房端了一大锅汤在冰上滑倒以致摔断腿时，所有人都围在她身边帮助她。

阿代拉伊德和另一名囚犯医生用几片木头为她做了夹板，并用纸做成的绷带来固定。之后，她的朋友们搀扶她回到营房，把她藏在椽子间的缝隙。埃莱娜是一名斗士。在过去，她曾协助父亲；在父亲被捕之后，她又接替了他在抵抗运动中的工作——她总是如此坚强。如今，她集中精力活下去，一天一天地活下去。

团结和互助不再局限于几个朋友的小圈子。法国女人因为行为不端而受到连续三个星期天没有食物领的惩罚时，集中营的其他女人给她们送来了如此多面包，吃也吃不完。再也吃不下更多东西的饱足感，是一种她们已经忘了的感觉。有被筛选出来带走的风险的女人会被藏在煤仓、厨房的地窖或斑疹伤寒病人之中——党卫军从不敢靠近这些人。[2] 玛丽－克洛德得知，她的三个奥地利朋友即将被处死，她设法在办公室用已经去世了的三人顶替了她们的号码。由于她们是从奥斯威辛来到拉文斯布吕克的，手臂上都有文身编号，她发现囚犯医生会刮掉编号，让它们看起来像感染的脓肿。她日后说道，这就像一场让人心碎的"伤员分类，尝试拯救可能活下去的那些人"。但她没能拯救四个年轻的法国女孩，其中两人随盟军特勤人员空降到法国，另外两人是接应她们的无线电操作员和联络员。一天下午，她们被拖到森林里枪毙了。

拯救幸存的"小白兔"——指定要被处死的受伤的波兰小女孩——不仅涉及 32 号楼法国女性的资源，还包括集中营的其他许多人。得知即将轮到她们时，在办公室工作的女人设法让集中营停电数小时，因此拖延了点名的时间。其他人则鼓励女孩们藏身到集中营各处。一个女孩都没被发现，她们都活了下来。

随着盟国军队的逼近，人们强烈地渴望留下记录，它们日后被称为《集中营世界》（*univers concentrationnaire*）。³有资源的波兰女性记下了部分信息，且被偷偷带出去了。字是用尿液写的，熨斗轻轻烫过后会浮现出来。但热尔梅娜·狄戎和玛丽－克洛德决心记下准确的事实、日期、人名、死亡、疾病、守卫的残忍和党卫军所掠夺的金钱数目。她们开始写日记和笔记。两人都受到愤怒和十足的决心的驱使，渴望告诉世界她们所见证过的一切。正在为母亲哀悼的热尔梅娜说，虽然她失去了所有"出于本能而活下去的愿望"，不过，她的暴怒以及期待看见德国人被惩罚的渴望在支撑着她。

安妮特·波斯特尔－维奈在纺织厂劳动，可以偷纸。一个在施工办公室工作的捷克朋友会偷墨水。她们用这些在窄窄的纸条上做记录。字写得很小，肉眼几乎看不见，写完后被藏在她们床上一块松动的木板之间。随着时间的推移，集中营变得愈发混乱、凶残，两名女性躲开普夫劳姆和他的手下，四处奔走，疯狂地收集资料。如果她们无法写下来的话，她们就背下来。

　　从某种意义上来说，现在到了法国女性朋友们漫长的惊险旅程中最致命的时刻。随着同盟军从各个方向挺进，柏林传来了自相矛盾的命令，不确定之风席卷了整个集中营。该如何处置数十万名囚犯？——她们都在不同程度地生病，处于营养不良的状态。该如何清除如此之多的活生生的暴行见证者？在奥斯威辛，党卫军在离开前炸毁了毒气室，过去五年以来堆积成山的大屠杀记录被付之一炬。由于德国保留了巨细无遗的档案，记录了集中营和囚犯的每个细节，现在的问题是，如果德国终将战败的话，该如何处理这么多证据？

　　3月初，法国朋友们得知她们将与其他受"夜雾命令"牵连的法国女性一起被转移到毛特豪森集中营（Mauthausen），共585人，来自多个国家。3月2日，33人坐上了运牛货车，离开了拉文斯布吕克，其中有玛丽－埃莉萨、热尔梅娜·皮肯和马德莱娜·迪苏布雷。但还有一些朋友被留下了。西蒙娜·洛什如今病得很重，没人相信她能撑到解放。马多·杜瓦雷在西门子工厂劳动。埃莱娜·博洛的断腿使任何转移都危险重重。贝蒂、朱莉娅·斯卢萨奇克和西蒙娜·尚帕克斯都在"医务室"，截肢后的艾梅·多里达每天过得提心吊胆，正四处躲藏。为了照料她们，阿代拉伊德、夏洛特和玛丽－克洛德设法留了下来。与大家分别实在痛苦极了。

　　毛特豪森集中营位于奥地利的林茨（Linz）附近，建于1938年夏天，即德奥合并后不久，它在一道悬崖上俯瞰着多瑙河。从远处看，它像一座由花岗岩砌成的中世纪城堡，有堡垒和塔楼，四周环绕着浓密的森林。在某种程度上，它是最糟糕的集中营——相对于死亡营而言，成千上万名苏联战俘、被捕的盟国空军士兵、政治犯、犹太人、吉卜赛人和牧师，都在毛特豪森集中营附近的采石场劳动至死。在这里，他们切割、拖动巨石，希特勒计划在纽伦堡（Nuremberg）和柏林修建的公共建筑"死亡之梯"就诞生于此。即使按照纳粹的标准，这里的管理体制都非常残忍。1941 年，希姆莱和海德里希以对待囚犯的残忍度和危险性为依据对集中营进行排名，只有毛特豪森名列第三，即最糟糕的一类。所以，据说任何被送到毛特豪森的人，都别想活下来。虽然它不是灭绝营，但是，那里也有一个小型毒气室，用来除掉太虚弱的或太不守规矩的人。

　　3 月 7 日，33 名法国女性终于抵达毛特豪森集中营，此时，已接近她们忍耐的极限了。旅途极为可怕，火车在轰炸中走走停停，最后一段路程，她们徒步前进，靠着夜晚的月光，在一片寂静之中经过一个又一个废弃的村子。走不动的人被拉出来枪毙了，她们的尸体就被抛在路边。585 名女性一起出发，有 18 人死在了半路上。一个年轻的女人一手抱着一个孩子，另一只手拖着另一个，走得跟跟跄跄，步履蹒跚。突然，一个党卫军卫兵把她揪出队伍，枪毙了她。这一刻，每个人都感觉很痛苦。悄悄地，其他女人牵起年幼的孩子的手，继续前进。

　　抵达毛特豪森集中营后，玛丽－埃莉萨和其他人被带到一间营房，她们看见了几个抵抗运动时期在法国认识的男人。她们告诉对方自己太饿了，五天以来几乎没吃东西，却惊讶地发现没人想为她们找些吃的。她们被带到浴室，生殖器被浸了消毒剂的刷子刷过之后，分到的是男人的衣服。女人们的身体又瘦又干，裤子和夹克垂在身上。当她们再次出现时，昔日的男同志们马上跑过来给了她们一些面包，还有几根系衣服的绳子。"之前为什么不给我们面包？"马德莱娜问道。"因为我们以为你们会被直接带去毒气室。"男人回答。

274

营房的条件并不比拉文斯布吕克那些帐篷好：没有床垫，没有毯子，只能睡在地上。玛丽-埃莉萨被派到"医务室"当护士，许多人患了肺结核，只有一小部分人有药。

3月21日，发生了可怕的事故。大部分法国女人被带到阿姆施泰滕（Amstetten）的车站清理碎石块，它在美军的一次空袭中被部分摧毁了。在她们挖掘扭曲的铁轨、水泥之际，空袭又来了。100名女性丧生。其中有三个法国朋友：拉伊斯科期间非常受人喜爱的厨子夏洛特·德科克，她曾从党卫军的厨房为同伴们偷食物；奥尔加·梅兰，她被捕时抛下了15岁的残疾儿子，曾打算在回到丈夫身边后与他重修旧好；还有年轻的母亲伊冯娜·诺泰里，她总是提起自己有多么想念两个年幼的孩子。伊冯娜没有立即死亡，而是痛苦地躺了一整个晚上。也许是因为就快可以再次见到她的孩子们了，她拼命地想活下去。但第二天，她再也无法战斗了。

对其他人来说，这些死亡让人难过极了。正如塞西尔所说，女人之间的关系如此亲密，因此，自己的死亡并不比看着别人去世更糟糕。如今，活着的每个人都在想：接下来会轮到谁？摆脱这种持续性的恐惧很难，尤其对"夜雾命令"的囚犯而言，因为她们十分清楚德国人的计划就是把她们杀光。

但是，毛特豪森集中营的战斗已临近尾声了。4月22日，剩下的三十名女性被叫到办公室，她们按照指示，站成五人一排，被告知将被送去洗澡。对奥斯威辛的幸存者而言，洗澡只意味着一件事。但是，她们身边站着几名认识的男性，而且他们得知已经来了数辆营救法国人的红十字会卡车。她们觉得太难以置信了。更奇怪的是，党卫军给女人们发了发霉的面包，让她们带着路上吃；红十字会要求德国人换成更好的面包，而党卫军照做了。慢慢地，带着疑惑和不安，女人们走到卡车附近，爬上车身。后来，她们知道，由于电话线路故障，希特勒下达的除掉女人的命令没能顺利送到，她们才逃过一劫。她们活下来了，玛丽-埃莉萨、马德莱娜、西蒙娜、两个热尔梅娜，还有其他一些人。她们正走在回家的路上，穿过不断遭到轰炸的、已经成了废墟的国家。但是，对于回去后她们将面对什么、该怎么办，她们一无所知。

毛特豪森的这群人是幸运的：她们的战争结束得非常迅速。其他人的可没这么容易。

奥拉宁堡（Oranienburg）被轰炸时，埃莱娜·所罗门正在博世的工厂劳动。营房着火了。囚犯被命令排成长队，按国家分组，大家就这么上路了，男人在前，女人在后。党卫军守卫规定了路线：去苏联人那边的往东走，去美国人那边的往西走。走不动的人被枪毙了。天开始下雪。埃莱娜带了一条毛毯，裹在她的肩头。整整 12 天，他们不停地走路，大多在夜晚，不时停下来在谷仓休息，但几乎没有吃的，一天又一天，越来越多的女人死去了。

一天早晨，他们发现党卫军消失了。埃莱娜和其他法国女人走到前面，发现了几名法国士兵，后者给了她们一些吃的，然后用卡车把她们送到一个美国人的营地，那里曾是希特勒青年团（Hitler Youth）的度假中心。埃莱娜拿到了一杯杜松子酒。这是三年多以来，她第一次品尝到酒精的味道。之后，法国女人回到了在森林等待的大伙之中，他们边走边唱着《马赛曲》。在解放部队确认了前方安全后，他们被卡车送到了里尔，红十字会和一些法国军官正在那里等他们。埃莱娜活到了解放

276

的那一天。她的体重仅剩 35 公斤。

在本多夫，塞西尔、普佩特、卢卢、卡门和吉尔贝特决定，只要一传来同盟军马上将抵达的消息，她们就会拒绝下盐矿劳动——害怕被锁在地下等死。4 月 10 日，她们突然接到命令：要她们坐火车去 180 公里以外的诺因加默集中营（Neuengamme）。火车上有 5000 名囚犯，实在太拥挤了，女人们轮流躺下、坐着、站立。她们之中有几名囚监。几个朋友紧紧地依偎在一起。她们又没什么吃的了，有人开始争吵、打架。在拉文斯布吕克吃得较好的囚监比其他女人更强壮。她们用毯子裹起最虚弱、病得最重的囚犯，坐在她们身上，在她们窒息之后，再把她们的尸体抛出车外。列车走走停停，女人们被迫掩埋了许多死者的尸体，在那之后，她们挖草根充饥。

一天夜里，火车停下来的时候，一个车厢的苏联战俘集体逃跑了。党卫军端枪扫射车厢，之后，又挑出来 300 名男性，枪毙了他们。五天后，车上所有的男人下车，火车继续断断续续地前行。女人听见轰炸声越来越近了。有时，她们的车会停在支线铁路上等待，让搭载德国士兵的火车先行通过。普佩特睡觉时，她的凉鞋被偷了。她现在光着脚。

12 天后，火车抵达诺因加默集中营。他们发现那里在当天早晨被清空了，最后一批囚犯被赶上了停靠在吕贝克湾（Bay of Lübeck）的"阿科纳海角"号（Cap Arcona）。英国皇家空军（Royal Airforce）不知道船上有集中营的幸存者，以为那里挤满的是逃跑的党卫军，便炸沉了它。船上的许多党卫军守卫成功逃生了，但囚犯们则被锁在了船舱，船上的 4500 人中，仅有 350 人幸存。在诺因加默集中营，法国朋友们再次见到了马多·杜瓦雷。苏联红军解放西门子工厂的时候，她仍在那里劳动。与朋友重逢，也意味着得知让人难过的坏消息。她的兄弟罗歇是"阿科纳海角"号的遇难者之一。罗歇被捕前曾是马基游击队队员，后来被从法国驱逐到集中营。她的表兄塞尔日（Serge）也曾被关在诺因加默，但在她抵达前几天去世了。

包括五个法国朋友在内的被驱逐的女性，又被赶回到火车上。12 天来，她们几乎没有吃的，只有一点糖、生面条和野草，许多人死在了路上。但法国朋友们——如今加上马多一共六人——都活了下来。两天后，她们抵达汉堡附近的一座集中营。营地的宪兵告诉塞西尔和其他人："不是我们的错，别怪我们。"轰炸声离得非常近了。仍光着脚的普佩特被要求挖坟墓，她整天都在搬运尸体。女人们又饿又渴又脏，她们腿上长满了疮，衣服破破烂烂，突然，她们被告知要被转交给红十字会了。起初，她们觉得没什么。普佩特日后回忆说，很快，人群中"爆发出了喜悦。我们唱歌。大声喊出还记得的歌词"。她们又坐上了火车，直到第二天下午 4 点，车停在乡间。她们看见红十字会的救护车等在那里。安静地，警惕地，一个接一个地，她们爬下车，走近那里。一个红十字会官员给了她们香烟。

之后，她们又坐火车前往哥本哈根。每个女人都领到了一个小盒子，里面有白面包、黄油、起司、果酱和一块巧克力。她们吃得很慢，悄无声息。哥本哈根车站挤满了前来迎接她们的友好人群，又给了她们更多的吃的。她们的衣服被烧掉了，清洗了身体，拿到了新衣服。之后，她们坐船到了马尔默（Malmö），再转火车到了斯德哥尔摩。最后一晚，火车停下来，她们坐在一片黑暗之中，回想自己所经历过的一切，然后意识到这下真的自由了。

278

让内特·埃尔米尼耶在拉文斯布吕克的素描

她们唱起了《马赛曲》，正如在漫长的折磨中常常唱起它那样。现在似乎正是唱这首歌的好时候，一切都结束了。她们还活着，她们要回家了。孱弱，痛苦，为死去的同伴们而悲伤，但她们还活着。普佩特日后说道："那真是一种难以置信的感受。接着，她们静静地坐下来，等待。就像战斗打响之前的停顿。"

对于那些还留在拉文斯布吕克集中营的女人，包括夏洛特、

玛丽－克洛德、阿代拉伊德、埃莱娜、贝蒂、朱莉娅和西蒙娜
而言，结局的到来非常突然。

有一段时间，瑞典红十字会的福克·伯纳多特伯爵（Count 　279
Bernadotte）、世界犹太人大会（World Jewish Congress）的瑞典
代表诺贝特·马苏尔（Norbert Masur）和希姆莱三人违背希特
勒的意愿，希望通过谈判达成单独的和平协议。⁴早前，瑞士联
邦委员会（Swiss Confederation）前主席让－马里·穆西（Jean-
Marie Musy）通过一项交易，从特雷津疏散了一批犹太人，这
激怒了希特勒，导致这次谈判非常棘手。然而，伯纳多特继续
施压，4 月初，第一批生病的女人被从拉文斯布吕克集中营疏
散走了。7 日，又疏散走了一批挪威和丹麦女人。

事到如今，集中营陷入了一片混乱。命令传来了，又被撤
销了。人们排队准备被驱逐到其他集中营，接着，又被告知他
们不会离开。"突击队队员"（Commandos）不用再去工厂了。
严重缺水，几乎没有食物。玛丽－克洛德在日记中写道，到处
都是在啃食躺在集中营各处的尸体的老鼠。党卫军的情绪很不
稳定，有时极为严厉，有时又似乎在奉承囚犯——他们对战争
临近尾声感到非常不安。一天，在国际红十字委员会来访之际，
祖伦下令将所有 *Schmuckstücke*——这些女人看起来更像尸体而
非人类——锁在盥洗室内，以防被别人瞧见。埃莱娜·博洛那
天在"医务室"，眼看着护士把所有比她更瘦弱的、可怜的女
人们藏到营房尽头的帘子之后。一个国际红十字会官员走近，
与她交谈，埃莱娜催促他们更仔细地搜查所有地方。党卫军医
生带着他四处参观，同时催他快点离开。"不，不，你不能去
那里，那里是传染性很强的斑疹伤寒病人。"国际红十字会的
男人照做了。

集中营收到了一些加拿大红十字会的包裹。那天深夜，在其他人睡着后，夏洛特用自己盒子里的小包装泡了一杯咖啡。没有热水，所以她用的是冷水，之后不停地搅拌粉末，她希望这么长时间以来品尝到的第一杯咖啡是美味的。她喝了一口，发现很苦，因此失望极了。她意识到，她在日后写道，那些记忆中的欢乐时刻不是那么容易被重新抓住的。"我需要重新习惯享乐。"那天晚上，她的心脏因为咖啡因跳得如此剧烈，她以为自己快死了。第二天早晨，她和其他人坐在一起，手指伸进黄油罐，慢慢地舔着它们，之后，又尝了花生酱——许多人以前从没见过。

西蒙娜·洛什病得很重，她越来越虚弱了。贝蒂、朱莉娅和西蒙娜·尚帕克斯很脆弱。但其他人正加倍努力，以防她们被党卫军发现。她们变得格外擅长于挑选藏身之地，在日复一日的冗长的点名期间，守卫在队伍附近来回走动，会拖出病得较重的女人，她们已经学会了让自己看起来更强壮、更健康的技巧。仍有人被筛选出来送去毒气室。鲁道夫·赫斯在红军到来之前很久就离开了奥斯威辛。一天，他来这里视察第二间毒气室的修建情况。如今，筛选过程经常伴随着追捕，女人们逃往集中营各处，拼命想躲藏起来。

一天，七个法国女人被拉出了队伍。[5]她们被锁在营房里，等待被送往毒气室，但她们设法逃了出来。党卫军发现她们消失了，宣布如果那七人不现身，剩下所有的法国女人都将"被选中"。七个人回来了。她们的朋友惊恐地看着其中一人大声哭叫："我 34 岁。我有三个孩子要养。我不想死。"那晚，她们听见了卡车把女人们带去毒气室的声响，还听见党卫军殴打她们时，她们发出的呼喊声以及乞求怜悯的声音。

不久后的一天下午，阿代拉伊德在"医务室"听见卡车正往这边开来。一名护士出现了，开始喊名字。阿代拉伊德逃跑了，她觉得自己无法再见证如此之多的死亡。但她之后又回来了，原以为会看见一排空空的床铺，却发现女人们还在那里——毒死她们的命令被收回了。她明白了，在如此混乱的情况下，什么都可能发生。"我意识到，"她日后说，"到了我该奋起战斗的时刻了。"

4月23日，集中营当局下令拉文斯布吕克剩下的488名法国人、231名比利时人和34名荷兰人排成一排。那是在凌晨4点，夏洛特和西蒙娜、贝蒂、朱莉娅、玛丽－克洛德站在一起，她看见党卫军守卫持着枪在门口列队。女人们被搜身。热尔梅娜·狄戎设法在残缺的腿部藏了一只空奶粉罐，里面是一卷"小白兔"们的照片。她们站在那里，黑暗中，一群衣衫褴褛、形容枯槁、步履踉跄的女人从青年营的方向走来：她们正朝毒气室走去。

五个朋友紧紧地依偎着彼此。这一刻终于到了，她们知道自己即将死去。为死亡担惊受怕了这么长时间，夏洛特此刻感到非常平静。有人大声喊出指令，让她们朝门口走去。党卫军用机关枪指着她们，但没有开火。一排排女人，沉默地迈开了步子。那里有一个穿卡其布制服的男人在等她们，手臂上戴着红十字会徽章。"你们是法国人？"他问道，"我带你们去瑞士。"没有人动。

随后，她们非常缓慢地、依旧一声不吭地爬上了等在路边的白色卡车。那些几乎没法走路的人得到了善意的协助。她们一直在盼望这一刻，曾确信自己肯定会被狂喜淹没；相反，她们感到相当平静。卡车开动之前，一名女性提议：她们应该为所有在拉文斯布吕克去世的朋友默哀。几个女人哭了。夏洛特记得，4 月 23 日这天是她第一次在放学后和乔治·迪达什结伴回家的日子，也是她在桑特监狱与他告别的日子。

她们的车沿着挤满了逃亡人群的道路慢慢前行，沿途经过了废弃的房子，以及似乎被大炮翻了个底朝天的基尔（Kiel）。年幼的德国男孩朝卡车扔石子。法国女人之中有 20 岁的马德莱娜·艾尔默（Madeleine Aylmer），她在一个月前刚产下一名女婴，用某种方式躲过了普夫劳姆对孕妇、哺乳期女性和她们婴儿的围捕。混乱之际，在其他人的帮助下，她成功地把孩子偷偷藏在裙子底下带了出来。小女孩是几个幸存的婴儿之一。卡车穿过边界后进入丹麦，法国女人开始唱歌。她们看见了欢迎的横幅。夏洛特心想，所有事情看起来都如此美妙。

282　　　最初 31000 次列车上的法国朋友之中，如今只有摔断腿的埃莱娜·博洛、越来越虚弱的西蒙娜·洛什以及坚决留下来陪伴她们的阿代拉伊德和玛丽-克洛德还留在拉文斯布吕克集中营。4 月 27 日夜晚，大部分党卫军守卫消失了，他们切断了水和电，离开时将集中营的记录付之一炬。车队中，祖伦和他的太太坐一辆车，他的副手在另一辆车，赶在盟军到来之前离开了，他们的车队从最后一批被迫徒步离开集中营的女人身边驶过。许多女人虚弱得走不动路了，但她们依然紧紧地抱着红十字会的包裹。祖伦下达的最后命令是掩埋死者，好让她们的坟墓"看起来整洁点儿"。

传闻称德国人离开前会炸毁拉文斯布吕克，不过什么也没发生。"集中营看起来像是被抛弃了，脏乱不堪。"玛丽-克洛德在日记中写道。她留意到有些人聚到一起，坐在门口吃着红十字会送来的罐装食物，看起来仿佛正在野餐。她不停地听见轰炸声越来越近，但"集中营太可怕了，很难在结局到来之际感受到一丝喜悦"，直到她看见第一名红军士兵。

一点一点地，阿代拉伊德、玛丽－克洛德和几名留下来的医生开始照料病人。他们将垂死的女人转移到医务室，玛丽－克洛德留意到，她们看起来就像垃圾渣。他们为红十字会的下一次疏散起草了名单，还让稍强壮的女人用仅剩的食物做饭，并开始打扫营地。*Schmuckstücke* 继续在四处漫无目的地闲逛，拒绝任何想把她们组织起来的尝试。玛丽－克洛德告诉她们：除非帮忙，不然得不到食物。集中营还有 260 名上了年纪的德国修女，她们在不同的集中营之间辗转了十多年，因为她们相信希特勒是反基督者。人人厌恶的多罗西娅·宾茨——为数不多的还留在集中营的党卫军——来讨食物，被拒绝了。

阿代拉伊德和玛丽－克洛德去了附近关押男人的营地，她们发现了 400 名死者，还有约 400 人——包括许多法国人——正濒临死亡。整整八天以来，他们没有任何食物和水。"简直惨不忍睹，"玛丽－克洛德写道，"他们看起来不像男人，而像憔悴的孤魂野鬼，因为疼痛、饥饿、口渴而失去了理智。没有人，没人能形容这种景象。没人会相信我们的。"她们叫来了几个稍强壮的女人，把垂死的男人们搬到了一间被党卫军废弃的营房。

4 月 30 日上午 11 点 30 分，第一批红军战士穿过树林向集中营走来，解放者在日后说，他们在 3 公里外就闻到了集中营散发出的异味，他们看见了污物和成堆的遗骸，还看到了瘦得像骷髅的人们，对他们极为同情，但也生出了强烈的反感。"看见第一个骑摩托车的人时，"玛丽－克洛德写道，"我的眼

中饱含热泪，这次是喜悦的眼泪。我想起了1940年6月第一次
在歌剧院广场看见骑摩托车的德国人时流下的愤怒泪水。"他
们的身后跟着一个步兵旅，再后面是乘坐汽车的军官。"集中
营简直疯了……人人都想见他们，和他们说话。"玛丽－克洛
德写道，还语气轻快地补充说，他们在兴奋之余似乎忘了自己
还有事要做。

红军的指挥官很有礼貌，仔细地询问了集中营的情况。之
后，他下令拿出来食物、药品，还留下数名医生照料病人。一
名苏联医生给埃莱娜·博洛的腿打了石膏，她现在可以蹒跚着
在集中营四处走动了。离开前，指挥官下令附近村庄的德国居
民必须来集中营帮忙。阿代拉伊德走过一排德国平民身边，寻
找可以帮忙做护理的女人，她心想：不久之前，德国公司的老
板也曾这样走过女囚犯身边，挑选可以去工厂劳动的人。对苏
联人，大家感到既欢迎又害怕。

玛丽－克洛德在集中营门外被党卫军守卫抛弃的住处寻找
床垫，发现有一名男囚犯正盖着一床巨大的粉色丝绸鸭绒被在
284　睡觉。看到党卫军的住宅被洗劫，她感到一阵愉悦。她非常渴
望回家。望着天空、湖泊，她觉得"因为自由而醉了。我想，"
她写道，"一回家，我就想一个人去山里待些时间。"

另一天，她和一个朋友经过祖伦遗弃的别墅。走进去后，
她发现了一架钢琴。她的同伴坐着弹奏起来。玛丽－克洛德感
到胸中涌起来"一股长期被压抑着的渴望"，一阵因为听到长
久以来被剥夺的乐曲而感受到的愉悦。她们最后弹奏了一些法
国老歌，当然还有《马赛曲》。那晚，她因为"满足"而久久
无法入睡。

5月3日，阿代拉伊德、玛丽－克洛德和一名医生、一名

摄影师以及一名苏联军官四处走动，以记录拉文斯布吕克集中营的模样，那时，那里已经发生了许多变化。供水供电恢复了，苏联人还设法弄来了30头牛、100只鸡以及几匹马。现在，早餐有牛奶和黄油面包了，午餐有肉和洋葱。几名法国士兵拜访了集中营，从法国带来了一些令人沮丧的消息。一天，一个名叫阿拉尔（Allard）的法国将军来了，他想弄清楚妻子的遭遇——她在战争初期被驱逐到了拉文斯布吕克。玛丽-克洛德告诉他，她被送去了毒气室。阿拉尔告诉她，巴黎的解放委员会（liberation committee）简直是一个"丑闻"，左翼和右翼吵得不可开交。她最在意的是，玛丽-克洛德在日记中写道，为了他们的国家，如此之多优秀的男性牺牲了，而如此之多最下贱的通敌者却活了下来，手握大权。老一套的价值一去不复返，新的价值尚未建立起来，该如何避免一场道德危机？有些日子，一想到即将到来的政治斗争，她就感到害怕。

　　西蒙娜·洛什已经病入膏肓了，阿代拉伊德几乎放弃了所有拯救她的希望，直到一名苏联医生说，还有百分之一的可能救活她，并提议为她做手术。由于无法全身麻醉，他给她实施了局部麻醉，玛丽-克洛德献了血，之后，他开始动手术。西蒙娜醒着，但感觉不到疼痛，她以为自己会死去，但她觉得欣慰，因为至少自己活到了解放这天。手术后，她持续发高烧。玛丽-克洛德感到难受极了。"看着那个对你如此重要的人一天天逝去，实在太难过了。"但是，西蒙娜慢慢好起来了。那天，她被红十字会疏散到柏林，从那里飞往巴黎，之后，她又在克雷泰伊（Créteil）的医院住了好几个月。

　　玛丽-克洛德和阿代拉伊德在拉文斯布吕克集中营留到了6月中旬，她们的病人逐渐恢复了体力，看起来更有人样，还

285

重新长出了头发和身体上的脂肪。玛丽－克洛德拒绝了与阿拉尔将军一起飞回巴黎的邀请，她太渴望早点结束这一切了，但还是决定多留一段时间，协助苏联的委员会记录在拉文斯布吕克发生过的事。她给共产党领袖莫里斯·多列士写信，告诉他31000 次列车上 113 名女共产党员的经历。她请求对方原谅她的字写得太生硬，因为这是近三年以来，她第一次用法文好好写信。

阿代拉伊德搬进了从前党卫军的营房，还搬去了一架钢琴。5 月 17 日，玛丽－克洛德在集中营边上度过了第一个夜晚，那个房间俯瞰湖泊，有一张货真价实的床，还有床单和枕头。她尽量不去想家里可能发生了什么，因为她仍然没有收到关于家人或伴侣皮埃尔·维永的消息。最后一辆红十字会的卡车来接剩下的女病人时，有几个病人显然撑不到回家了。她难过极了：她们要在这样的时候死去了，明明熬了这么长时间。

最后，她们的病人都离开了，她和阿代拉伊德准备回家。"这条从黑暗走向光明的通道，"阿代拉伊德写道，"完全无法用语言来表达。"后来，她写道："生命自有它的色彩，也许常常令人失望，但能经历如此欢乐的时刻，我感到无比荣幸。"

286   29 个月前，搭 31000 次列车离开巴黎的 230 名法国女性中，有 49 人活到了战后，其中 34 人是共产党员。181 名她们的朋友、同伴去世了，死于斑疹伤寒、残酷、饥饿和毒气。有些人是被活活打死的，有些人只是选择了放弃。超过 44 岁的人没有一个活下来，年幼的幸存者也极少。达妮埃尔、马伊、阿米瑟·吉永和伊薇特·吉永、雷蒙德·塞尔让、马德莱娜·扎尼和维瓦·南尼都去世了，几十名年幼的孩子将得知他们现在成了孤儿，他们的母亲和父亲均被纳粹谋杀了。直到女人们回到法国时，许多家庭才终于得知她们的母亲、女儿和妻子永远都不会回家了。

有些 31000 次列车的幸存者是独自回到法国的，在一片混乱之中，她们与难民、被释放的战俘一道辗转了数个国家。其他人是结伴回家的。十个朋友在瑞士重逢。马多的姐妹为一名瑞士医生工作，她安排大家住在一个参议员乡间的房子里，直到众人慢慢恢复健康。卢卢和妹妹卡门也在其中——唯一幸存的一对姐妹，还包括塞西尔、贝蒂、埃莱娜·博洛和西蒙娜。西蒙娜曾是一个身材丰满的女孩，在罗曼维尔拍摄的照片中笑得如此温暖，如今，她仅剩 23 公斤。她们尝到了奶油、鱼、起司和新鲜蔬菜，尽管她们的嘴和牙齿花了一些时间，才在咀嚼不习惯的食物时不感到疼痛。起初，她们每次只能吃一小勺。"真的是好事一件接一件。"埃莱娜写道。她们不时地回答记者和瑞典政府的提问，谈的是拉文斯布吕克集中营的情况。"我们正身处一个小天堂，"贝蒂在信中告诉她的父母，"在经历了如此艰辛的日子之后，我太需要这些了。"她抱怨自己健忘、焦虑，医生们曾担心她可能会失去长了脓疮的手臂，但它在慢慢康复。

之后，她们登上了飞往巴黎的飞机。夏洛特只感到失落和不确定性。她有一种强烈的感觉：从现在起，她将一个人度过余生，没有任何人能够取代她那些失去了的同伴们。"随着时光的流逝，"她日后写道，"她们变得模糊，若隐若现，失去了她们的颜色和形态……只留下了她们的声音，但随着巴黎的临近，连这些都快消失了……我们抵达时，我已经认不出她们了。我活了下来，是要经历某种'后来'（afterwards），以及去了解它的含义吗？"

287

第十五章　躲进阴影之中

　　　回到巴黎后不久，夏洛特·德尔博便开始了关于德国集中营的写作，大多以诗歌的形式。[1]她写道：

> 我从另一个世界回来，
>
> 回到这个世界
>
> 我没有离开
>
> 而且我不知道
>
> 哪一个才是真实的……
>
> 就我而言
>
> 我还在那里
>
> 在那里死去
>
> 每天，一点一点地
>
> 再次死去
>
> 那些已经死去之人的死亡……
>
> 我回来了
>
> 从一个处于认知之外的世界
>
> 现在必须忘却
>
> 否则我肯定
>
> 我无法再活下去。

　　在 31000 次列车的 49 名幸存者中，任何人都可以写下这样的文字，因为每个人都怀着相似的情感：疏离、失落与孤独。她们在德国集中营度过的两年零三个月，太寒冷，太恐惧，太疾病交加，太饥饿，太脏脏，太悲伤。她们见证了生命能够呈现出的最好的和最坏的一面，有残酷、施虐、暴行、背叛与偷窃，但也有慷慨与无私。她们的勇气和品格被发挥了极限，与人性有关的每一种认知都受到了挑战。

她们都有一种矛盾的心理：她们不再觉得自己是同一个人了，回望她们年轻时的时光，充满了希望、自信、激动，她们惊叹于自己曾如此纯真，如此轻信于人。纯真一去不复返了，对所有人而言都是，她们再也无法找回它。

她们曾如此紧密地生活在一起，依靠彼此才活下来，现在却被迫分开了——被地理、被家庭、被一个她们早已忘记了规则和方式的世界分开了，一个她们必须重新了解的世界，而她们现今身体虚弱、容易疲劳且过早地老去了。日后重聚时，她们对彼此承认，在 1945 年初夏重返法国这件事，实际上比她们所知道的任何事都更困难、更令人不快。她们会说，回家是一段"被投下了阴影的、沉默的、欲言又止的"时光。

巴黎的拉斯佩尔大道（boulevard Raspail）上带有宫廷装饰风格的卢滕西亚酒店（Hotel Lutétia），成了迎接被驱逐者的接待处。在被德国占领的四年期间，这里曾是阿勃维尔的驻地。由于没有人知道将涉及多少人，也不清楚从集中营归来的人的精神状况，曾经的酒店里一片混乱。现场有医生、红十字会官员、政府代表和记者，走廊和大厅里张贴了失踪人士的照片与名单。朋友们几人一组回来了，或搭飞机或坐火车，她们发现自己被包围在手持失踪亲属照片的、焦虑不安的家属之中。那

289

些人绝望地想得知幸存者的消息，恳求他们看一眼照片，看是否可以认出上面的面孔。马德莱娜·迪苏布雷和四个陌生人被带到了一个房间，他们不停地被敲门声打扰，外面挤满了疯狂寻找失踪儿子和女儿的父母、寻找丈夫的女人以及寻找妻子的男人。

290　　卢卢比她的妹妹卡门早几天抵达卢滕西亚酒店。她设法给丈夫乔治打了电话，乔治在尝试逃出战俘营时受了伤，在更早的时候被遣送回了国。卢卢在保罗五岁生日时及时赶回了家。她给儿子带了一些糖果，这是他第一次吃糖。她离开时留下了一个婴儿，回来时，他已经长成了一个认不出她的小男孩。

　　吉尔贝特·塔米西发现在卢滕西亚酒店不认识任何人。她没有马上给波尔多的父亲发电报，她无法告诉他虽然她活下来了，但妹妹安德烈却死了。她的一些朋友已经回家了，另一些朋友尚未被遣返。那晚，她梦见了自由，但她走在一个空荡荡的房间，近三年来首次孤身一人，她很快想到："这真的是自由吗，这种难以忍受的孤独，这个房间，这种精疲力竭？"她该怎么回答别人的问题呢？"安德烈呢？你把安德烈怎么了？"如果她的父亲也去世了呢？她该如何向拉佩拉德的家人解释贝尔特死在了比克瑙的沼泽地，她、夏洛特、维瓦、卢卢和卡门为了晚上的点名，一起把她的尸体抬回了营地？该如何告诉夏洛特·莱斯屈尔（Charlotte Lescure）年幼的儿子，她看着他的母亲被一个囚监活活打死了？她陷入了无穷无尽的孤独和困惑中，为卢卢、卡门和夏洛特而心痛，之后，重新回到床上睡觉。这次，她梦见和朋友们一起回来了，她感到"舒服、安慰、温暖多了"。

　　吉尔贝特太饿了，不得不离开房间。她站在走廊里观察、等待，不知道该去哪里。她感到害怕、缺乏信心。一个男人看见了犹豫不决的、警惕的她，他走上前，告诉她自己刚从毛特豪森集中营回来。他一路哄着她，让她尝试面对回家这件事，温柔地带她去餐厅，之后是去电报室以及走到摆满旅行手册的桌子边。她只想哭。他拿给她食物，帮她填表，用手帕轻柔地擦去她的泪水。那天晚上，她往南返回了波尔多，与其他几个从集中营回来的人一起。她的父亲在站台上等待。他看起来驼着背，有些疲惫。他没有问起安德烈：他已经知道了。在家里，吉尔贝特发现安德烈的东西还在她的房间，就像她离开时那样。她觉得每样东西都如此尖锐、危险，她觉得被弄伤了，满身伤痕。

热尔梅娜·皮肯来到卢滕西亚酒店，她站在大厅，用眼神在人群中寻找她的某个家人。没有人。她看见了战前认识的一名记者。她问他是否知道她的父亲在哪里。"他死了。"男人告诉她。不过，她的两个女儿还活着，正在等她回家。她的丈夫安德烈被德国人枪毙了，她在罗曼维尔已经知道了这件事，可现在才意识到只剩她和两个女孩展开全新的生活。但首先，她要找到安德烈被安葬在哪里。她回到法国的头几个星期，埋首于不同市政府的档案。她凭着一件外套、一缕头发和一颗金牙，认出了最终被挖出来的遗体。

热尔梅娜·勒诺丹也站在卢滕西亚酒店的大厅，没有认出向她走来的一名高个年轻男子。[2]三年前消瘦的男孩如今长成了大人模样。在通知家人热尔梅娜还活着的电报抵达托尼工作的农场后，他问农夫借钱买了火车票，又步行了 12 公里到达最近的车站，来巴黎等待他的母亲。他眼中的热尔梅娜失落、迷茫，身体古怪地肿胀着，到处都是患斑疹伤寒时留下的疤——她还没有完全康复。

5 月 1 日，他们一起参加了归来的战俘和被遣返者的游行，队伍中有许多从前集中营的囚犯，身穿他们回来时所穿的条纹衣服。之后，他们搭火车回家了。整个村子的人都来迎接热尔梅娜，还为她准备了一张椅子，以防她在发言时觉得太累。她说得很少。在之后的几个月，她的头发全白了，但最后又重新长出了黑发。

三三两两或几人一组，49 名女性都回家了。最后一个是玛丽－让娜·鲍尔，她从奥斯威辛经敖德萨（Odessa）回来。没有人接她。她住的大楼被炸毁了，家里被洗劫了，而且她得知自己的兄弟被处死了。她头晕目眩，精疲力竭，又失去了右眼的视力。她仍患有斑疹伤寒。她最强烈的感受是她们所经历的一切——她和其他女性，以及她们所有的牺牲，都是一场虚无。

292   49 名回家的女性中，14 人成了寡妇，她们的丈夫或被纳粹枪毙了，或死在集中营。直到重返法国，战争结束，死亡才终于击中了她们。埃莱娜·所罗门非常清楚，雅克已经死了：在他被带到瓦莱里安山枪毙之前，她曾在罗曼维尔与他告别。但她并没有真正地理解这件事，一心想着如果她真的能回来，他会在等着她。如今，突然之间，她难以承受失去他这件事的重量。"我觉得自己快发疯了，"她日后说，"很长一段时间，我几乎没法开口说话。"

16 名回来的女性——包括卢卢、两个热尔梅娜、玛丽－埃莉萨和夏洛特——有孩子在等着她们，22 个孩子如今与她们的母亲重逢。但 53 个母亲没能回家，她们留下了 75 名孤儿。

7 岁的米歇尔·波利策（Michel Politzer）不会再见到他的母亲了，3 岁的皮埃尔·扎尼和克洛德·埃波也不会，他们的母亲安妮特曾在拉罗谢尔经营"殖民之锚"咖啡馆。还有伊冯娜·诺泰里的两个年幼的孩子，她在比克瑙时曾如此满怀爱意与渴望地谈起他们。在圣马丹勒博，12 岁的吉塞勒·塞尔让不停地等待着、盼望着。[3]她的母亲难道没有保证她会回家吗？一天，在村子的杂货店，她无意中听见一个陌生人告诉店主：塞尔让夫人去世了。即使在那时，她仍然不相信这件事。她的母亲两次都从德国人的监狱回来了：为什么这次不行？罗莎·弗洛克的父母永远都无法再见到他们年轻的女儿了。她母亲最后一次见她是在 1942 年 12 月，一个寒冷的早晨，她洗完餐具后，正准备去学校上学。

路易斯·洛凯（Louise Loquet）15 岁时就协助她的母亲检查抵抗运动传单上的文字拼写，现在，她天天去卢滕西亚酒店，希望能打听到一些消息。她给每一名遣返者看她母亲的照片，恳求他们记起些什么。直到 1946 年 12 月，她碰巧遇到了玛丽 - 克洛德，才得知她的母亲去世了。即使在那时，也没人看见她去世时的情况。

站立着、等待着的不止孩子们。许多个星期以来，伊冯娜·诺泰里的母亲天天去波尔多的车站。她得知的最后消息是：伊冯娜在奥斯威辛活了下来。她相当确信，她的女儿只是回来得比较晚。直到很久之后，她才知道伊冯娜死于阿姆施泰滕的轰炸，距离德国投降仅六个星期。

293

如今，每一名幸存者都要面对一个问题：她们该如何重塑自己的生活，如何告诉家人她们经历了什么。玛丽 - 克洛德认为，奥斯威辛集中营和拉文斯布吕克集中营是一段太极端、太难以理解、太不为人知的经历，她们怀疑是否能用语言来描述它，即使有人愿意倾听——而实际上，并没有太多人想知道。

在战争结束前很久，阿尔及利亚的法国流亡政府就为因被德国驱逐而沦为囚犯的法国人制订了相关计划。抵抗运动中主要负责组织"战斗"（Combat）的创始人亨利·弗勒奈（Henri Frenay）被任命为囚犯与被驱逐者部门（Commissariat aux Prisonniers et Déportés）的负责人，他将这些男人和女人称为"失踪者"（les absents）。那时，他和其他人都不知道会发生什么。他掌握到战俘的人数约有 95 万，被送往德国强制劳动（Service de Travail Obligatoire）的人数有 65 万，但他完全不知道有多少抵抗者、犹太人、吉卜赛人、同性恋者或对纳粹怀有敌意的人被送上了火车，被驱逐到了东部。被问及人数时，他说在 4 万至 16 万之间。他更担心的是会再次发生第一次世界大战结束后的那种混乱场面，被解放了的囚犯回国时带来了西班牙流感（Spanish flu），那时，它在欧洲各国造成的死亡人数，超过了因战争而死亡的人数。

实际上，从法国被驱逐的人数与弗勒奈所估计的相差不远。但可怕的是它们将揭露出来的事实。从法国驱逐了 75721 名犹太人——他们是所谓的"种族驱逐者"（déportés raciales），但回来的仅有约 2500 人。政治犯（politiques）的情况稍好：被驱逐了 86827 人，回来 40760 人，略少于一半。在某种程度上，所有人的情况都非常糟糕。尽管法国在几个月前就收到了关于集中营情况的报告，但它们大多被压了下来——不仅仅是为了不惊动家属。而且，尽管在身穿条纹衣服的男人和女人来到巴黎东站（Gare de l'Est）或者在勒布尔热（Le Bourget）下飞机之前，人们就看过贝尔根－贝尔森集中营的照片——它于 4 月 15 日被英国解放了，但大家还来不及消化对于幸存者经历的惊讶。随着关于他们所受到的迫害的描述相继问世，那些事实更

294

让人深感震惊。

珍妮特·弗兰纳（Janet Flanner）身处巴黎东站的人群之中，迎接第一批从集中营和灭绝营归来的幸存者，她不久前在战地为《纽约客》做报道。[4]"他们的脸，"她写道，"呈一种灰绿色，他们似乎看到了周围的情况，但无法理解。"其他人提到他们的光头、蜡黄的肤色和凹陷的脸颊"让人想起象征原始部落的小脑袋"。有些人虚弱得无法站立。欢迎他们回来的人们带来了春天的鲜花，献给骨瘦如柴的、警惕的男人和女人。当一束束淡紫色的丁香花从他们"僵硬的"手上滑落后，他们在车站的紫色地毯上留下了一股"被踩踏的花朵的芬芳与疾病、尘土混合的恶臭"。回来的被驱逐者轻轻地唱着《马赛曲》，他们嗓音沙哑，有些旁观者不禁潸然泪下。

然而，事情比光把这些特殊的"失踪者"带回来并照顾他们更为复杂。问题是外界该如何理解他们的经历？法国该如何处置通敌者？——他们要为前者乃至于法国的遭遇负责。谁真的有罪？在被占领的四年中，有多少法国男女在普里莫·莱维的"灰色地带"中扮演了既是受害者又是迫害者的角色？要惩罚谁？法国警察呢？——他们执行德国人的命令，实施反犹法令，围捕、折磨嫌疑人，而后又把他们交给了纳粹。法国国家铁路（SNCF）的火车驾驶员呢？——起初是他们把驱逐者运往集中营的。他们的老板呢？——那些人向德国占领者按人头收了如此多的钱。70 万名公务员呢？——如果没有他们，法国将无法在德国的统治下继续运作。在德国人办公室工作的女清洁工呢？还有在战争的最后一刻才投身于抵抗运动，所谓"临时抱佛脚的抵抗战士"（*résistants de la dernière heure*）呢？数以百万计的法国男女对待占领者的方式，远远超出了停战协定中的

295

"正确态度"：他们也要受罚吗？

甚至，在盟国军队于 1944 年 6 月跨过英吉利海峡、登陆解放欧洲之前，法国游击队员就在一场对通敌者的残酷清洗（*épuration sauvage*）中，除掉了由约瑟夫·达兰（Darland）领导的法兰西民兵（Milice）① 的成员、告密者、通敌者和过分热心的警察，共 5238 人。⁵约 2 万名法国女性被剃掉了头发——她们是所谓的"被剃头者"（*tondues*），据说是因为她们对占领者太友好了。法国流亡政府回国后取代了维希政权，相关人士强烈地意识到，必须让人们看到正义得到了伸张，犯罪会受到惩罚，因此，要在公开场合羞辱他们。尤其是共产党员，他们自称"被枪毙党"（*le parti des fusillés*），宣称德国人处死了 9 万名爱国人士——日后公布的真实数字为约 9000 人，因而要求实行大规模清洗。

但是，戴高乐不愿意在通敌者和他们的受害者身上花太多的心思，因为他渴望看见法国恢复大国的地位，担心美国的过度影响，意识到需要一个统一的法国，毕竟，法国人已经经历了四年被占领的创伤，如今该抛开战争了。现在该歌颂英雄，而不是揪出他口中的"可怜人"。"受够了尸体！受够了折磨！"（Assez de cadavres! Assez de suppliciés）一个出版人告诉毛特豪森集中营的幸存者莫里塞·德尔菲厄（Maurice Delfieu），后者提议要撰写他的回忆录。幸亏有抵抗运动的辉煌成就，法国凭自己的努力重生了。"殉难的巴黎！"戴高乐在进入首都的时候宣布，"但巴黎自由了！它靠自己重获了自由！在整个法国的支持、协助下……真正的法国……永恒的法国"以泪洗面的日

---

① 维希政府在纳粹的协助下，于 1943 年 1 月 30 日建立的准军事组织，以镇压法国的抵抗运动。——译者注

子结束了，"光辉"再次降临。为了恢复对巴黎的控制，将军和他的同僚下令通敌者中犯下了最严重罪行的人将被立刻审判，并将被处以最严厉的惩罚，尽管这不是为了报复。不久之后，法国就该学会原谅，继续向前。

占领期间没有"污点"的检察官们夜以继日地埋首在大雪　296
崩式的案卷中，他们收集了 311000 份通敌嫌疑人的档案，并将它们提交给各级法院。但如此之多的文件就这么神秘地消失了。6 万件案子被搁置。剩下的案子中，被起诉的人里只有 3/4 被判有罪。764 人被处死，46145 人被判处"剥夺公民权"，这既意味着他们失去了投票权，被禁止加入工会，而且还无法从事一系列职业，并被没收了奖章、勋章、荣誉和退休金。

正如欧洲其他国家一样，法国没有足够的法律条款来处理占领期间的罪行。[6]许多人被起诉是因为向"敌人提供情报"，或者犯了一种新型的"通敌罪"，从而威胁到了国家的自由和平等，这种行为介于叛国罪和接纳占领者之间。处于分化和矛盾中的法国，直到 1964 年才将反人类罪纳入法律体系。1980 年代，"里昂刽子手"克劳斯·巴比（Klaus Barbie）才被送上法庭。作为维希警察负责人的莫里斯·帕蓬和勒内·布斯凯，曾把成千上万的犹太人逐出了自由区，直到 1990 年代仍是自由身。

达维德是巴黎特别旅的头目，他曾把如此之多的女性送往奥斯威辛，还把她们的丈夫送上了死路。夏洛特、塞西尔、马多、马伊、达妮埃尔都是他的受害者。因为他和他的手下，夏洛特失去了她的丈夫，贝蒂失去了她的爱人。贝蒂在法庭上望向他时不停地想：为什么他没认出她，而他的特征却永不磨灭地印刻在了她的脑海之中？达维德在被告席上争辩从没有见过哪个人受到折磨，他只是奉命行事，就算他手下有人出手比较狠，也绝不可能发展成真正的暴力。法官称他为"巴黎的希姆莱"。

陪审团商议了 17 分钟；当他们回来宣布他有罪的时候，法庭的人全体起立、鼓掌。5 月 5 日，达维德被枪毙了，还有他衣冠楚楚的上司吕西安·罗滕，他在信息部担任的负责人职位对抵抗运动极为致命。整个法国有 5000 名警察被拘捕了，10 名巴黎特别旅的成员被枪毙了。但法国需要地方法官和警察，因此其他许多人逃过了惩罚。罗滕的侄子（nephew）、巴黎第二特别旅的负责人勒内·埃诺克在"失踪者"的相关案件中被控处死了 216 人。但他逃跑了，许多年后，上了年纪的他在布鲁塞尔去世。塞西尔回到了巴黎第 11 区。一个曾告发她的警察向她走来，伸出手，对她微笑。她转过了身。

31000 次列车上，几乎没有来自吉伦特省或夏朗德省的女性活下来，得以指控特别旅的负责人普安索。因此，他被起诉的罪名是导致 1560 名犹太人、900 名政治犯被驱逐，285 名男性被处死，以及使用极端酷刑致使人们"实质上被屠杀"。阿米瑟·吉永和她的儿媳妇伊薇特去世了，她们的丈夫在苏热被枪毙了。马德莱娜·扎尼、让娜·苏凯、玛格丽特·巴利尼亚都没能回家。

1944 年 8 月，普安索和他的副手们乘坐 12 辆汽车，从法国逃往了德国。他们被人发现后，在瑞士被捕，接着被转交给了法国警方。[7]几天后，他的妻子在第戎站（Dijon station）被捕，她随身携带了 100 万法郎和大量其他外币。关押普安索的监狱遭到了围攻，但他侥幸逃过了民众的私刑。1945 年 6 月 12 日，他在穆兰（Moulins）出庭受审。对他最不利的证据是一张用红色墨水写的名单——他亲手写的，上面都是被他下令处死的人。7月12日，普安索在里永（Riom）被枪毙。1949年，告发了安妮特·埃波、吉永一家以及其他许多人的告密者费迪南·樊尚被枪决。

针对纳粹占领期间行为的一些最严厉的批评，瞄准的是歌颂纳粹美德和政策的作家及记者。1944年9月，夏洛特的丈夫乔治·迪达什和乔治·波利策共同创立的全国作家委员会（Comité Nationale des Écrivains）拟了第一份黑名单，涉及12名通敌者。之后，名单上的名字增加到了158个。结果，44人被起诉，罗贝尔·布拉西利亚奇（Robert Brasillach）和让·吕谢尔（Jean Luchaire）被处死。德里厄·拉罗谢勒（Drieu de la Rochelle）在第三次自杀时身亡。政治领袖之间几乎无法对严厉的判决达成共识。莫里亚克担心过度的清洗（épuration）将使新组建的法国政府在执政之前便受到玷污。他仿佛一名使徒，不停地祈求人们的和解与原谅。而阿尔贝·加缪（Albert Camus）则开始敦促法国人直接由抵抗转为"革命"，严厉地对待通敌者。之后，他缓和了自己的观点，称"净化"（épuration）一词本身就让他感到作呕。

然而，人们逐渐达成了共识：大量杰出的作家在占领期间保持了可耻的沉默和不作为。人们永远不会忘记，西蒙娜·德·波伏娃（Simone de Beauvoir）曾在德国人手下为国家电台（Radio Nationale）工作。萨特相当乐于取代一位犹太哲学教授的职位，后者因为反犹法令而遭到解雇。[8]人们为在瓦莱里安山被枪毙的《法国文学》的编辑们撰写了悼词。

从1945年7月23日起，对贝当的审讯持续了三个星期。

这与其说是一场法律听证会，不如说更像对维希政府所代表的主张的一次正式谴责。被告席上的贝当在绝大多数时候都保持沉默，相当重要的原因是 89 岁的元帅正变得年老体衰。他被判处枪决，但戴高乐赦免了他的死刑，改为终身监禁。贝当被送去了大西洋上的利勒迪厄岛（Ile d'Yeu）。六年后，老态龙钟的他在那里去世了。1946 年 10 月 16 日，维希法国的总理皮埃尔·赖伐尔尝试服用氰化物自杀，但他失败了。他被处以死刑。这两次审判均未太多提及犹太人被驱逐出境的事。

在被解放了的欧洲大陆各地以及由盟国占领的四片德国区域，许多审判正在进行。盟国在战争结束之前很久便宣布：任何战犯都会受到审判和惩罚。1945 年 6 月 26 日，为了在准确起诉主要战犯上达成共识，伦敦召开了一场会议。谈判者之间的相互憎恨与法律传统上的严重分歧，导致事情的推进很不容易，不过，在 8 月 8 日，与会人员就《伦敦宪章》（London Charter）达成共识：它将成为日后设立国际军事法庭（International Military Tribunal）的法定基准。法律上最关键的创新是"反人类罪"的设立，它将不仅适用于谋杀和灭绝行为，还适用于其他许多行为。

第一场亦是最重要的一场军事审判，于 1945 年 11 月 20 日在纽伦堡举行。被告席上有 22 名主要的纳粹分子。那里本该有 24 人的，但纳粹实业家古斯塔夫·克虏伯（Gustav Krupp）在生病，德国劳工阵线（German Labour Front）主席罗伯特·莱伊（Robert Ley）在审判开始前自杀了。正如来自美国的原告辩护律师特尔福德·泰勒（Telford Taylor）所说的，希望正义能占据上风，也希望真相终将占据上风，"事情为何会发生以及是怎样发生的"终将浮现出来。这些罪行的本质和严重性远超人类经验的极限，在场的所有人都意识到，要将大屠杀带到法庭上，以一种尊重已经发生了的灾难的方式，有多么困难。"我们设法谴责和惩罚的罪恶，"泰勒说，"是经过精心策划的，如此恶毒，如此具有毁灭性，以至于文明无法容忍它们被忽视，因为人类历史上不可能再次发生。"最难处理的问题是，如何在战争期间的合法暴力与非法暴力之间划出一条界线。

玛丽－克洛德是 31000 次列车上唯一在纽伦堡审判中作证的幸存者。[9]她在审判的第 44 天现身，1946 年 1 月 28 日，星期一。她端庄，表达清晰，金发编成辫子盘在她的头顶。她用不容置疑的、清楚的语句描述了她在比克瑙集中营和拉文斯布吕克集中营所看到的和所经历的。她回答了数个问题，关于她在巴黎被捕、她的朋友和同事被德国人枪毙以及她被关在桑特监狱的母亲。之后，她谈到了从罗曼维尔到奥斯威辛的旅途、集中营的点名、残酷的守卫和毒气室。她使用"我们"（nous）一词，因为她不仅在为自己说话，而是为 229 名与她一起被驱逐的女性。她谈到了独腿歌唱家阿莉塞·维泰尔博，谈到了她如何在"竞赛"中倒下，乞求达妮埃尔在她被拖去送死前给她毒药。

300

偶尔，玛丽－克洛德会被打断，要她放慢语速，因为传译员跟不上她。她在日后说，坐在证人席上望着戈尔、马丁·鲍曼（Martin Bormann）、卡尔·邓尼茨（Karl Dönitz）和约阿希姆·冯·里宾特洛甫，她心想："看着我，因为在我眼中，你将看见成千上万双眼睛在盯着你，在我的声音里，有成千上万个声音在谴责你。"凝视他们的面孔和表情时，她惊讶地发现他们看起来如此普通。回到法国后，玛丽－克洛德说，她对法西斯主义深恶痛绝，无论是法国人还是德国人。她将被告席上

玛丽·克洛德·瓦扬－库蒂里耶在纽伦堡作证

的男人视为魔鬼，应该"被消灭"。第一天早晨，被告律师之
一汉斯·马克斯博士（Dr Hans Marx）问她，如何解释在经历
了如此之多的恐惧与艰苦之后，她的健康状况看起来还相当不
错。她对此感到震惊又沮丧。她的回答非常简洁：她回来已经
一年了。22 名被告中有 10 人被处以绞刑，枪毙对他们来说太
过庄重。

　　《伦敦宪章》成为之后在盟国和德国进行的审判的基础。
301　超过 5000 人在盟国的法庭上被判处有罪，德国法庭的数字也与
之相当。英美法律传统的保障措施确保了被告获得律师的权利、
无罪推定和基于证据而不受任何合理怀疑的定罪，但也有人不
满于胜者即正义。并非总能找到足够的证据，来给一清二楚的

罪行定罪。在欧洲各国法庭的被告席上，那些被起诉的人辩称他们只是奉命行事，他们身不由己，他们是错误身份的受害者。

　　在华沙的审判中，奥斯威辛的指挥官鲁道夫·赫斯平静地描述了毒气室，解释了它的技术细节，描述了窒息过程以及大约三分之一的人是如何立即死亡的，而其他人则"翘翘翘翘地走路，开始尖叫，挣扎着呼吸"。他的镇定使整个法庭感到震惊。[10]他被问及奥斯威辛集中营有 250 万人死亡是否属实时，他的回答是他认为数字应该接近 150 万。他在撰写于等待审判期间的回忆录中写道，公众只会视他为"嗜血的野兽……残酷，残忍，一个杀人如麻的刽子手"，没有任何人会理解他也有"心，他不是魔鬼"。1947 年 4 月 15 日，赫斯在奥斯威辛被处以绞刑，就在他住过的别墅跟前，在那里，夏洛特曾看到过他的孩子们在别墅的花园里玩耍。

　　在那些曾用残暴主宰并摧毁了 31000 次列车上女人们的生命的人之中，许多被绳之以法，但并非全部。门格勒成功逃跑了，从未被抓获，阿代拉伊德曾拒绝协助他做医学试验；舒曼医生去了非洲，以自由人的身份在那里工作，直到 1983 年去世，他曾用 X 射线灼伤年轻男女，给他们留下了永久的伤痕；1957 年 8 月，曾身穿军装做"净化"手术的克劳贝格医生死在监狱里，死因不明；拉文斯布吕克集中营的医疗负责人特赖特自杀了；曾津津有味地挑人，然后把他们送去毒气室的温克尔曼医生在判决执行前死亡；拉伊斯科的植物学家凯撒医生逃过了牢狱之灾，做起了洗衣店生意；党卫军的卡尔·奥贝格将军和赫尔穆特·克诺亨被判处死刑。在法国被占领的四年间，两人围捕、折磨、枪毙、驱逐了无数法国男人、女人和孩子，但他们在后来得到了改判。1962 年，他们重获自由。

302

　　但是，拉文斯布吕克凶残的守卫、经常以橄榄球技巧把逃跑的女人逼到角落的汉斯·普夫劳姆，以及比克瑙像公牛般的折磨者阿道夫·陶贝，均被处决了，还有伊丽莎白·马沙尔和多罗西娅·宾茨，她们曾用棍棒将生病的和虚弱的女人活活打死。据说，许多被判处死刑的人在执行绞刑时是被慢慢吊死的。但没有人知道恶毒的玛戈·德雷克斯勒的下落。她被囚犯称为"死亡化身"，比克瑙的女人们曾反复遭她毒手。

　　1955 年，在盟军最高指挥部（Allied High Command）解除了对德国法庭的限制后，掀起了一股赦免风潮。囚犯获准减刑，定罪被推翻，起诉被撤销。在法国，曾有 4 万人因为通敌罪而入狱。1948 年，仅 1.3 万人还在坐牢。到 1965 年，所有人都获释了。

　　31000 次列车上最后出庭的女性是阿代拉伊德，她在对奥斯威辛的波兰囚犯妇科医生德林的审判中作证，她经常看见对方在讨好纳粹医生。1964 年，德林在伦敦以诽谤的罪名起诉了美国作家里昂·尤里斯（Leon Uris）。尤里斯在他的小说《出埃及记》（*Exodus*）中写道，德林在没有麻醉的情况下为 1.7 万名囚犯做了绝育手术。结果，陪审团的决定对德林有利，他得到了半便士的赔偿金，但法庭明确表示他必须为此付出代价。

　　在总结陈词中，巡回刑事法庭法官弗雷德里克·劳顿（Lord Justice Lawton）将阿代拉伊德称为"有史以来在英国法庭上作证的女性中最勇敢、最杰出的一位"。第二年，以色列提议授予她"国际义人"（Righteous Among the Nations）① 的勋章，她拒绝了，并表示她在奥斯威辛和拉文斯布吕克做过的所

---

① 以色列向冒着生命危险，拯救犹太人免遭屠杀的非犹太人所颁发的勋章。——译者注

有事仅仅出于天性，它们合乎逻辑，出于"道德上的义务"。后来，她说道，从集中营回来后，她非常担心无法揭发纳粹的所作所为，无法使他们受到惩罚，而只有某些超人的力量，某种非凡的决心，才能够真正终结纳粹"对每个人以及精神价值的否定"。法国授予了她法国荣誉军团勋章（*Légion d'honneur*）。

在 31000 次列车上的女人中，选中玛丽 – 克洛德、阿代拉伊德和贝蒂在对战争罪的审判中作证，并非偶然。三人都是坚强的、坚定的、具有战斗力的女性，她们活下来的部分原因正是缘于迫切地渴望见到纳粹和法国通敌者受到惩罚。但是，并非所有法国人都有心情聆听她们所说的话，而从集中营回来的男人和女人，大多在身体上或精神上尚未完全恢复健康，因而很难让外界听见他们的声音。戴高乐所推销的法国神话，是一个国内抵抗者团结一致而被少数人背叛的故事，如今，国家需要的是一场集体失忆。枯瘦的、病恹恹的被驱逐者不是一个让人感到愉快的提醒——德国人仅花了五个星期就击败了世界上最优秀的军队。不仅如此，在被占领的四年中，正是法国人自己在围捕、拘禁犹太人和抵抗者，再把他们运往波兰处死。

然而，无法否认的事实是被驱逐者应该得到承认、嘉奖。回家后，每一名男性和女性，只要他们能证明自己法国人的身份，就可以得到 5000 法郎、额外的食物配给，以及一个漫长的带薪假期。但是，这不包括数千名没有法国身份的犹太人、波兰抵抗者和西班牙难民，而他们都将法国视为祖国，都曾为抵抗运动而战，却从没有获得过法国国籍。不过，人们在谁才是真正的"抵抗者"（*résistant*）的问题上爆发了激烈的辩论，还在争论"政治犯"（*politiques*）和"种族者"（*raciales*）应该享有什么相应的权利。直到 1948 年，法律才规定这两种身份——每种为一个类别，取决于他们的疾病和残疾情况——可以得到不同程度的承认和补助金。即便如此，"政治犯"因为被视为战士而不是受害者，可以得到更好的待遇。

在 40760 名归来的"政治抵抗者"（*résistants politiques*）中，有 8872 名女性。1053 人最终被授予最高荣誉——法国解放勋章（*Compagnons de la Libération*）①，而其中只有 6 名女性，这很好地说明了法国如何看待在抵抗运动中女性所扮演的角色。和戴高乐所推崇的英勇战士群像一致，执行破坏活动或与敌人战斗的武装人员被塑造为公众眼中真正的抵抗者。而女性所扮演的角色，如信使、通讯员、印刷工、被禁文宣的分发者和提供安全屋的人，似乎显得不够英勇。在女性中，也有轻视她们所做之事的倾向。这些女性认为，身为女人，这是她们本来就会做的事。回到法国后，她们中的大多数人都躲进了阴影之中。

达妮埃尔·卡萨诺瓦是极少数没有被忘却的人物之一，她很快被视为新一代"圣女贞德"，一位殉难的共产党女英雄、伟大的爱国者和抵抗运动的象征。婴儿和街道纷纷以她的名字命名，她的画像被印在大奖章上和海报上。有一段时间，人们认为她的丈夫洛朗最好不要再婚，而要将余生奉献给死去的妻子，以表达崇敬之情。

早在离开集中营之前，有些法国被驱逐者就讨论过回国以后要有某种维系友情（*amicales*）的形式，让幸存者走到一起，共同争取权利。玛丽－克洛德和马德莱娜·德谢瓦宁在"奥斯威辛、比克瑙及上西里西亚被驱逐者联合会"（Amicale des

① 由法国当时的总统戴高乐将军在 1940 年第二次世界大战期间设立，以表彰在战争中为解放法国出力的英雄。——译者注

Déportés d'Auschwitz，Birkenau et des Camps de Haute-Silésie）的
成立中发挥了领导作用。到 1945 年 10 月，"因抵抗和爱国而被
驱逐者、被囚禁者全国联盟"（Fédération Nationale des Déportés
et Internés Résistants et Patriotes）成立，它的总部在巴黎的勒鲁
路（Leroux），那里曾是盖世太保的办公室。人们十分关心被驱
逐者的健康，他们饱受后来以"被驱逐者综合征"（*syndrome
des déportés*）而为人所知的病症的折磨，症状包括慢性疲劳、
消化问题和抑郁。①

　　然而，犹太人几乎被排除在所有讨论之外，被驱逐的犹太
人中只有一小部分人回来了，部分原因是回来的人太少了，部
分原因是德国人在离开时摧毁了大部分波兰的灭绝营。如今，　305
那里被苏联占领了，所以早期有关死亡营的故事不是犹太人写
的，而是共产党。但事实远比这复杂。西蒙娜·韦伊（Simone
Veil）曾因为犹太人身份和家人一起被驱逐，她后来说，活着
回来的抵抗者很快就开始嘲笑、边缘化犹太幸存者。"他们，
他们和纳粹作战。而我们，我们什么都不是。"[11] 戴高乐或其他
人都不愿承认许多法国人不仅纵容了反犹主义、仇外情绪，还
迎合了德国人的想法，指认并驱逐犹太人。

　　直到 1970 年代初，人们才开始认真地重新审视所谓的"黑
色年代"（*les années noires*）。马塞尔·奥菲尔斯（Marcel Ophuls）
拍摄了长达四个小时的电影《悲悼和怜悯》（*Le Chagrin et la
pitié*），描绘了维希政府统治下的生活。它传达了相当清晰的讯
息：抵抗者人数有限，却存在许多通敌者。奥菲尔斯在 1960 年
代末便为电视台完成了影片的拍摄，但它直到 1981 年才被播

---

　　① 十年之内，超过三分之一的幸存者去世了。——作者注

出。那时，贝亚特（Beate）和泽格·克拉斯费尔德（Serge Klarsfeld）已经出版了他们的研究著作，这是一部有关驱逐法国犹太人的里程碑式作品，它列出了每个人的名字和他们所搭乘的车次。克劳德·朗兹曼（Claude Lanzmann）正在拍摄《浩劫》（Shoah），一部有关德国和犹太人的长达九个小时的电影。外国历史学家马库斯·帕克斯顿（Marcus Paxton）出版了第一本有关维希政府和犹太人的权威著作，这是在维希政府被判处反人类罪之前很多年。①

就目前而言，在 1945 年至 1946 年的严冬，法国人更关心食物、政治和天气。第一次世界大战后，女性没能获得投票权，但她们在 1945 年赢得了这项权利。她们还在经济上、社会权益上得到了一些改善，尽管她们在很大程度上被并入了法国家庭中，与其一起的还有其他弱势群体如儿童。实际上，关于堕胎、避孕的相关规定更严格了。女性在获得了投票权后，及时地在 11 月将戴高乐选为总统。但是，正如玛丽 - 克洛德所担心的，政党之间存在非常严重的分歧。法国共产党赢得了 159 个席位，成为法国当时话语权最大的政党，但戴高乐仍极不愿任命他们担任部长级职位。最终的妥协只维持了数月。由于未能将国家团结起来，戴高乐在 1946 年 1 月辞去了政府首脑的职务，但他继续呼吁全国和解，并宣称共产党应该为政治幻灭感的日益增强而受到谴责。

冬天非常寒冷。法郎贬值，据说法国如今比 1914 年时还贫穷 84 倍。经济破产，国家要依靠美国的援助和贷款才得以维持。食物短缺，配给商品的价格飙升。巴黎人抱怨说，他们比

---

① 1980 年，一项针对 18 岁至 44 岁的法国民众的调查显示，34% 的人认为毒气室的存在没有得到清楚的证明。——作者注

被占时期的任何时候都要觉得冷。由于缺少石膏，对多年来营养不良导致的骨质疏松，以及在冰面上摔断的骨头，医院都无计可施。

工厂处于闲置状态，它们的设备和机器在被占领者拆除后，运回了德国。化肥、木材和煤炭短缺。7500 座桥梁倒塌了，食盐短缺意味着没法杀猪做腌猪肉（charcuterie）。盟军在 1944 年至 1945 年之间横扫了法国各地，他们消耗了宝贵的食物，还到处破坏、掠夺、强奸，他们的贪婪以及所造成的破坏在方方面面均堪比德国士兵。卡昂、勒阿弗尔（Le Havre）和圣洛（Saint-Lô）沦为废墟。500 万人——比第一次世界大战结束后多得多——无家可归。珍妮特·弗兰纳在《纽约客》的报道中描述了木底鞋在巴黎的鹅卵石街道上所发出的"哒哒"声，以及索邦大学的学生如何裹着厚厚的滑雪服去上课。但是，如果说杂货店的货架几乎是空的的话，剧院却挤满了人。若尔热特·罗斯坦深爱的歌手伊迪丝·琵雅芙在吉罗的夜总会（Giro's nightclub）演出。空气中弥漫着一种轻松的氛围，一种对快乐和享受的渴望，人们将它比作 1789 年凄凉和恐怖的革命之后，督政府时期令人兴高采烈的日子。"巴黎不是色彩缤纷的，"珍妮特·弗兰纳写道，"它躁动不安，忧心忡忡，脾气暴躁。"但她又写道，它正处于"恢复之中"。

49 名女性回家后发现许多事都很难。首先是内疚之情，她们活着回来了，但她们那么多的朋友却死去了。这对费利谢纳·比耶日来说格外艰难，她是吉伦特省和夏朗德省极少数活着回来的人，她认为自己有责任向每个家庭告知他们的母亲、姐妹与女儿是如何去世的。她要打 18 个电话，并登门拜访。费利谢纳是一个腼腆内向的女性，这项任务几乎让她无法忍受。

家人成了陌生人，孩子们长得让人认不出来，他们对这些不熟悉却自称是他们母亲的女人很警惕。玛丽-埃莉萨发现她的小儿子弗朗西斯没事，但得知她的兄弟死在了贝尔根-贝尔森集中营，她的朋友弗朗斯-布洛克——两人曾一起在巴黎为抵抗运动制作炸弹——在汉堡被处死了，斧子砍下了她的头颅。她还确认了一件自己曾很担心的事：她母亲承认了自己是犹太人，死在了奥斯威辛的毒气室。埃莱娜·博洛的跛腿仍在康复，她回到了鲁瓦扬，发现城市沦为废墟，她的家被炸毁了，祖父去世了，祖母受伤了。她曾在比克瑙眼看着母亲死于脱水，当时，自己拼命地想从一辆车留下的车辙里弄些水给她喝。

许多人回家时都带着另一名集中营幸存者达维德·鲁塞（David Rousset）所称的"坏疽"，那种可怕的、令人震惊的折磨始终与幸存者形影不离。"我不再有不快乐的权利，"一名女性写道，"但没有任何愉悦或欢乐能够弥补我所经历的痛苦。我带着一整个集中营的记忆归来，却感到非常孤独。"为了回来，她们从无法生存的地方活下来了，但存在于她们脑海之中的如田园牧歌般友善、安逸的世界，很快成了一种幻觉。生活乏味、空虚。女人们觉得自己像来自另一个世界的旅客，不再与其他人一样。她们曾如此渴望活下来，如今，却不再在意自己是否能做到这件事。她们曾告诉自己，她们在集中营忍受了所有不幸，如今，她们值得拥有幸福。但是，幸福却离她们而去了。

308　　　许多人发现自己无法独自入睡，因此会把床垫搬到她们父母的房间；她们消化不良，只能吃清淡的食物，她们的牙齿脱落了或经常疼痛，只能用茶勺一小口一小口地吃东西。如果有人突然做了某个动作的话，她们会感到害怕，仿佛是为了躲避被打。她们避免使用任何条纹材料。她们发现无法在葬礼上流泪，因为她们看过了太多死亡。她们担心自己看起来奇特或行为古怪，因为过早脱落的牙齿而感到羞耻。在充满暴力和饥饿的地方度过了两年多之后，她们发现很难在一个不由武力和狡诈主宰的世界中重新学会如何生活。她们易怒，心烦意乱。有些人一心想着报复背叛他们的人。热尔梅娜·勒诺丹和她的丈夫前往波尔多，寻找两名曾在迪哈堡折磨过她的警察。两人都在战争中死亡了。夏洛特查到了特别旅中逮捕她和迪达什的人，却被告知他们都曾在解放期间与德国人作战——所谓的"临时抱佛脚的抵抗者"，所以被免于起诉。

　　所有女性都认为，最艰难的是如何描述她们所经历的一切。她们曾设想将发生的一切一五一十地告诉家人，现在，她们却陷入了沉默。实际上，家人们并非真的想听：这些故事实在让人难以忍受。"我们需要的不是食物，"夏洛特说，"而是诉说。但没有人想听。"她回到了原来的皮毛厂上班，那里一个逃过了巴黎围捕的犹太人清楚地表示：他不想听集中营里发生的任何事。陌生人会问一些问题，但他们很快就转变了话题，开始回忆自己在战争期间的艰苦生活。埃莱娜·博洛回来后不久，在村里的一次庆祝活动上谈到了一些集中营的事。一名农夫打断了她："这不可能是真的。如果是，你绝对不可能活下来。"她哭了整整三天。之后，她便不再说那些事了。埃莱娜后来还告诉其他人，她遇见过一个留意到她手臂上有编号文身的女人。女人问道："哦，你把电话号码写在这儿吗？还是说，这是一种新时尚？"

　　夏洛特回到巴黎后才觉得真的活下来了，不是作为一个人，

309　而是作为一个魂魄，游荡在某个不存在的世界之中。她尝试看书，却奇怪地发现文字背后只有空洞和平庸。敏锐的感受离她而去了，明暗的差别似乎也消失了，世界被夺走了所有神秘感。她日后说，这是一段"长时间缺席"的时光，缺乏味道、颜色、气味和声音。之后，非常缓慢地，事物变得清晰起来。一天，她拿起一本书，又可以开始阅读了。

普佩特非常清楚地意识到她活下来了，而她的姐姐玛丽死了。她回到雷恩，发现她的父亲正打算再婚。她只有 20 岁，却感到一种难以言表的苍老。她的继母不比她大几岁，以为两个女孩都死了，已经把她们的卧室改建成了额外的旅馆客房。"那一刻，我才真正意识到，我不再有一个姐姐了。"普佩特说道，"回来之后如此悲惨、肮脏，充满了一堆破烂的细节。"正如其他女性那样，她发现失去将她们联系在一起的浓烈的亲密友谊，竟如此痛苦。

她觉得自己不被人需要，又不喜欢继母，因此，很快就嫁给了"约翰尼网络"① 的一个幸存者。她有了两个女儿，但她生活中似乎诸事不顺。父亲去世后，她卖掉了旅馆——她的继母早就搬出去了，去布宜诺斯艾利斯做起了小生意。"多年来，"她会说，"我假装一切都好，但在内心深处，我始终置身于一片令人苦恼的迷雾中。"但她持续阅读、学习，实现了她对自己的承诺：如果她能够活着回来，一定要自己去发现夏洛特、马伊、达妮埃尔和玛丽－克洛德曾谈论过的所有事。日后，普佩特因为自己撰写的回忆录激怒了其他幸存者，她用七个小矮人中的五个小矮人的名字指代在本多夫的盐矿和她一起劳动

① 120 名曾为"约翰尼网络"做事的男人和女人中，28 人被德国人杀害了。——作者注

的女人。她一直不怎么喜欢塞西尔，在书中称她为"爱生气"
（*Grincheuse*）①。

西蒙娜回家时尚未满 21 岁。她得知所有年轻男孩、女孩——
他们曾在布洛涅森林（Bois de Boulogne）野餐、训练，并肩在
青年武装翼作战——都去世了，除了一个男孩。西蒙娜的弟弟
皮埃尔惊讶地发现她竟没什么变化，直到他听见隔壁房间的她
总在睡觉时大声呼喊。她的第一段婚姻失败了，嫁给的是另一
个集中营的幸存者。她的第二段婚姻给了她一个儿子和一段幸
福的时光。但是西蒙娜，那个曾经漂亮的、胖乎乎的女学生，
那个曾在罗曼维尔拍下微笑照片的她，在回家后身体彻底坏了。
在接下来的数年间，她动了 17 次手术。她经常梦见奥斯威辛，
梦见因为太饿而从一匹活马身上割下一块肉吃了，之后便开始
哭泣。

许多女性很快结婚了，比较常见的选择是嫁给参与过抵抗
运动的男性。贝蒂遇见了一名前西班牙旅（Spanish Brigades）
的成员，男人曾被关押在毛特豪森集中营。他们生了一个儿子，
后搬到了摩洛哥生活。埃莱娜·博洛结婚了，她决心生孩子，
为了证明"德国人没有摧毁她"。但很长一段时间，她太沮丧
了，无力照料孩子，只能把他们送去公公婆婆那里。热尔梅
娜·勒诺丹发现自己怀孕了——在她回来后不久，她的丈夫也
从一个战俘营回来了——但她不想要孩子。有时，她会"心不
在焉"，担心无法再照料任何人。结果，儿子还是出生了，她
为他取名为丹尼尔（Daniel），为了纪念达妮埃尔·卡萨诺瓦，

① 1937 年的迪士尼动画《白雪公主》中有七个小矮人，名字分别为：Doc
（万事通）、Grumpy（爱生气）、Happy（开心果）、Sleepy（瞌睡虫）、
Bashful（害羞鬼）、Sneezy（喷嚏精）以及 Dopey（糊涂蛋）。——译者注

之后，她又生了一个女儿。热尔梅娜也做噩梦，大喊大叫，反反复复，"狗！狗！"

1945 年，不仅女人们感到生活艰难，她们的孩子也非常混乱、沮丧，对母亲们回来了的孩子而言是这样，对那些只有一封信或仅剩下离别记忆的孩子来说亦是如此。许多孩子在成长中左右为难，他们既不想被母亲的故事所吞噬，与此同时，又不能忘记对他们的身份如此关键的记忆。没人清楚费利谢纳·比耶日会搭哪一趟火车回来，所以，她的叔叔和祖父会去接每一趟火车。她的儿子最后一次见母亲时已经 4 岁了。他跟着他们去车站，但完全不认识最后现身的那个女人。他不知该怎么办，于是伸出手说："你好，女士。"他永远无法忘记费利谢纳得知她的丈夫在苏热被枪毙后所说的话：如果她早知道这件事的话，就不会那么努力地活下来了。

有些祖父母和活下来的丈夫认为，不告诉孩子们母亲的去向比较简单。若奈（Jaunay）和他的姐妹们日复一日地等待着母亲热尔梅娜的消息，热尔梅娜曾是昂布瓦斯附近向导组织的成员，所有人均在 1942 年夏天被告发、逮捕了，没有任何人回来。他们的父亲什么也没说。从没有人提起过热尔梅娜的名字。几个星期过去了，几个月过去了。最后，若奈的姐妹们在朋友家得知了真相。但他的父亲仍拒绝谈起他们的母亲，而且从此再也没有提起过她。终其一生，若奈都生活在对于一个深爱他的女人的苍白记忆中，八十岁高龄谈到母亲时，他仍忍不住落泪。

皮埃尔·扎尼的母亲被带走时，他仅 18 个月大。祖父母和阿姨们养大了他，他们把他母亲的被捕归咎于他父亲。[12]孩提时代，他讨厌那些父母在抵抗运动中去世了的孩子总会在学校受到区别对待。日后，尽管他没有对于母亲的明确记忆，但总觉得她的缺席像他生命中的一个洞，一道任何东西都无法填补的鸿沟。

克洛德·埃波在 15 岁时得知他的母亲安妮特不会再回家了。[13]他和阿姨们生活在兄妹关系亲密的家庭，他们待他视如己出。多年后，通过和玛丽－克洛德聊天，他才知道他母亲在比克瑙因为拿水给 25 号楼一个垂死的女人喝而被推上卡车、送往了毒气室。她被带走时，曾大声向其他人喊道："照顾我的儿子。"直到他的父亲去世时，他才发现父亲留下来的资料中有一张母亲保存的他孩童时期的小画像。安妮特在被带走前设法把它交给了费利谢纳·比耶日。他这才知道，她在比克瑙的几个月中一直带着他的照片。费利谢纳小心地保管着它，在战争结束后把它交给了他父亲。克洛德现在把画像放在书桌上，这样每天都能看见它。安妮特·埃波被封为"国际义人"。

若尔热特·罗斯坦的女儿皮埃雷特记得她是一个爱笑的、慈爱的母亲，总在唱歌，总打扮得很体面，穿着高跟鞋，带她去听伊迪丝·琵雅芙唱歌。她一直渴望知道母亲的遭遇。[14]她住在祖父母家，但他们很少提起她，而总是沉浸在悲痛之中。他们不仅失去了若尔热特，还失去了她的兄弟皮埃尔。有人说，党卫军守卫从诺德豪森（Nordhausen）的多拉集中营（Dora camp）撤离时把他打死了，还有人说他和其他人被关在一座谷仓中活活烧死了。皮埃雷特说，战争结束后，她从没见祖父笑过。

得知塞西尔回来了之后，她联络了对方，表示要去见她。但塞西尔拒绝了，直到很久之后，她才告诉皮埃雷特：当时自己还无法承受这样的事。回来之后，塞西尔过得也很不容易。

她离开时，女儿8岁；回来时，女儿11岁了，长成了一个又高又瘦、闷闷不乐的孩子。战争期间，女孩在家里过着极其悲惨的生活。她对母亲的占有欲极强，塞西尔结识并打算嫁给一个毛特豪森集中营的幸存者时，她非常嫉妒、难搞。女孩决定再也不和母亲一起生活了。"如果我够诚实的话，"塞西尔在日后说，"我不得不说，我再也没能赢回她的心。"二十多年来，塞西尔持续做着相同的噩梦：一名党卫军守卫拿着手枪，正爬上楼梯要杀她。在梦中，只有当她喊出"我不在乎你会不会杀我"之后，一切才会停止。

那种失落感、未竟的事业感以及对感情的迷茫感，还将延续数代人。[15]阿德里安娜·哈登贝格（Adrienne Hardenberg）在抵抗运动中协助过印刷工丈夫，后来死在了比克瑙集中营。她留下了女儿约朗德（Yolande），女孩后来被送去共产党同志的家中生活。战争结束时，曾经的小孩如今已是青少年，得知她的父母都去世了。她从一个家庭辗转到另一个家庭，在学校的表现一直都不好，被别人认为神秘而且情绪不稳定。她因为一次糟糕的堕胎在家中去世了。直到那时，她的家人才发现她家里还有一个名叫卡特琳（Catherine）的女婴和一个奶妈。卡特琳在另一个共产党员家里长大，直到许多年之后，她的养母去世，她才开始慢慢拼凑出祖母一生的故事。

313　　49名女性不愿对她们的孩子吐露心声，但对她们的孙辈就是另一回事了。她们彼此保持着联络，随着年纪的增长，她们更频繁地见面，三三两两，或是在纪念日越来越多的大聚会上。夏洛特、塞西尔、卡门和卢卢虽然分散在日内瓦、巴黎、布列塔尼和波尔多，不过始终都是最亲密的朋友。她们的谈话经常由集中营里某件好笑的或有一个好结果的事开始：某些运气不

1945 年幸存者的聚会，其中有吉尔贝特、
马多、贝蒂、塞西尔、卢卢和卡门

错的日子，或者夏洛特讲述自己被捕的故事，每次复述时都会改变她穿的裙子的颜色。但之后，氛围变得越来越忧郁，她们便开始谈起去世了的女人们。

有时她们会聊自己为什么会活下来，是什么独特的故事或性格让她们活下来的，是因为她们乐观的天性吗，或者是因为她们懂得运用身为女性的技巧——照料他人。最后，她们总会归结为同样的两个原因：她们会活下来，因为她们每个人都格外幸运，还因为她们之间的友谊，它保护了她们，让她们更容易忍受残暴。她们会说，她们学会了友谊的全部意义：对彼此的承诺远远超过个人喜好。她们觉得自己现在更有智慧了，因为她们通过某种无法定义的方式了解到人性可以堕落到何种地步，同时它又可能升华得多么崇高。

她们告诉彼此，由于经历过极度恐惧，这种经验让她们更易接纳、更好奇所处的世界，更理解他人的痛苦，尽管她们担心自

314

已并非真正的见证者。如普里莫·莱维所说的，只有她们那些死去的朋友——被淹死的人们（sommersi），才真正见证了所有的恐惧。她们一致认为，过去和集中营的记忆有时候比身边的世界更为真实。许多人受困于糟糕的身体、精疲力竭和恶化的视力，还有可怕的噩梦，她们必须与之战斗才能入睡。她们感觉自己比实际年龄老得多，事实上看起来也确实如此。卢卢告诉别人，她无法让自己不再梦见人肉和骨头被烧焦的味道。她花了好几个月才品尝到咖啡的美味。夏洛特渴望回家之后的第一年赶快过去，这样她就不用再告诉自己："一年前，这时……"

即使无法见面，幸存者依然觉得她们之间紧密相连，这种感觉没有随着时间的流逝而减弱。她们之间有一种无法与他人分享的熟悉感，一种坦诚和轻松。热尔梅娜·勒诺丹去世时，卡门、卢卢和夏洛特在去葬礼的火车上相遇了。[16] 还有其他31000次列车的幸存者，大家好几年没见了，她们记起的不是眼前的面孔与身形，而是在集中营认识的那些女人。正如夏洛特所说的，她们开始聊天，"不用花任何力气，无拘无束，甚至不必讲究平常的礼节。在我们之间，就是我们"。这是一种无须维持的亲密关系。

随着年月的推移，许多女人诞下了新生命，讲述着她们经常觉得要去做而那些去世了的人无法再做的所有事。正如在比克瑙集中营和在拉文斯布吕克集中营时那样，对于那些拥有坚定的政治信仰、拥有一种值得信赖的事业的人来说，事情会容易一些。玛丽-克洛德和埃莱娜·所罗门都参政了。玛丽-埃莉萨·诺德曼回到了实验室。阿代拉伊德·奥特尔没有重拾精神科医生的工作，而是在巴黎郊区的一所学校当校医，她还会给当地的孩子们做蛋糕。她认为应该将集中营的医学试验记录下来，所以详细地写下了自己曾目睹的一切。这些记录直到她去世后才出版。她在一个与她同住的上了年纪的朋友去世后，选择了自杀。就像普里莫·莱维和布鲁诺·贝特兰（Bruno Bettelheim）一样，从恐惧中幸存下来，最终被证明还是太过艰难了。

1940 年代末，夏洛特·德尔博坐下来撰写了一本有关奥斯威辛的书。她回到巴黎时头痛欲裂，发着高烧，还伴随着牙痛，在噩梦中不停地饱受死亡的折磨。她在瑞士的疗养院住了许多个月，之后，才在阿泰尼剧院与路易·茹韦重逢。直到从波兰回来后，她才得知最小的弟弟在集中营去世了。她没有钱，也没有房子，于是搬到日内瓦为联合国工作，她的语言才能让她有了一份薪水不错的工作。她没有抱怨，但有时会想：她是否太轻易地就离开了战后的法国。"流亡，这不是一种适合单身女人的生活。"她在给茹韦的信中悲伤地写道。她一边书写集中营的经历，一边渐渐地恢复了健康。之后，她把书放到一旁——放了整整二十年，看它能否经受得住时间的检验，是否真正传达了当时发生过的一切。她希望自己的风格足够平实、清晰，便于读者理解。

以某种形式，包括诗歌、散文以及对话，夏洛特的余生都在书写有关集中营的事。她在一封长长的信中向茹韦回忆了许多事，这让人联想到了《欧律狄刻》，但她从没寄出它。之后，茹韦去世了。她撰写的《奥斯威辛与之后》 （*Auschwitz and After*）由三个短篇小说组成，直到 1970 年代才相继出版。她说存在两个自己，一个是在奥斯威辛时的自己，一个是奥斯威辛之后的自己——就像蛇会为了获得新生而脱皮一样。她总在担

316

心，皮肤也许会变得越来越薄，裂开，而后，集中营会再次抓住她。只是与蛇皮不同，她对奥斯威辛集中营的记忆刻骨铭心，丝毫没有淡忘，它永远也不会消失。她写道："我和它一起活着。奥斯威辛就在那里，无法改变，无比清晰，但被记忆的表皮包裹着。"

由此，便产生了两种记忆：她称之为"普通"记忆的现在，以及由深层记忆（la mémoire profonde）和感官的记忆所维系的"那时的我"。第一种方式让她将奥斯威辛视为一种叙述的一部分，某种已经发生、已经结束而且可以继续下去的叙述。而第二种方式，让她觉得奥斯威辛永远没有而且也无法终结。通过思考，普通记忆让她传达事实；通过感受的记忆，她得以传达始终伴随着她们的难以想象的痛苦。如保罗·策兰（Paul Celan）① 和普里莫·莱维一样，她用词谨慎、生硬，具有一种优雅的平衡，不加修饰，目的是通过感官的吸引力来打动读者。她说，她想带着读者一起重返奥斯威辛，让他们能感受到它像从前一样真实，因为对她而言，它永远如此真实。

夏洛特一直与31000次列车上的女人们保持着亲密的关系，从某个时刻起，她决定记录所有230名女性的故事，以简短传记的方式。她和马德莱娜·杜瓦雷（马多）聊天之后，才真正找到一种语言，来书写比克瑙集中营、拉文斯布吕克集中营对她们而言究竟意味着什么。马多告诉夏洛特，她被送到比克瑙时年仅22岁，战后，在她的第一个孩子出生之际，她沉浸在无边的幸福之中，但几乎与此同时，那些女人的魂魄立刻向她涌来。她们都死了，无法再体味这种特别的喜悦。"我那如丝绸

---

① 保罗·策兰（Paul Celan，1920～1970）：德国诗人，以《死亡赋格》（Todesfuge）一诗震动战后德语诗坛。——译者注

般柔顺的欢乐源泉，"她解释，"变成了黏稠的软泥、乌黑的雪和散发着恶臭的沼泽。"

　　她接着写道："以前，当我们总说着'如果我能回家的话'时，我们想再次找回来的生活曾经是宏大的、壮丽的、色彩斑斓的。但是，我们重新开始的生活却如此平淡、简陋、琐碎，我们的希望被打破了，美好的意图被击碎，这不是我们的错吗？"她说她的丈夫相当敏感、体贴，希望她能够忘却，她不想让他伤心。但她唯一想到的是：遗忘就是一种背叛。她想念所有人，维瓦、达妮埃尔、雷蒙德、安妮特，以及所有的时光。在很大程度上，她觉得自己与那些"真正的人，我们真正的同志"靠得更近。所以，她决定不再谈论奥斯威辛。"人们望着我，以为我活下来了……我没有活着。我在奥斯威辛死去了，但没人知道这一点。"

317

附录：女性名录

2008 年，我开始写作本书，当时的 31000 次列车上仍有七名女性健在。她们是：

西蒙娜·阿利宗（Simone Alizon，Poupette/普佩特）：生于 1925 年 2 月 24 日，最年轻的幸存者。后来，普佩特结婚了，育有两个女儿，被授予法国荣誉军团勋章。回来后，她定居在雷恩。

塞西尔·沙吕奥（Cécile Charua）：被称为"塞纳河畔的埃皮奈"；生于 1915 年 7 月 18 日。战争结束后，塞西尔再婚了，育有两个儿子。她住在布列塔尼，离儿子们很近。

马德莱娜·迪苏布雷（Madeleine Dissoubray）：生于 1917 年 11 月 25 日。马德莱娜从拉文斯布吕克集中营回来后结了婚，育有两个孩子，从事教育行业。她始终与抵抗组织保持着紧密联系。

马德莱娜·朗格卢瓦（Madeleine Langlois，Betty/贝蒂）：被称为"红指甲"；生于 1914 年 5 月 23 日。战后，贝蒂结了婚，育有一个儿子，前往摩洛哥生活。她的晚年在巴黎度过，于 2009 年去世。

热纳维耶芙·帕库拉（Geneviève Pakula）：生于 1922 年 12 月 22 日。原为波兰人，热纳维耶芙从集中营回到法国后结了婚，育有一个女儿，并成为一名裁缝。她被授予法国荣誉军团勋章。

吉尔贝特·塔米西（Gilberte Tamisé）：生于 1912 年 2 月 3 日。吉尔贝特的妹妹安德烈（Andrée）在奥斯维辛集中营去世。吉尔贝特回到了波尔多，照料她的父亲。她于 2009 年去世。

卢卢·泰弗南（Lulu Thévenin）：生于 1917 年 7 月 16 日，马赛。她和妹妹卡门（Carmen）都回家了——唯一一对幸存的姐妹。她的丈夫和儿子保罗（Paul）都在等她回来。后来，她继续为共产党工作。她于 2009 年去世。

我没能从 31000 次列车的其他 42 位女性幸存者处获得太多资料，她们大多在回来后数年之内去世。她们回来时，家庭已经支离破碎，房子被轰炸或被洗劫，孩子们已经认不出她们了。许多人的丈夫或情人被德国人枪毙。有些人再婚。有些单身女性结婚，育有孩子。几乎所有的人身体都不好——关节炎、心脏问题、皮肤病、斑疹伤寒的后遗症。她们很容易疲劳，而且会陷入一波又一波的抑郁中。极少数人过上了曾梦想过的幸福生活。她们分别是：

玛丽－让娜·鲍尔（Marie-Jeanne Bauer）：生于 1913 年 7 月 14 日，圣阿夫里克（Saint-Affrique）。她被关押在奥斯维辛集中营，直到解放。回来后，她发现屋子被轰炸了，丈夫和兄弟被处死了。在集中营，她一只眼睛失去了视力。

安托瓦妮特·贝塞尔（Antoinette Besseyre）：生于 1919 年 7 月 7 日，布列塔尼。安托瓦妮特的丈夫是共产党员，被德国人枪毙了。她再婚了，但病得很重，反复出现斑疹伤寒症状，因此没能生育孩子。

费利谢纳·比耶日（Félicienne Bierge）：生于 1914 年 6 月 9 日，西班牙，但在波尔多长大。费利谢纳的丈夫被德国人枪毙，但她与儿子重逢了，后再婚，育有一个女儿。

320

克洛迪娜·布拉托（Claudine Blateau）：生于 1911 年 3 月 23 日，尼奥尔。克洛迪娜回家后发现丈夫被德国人枪毙，但两个孩子在等她。她再婚了。

埃莱娜·博洛（Hélène Bolleau）：生于 1924 年 4 月 6 日，鲁瓦扬。埃莱娜的母亲埃玛（Emma）死在奥斯维辛集中营，她的父亲被德国人枪毙了。她回来时 21 岁，结了婚，并育有孩子。但她的身体一直不好，受困于抑郁症。

玛丽－路易丝·科隆班（Marie-Louise Colombain）：生于 1920 年 4 月 12 日，巴黎。玛丽－路易丝回家后，得知她的丈夫死于毛特豪森集中营。她再婚后，育有三个孩子。

玛格丽特·科林格（Marguerite Corringer）：生于 1902 年 6 月 15 日，巴黎。战前，玛格丽特是女仆、女管家。她的丈夫是共产党员，被德国人枪毙了。她回来后患有关节炎和骨质疏松症。

马德莱娜·德卡瓦辛（Madeleine Dechavassine）：生于 1900 年，阿登。马德莱娜回来后继续做药剂师，但始终未婚。她于 1960 年退休，独自生活。

阿莉达·德拉萨尔（Alida Delasalle）：生于 1907 年 7 月 23 日，费康（Fécamp）。阿莉达的身体在集中营被毁了。她回来时患有心包炎、肾炎、硬化症、风湿病，还掉了牙齿，失去了部分听力。她的身体没能恢复到可以重新工作的状态。她的丈夫被德国人枪毙了。

夏洛特·德尔博（Charlotte Delbo）：生于 1913 年 8 月 10 日，塞纳－瓦兹省。她回来后在日内瓦的联合国工作，写作诗歌、剧本以及关于集中营的回忆录。她的丈夫被德国人枪毙了，她没有再婚。

马德莱娜·杜瓦雷（Madeleine Doiret，Mado/马多）：生于
1920 年 11 月 2 日，伊夫里。马多回来时年仅 24 岁。她结婚了，
育有一个儿子。她重新做起了秘书，但由于脊椎问题提早退休。
那些没能活下来的人始终困扰着她。

艾梅·多里达（Aimée Doridat）：生于 1905 年 3 月 14 日，
南锡。艾梅和妯娌奥尔加·戈德弗鲁瓦（Olga Godefroy）一起
被驱逐，后者没能回来。艾梅的腿在比克瑙被截肢。她的丈夫
和孩子们都在等她回家，她被授予法国荣誉军团勋章。

热尔梅娜·德拉普（Germaine Drapon）：生于 1903 年 1 月   321
1 日，夏朗德。被通缉的共产党员。她与从奥拉宁堡回来的丈
夫以及她的女儿重逢了。他们的家被轰炸了，但一家人仍在
一起。

玛丽-让娜·杜邦（Marie-Jeanne Dupont）：生于 1921 年 3
月 11 日，杜埃（Douai）。回来时 24 岁，玛丽-让娜结了婚，
育有两个孩子，但她的身体一直很糟。

米兹·费里（Mitzy Ferry）：生于 1918 年 3 月 6 日，孚日山
脉（Vosges）。米兹后来在法国南部定居，带大了她的儿子。但
她的身体一直不好，做过许多次腹部手术。

埃莱娜·富尼耶（Hélène Fournier）：生于 1904 年 12 月 23
日，安德尔-卢瓦尔省。图尔地区唯一的幸存者。她的丈夫和
女儿都在等她回来。她被授予法国荣誉军团勋章。

约朗德·吉利（Yolande Gili）：生于 1922 年 3 月 7 日，摩
泽尔省，她的父母为意大利移民，后定居在那里。她的父亲、
丈夫都被德国人枪毙了，她的姐妹奥萝尔·皮卡（Aurore Pica）
没能从集中营回来，但约朗德与儿子重逢了，也再婚了。她的
身体特别糟糕。

阿代拉伊德·奥特尔（Adelaïde Hautval）：生于 1906 年 1 月 1 日，莱茵河流域。最后被遣返的女性之一。她在学校做校医。她因在集中营对同志们的付出，被授予法国荣誉军团勋章。

泰蕾兹·兰博伊（Thérèse Lamboy）：生于 1918 年 7 月 25 日。生平不详。仅知道她有一个孩子，从集中营幸存。

费尔南德·洛朗（Fernande Laurent）：生于 1902 年 12 月 31 日，南特。回来后，费尔南德对告发她的家人提出了控告。她的丈夫和孩子们都在等她回来，但她的身体特别糟糕。她患有心脏疾病、支气管炎和静脉炎。

玛塞勒·勒马松（Marcelle Lemasson）：生于 1909 年 11 月 28 日，桑特（Saintes）。她与丈夫重逢了，后者从毛特豪森集中营幸存。她有一个儿子，但背部有问题，心脏不好。

西蒙娜·洛什（Simone Loche）：生于 1913 年 10 月 27 日，下卢瓦尔省（Loire-Inférieure）①。她与丈夫、年幼的儿子重逢了，并慢慢恢复了健康。

路易丝·洛瑟朗（Louise Losserand）：生于 1904 年 2 月 23 日，巴黎。路易丝的丈夫被德国人枪毙了。尽管她再婚了，不过她没能继续做毛皮裁缝。

路易丝·马加迪尔（Louise Magadur）：生于 1899 年 4 月 21 日，菲尼斯泰尔省（Finistère）。最年长的幸存者。路易丝重新开张了她的美容院。但她被狗咬过的腿未能再复原，她还经常做可怕的噩梦。

露西·芒叙（Lucie Mansuy）：生于 1915 年 6 月 3 日，孚日山脉。露西的丈夫死于西班牙内战，她的情人被德国人杀害。

---

① 1956 年后被改名为大西洋卢瓦尔省（Loire Atlantique）。——译者注

她回来后发现屋子被拆了。她成了一名机器切割工，但受困于可怕的噩梦。

亨丽埃特·莫韦（Henriette Mauvais）：生于 1906 年 10 月 22 日，塞纳河畔维特里（Vitry-sur-Seine）。她的丈夫和两个女儿都在等她回来，后来她又生了一对双胞胎。她是速记打字员。

玛尔特·梅纳尔（Marthe Meynard）：生于 1912 年 3 月 29 日，昂古莱姆。玛尔特的丈夫死于毛特豪森集中营。她的独生子于 1973 年自杀，留下了四个孩子。当年他的父母被驱逐时，他年仅 3 岁。

吕西安娜·米肖（Lucienne Michaud）：生于 1923 年 4 月 4 日，勒克勒佐（Creusot）。与战前的未婚夫结了婚，并育有两个孩子。她在旅行社工作。

玛塞勒·穆罗（Marcelle Mourot）：生于 1918 年 7 月 31 日，杜省。战后，玛塞勒与另一位抵抗者结婚了，育有两个孩子。她做过无数次耳部手术。

玛丽 – 埃莉萨·诺德曼（Marie-Elisa Nordmann）：生于 1910 年 11 月 4 日，巴黎。玛丽 – 埃莉萨的母亲死在了比克瑙。她的儿子在等她回来，她后来继续从事科学事业。她再婚后，又生了三个孩子。她被授予法国荣誉军团勋章。

玛丽 – 让娜·佩内克（Marie-Jeanne Pennec）：生于 1909 年 7 月 9 日，雷恩。玛丽 – 让娜与儿子重逢了，但两人相处得磕磕碰碰。儿子搬到中南半岛（Indochina）后，她患上了神经性抑郁症，曾尝试过自杀，还做过前脑叶白质切除术。

热尔梅娜·皮肯（Germaine Pican）：生于 1901 年 10 月 10 日，鲁昂。热尔梅娜的丈夫安德烈（André）被德国人枪毙了，但她和两个女儿重逢了。她始终是共产党员。她的大女儿受战争和失去父亲的影响，在两年后去世。

热尔梅娜·皮鲁（Germaine Pirou）：生于 1918 年 3 月 9 日，菲尼斯泰尔省。1956 年，热尔梅娜嫁给一个曾加入法国外籍兵团（Foreign Legion）的奥地利人。他们有一个儿子，从事房地产工作。她是极少数过上了幸福生活的幸存者。

勒妮·皮蒂奥（Renée Pitiot）：生于 1921 年 11 月 17 日，巴黎。勒妮年仅 22 岁的丈夫被德国人枪毙了。她再婚后，育有三个女儿，但因肾衰竭在年轻时就去世了。

波莱特·普吕尼埃（Paulette Prunières）：生于 1918 年 11 月 13 日，巴黎。波莱特结婚了，育有两个孩子，但她经常生病。

热尔梅娜·勒诺丹（Germaine Renaudin）：生于 1906 年 3 月 22 日，默尔特 - 摩泽尔省（Meurthe-et-Moselle）。她是天主教徒、共产党员。她的丈夫、儿子以及两个女儿都在等她回家，后来她又生了两个孩子。她于 1968 年死于癌症。

西蒙娜·尚帕克斯（Simone Sampaix）：生于 1924 年 6 月 14 日，色当。西蒙娜回来时年仅 20 岁。她结过两次婚，育有一个儿子，但她的身体从未康复过。

让娜·塞尔（Jeanne Serre，Carmen/卡门）：生于 1919 年 7 月，阿尔及利亚。卡门结婚后，育有三个孩子。她身体不好，但始终是激进的共产党员。

朱莉娅·斯卢萨奇克（Julia Slusarczyk）：生于 1902 年 4 月 26 日，波兰。朱莉娅从不知道自己为何被捕。她回到巴黎后，发现她的猪肉屠宰生意被毁了，公司的状况非常糟糕。她自己的身体从未康复过。

埃莱娜·所罗门（Hélène Solomon）：生于 1909 年 5 月 25

日，巴黎。埃莱娜的丈夫雅克（Jacques）被德国人枪毙了。回来后，她成为法国议会议员，从事科学研究。她再婚了，但没有孩子，她的身体始终不好。

玛丽－克洛德·瓦扬－库蒂里耶（Marie-Claude Vaillant-Couturier）：生于1912年11月3日，巴黎。她在战前就是寡妇，回来后，与她的同伴皮埃尔·维永（Pierre Villon）再婚。她成为共产党代表，拥有杰出的事业。她被授予法国荣誉军团勋章。

罗朗德·旺达勒（Rolande Vandaële）：生于1918年4月18日，巴黎。罗朗德与母亲夏洛特·杜约（Charlotte Douillot）、阿姨亨丽埃特·于利耶（Henriette L'Huillier）一起被驱逐，但她们没能活着回来。战后，她与邮递员丈夫重逢了，育有一个儿子。但她总是战战兢兢地，饱受困扰。

以下是那些没能回家的女性：

让娜·亚历山大（Jeanne Alexandre）：来自康塔尔省（Cantal）。为抵抗运动运送武器。1943年2月，年仅31岁的她死于斑疹伤寒。留下一个儿子。

玛丽·阿利宗（Marie Alizon）：来自雷恩。收留抵抗者。1943年6月，年仅22岁的她死于痢疾和严重的耳朵炎症。（妹妹：普佩特，幸存。）

约瑟·阿隆索（Josée Alonso）：来自西班牙，4岁时来到法国。照料受伤的抵抗者。离异，有两个儿子。1943年2月，32岁的她被党卫军殴打，死于肺炎。

埃莱娜·安托万（Hélène Antoine）：来自孚日山脉。纺织工，有一个儿子。藏匿武器。丈夫被枪毙了。死于1943年春天，终年44岁。死因不明。

伊冯娜·B（Yvonne B）：来自安德尔－卢瓦尔省。农夫的

323

妻子。被告发——其实是误告——藏匿武器。丈夫为战俘。由于怀孕了，她本可以躲过驱逐，但孩子不是她丈夫的，她羞于启齿。1943 年 2 月 10 日，她在"竞赛"中被抓，终年 26 岁。

加布丽埃勒·贝尔然（Gabrielle Bergin）：来自布尔日。在谢尔省附近经营咖啡馆，协助囚犯和犹太人穿越分界线。被丈夫的情人告发。1943 年 3 月去世，终年 50 岁。死因不明。

欧亨尼娅·贝斯金（Eugenia Beskine）：来自苏联。1943 年 2 月 10 日，在"竞赛"中被抓，终年 54 岁。

安托瓦妮特·比博（Antoinette Bibault）：来自萨尔特省。被怀疑背叛了 30 名抵抗运动成员。在抵达比克瑙集中营十天后死在床上，终年 39 岁。丈夫死于毛特豪森集中营，兄弟死于布痕瓦尔德集中营。

罗塞特·勃朗（Rosette Blanc）：来自东比利牛斯省（Pyrénées-Orientales）。共产党员，巴黎知识分子抵抗运动的联络员。1943 年 4 月死于斑疹伤寒，终年 23 岁。

伊冯娜·布莱什（Yvonne Blech）：来自布雷斯特。编辑，嫁给了作家勒内·布莱什（René Blech）。共产党员，曾参与知识分子抵抗运动。1943 年 3 月 11 日死于痢疾，终年 36 岁。

埃玛·博洛（Emma Bolleau）：来自鲁瓦扬。与丈夫罗歇、女儿埃莱娜创建了滨海夏朗德省的第一个"狙击手和游击队"组织。在给狱中的埃莱娜送吃的时被捕。坚持了 52 天，1943 年 3 月 20 日，死于痢疾和脱水，终年 42 岁。（罗歇被处死；埃莱娜回家了。）

约瑟·博南方（Josée Bonenfant）：来自巴黎。女裁缝。1943 年 2 月底去世，死因不明。留下了一个 10 岁的女儿。

伊冯娜·博纳尔（Yvonne Bonnard）：关于她所知甚少。一天晚上的点名后，她倒在泥地中去世了。终年 45 岁。

莱昂娜·布亚尔（Léona Bouillard）：来自阿登。因分发传 324
单，被承包商丈夫告发。丈夫死于奥拉宁堡。她在抵达比克瑙
三天后的点名时去世，终年 57 岁。

艾丽斯·布莱（Alice Boulet）：来自索恩－卢瓦尔省
（Saône-et-Loire）。共产党员，巴黎国民抵抗阵线的联络员。1943
年 3 月死于痢疾，终年 28 岁。丈夫死于威廉港（Wilhemshafen）。

索菲·布拉班德尔（Sophie Brabander）和她的女儿埃莱娜
（Hélène）：生活在巴黎的波兰移民。与丈夫同属莫妮卡网络。
在贡比涅，与儿子罗穆亚尔德（Romuald）一起坐上火车。在
1943 年 2 月 10 日的 "竞赛" 中，索菲被抓，终年 55 岁。1943
年 5 月 12 日，埃莱娜死于斑疹伤寒，终年 20 岁。

若尔热特·布雷（Georgette Bret）：来自吉伦特省。与丈夫
一起分发秘密材料，他是武装抵抗运动中的激进共产党员。丈
夫被德国人处死后，她继续工作。1943 年 5 月 20 日，她死于斑
疹伤寒，终年 27 岁。留下了一个 10 岁的女儿。

西蒙娜·布吕加尔（Simone Brugal）：来自圣但尼。横渡大
西洋的客轮上的理发师。与一名犹太骑兵军官生下 4 个儿子，
后嫁给一位鱼贩。未有参与抵抗运动的明显证据。1943 年 2 月
初去世，终年 45 岁。死因不明。儿子的父亲在奥斯维辛被送去
了毒气室。

玛塞勒·比罗（Marcelle Bureau）：来自滨海夏朗德省。参
与了博洛家族的网络。1943 年 4 月 16 日死于斑疹伤寒，终年
20 岁。

艾丽斯·卡伊博（Alice Cailbault）：来自巴黎。与丈夫在
夏朗德拥有一座农场，参与了吉永/巴利尼亚家族的网络。被樊

尚告发。女儿安德烈（Andrée）接手了农场和抵抗活动。1943
年 3 月 8 日去世，终年 36 岁，当时她的腿严重肿胀，已无法
行走。

热尔梅娜·康特洛布（Germaine Cantelaube）：来自巴黎。
保管传单，参与波尔多地区的抵抗活动。丈夫被枪毙后，她继
续收留抵抗者。被普安索审问时，曾朝他的脸吐口水。1943 年
3 月 31 日死于痢疾，终年 35 岁。

伊冯娜·卡雷（Yvonne Carré）：来自蒙索莱米讷（Montceau-
les-Mines）。与丈夫活跃于洛瑟朗的"游击队与狙击手"网络。
丈夫被处死。1943 年 3 月死于被党卫军恶犬咬伤后的坏疽，终
年 45 岁。

达妮埃尔·卡萨诺瓦（Danielle Casanova）：来自阿雅克肖。
牙医。法国女青年联盟创始人，活跃于国民抵抗阵线、法国共
产党青年翼、巴黎的知识分子抵抗运动。1943 年 5 月 9 日死于
斑疹伤寒，终年 34 岁。死后被授予法国荣誉军团勋章。

埃莱娜·卡斯特拉（Hélène Castera）：来自吉伦特省。与
丈夫和三个儿子活跃于贝格勒附近的抵抗运动。1943 年 3 月初
死于痢疾，终年 45 岁，死时不知道两个儿子已经被盖世太保处
死了。她的丈夫死于毛特豪森集中营。

伊冯娜·卡韦（Yvonne Cavé）：来自蒙鲁日。她和做纸板
的丈夫都没有掩饰对德国人的憎恶，而且还收听伦敦的广播。
1943 年 2 月底死于严重的肾炎。有人偷了她的鞋，她被迫在点
名时光脚在雪地里站了四小时。终年 46 岁。她的丈夫死于奥拉
宁堡。

卡米耶·尚皮翁（Camille Champion）：来自菲尼斯泰尔省。
经营旅馆，但未知是否曾参与抵抗运动。在皮肯/波利策围捕行

动中与丈夫一起被捕。1943 年 4 月死于斑疹伤寒，终年 44 岁。丈夫被德国人处死了。留下了一个儿子。

玛丽·肖（Marie Chaux）：来自坦莱尔米塔日（Tain-l'Hermitage）。寡妇，经营旅馆。由于私自保留丈夫的左轮手枪被捕，被怀疑收留抵抗者。她表示无法忍受点名后，于 1943 年 2 月 3 日被带往 25 号楼；可能死于毒气室。终年 67 岁。

玛格丽特·沙瓦罗克（Marguerite Chavaroc）：来自坎佩尔。与丈夫一同参与了约翰尼网络（请参见阿利宗）。1943 年 3 月中旬死于痢疾，终年 48 岁。丈夫从奥拉宁堡幸存。

勒妮·科森（Renée Cossin）：来自亚眠。为地下共产党做事，成为两个地区的联络员，活跃于皮卡第（Picardy）的女性抗议群体之中。1943 年 4 月，因痢疾和水肿死于"医务室"，终年 29 岁。留下了两个孩子，一个 11 岁，一个 6 岁。

苏珊·科斯唐坦（Suzanne Costentin）：来自德塞夫勒省（Deux-Sèvres）。教师，熟练的皮革工。携带与夏多布里昂被枪毙者命运有关的传单而被捕。被殴打至无法移动，生了坏疽。1943 年 3 月去世，终年 49 岁。

伊冯娜·库尔蒂亚（Yvonne Courtillat）：来自莫尔比昂省（Morbihan）。护士助理，在谢尔河（Cher）附近工作，也在那里协助犹太人和抵抗者从占领区前往自由区。被告发。最早去世的几个人之一，但当时没人看见她。终年 32 岁。留下了一个 12 岁的儿子和一个 10 岁的女儿。

让娜·库托（Jeanne Couteau）：来自巴黎。图尔的厨师，因分发传单而被捕。1943 年 4 月初死于斑疹伤寒，终年 42 岁。

马德莱娜·达穆尔（Madeleine Damous）：来自安德尔省。她和丈夫都是共产党员，为"游击队与狙击手"做事。1943 年

3 月死于囚监的暴力殴打，当时被打至双眼失明，年仅 30 岁。她的丈夫被德国人枪毙了。他们没有孩子。

维瓦·多伯夫（Viva Daubeuf）：来自安科纳（Ancona）。意大利社会党领袖彼得罗·南尼（Pietro Nenni）的女儿。协助印刷工丈夫准备秘密出版物。丈夫被捕后，她本可以逃跑，却留下来为丈夫送吃的和香烟。1943 年 4 月 26 日死于斑疹伤寒，终年 29 岁。丈夫被德国人处死了。

西蒙娜·达维德（Simone David）：来自埃夫勒。等待移民期间，为国民抵抗阵线募款，分发宣传材料。顶替父亲做人质。3 月底死于斑疹伤寒，终年 21 岁。丈夫和妹夫被德国人枪毙了，后者的妻子自杀了。另一个妹夫由于有八个孩子而获释，但很快死于一场意外。

夏洛特·德科克（Charlotte Decock）：来自上维埃纳省（Haute-Vienne），为参与抵抗运动的丈夫当人质。1945 年 3 月死于阿姆施泰滕的轰炸，终年 44 岁。

拉谢尔·德尼奥（Rachel Deniau）：来自安德尔－卢瓦尔省。邮局工人，协助人们穿越分界线（请参见若奈、洛里卢和加布）。死于"医务室"，终年 53 岁。留下了两个孩子。

326　　夏洛特·杜约（Charlotte Douillot）和她的姐妹亨丽埃特·于利耶（请参见夏洛特的女儿罗朗德·旺达勒）：来自巴黎。警方追踪夏洛特的丈夫时——他是共产党员、抵抗者，导致她在一次跟踪中被捕。1943 年 3 月 11 日，夏洛特死于痢疾，终年 43 岁。1943 年 3 月 23 日，亨丽埃特死于斑疹伤寒，终年 39 岁。她们的丈夫都被德国人枪毙了。亨丽埃特留下了一个儿子。

玛丽·迪布瓦（Marie Dubois）：来自博讷（Beaune）。经营咖啡馆，是抵抗者会面和交换情报的地方。1943 年 2 月 10 日，死于 25 号楼，她之前举手称无法再忍受点名。终年 52 岁。

　　玛丽 - 路易丝·迪克罗（Marie-Louise Ducros）：来自吉伦特省。与丈夫储藏火药和手榴弹，收留抵抗者。1943 年 2 月 28 日去世，终年 40 岁。留下了四个孩子。

　　伊丽莎白·迪佩龙（Elisabeth Dupeyron）：来自波尔多。活跃于吉永/巴利尼亚的网络。1943 年 11 月 15 日被送往毒气室，终年 29 岁。留下了两个孩子，一个 10 岁，一个 5 岁。丈夫被德国人处死了。

　　夏洛特·迪皮伊（Charlotte Dupuis）：来自约纳省。与兄弟经营农场，同时为抵抗运动储藏武器，收留抵抗者。1943 年 3 月 8 日死于痢疾，终年 49 岁。兄弟从毛特豪森集中营幸存。

　　诺埃米·迪朗（Noémie Durand）和她的妹妹拉谢尔·费尔南德斯（Rachel Fernandez）：来自上维埃纳省。身为工会成员的丈夫被德国人枪毙后，诺埃米成为夏朗德国民抵抗阵线的代表，安排"游击队与狙击手"的联络工作，分发传单。寡妇妹妹拉谢尔与她一起被捕。1943 年 2 月 22 日，诺埃米在"竞赛"中被抓后，被带往毒气室。终年 53 岁。1943 年 3 月 1 日，拉谢尔死于痢疾，终年 48 岁。她们的母亲和她们一起被捕，但后来获释，她精神失常，于 1943 年去世。

　　西蒙娜·埃菲（Simone Eiffes）：来自巴黎。一位巴黎裁缝的助手，为他生下了一个孩子。未参与过抵抗运动，但在拜访青年武装翼的成员时被捕（请参见尚帕克斯）。1943 年 5 月死于斑疹伤寒。终年 22 岁。女儿由祖母抚养。

　　伊冯娜·埃莫里纳（Yvonne Emorine）：来自蒙索莱米讷。裁缝。与丈夫一同组织了夏朗德和吉伦特的抵抗小组。在"皮肯事件"中被捕。1942 年 2 月 26 日去世，终年 30 岁。死因不明。丈夫被折磨至死，虽然德国人称他是自杀的。留下了一个 6 岁的女儿。

安妮特·埃波（Annette Epaud）：来自拉罗谢尔。经营咖啡馆，收留抵抗者，分发秘密传单。被樊尚告发。由于拿水给一位乞求喝水的女人，于 1943 年 2 月 22 日被送至毒气室处死，终年 42 岁。留下了一个 13 岁的儿子。

加布丽埃勒·埃蒂斯（Gabrielle Ethis）和她的侄女亨丽埃特·皮佐利（Henriette Pizzoli）：来自罗曼维尔。加布丽埃勒和她的丈夫收留在希特勒掌权后逃出德国的共产党员。纸板工亨丽埃特被怀疑向他们提供黑市商品。加布丽埃勒刚抵达比克瑙便去世了，终年 47 岁。亨丽埃特在 1943 年 6 月死于斑疹伤寒，终年 23 岁。她留下了一个女儿。

吕西安娜·费尔（Lucienne Ferre）：来自塞纳 – 瓦兹省。
327　理发师，达妮埃尔·卡萨诺瓦创立的法国女青年联盟成员。年轻，情绪不稳定，被怀疑告发了一大批同志。1943 年 3 月 5 日死于冻疮，终年 20 岁。

伊薇特·弗耶（Yvette Feuillet）：来自巴黎。吹玻璃工，法国女青年联盟成员。知识分子抵抗运动的联络员。1943 年 7 月 8 日死于斑疹伤寒，终年 23 岁。

玛丽 – 泰蕾兹·弗勒里（Marie-Thérèse Fleury）：来自巴黎。协助在邮政系统内部建立了一个抵抗组织 PTT，她在那里兼职做会计。于 1943 年 4 月 16 日去世。她的死亡通知——称她“死于心肌衰弱”——引发了法国对 230 名被驱逐者命运的关注。终年 35 岁，留下了一个 8 岁的女儿。

罗莎·弗洛克（Rosa Floch）：来自厄尔省（Eure）。女学生，列车上最年轻的女性。因在学校墙上写“V”字而被捕。

1943 年 3 月初去世，终年 17 岁。死因不明。

玛塞勒·富格莱桑（Marcelle Fuglesang）：生于挪威。在巴黎学习护士课程，皈依天主教。在沙勒维尔（Charleville）为战俘家属做社会工作，协助囚犯穿越国界前往瑞士。1943 年 3 月死于痢疾，终年 40 岁。被授予英勇十字勋章（Croix de Guerre）、抵抗法西斯奖章（Medal of the Resistance）、法国荣誉军团勋章。

玛丽·加布（Marie Gabb）：来自昂布瓦斯（Amboise）。隶属于向被占领区送信的网络（参见若奈、德尼奥）。最早死去的人之一，死于 1943 年 1 月 27 日抵达比克瑙的当天。终年 51 岁。

马德莱娜·加莱斯洛特（Madeleine Galesloot）：来自比利时。与荷兰丈夫一起在巴黎做地下印刷工作。1943 年 3 月死于痢疾，终年 34 岁。她的丈夫被德国人处死了。

伊冯娜·加卢瓦（Yvonne Gallois）：来自厄尔－卢瓦尔省。巴黎的厨师，与一位曾参与武装袭击德国人的年轻人有牵连。没人看见过她去世时的情况。终年 21 岁。

苏珊·加斯卡尔（Suzanne Gascard）：来自吕埃－马尔迈松（Rueil-Malmaison）。早婚，育有一个女儿，后领养了一个母亲消失了的女婴，成为她的奶妈。保存、分发传单，直到被一名邻居告发。1943 年 2 月底死于痢疾，终年 41 岁。死后被授予英勇十字勋章、抵抗法西斯奖章。

洛尔·加泰（Laure Gatet）：来自多尔多涅省（Dordogne）。药理学家，为抵抗运动收集情报。1943 年 2 月 15 日死于痢疾，终年 29 岁。

雷蒙德·乔治（Raymonde Georges）：运送武器、接济游击队员，武装抵抗运动的联络员（请参见尚帕克斯）。在火车上，因为左轮手枪掉出背包而被捕。1943 年 3 月死于痢疾，终年26 岁。

索菲·吉冈（Sophie Gigand）和她的女儿安德烈（Andrée）：来自埃纳省（Aisne）。索菲与丈夫、孩子们一起储藏武器，分发传单。1943 年 2 月 10 日，索菲在"竞赛"中被抓，终年 45岁。没人看见过 21 岁的安德烈死亡时的状况。她的丈夫和儿子从被驱逐中幸存。

热尔梅娜·吉拉尔（Germaine Girard）：来自巴黎。生平不详。1943 年 3 月死于"医务室"，终年 39 岁。

勒妮·吉拉尔（Renée Girard）：来自巴黎。簿记员，议会秘书，记者。激进的共产党员，国民抵抗阵线的特工。1943 年4 月去世，死因不明。终年 58 岁。她是孤儿，没有家人，所以无处通知她的死讯。

奥尔加·戈德弗鲁瓦（Olga Godefroy）：来自南锡。出生在参与抵抗的共产党员大家庭（请参见多里德）。因监用短棍打断了她的脊椎，她于 1943 年 2 月 26 日去世，终年 37 岁。

玛塞勒·古尔默隆（Marcelle Gourmelon）：来自巴黎。在纳粹德国空军营地的厨房做事，武装抵抗运动的特工。储藏武器、炸弹。1943 年 7 月死于斑疹伤寒，终年 19 岁。她的母亲和她一起被捕，被送往罗曼维尔，后获释。

奇卡·古塔耶（Cica Goutayer）：来自阿列河。在图尔地区附近协助抵抗者穿越分界线。被比博告发。1943 年 4 月初死于"医务室"，终年 42 岁。丈夫在被驱逐时去世。留下了一个 16岁的儿子。

让娜·格朗佩雷（Jeanne Grandperret）：来自汝拉省

（Jura）。珐琅瓷画师。与丈夫在巴黎一同收留由抵抗网络送来的逃跑者。1943年3月1日死于"医务室"，终年46岁。

克洛迪娜·介朗（Claudine Guérin）：来自下塞纳省。女学生。当地抵抗运动的联络员。在18岁生日即将到来之际，于1943年4月25日死于斑疹伤寒。

阿米瑟·吉永（Aminthe Guillon）和她的儿媳妇伊薇特（Yvette）：来自夏朗德。农夫家庭，共产党员，"游击队与狙击手"成员。储藏武器。被樊尚告发（请参见巴利尼亚）。1943年2月10日，阿米瑟在"竞赛"中被抓，终年58岁。1943年3月16日，伊薇特死于坏疽，终年32岁。阿米瑟的丈夫普罗斯珀和她的儿子让被德国人处死了。

让娜·居约（Jeanne Guyot）：来自阿让特伊（Argenteuil）。她的丈夫拥有印刷机，印刷反德传单。让娜在政治上不活跃，但与丈夫同时被捕。终年32岁。没人见过她死亡时的情况。她的丈夫和一群印刷工一起被处死了。她留下了一个9岁的男孩和一个8岁的女儿。

阿德里安娜·哈登贝格（Adrienne Hardenberg）：来自圣康坦（Saint-Quentin）。切割工，嫁给一位为秘密报纸《人道报》做事的凸版印刷工。终年36岁。没人见过她死亡时的情况。她的丈夫被德国人处死了。留下了一个13岁的女儿。

埃莱娜·阿斯科埃（Hélène Hascoët）：来自菲尼斯泰尔省。巴黎的女裁缝。收留犹太朋友。1943年3月9日死于伤口感染、脱水、痢疾，终年32岁。

维奥莱特·埃布拉尔（Violette Hebrard）：来自巴黎。在保险公司工作。与激进的共产党员丈夫一起印刷秘密报纸《人道报》。1943年4月去世，没人见过她死亡时的情况，终年33

岁。丈夫在被驱逐时去世。

吕塞特·埃尔巴希尔（Lucette Herbassier）：来自图尔。经营酒吧，在那里储藏秘密出版物。死于出血，终年 28 岁。留下了一个 10 岁的儿子。

让娜·赫舍尔（Jeanne Herschel）：在瑞士、英格兰和美国长大。未知是否参与过抵抗运动。隐瞒了她的犹太人身份。1943 年 2 月中旬去世，没人见过她死亡时的情况。终年 31 岁。

让娜·埃尔韦（Jeanne Hervé）：来自北部滨海省（Côtes-du-Nord）①。管家，服务员。告发犹太人、黑市商人，最终被捕。被其他女性排挤。1943 年 2 月中旬因急性肾炎去世，终年 42 岁。

玛格丽特·乌达尔（Marguerite Houdart）：来自凡尔登。与印刷工丈夫在巴黎向抵抗运动销售纸张，但本身在政治上不活跃。在围捕印刷工的行动中被捕，丈夫被处死了。1943 年 5 月 10 日去世，死因可能为斑疹伤寒，她的尸体被老鼠蚕食了。留下了一个 14 岁的女儿。

让娜·安贝尔（Jeanne Humbert）：来自布莱诺莱图勒（Blénod-les-Toul）。她的丈夫参与铁路上的破坏行动，让娜则运送武器。1943 年 3 月底去世，被党卫军殴打，送往了毒气室。终年 28 岁。留下了两个孩子，一个 3 岁，一个 5 岁。

安娜·雅卡（Anna Jacquat）：来自卢森堡。与法国丈夫在沙勒维尔车站附近经营咖啡馆，与玛塞勒·富格莱桑一起接济逃跑的囚犯。没人见过她死亡时的情况。终年 46 岁。留下了一个 16 岁的儿子和一个 14 岁的女儿。

---

① 1990 年后被改名为阿摩尔滨海省（Côtes-d'Armor）。——译者注

热尔梅娜·若奈（Germaine Jaunay）：来自安德尔－卢瓦尔省。生活在两个地区的边界附近，协助抵抗者穿越分界线。与侄女（参见德尼奥）一起被告发。因为脾气暴躁，被其他女性戏称为"哲学家"。1943 年 4 月 5 日死于"医务室"，终年 44 岁。留下了四个 15 岁以下的孩子。

玛丽－路易丝·茹尔当（Marie-Louise Jourdan）：来自巴黎。经营干洗店，成为抵抗运动成员的会面地点。在"皮肯事件"中被捕。1943 年 4 月死于斑疹伤寒，终年 44 岁。

苏珊·朱埃马（Suzanne Juhem）：来自日内瓦。在巴黎长大，女裁缝。与激进共产党员有牵连，但本人没有明确的政治信仰。1943 年 3 月死于痢疾，终年 32 岁。

伊琳娜·卡尔楚斯卡（Irina Karchewska）：来自波兰。1920年代随丈夫移民到法国，在巴黎经营一家餐馆－杂货店。藏匿试图逃往伦敦的波兰人。1943 年 4 月 30 日死于痢疾，终年43 岁。

莱亚·克里西（Léa Kerisit）：来自维也纳。护士，与协助战俘逃往自由区的行动有牵连。1943 年 4 月，头部被重击后去世，终年 47 岁。留下了三个成年的儿子。

卡罗利娜·科内法尔（Karolina Konefal）和安娜·尼津斯卡（Anna Nizinska）：两位波兰农村女孩，被捕时刚到巴黎不久。被怀疑隶属于莫妮卡网络。卡罗利娜于 1943 年 3 月去世，她先被殴打，后被扔进了一条小溪，被一位党卫军军官淹死。终年 22 岁。没有人见过 25 岁的安娜去世时的情况。

欧金尼娅·科热尼奥夫斯基（Eugénie Korzeniowska）：来自卢布林。1931 年来到法国，教波兰矿工的孩子读书。也许与莫妮卡网络有关系。1943 年 2 月 10 日在"竞赛"中被抓。她臀部有严重问题，走路一瘸一拐。终年 41 岁。

　　玛格丽特·科特列夫斯基（Marguerite Kotlerewsky）：来自奥弗涅。《法国晚报》（*France-Soir*）的秘书，嫁给了一位苏联的犹太移民。被告发。1943 年 2 月 26 日去世，终年 40 岁。与她一起被驱逐的女儿吉塞勒（Gisèle）被陶贝用鞭子打死后，她失去了所有活下去的意志。留下了另一个女儿。她的儿子莱昂（Léon）被驱逐后，就再也没有回来。

330　　莉娜·库恩（Lina Kuhn）：来自巴黎。约翰尼网络成员（参见阿利宗）。1943 年 3 月初去世，也许死于斑疹伤寒，终年 35 岁。

　　若尔热特·拉卡巴纳（Georgette Lacabanne）：来自波尔多。裁缝，收留抵抗者。1943 年 3 月 8 日死于"医务室"，终年 32 岁。她留下了一个 11 岁的女儿和一个 3 岁的儿子。

　　马德莱娜·拉菲特（Madeleine Laffitte）：来自曼恩－卢瓦尔省。在纺织厂工作。成为国民抵抗阵线的联络特工，在卡德拉斯网络的围捕中被捕。1948 年 11 月底死于痢疾，终年 29 岁。

　　吉塞勒·拉盖斯（Gisele Laguesse）：来自普瓦捷（Poitiers）。丈夫是一名教师，两人都是国民抵抗阵线领导层与地方的联络员，负责印刷传单与抄录伦敦的广播。1943 年 3 月 11 日死于痢疾和殴打，终年 28 岁。她的丈夫在罗曼维尔被带走和枪毙时，她曾与他道别。

　　莱亚·兰贝特（Léa Lambert）：来自阿登。沙勒维尔的厨娘、管家，协助玛塞勒·富格莱桑将囚犯偷运到瑞士（请参见雅卡）。1943 年 3 月中旬，抵达集中营不久后便去世了。终年 50 岁。她的丈夫得知消息后，诅咒了德国人，被人听见，后遭逮捕，被驱逐，在达豪集中营去世。

法比耶娜·朗迪（Fabienne Landy）：来自卢瓦尔 - 谢尔省（Loire-et-Cher）。速记员，共产党员，为国民抵抗阵线做事，打传单。1943 年 2 月 25 日，死于水疱扩散后致命的福尔马林注射。终年 21 岁。

贝尔特·拉佩拉德（Berthe Lapeyrade）和她的嫂子夏洛特·莱斯屈尔（Charlotte Lescure）：来自洛特 - 加龙省（Lot-et-Garonne）。与她们的丈夫一起储藏宣传资料，收留抵亢者。1943 年 3 月初，贝尔特死在沼泽地，终年 47 岁。夏洛特在 1943 年 2 月 10 日的"竞赛"中被抓，但她的朋友设法拯救了她。几个星期后，她被殴打致死。终年 40 岁。她们的丈夫均被杀害。

苏珊·拉纳（Suzanne Lasne）：来自巴黎。与路易丝·马加迪尔一起投身于抵抗运动，为"游击队与狙击手"做事。与让娜 - 亚历山大、玛丽 - 路易丝·科隆班和安热勒·梅西耶一起被捕，她们隶属于同一个网络。1943 年 3 月 14 日，她死于"医务室"，充满了悔恨。她年仅 19 岁。

玛塞勒·洛里卢（Marcelle Laurillou）：来自安德尔·卢瓦尔省。隶属于昂布瓦斯抵抗运动链条的一部分。1943 年 4 月 20 日死于痢疾，终年 28 岁。她留下了两个孩子，一个 7 岁，一个 9 岁。

路易丝·拉维涅（Louise Lavigne）：来自维也纳。在鞋厂工作。她的兄弟被捕后，她和她的丈夫接手了他在普瓦捷国民抵抗阵线的工作。1943 年 3 月 25 日，她被一位党卫军军官用左轮手枪打死。留下两个女儿，一个 7 岁，一个 2 岁。她的丈夫被处死。兄弟在奥斯维辛去世。她终年 39 岁。

吕西安娜·勒布勒东（Lucienne Lebreton）：来自巴黎。看门人。被人告发是共产党员。1943 年 3 月底死于"医务室"，终年 38 岁。

安热勒·勒迪克（Angèle Leduc）：来自鲁贝（Roubaix）。在丈夫位于巴黎的肉店做收银员。可能由于收听伦敦广播而被告发。1943 年 3 月死于水肿，她的腿肿胀到无法行走，终年 51 岁。

伊丽莎白·勒波尔（Elisabeth Le Port）：来自洛里昂（Lorient）。教师，国民抵抗阵线的领袖。被一个看到她桌上放着传单和印刷模板的小学生告发。1943 年 3 月 14 日死于痢疾，终年 23 岁。

玛格丽特·莱尔米特（Marguerite Lermite）：来自南特。教师。与她的丈夫一起分发秘密传单。1943 年 2 月去世，没人见过她死亡时的情况。她留下了一个 4 岁的儿子。她的丈夫也在奥斯维辛去世，也许是在毒气室被处死的。

玛丽·勒萨热（Marie Lesage）：来自多维尔（Doville）。在瑟堡郊区经营一家咖啡馆，藏匿抵抗战士。1943 年 2 月初去世，没人见过她死亡时的情况。终年 45 岁。

索菲·利希特（Sophie Licht）：来自摩泽尔省。嫁给一个犹太人，也许由于收听 BBC 而被告发。在 37 岁时死于斑疹伤寒。她的丈夫在撤离布痕瓦尔德集中营时被党卫军枪毙了。她的孩子们，10 岁的丹尼丝（Denise）、4 岁的让－保罗（Jean-Paul）从德朗西被驱逐到奥斯维辛，到达后被送往毒气室。

伊冯娜·吕西亚（Yvonne Llucia）：来自奥兰（Oran）。关于她的生平不详，1943 年 3 月去世，终年 32 岁。她的母亲拒绝接受她已去世的事实。

艾丽斯·勒布（Alice Loeb）：来自巴黎。药剂师，活跃的共产党员。1943 年 2 月 20 日设法逃脱过一次"筛选"，但死于第二天点名之后。终年 52 岁。

路易丝·洛凯（Louise Loquet）：来自莫尔比昂省。8 岁成为孤儿，抚养了三兄弟，是 13 个孩子中唯一活下来的。在印刷厂操作装订机，与丈夫装订、制作传单。她在抵达比克瑙后很快就去世了，没人见过她死亡时的情况。终年 42 岁。留下了一个 17 岁的女儿。

伊冯娜·洛里乌（Yvonne Loriou）：来自滨海夏朗德省。秘书。曾给兄弟——德国的战俘——偷偷写信谈及抵抗运动。1943 年 3 月 8 日死于丹毒，终年 41 岁。

苏珊·马亚尔（Suzanne Maillard）：来自索姆省（Somme）。与丈夫收留抵抗者和无线电装置。1943 年 4 月中旬死于斑疹伤寒。终年 49 岁。她留下了一个 13 岁的儿子。

伊薇特·马里瓦尔（Yvette Marival）：来自安德尔－卢瓦尔省。她和丈夫一样，是共产党员，加入了国民抵抗阵线。一位她所在网络的成员被折磨后，告发了她。没人见过她死亡时的情况。

卢斯·马托斯（Luz Martos）：西班牙难民，她和她的法国丈夫加入了巴黎的抵抗运动。1943 年 2 月初，她倒在泥地，放弃挣扎后去世了。终年 37 岁。

热尔梅娜·莫里斯（Germaine Maurice）：来自安德尔－卢瓦尔省。协助父亲，作为向导穿越分界线（请参见克里西）。1943 年 2 月 23 日死于肺炎。终年 24 岁。她的父亲在被驱逐时去世。

奥尔加·梅兰（Olga Melin）：来自蓬圣马克桑斯（Pont-Sainte-Maxence）。手艺人。与兄弟一起，协助犹太人穿越分界线。1945 年 3 月 21 日死于毛特豪森集中营附近的轰炸，终年

29 岁。她留下了一个患有小儿麻痹症的儿子。

安热勒·梅西耶（Angèle Mercier）：来自塞纳 – 马恩省（Seine-et-Marne）。在巴黎打理旅馆。特工联络员。1943 年 3 月初去世，终年 33 岁。死因不明。

若尔热特·梅斯梅尔（Georgette Mesmer）：来自贝桑松（Besançon）。协助囚犯逃往瑞士。死于痢疾，终年 29 岁，留下了一个儿子。

苏珊·默格特（Suzanne Meugnot）：具体生平不详，出生于 1896 年 4 月，于 1943 年 2 月初去世。

勒妮·米肖（Renée Michaux）：来自拉罗谢尔。法国女青年联盟成员，使用化名"玛塞勒"（Marcelle）组织吉伦特省国民抵抗阵线的当地团体。1943 年 4 月中旬死于痢疾，终年 23 岁。她的伴侣安德烈·索泰尔（André Sautel）被折磨至上吊自杀。

西蒙娜·米泰尔尼克（Simone Miternique）：来自厄尔 – 卢瓦尔省。向导人链的一环，将巴黎的犹太人、抵抗者送往分界线。1943 年 2 月 10 日死于"竞赛"。终年 36 岁，留下了一个儿子。

吉塞勒·摩勒（Gisèle Mollet）：来自巴黎。旅馆女仆。为共产党员男友分发传单时被捕。被党卫军残忍殴打。1943 年 8 月上旬去世，终年 23 岁。

苏珊·莫蒙（Suzanne Momon）：来自巴黎。印刷厂工人。青年武装翼成员吉尔贝·布吕斯特兰（Gilbert Brustlein）的母亲。1943 年 2 月去世，没人见过她死亡时的情况，终年 46 岁。她留下了两个孩子。

丹尼丝·莫雷（Denise Moret）：来自上维埃纳省。不知她

附录：女性名录 / 371

为何被捕。抵达比克瑙后很快就去世了，终年 25 岁。没人见过
她死亡时的情况。留下了一个 4 岁的女儿。

马德莱娜·莫兰（Madeleine Morin）和她的母亲玛丽－路
易丝·莫兰（Marie-Louise Morin）：来自巴黎。两人经营一家美
容院，犹太人在那里拿伪造的身份证。1943 年 4 月底，马德莱
娜·莫兰死于斑疹伤寒，终年 21 岁。玛丽－路易丝在 1943 年 2
月底去世，没人见过她死亡时的情况。

玛丽－路易丝·莫鲁（Marie-Louise Moru）：来自莫尔比昂
省。罐头厂的包装工。协助年轻人前往自由区，加入了法国海
军。1943 年 3 月在"医务室"去世，终年 17 岁。

马德莱娜·诺尔芒（Madeleine Normand）：来自夏朗德。与
丈夫经营一家小农场，藏匿抵抗者，协助他们穿越分界线。
1943 年 2 月 23 日被殴打致死。终年 45 岁。她的丈夫被德国人
处死了。她的母亲在 31000 次列车开往奥斯维辛集中营当天，
因为过度悲伤和担心而去世。

伊冯娜·诺泰里（Yvonne Noutari）：来自吉伦特省。丈夫
是国民抵抗阵线成员，两人一起收留抵抗者。1944 年 8 月 2 日
死于毛特豪森集中营附近的轰炸，终年 28 岁。她的丈夫被德国
人处死了。他们留下了两个孩子。

图圣特·奥皮奇（Toussainte Oppici）：来自马赛。具体生
平不详。曾经营一家餐馆，于 1943 年 4 月底死于斑疹伤寒，留
下了一个青春期的儿子。终年 37 岁。

安妮－玛丽·奥斯特罗夫斯卡（Anne-Marie Ostrowska）：
来自莱茵兰（Rhineland）。嫁给了波兰犹太人难民。非法穿越
分界线时被捕。1943 年 4 月初在沼泽地去世，终年 42 岁。她的
丈夫死于集中营。她的儿子被驱逐到奥斯维辛，最终幸存，她

的女儿也活了下来。

333　　吕西安娜·帕吕（Lucienne Palluy）：来自巴黎。速记员。"狙击手和游击队"的联络员，负责运送火药和炸弹。1943 年 2 月底死于痢疾，终年 33 岁。

伊冯娜·帕托（Yvonne Pateau）：来自旺代省。与她的丈夫——也是她的堂兄弟——拥有一座小农场，藏匿从容扎克的采石场偷来的武器。1943 年 2 月初因严重的肾炎去世，终年 42 岁。她的丈夫被德国人处死了。他们留下了一个 5 岁的儿子。

露西·佩舍（Lucie Pecheux）：来自涅夫勒省（Nièvre）：在巴黎一家制衣厂工作，为抵抗运动募款。1943 年 2 月中旬死在"医务室"，终年 37 岁，留下了一个 18 岁的女儿。

奥萝尔·皮卡（Aurore Pica）：来自摩泽尔省。与家人疏散到吉伦特省，为抵抗运动搜集情报、确保安全通道、协助偷盗武器。1943 年 4 月 28 日因口渴去世。终年 19 岁。她的姐姐约朗德·吉利活了下来。

伊冯娜·皮卡尔（Yvonne Picard）：来自雅典。来到巴黎，在索邦教哲学，并在那里加入了抵抗运动。1943 年 3 月 9 日死于痢疾，终年 22 岁。

苏珊·皮埃尔（Suzanne Pierre）：来自默尔特 – 摩泽尔省。不隶属于任何正式抵抗团体，但与朋友们炸毁了一道运河闸门。1943 年 8 月去世，没人见过她死亡时的情况。终年 31 岁。

朱丽叶·普瓦里耶（Juliette Poirier）：来自曼恩 – 卢瓦尔省。没人知道她为何被捕，没人见过她死亡时的情况。终年 24 岁。她留下了一个 8 岁的儿子。

马伊·波利策（Maï Politzer）：来自比亚里茨。助产士。参与巴黎的知识分子抵抗运动。1943 年 3 月 6 日死于斑疹伤寒。

她的丈夫乔治被德国人枪毙了。她留下了一个 8 岁的儿子。

波利娜·波米耶斯（Pauline Pomies）：来自图卢兹。洗衣女工。与丈夫一起收留抵抗者。1943 年 2 月 10 日在"竞赛"中被抓，终年 62 岁。她留下了一个女儿。

利内·波尔谢（Line Porcher）：来自厄尔 – 卢瓦尔省。寡妇，共产党员，藏匿打传单的打字机。可能在 1943 年 2 月被送去了毒气室，终年 63 岁。

德尔菲娜·普雷塞（Delphine Presset）：来自尼姆（Nimes）。与抵抗运动无关，但在波尔多的一次扫荡行动中被捕。1943 年 2 月去世，没人见过她死亡时的情况，终年 42 岁。

玛丽 – 泰蕾兹·皮约（Marie-Thérèse Puyoou）：来自下比利牛斯省。经营一家合作公司，收留抵抗运动成员。1943 年 3 月 31 日在"医务室"去世。终年 46 岁。她留下了两个女儿，一个 17 岁，一个 10 岁。

雅克利娜·卡特勒梅尔（Jacqueline Quatremaire）：来自奥恩省（Orne）。秘书。参与巴黎的国民抵抗阵线。1943 年 2 月 24 日死于肺结核。终年 24 岁。

葆拉·拉贝博（Paula Rabeaux）：来自索米尔（Saumur）。靠制作随葬品谋生。与丈夫参与波尔多地区的抵抗运动。1943 年 3 月去世，因舌头过于肿胀，无法进食或呼吸，终年 31 岁。她的丈夫被德国人枪毙了。

康斯坦丝·拉珀诺（Constance Rappenau）：来自约纳省。经营餐厅，供抵抗运动使用。1943 年 2 月 10 日在"竞赛"中被抓，终年 63 岁。她留下了一个儿子。

热尔梅娜·雷诺（Germaine Renaud）：来自塞纳 – 瓦兹省。经营一家秘密印刷厂。被囚监殴打致死。终年 24 岁。

334 玛格丽特·里希耶（Marguerite Richier）和她的女儿们奥黛特（Odette）、阿芒德（Armande）：来自巴黎。国民抵抗阵线成员。1943年2月10日，玛格丽特在"竞赛"中被抓，终年62岁。奥黛特终年31岁，阿芒德终年26岁，没人见过她们死亡时的情况。

安妮·里雄（Anne Richon）：来自洛特-加龙省。编织羊毛衫为生。儿子和丈夫为"狙击手和游击队"做事。1943年3月21日死于水肿，终年44岁。她的丈夫被德国人枪毙了，她的儿子幸存。

弗朗斯·龙多（France Rondeaux）：来自诺曼底。协助飞行员和犹太人逃亡。1943年5月死于斑疹伤寒，终年41岁。

若尔热特·罗斯坦（Georgette Rostaing）：来自塞纳河畔伊夫里。激进的共产党员，藏匿抵抗者和武器。1943年3月去世，没人见过她死亡时的情况，终年31岁。她留下了一个女儿。

费利西安·罗斯科夫斯卡（Félicia Rostkowska）：来自波兰。来法国为波兰矿工的孩子教书，加入莫妮卡网络。没人见过她死亡时的情况，终年34岁。

丹尼丝·鲁凯罗尔（Denise Roucayrol）：来自塔恩省（Tarn）。医院护理员，为"狙击手和游击队"做事。1943年4月死于斑疹伤寒，终年33岁。

苏珊·罗泽（Suzanne Roze）：来自下塞纳省。共产党员，工会代表，抵抗运动的联络员。1943年2月被党卫军守卫残酷殴打后去世，终年38岁。

埃斯泰里纳·鲁尤（Esterina Ruju）：具体生平不详。1943年3月底去世，终年58岁。

莱奥妮·瑟伯伊勒（Léonie Sabail）：来自沙泰勒罗（Châtellerault）。办公室主管。与丈夫一起收留抵抗者。1943 年 3 月，在"医务室"去世。终年 53 岁。她的丈夫被德国人枪毙了。她留下了一个女儿和一个儿子。

安娜·萨博（Anna Sabot）：来自阿尔萨斯。没人见过她死亡时的情况，也没人知道她的任何生平。终年 44 岁。

贝尔特·萨布罗（Berthe Sabourault）：来自夏朗德省。经营美容院，与丈夫为"狙击手和游击队"做事。1943 年 4 月死于斑疹伤寒，终年 38 岁。她的丈夫在毛特豪森集中营去世了。她留下了一个儿子。

雷蒙德·萨莱（Raymonde Salez）：来自丁香镇（Lilas）。法国共产党青年翼成员，参与武装袭击。没人见过她死亡时的情况。终年 23 岁。

亨丽埃特·施密特（Henriette Schmidt）：来自埃塞尔（Essert）。与达妮埃尔·卡萨诺瓦在法国女青年联盟共事，隶属于达利代网络。1943 年 3 月 14 日，在"医务室"去世。终年 30 岁。

安托万·塞贝尔（Antoine Seibert）：来自巴黎。护士助理，为"狙击手和游击队"做事。没人见过她死亡时的情况。终年 43 岁。

莱奥妮·塞尼奥勒（Léonie Seignolle）：来自巴黎。没人知道她的生平和死亡情况。

雷蒙德·塞尔让（Raymonde Sergent）：来自安德尔－卢瓦尔省。咖啡馆店主，协助人们穿越分界线。1943 年 3 月底死于水肿，终年 39 岁。她留下了一个 12 岁的女儿。

伊冯娜·苏绍（Yvonne Souchaud）：来自图尔。参与国民抵抗阵线。1943 年 3 月死于痢疾，终年 45 岁。

让娜·苏凯（Jeanne Souques）：来自吉伦特省。协助丈夫经营洗衣店。运送传单，藏匿打字机。1943 年 4 月 1 日死于斑疹伤寒，终年 48 岁。她的丈夫从毛特豪森集中营幸存。

玛格丽特·斯托拉（Marguerite Stora）和她的侄女西尔维亚娜·库佩（Sylviane Coupet）：来自拉芒什。玛格丽特没有参与过抵抗运动，但嫁给了一个犹太人。曾咒骂逮捕她的德国人。1943 年 3 月，在"医务室"去世。终年 47 岁。她视西尔维亚娜为女儿，后者于 1943 年 8 月在"医务室"去世，尚未满 18 岁。

安德烈·塔米西（Andrée Tamisé）：来自波尔多。协助打字、印刷传单，与妹妹吉尔贝特（幸存）组织学生团体。1943 年 3 月 8 日死于肺充血，终年 21 岁。

让娜·蒂埃博（Jeanne Thiebault）：来自默尔特－摩泽尔省。雪铁龙公司（Citroën）的专业工人。没有参与过抵抗运动。没人见过她死亡时的情况。终年 33 岁。

玛格丽特·巴利尼亚（Marguerite Valina）：来自滨海夏朗德省。收留抵抗运动成员，藏匿武器。在普安索的扫荡（请参见吉永一家）中被捕。1943 年 2 月底，在"医务室"去世。她的丈夫被德国人处死了。她留下了一个 17 岁的儿子、一个 14 岁的女儿和一个 8 岁的儿子。

西奥多拉·范达姆（Théodora van Dam）和她的女儿雷娜（Reyna）：来自荷兰。与丈夫同属于协助荷兰抵抗者逃往英格兰人链中的一环。在 1943 年 2 月 10 日的"竞赛"中被抓，终年 60 岁。雷娜不愿离开她的母亲，两人都被送往毒气室，雷娜终年 19 岁。她的另一个女儿活了下来。

雅各巴·范德莱（Jakoba van der Lee）：来自荷兰。东方研究学院（School of Oriental Studies）的讲师。热切地预言希特勒终将战败。在 1943 年 2 月 10 日的"竞赛"中被抓，终年 54 岁。

艾丽斯·瓦雷恩（Alice Varailhon）：来自滨海夏朗德省。收留抵抗运动成员，联络员。1943 年 3 月 11 日，因抗议党卫军杀害一个孩子而被枪毙。终年 45 岁。

艾丽斯·维泰尔博（Alice Viterbo）：来自埃及。国立巴黎歌剧院的演唱家。在 1943 年 2 月 10 日的"竞赛"中被抓，终年 47 岁。

马德莱娜·扎尼（Madeleine Zani）：来自默尔特 – 摩泽尔省。在波尔多收留逃亡中的抵抗者。没人见过她死亡时的情况。终年 27 岁，留下了一个 3 岁的儿子。

注 释

前言

1. Police archives, Paris. Affaire Pican BS2 Carton 6; Pican, Cadras, Politzer et autres GB129 BS2–37; GB 65 BS–17.
2. see Charlotte Delbo, *Qui rapportera les paroles?* (Paris, 2001)

第一部分

第一章

1. 参见 Alistair Horne, *To Lose a Battle: France 1940* (London, 1969); Roger Langeron, *Paris: Juin 1940* (Paris, 1946)。
2. Rod Kenward, *France and the French since 1900* (London, 2005), p. 243.
3. Dominique Veillon, *Fashion under the Occupation* (Oxford, 2002), p. 22.
4. 参见 Pierre Bourget, *Histoire secrète de l'occupation de Paris* (Paris, 1970); Jacques Delarue, *Histoire de la Gestapo* (Paris, 1962)。
5. 参见 Gilles Ragache and Jean-Robert Ragache, *La Vie quotidienne des écrivains et artistes sous l'occupation 1940–1944* (Paris, 1988)。
6. Stéphane Courtois, Denis *Intellectuels et* d Adam Rayski, *Le Sang des étrangers* (Paris, 1989), p. 19.
7. 参见 Gérard Walter, *La Vie à Paris sous l'occupation* (Paris, 1960)。
8. Richard Cobb, *French and Germans, Germans and French* (London, 1983), p. 128.

第二章

1. 参见 Henri Amouroux, *La Vie des français sous l'occupation* (Paris,

1990); Albrecht Betz and Stephan Martens, *Les Intellectuels l'occupation* (Paris, 2004)。

2. 参见Stéphane Courtois and Marc Lazar, *L'Histoire du Parti Commun iste Français* (Paris, 1995); Tony Judt, *Marxism and the French Left* (Oxford, 1986); Annie Kriegel, *The French Communists: Profile of a Pe ople* (Chicago, 1972)。

3. Cécile Charua. Conversation with author.

4. Betty Langlois. Conversation with author.

5. Roger Bourderon and Ivan Avakoumovitch, *Détruire le PCF* (Paris, 1988).

6. Herbert R. Lottman, *The Left Bank* (Boston, 1982), p. 151.

7. 参见Tony Judt, *Past Imperfect: French Intellectuals 1944–1956* (Oxford, 1992); Piers Brendon, *The Dark Valley* (2000)。

8. 参见Jean Guéhénno, *Journal des Années Noires* 1940–1944 (Paris, 1947)。

9. 参见Henri Noguères, *Histoire de la résistance en France de 1940 à 1945* (Paris, 1967)。

10. 参见Charlotte Delbo, *Auschwitz and After* (New Haven, 1970)。

11. Fonds Jouvet, Bibliothèque Nationale, Paris.

12. Veillon, *Fashion*, p. 31.

13. Cobb, *French and Germans*, p. 100.

14. 参见Betz and Martens, *Les Intellechuels*。

第三章

1. Archives Nationales AJ72/257 Reports of Prefects in Occupied France; Nina Kunz, 'Les Françaises dans la résistance', Mainz, 2003.

2. Margaret Collins-Weitz, *Sisters in the Resistance* (New York, 1995), p. 56.

3. 参见Veillon, *Fashion*。

4. Pierrette Rostaing. Conversation with author.

5. Paul Thévenin and Christiane Fillatre. Conversations with author.

6. 参见Courtois and Lazar, *Histoire*, p. 119。

7. 参见Jean-Marie Berlière and Franck Liaigre, *Le Sang des communi stes* (Paris, 2004)。

8. Frédéric Blanc. Conversation with author. Also the unpublished memoir by Simone Sampaix.

9. 参见Maroussia Naitchenko, *Une Fille en guerre* (Paris, 2003)。

10. 参见Albert Ouzoulias, *Les Bataillons de la Jeunesse* (Paris, 1972); Marie Granet, *Les Jeunes dans la résistance* (Paris, 1985)。

11. 参见Hervé Villeré, *L'Affaire de la Section Spéciale* (Paris, 1973)。

12. 参见Louis Oury, *Rue du Roi-Albert – Les Otages de Nantes, Chateaubriand et Bordeaux* (Paulin, 1997)。

13. Bourderon and Avakoumovitch, *Archives*, p. 154.

第四章

1. 参见 Oury, *Rue du Roi-Albert*。
2. Jean Jérôme, *Les Clandestins 1940–1944* (Paris, 1986).
3. Recorded interview 4AV812 Archives Départementales du Val-de-Marne.
4. Madeleine Dissoubray. Conversation with author.
5. Ouzoulias, *Les Bataillons*, p. 132.
6. Claudine Cardon-Hamet, *Mille Otages pour Auschwitz* (Paris, 1997), p. 83.
7. Noguères, *Histoire*, p. 152.
8. 参见 Primo Levi, *The Drowned and the Saved* (London, 1988)。
9. 参见 Berlière and Liaigre, *Le Sang*。
10. 参见 Alain Guérin, *Chronique de la résist- ance* (Paris, 2000)。
11. 参见 Michael Marius and Robert Paxton, *Vichy France and the Jews* (London, 1981)。
12. 参见 Halimi, *La Délation*。
13. 参见 Elsa Triolet, *Ce n'était qu'un passage de ligne* (Paris, 1945)。
14. 参见 Anne Simonin, *Les Editions de Minuit* (Paris, 1994)。
15. 参见 Albert Ouzoulias, *Les Fils de la nuit* (Paris 1975)。

第五章

1. Gisèle Jaffredo. Conversation with author.
2. 参见 Sara Helm, *A Life in Secrets* (London, 2005)。
3. Simone Alizon. Conversation with author

第六章

1. Police archives, Paris. BS2 Carton 6.
2. 参见 Frédéric Couderc, *Les Renseignements Généraux sous l'occupation* (Paris, 1992)。
3. Police archives, Paris. BS2 Cartons 6 & 37.
4. Mme Riera-Collet. Conversation with author.
5. 参见 Claude Angeli and Paul Gillet, *Debout Partisans!* (Paris, 1970)。
6. 参见 Ernst Junger, *Journal de guerre et d'occupation 1939–1948* (Paris, 1965)。
7. 参见 Serge Klarsfeld, *Memorial to the Jews Deported from France 1942–1944* (New York, 1983)。
8. Police archives, Paris. BS2 Carton 9. Affaire Brodfeld.
9. Police archives, Paris. GB129; BS2-37.
10. 参见 Klarsfeld, *Memorial*。

11. 参见 Arsène Tchakarian, *Les Fusillés de Mont- Valérien* (Nanterre, 1995)。
12. Guérin, *Chronique*, p. 509.
13. 参见 R. Closset, *L'Aumonier de l'enfer* (Paris, 1965)。

第七章

1. 参见 Maurice Rajsfus, *La Police de Vichy* (Paris, 1995)。
2. 参见 Raphaël Delpart, *Les Convois de la Honte* (Paris, 2005)。
3. 参见 Adelaïde Hautval, *Medizin gegen de Mensch- lichkeit* (Berlin, 2008)。
4. Police archives, Paris. GB102; BS2–10.
5. Police archives, Paris. GB50. L'Affaire Tintelin.
6. Police archives, Paris. GB65bis; BS1–17.

第八章

1. Archives Départementales de la Gironde. Individual files 1400, 3009, 3025bis; VR199; see also René Terrisse, *A la Botte de l'occupant* (Bordeaux, 1988).
2. Archives Départementales de la Gironde, SC493.
3. Mme Vignac. Conversation with author.
4. Hervé Guillon. Conversation with author; Michel Bainaud. Conversation with author.
5. Archives du Val-de-Marne. 4AV 788–90.
6. Claude Epaud. Conversation with author.
7. Tony Renaudin. Conversation with author.
8. Pierre Zani. Conversation with author.
9. Archives Départementales de la Gironde, SC456.
10. 参见 Michel Slitinsky, *La Résistance en Gironde* (Bordeaux, n.d.)。
11. Archives Départementales de la Gironde, VRAC 707.

第九章

1. 参见 Thomas Fontaine, *Les Oubliés de Romainville* (Paris, 2005)。
2. Accounts taken from conversations with Cécile Charua, Simone Alizon and Betty Langlois; and memoirs left by Charlotte Delbo and Marie-Claude Vaillant-Couturier.
3. 参见 Jamine Ponty, *Les Polonais du Nord* (Paris, 1995); Karel Bartosek, René Gallissot and Denis Peschanski, *De l'Exil à la résistance* (Paris, 1989). See also archives of the Sikorski Museum in London and the Polish Institute in Paris.
4. 参见 files in the Memorial de la Shoah, Paris。
5. 参见 Charlotte Delbo, *Le Convoi du 24 janvier* (Paris, 1965)。

第二部分

本书第二部的大部分资料来自作者与塞西尔·沙吕奥、贝蒂·朗格卢瓦、马德莱娜·迪苏布雷和西蒙娜·阿利宗的谈话，以及她们留下的资料和信件；还有与列车上女性后代、亲属的谈话；以及幸存者未出版的回忆录。

第十章

1. 参见 Yisrael Gutman and Michael Berenbaum, *Anatomy of the Auschwitz Death Camp* (Washington, DC, 1998); Robert Jan van Pelt and Deborah Dwork, *Auschwitz 1270 to the Present* (New Haven, 1996)。
2. 参见 Rudolf Hoess, *Commandant of Auschwitz* (London, 1959)。
3. 参见 Diarmuid Jeffreys, *Hell's Cartel* (London, 2008)。
4. 参见 *The Drowned and the Saved*。

第十二章

1. 参见 Myra Goldenberg, 'Different Horrors, Same Hell', in Roger Gottlieb ed., *Thinking the Unthinkable* (New York, 1970)。
2. Auschwitz Archives. APMA-B ; V46 p. 55.
3. 参见 Fernand Grenier. *C'était ainsi. . .* (Paris, 1959)。
4. 参见 Robert Jay Lifton, *The Nazi Doctors* (London, 1986); Hautval, *Medizin gegen de Menschlichkeit* (Berlin, 2008)。
5. 参见 Lore Shelley, ed. *Criminal Experiments on Human Beings in Auschwitz and War Research Laboratories* (San Francisco, 1991)。

第十三章

1. 参见 Bernhard Strebel, *Ravensbrück. Un Complexe Concentrationnaire* (Paderborn, 2003)。
2. Germaine Tillion, *Ravensbrück* (Paris, 1973), p. 54.
3. 参见 Charlotte Serre, *De Fresnes à Ravensbrück* (Paris, 1982)。
4. Annette Posnay-Vittel. Conversation with author.
5. 参见 Raymonde Guyon-Belot, *Le Sel de la mine* (Paris, 1990)。
6. Marie-Claude Vaillant-Couturier, evidence to Nuremberg.

第十四章

1. Geneviève de Gaulle, evidence to Nuremberg.

2. 参见 Marie-Claude Vaillant-Couturier, Unpublished diary; Keith Mant, 'The Medical Services in the Concentration Camp of Ravensbrück', *Medico-Legal Journal.* Vol. 18。
3. 参见 David Rousset, *L'Univers concentrationnaire* (Paris, 1946)。
4. 参见 Comte Bernadotte, *La Fin* (Lausanne, 1945)。
5. Mme Hommel, testimony, Ravensbrück Archives TH401.

第十五章

1. 参见 Delbo, *Auschwitz and After*。
2. Tony Renaudin. Conversation with author.
3. Gisèle Jaffredo. Conversation with author.
4. 参见 Janet Flanner, *Paris Journal 1944–1965* (London, 1966); Antony Beevor and Artemis Cooper, *Paris after the Liberation, 1944–1949* (London, 1994)。
5. 参见 Jean-Marie Berlière and Franck Liaigre, *Liquider les Traîtres* (Paris, 2007)。
6. 参见 Patricia Heberer and Jürgen Matthaus, *Atrocities on Trial* (London, 2008)。
7. Trial documents in the Archives Départementales de L'Allier; see also Dominique Lormier, *Bordeaux brûle-t-il?* (Bordeaux, 1998).
8. 参见 ony Judt, *The Burden of Responsibility* (Chicago, 1998)。
9. 参见 Testimony in Marcel Ophüls, *Memory of Justice* (film, 1976); Marie-Claude Vaillant-Couturier, evidence to Nuremberg, 28 January 1946。
10. 参见 Jeremy Dixon, *Commanders of Auschwitz* (Atglen, 2005)。
11. 参见 Simone Veil, *Une Vie* (Paris, 2007)。
12. Conversation with author.
13. Conversation with author.
14. Pierrette Rostaing. Conversation with author.
15. Catherine Hardenberg. Conversation with author.
16. 参见 Delbo, *Auschwitz and After*。

地图由雷金纳德·皮戈特（Reginald Piggott）绘制。

004 德国人在巴黎，选自《德意志帝国时期的巴黎》（*Paris in the Third Reich*），作者戴维·普赖斯－琼斯（David Pryce－Jones），由科林斯出版社（Collins）出版

022 塞西尔·沙吕奥（塞西尔·沙吕奥档案）

027 贝蒂·朗格卢瓦和她的伴侣吕西安·多兰（征得伊夫·耶古佐的许可）

034 马伊·波利策（征得驱逐纪念基金会和被驱逐者、被拘留者和爱国者全国抵抗委员会的许可）

036 夏洛特·德尔博

045 玛丽－克洛德·瓦扬－库蒂里耶（征得驱逐纪念基金会和被驱逐者、被拘留者和爱国者全国抵抗委员会的许可）

046 法国女青年联盟（征得皮埃尔·罗斯坦的许可）

048 1930 年代的学生抗议（征得罗歇－瓦尔莱特的许可）

051 热爱歌唱的若尔热特·罗斯坦和女儿皮埃雷特（征得皮埃尔·罗斯坦的许可）

053 达妮埃尔·卡萨诺瓦

060 战前西蒙娜·尚帕克斯和她的弟弟一起野营（征得弗雷德里克·勃朗的许可）

068 安德烈·皮肯和热尔梅娜·皮肯（征得马恩河谷省档案馆、皮埃尔·拉巴特、罗歇·奥梅和记忆留存协会的许可），

权利保留

344

的许可）

203 比克瑙的营房（征得位于奥斯威辛的奥斯威辛 – 比克瑙国家博物馆藏档案许可）

207 比克瑙营房内部（征得位于奥斯威辛的奥斯威辛 – 比克瑙国家博物馆藏档案许可）

208 比克瑙集中营的女囚（征得奥斯威辛 – 比克瑙国家博物馆藏档案许可）

210 西蒙娜、夏洛特、贝蒂和埃玛在比克瑙（征得马恩河谷省档案馆、皮埃尔·拉巴特、罗歇·奥梅和记忆留存协会的许可），权利保留

216 比克瑙雪地中的尸体（美国大屠杀纪念馆照片档案副本）

220 比克瑙服劳役的女性（征得奥斯威辛 – 比克瑙国家博物馆藏档案许可）

226 奥斯威辛的守卫（美国大屠杀纪念馆照片档案副本）

272 让内特·埃尔米尼耶在拉文斯布吕克的素描

302 让内特·埃尔米尼耶在拉文斯布吕克的素描

326 玛丽 – 克洛德·瓦扬 – 库蒂里耶在纽伦堡作证（征得驱逐纪念基金会和被驱逐者、被拘留者和爱国者全国抵抗委员会的许可）

341 1945 年幸存者的聚会（征得马恩河谷省档案馆、皮埃尔·拉巴特、罗歇·奥梅和记忆留存协会的许可），权利保留

出版方尽力寻找和联络了所有版权所有者。如有任何疏漏，出版方乐意尽早予以纠正。

原始材料

本书最重要的材料来自对幸存者和她们家人的访问、夏洛特·德尔博的作品，以及未发表的回忆录和信件。

在贝蒂·朗格卢瓦 2009 年去世前，我曾多次拜访她在巴黎的公寓。我还与塞西尔·沙吕奥、马德莱娜·迪苏布雷和普佩特·阿利宗有过数次长谈。我开始写作此书时，另外四名女性因为身体原因无法接待我。然而，许多 31000 次列车上女性的家人同意与我交谈，并带给我许多尚未出版的信件和文件。

1945 年，夏洛特·德尔博回到法国后，开始撰写比克瑙与拉文斯布吕克集中营回忆录三部曲中的第一本，写完后却将它搁置了二十年。1970 年，单行本《奥斯维辛与它之后》出版，这也是它的第一次出版。此后，到德尔博 1985 年去世时为止，她持续创作了与集中营有关的作品，包括诗歌、剧本和散文。这本书中最重要的部分是《1 月 24 日这趟列车》（*Le Convoi du 24 Janvier*），其中，她收集了同伴们的传记。这本书对我寻找这些女性和她们的家人至关重要。

以下是 31000 次列车上的女性撰写的回忆录：

Alizon, Simone, *L'Exercise de vivre*, Paris, 1996.
Borras, Christiane, *Cécile, une 31000, communiste, déportée à Auschwitz-Birkenau*, Domont, 2006.
Delbo, Charlotte, *Le Convoi du 24 janvier*, Paris, 1965.
Delbo, Charlotte, *Auschwitz et après*, 3 vols (Paris 1970–71).

Delbo, Charlotte, *Spèctres, mes compagnons*, Lausanne, 1977.
Delbo, Charlotte, *Une Scène jouée dans la mémoire*, and *Qui rapportera les paroles?*, Paris, 2001.
Hautval, Adelaïde, *Medizin gegen de Menschlichkeit*, Berlin, 2008.
Sampaix, Simone, Unpublished memoir 1941–1945.
Vaillant-Couturier, Marie-Claude, *Mes 27 Mois entre Auschwitz et Ravensbrück*, Paris, 1946.
Vaillant-Couturier, Marie-Claude, Unpublished diary.
Two other sources provided important material:
Lazaroo, Gilbert and Peyrotte, Claude-Alice, Interviews on tape with Hélène Bolleau, Lulu Thévenin and Germaine Pican.
Quény, Marion, 'Un Cas d'exception: 230 femmes françaises déportées à Auschwitz-Birkenau en janvier 1943 par mesure de repression: le Convoi du 24 janvier,' thesis for the Université Charles de Gaulle 3, June, 2004.

手稿

Invaluable documents on the Resistance, the resisters, the Brigades Spéciales, France under occupation, deportations, and the German occupiers are to be found in CARAN, the Archives Nationales in Paris (series 72AJ45; 72AJ69; 72AJ78), the Archives Départementales of the Gironde, the Archives Départementales de l'Allier, the Archives Départementales de Indre-et-Loire, the Archives Départementales du Val-de-Marne, the Archives de la Préfecture de Police, Paris: Cartons des Brigades Spéciales, Dossiers individuels des 31000 et de leurs maris ou compagnons constitués par les Renseignements Généraux; the Bureau des Anciens Combattants in Caen, Dossiers des Personnes rentrés de Déportation; the Memorial de la Shoah, Paris; Musée de la Résistance et de la Déportation, Besançon, Fonds Marie-Claude Vaillant-Couturier; Sikorski archives, London.

我亲自翻译了所有引用的原始材料。

二手资料

第二次世界大战中德国占领下的法国的情况，犹太人和抵抗者被驱逐到东部灭绝营和集中营的经历，以及比克瑙集中营、奥斯维辛集中营和拉文斯布吕克集中营内部的生活状况，在许多回忆录、历史著作和学术文章中都得到了广泛书写。以下为本书最常参考的书目精选。

Added, Serge, *Le Théâtre dans les années de Vichy*. Paris, 1992.

Alary, Eric, *La Ligne de démarcation*. Paris, 2003.

Alary, Eric, *Les Français au quotidien*. Paris, 2006.

Alary, Eric, *Un Procès sous l'Occupation au Palais Bourbon. Mars 1942*. Paris, n.d.

Alcan, Louise, *Le Temps ecartelé*. St-Jean-de-Maurienne, 1980.

Amicale de Ravensbrück et Association des Déportées et Internées de la Résistance, *Les Françaises à Ravensbrück*. Paris, 1965.

Amouroux, Henri, *La Vie des Français sous l'occupation*. Paris, 1990.

Avon, Robert, *Histoire de l'épuration*. Paris, 1967.

Aziz, Philippe, *Le Livre noir de la trahison. Histoire de la Gestapo en France*. Paris, 1984.

Bartosek, Karel, Gallissot, René and Peschanski, Denis, *De l'Exil à la résistance. Réfugiés et immigrés de l'Europe centrale en France 1933–1945*. Paris, 1989.

Beevor, Antony and Cooper, Artemis, *Paris after the Liberation, 1944–1949*. London, 1994.

Bellanger, Claude, *La Presse clandestine 1940–1944*. Paris, 1961.

Berlière, Jean-Marie and Laurent Chabrun, *Les Policiers français sous l'occupation*. Paris, 2001.

Berlière, Jean-Marie and Liaigre, Franck, *Le Sang des Communistes. Les Bataillons de la Jeunesse dans la lutte armée*. Paris, 2004.

Berlière, Jean-Marie and Liaigre, Franck, *Liquider les traîtres. La Face cachée du PCF. 1941–1943*. Paris, 2007.

Bernadotte, Comte, *La Fin*. Lausanne, 1945.

Besser, Jean-Pierre and Ponty, Thomas, *Les Fusillés. Répression et exécution pendant l'occupation. 1940–1944*. Paris, 2006.

Bettelheim, Bruno, *The Informed Heart*.

Bettelheim, Bruno, *Surviving the Holocaust*.

Betz, Albrecht and Martens, Stephan, *Les Intellectuels et l'occupation*. Paris, 2004.

Blumenson, Martin, *Le Réseau du Musée de l'Homme*. Paris, 1977.

Bourdel, Philippe, *La Grande Débâcle de la collaboration. 1944–1948*. Paris, 2007.

Bourderon, Roger and Avakoumovitch, Ivan, *Détruire le PCF – Archives de l'Etat Français et l'Occupant Hitlérien 1940–1944*. Paris, 1988.

Bourget, Pierre, *Histoire secrète de l'occupation de Paris*. Paris, 1970.

Breton, Catherine, 'Mémoires d'avenir,' doctoral thesis, Nanterre-Paris X, 1994.

Cardon-Hamet, Claudine, *Mille Otages pour Auschwitz. Le Convoi du 6 Juillet 1942*. Paris, 1997.

Chombart de Lauwe, Marie-Jo, *Toute une Vie de résistance*. Paris, 1998.

Closset, R., *L'Aumonier de l'enfer: Franz Stock*. Paris, 1965.
Cobb, Richard, *French and Germans, Germans and French*. London, 1983.
Cohen, Elie A., *Human Behaviour in the Concentration Camp*. London, 1954.
Collins-Weitz, Margaret, *Sisters in the Resistance. How Women Fought to Free France 1940–1945*. New York, 1995.
Couderc, Frédéric, *Les Renseignements Généraux sous L'occupation*. Paris, 1992.
Courtois, Stéphane and Lazar, Marc, *Histoire du Parti Communiste Français*. Paris, 1995.
Courtois, Stéphane, Peschanski, Denis and Rayski, Adam, *Le Sang des étrangers: les immigrés de la MOI dans la résistance*. Paris, 1989.
Dabitch, Christophe, *24 Octobre 1941. Bordeaux. Les 50 Otages – un assassinat politique*. Montreuil-Bellay, 1999.
Debû-Bridel, Jacques, ed. *La Résistance intellectuelle*. Paris, 1970.
Delarue, Jacques, *Histoire de la Gestapo*. Paris, 1962.
Delpart, Raphaël, *Les Convois de la honte*. Paris, 2005.
Dixon, Jeremy, *Commanders of Auschwitz*. Atglen, PA, 2005.
Durand, Pierre, *Danielle Casanova, L'indomptable*. Paris, 1990.
Fabre, Marc-André, *Dans les prisons de Vichy*. Paris, 1944.
Flanner, Janet, *Paris Journal 1944–1965*. London, 1966.
Fontaine, Thomas, *Les Oubliés de Romainville*. Paris, 2005.
La France de 1945: Résistances, retours, renaissances. Actes de Colloque de Caen 17–19 Maï 1995. Caen, 1996
Furet, François, *The Passing of an Illusion*. Chicago, 1999.
Gaillard-Menant, Sundy, 'Résister à l'occupation, Résister à Auschwitz, Résister à l'oubli: la mémoire des femmes. De Charlotte Delbo, du Convoi du 24 Janvier 1943', Thesis, Université-Sorbonne Panthéon, 1999.
Gilzmer, Mechtild, Levisse-Touzé, Christine and Martens, Stephan, *Les Femmes dans la résistance en France*. Paris, 2003.
Gottlieb, Roger S., ed. *Thinking the Unthinkable: Meanings of the Holocaust*, New York, 1970.
Granet, Marie, *Les Jeunes dans la résistance. 20 ans en 1940*. Paris, 1985.
Grenier, Fernand, *C'était ainsi . . .* Paris, 1959.
Gresh, Sylviane, *Les Veilleuses*. Paris, 1996.
Guéhenno, Jean, *Journal des années noires 1940–1944*. Paris, 1947.
Guérin, Alain, *Chronique de la résistance*. Paris, 2000.
Gutman, Yisrael and Berenbaum, Michael, *Anatomy of the Auschwitz Death Camp*. Washington, DC, 1998.
Guyon-Belot, Raymonde, *Le Sel de la mine*. Paris, 1990.
Halimi, André, *La Délation sous l'occupation*. Paris, 1983.
Hamelin, France, *Femmes dans la nuit 1939–1944*. Paris, 1988.
Hardman, Anna, *Women and the Holocaust*. Holocaust Educational

Trust Research Papers. Vol 1. No 3, 1999/2000.

Heberer, Patricia and Matthaus, Jürgen, *Atrocities on Trial. Historical Perspectives and the Politics of Prosecuting War Crimes*. London, 2008.

Heller, Gerhard, *Un Allemand à Paris 1940–1944*. Paris, 1981.

Helm, Sara, *A Life in Secrets*. London, 2005.

Higonnet, Margaret Randolph et al., eds, *Behind the Lines: Gender and the Two World Wars*. New Haven, 1987.

Hill, Mavis M. and Lewis, L. Norman, *Auschwitz in England*. London, 1965.

Hitchcock, William, *Liberation: Europe 1945*. London, 2008.

Hoess, Rudolf, *Commandant of Auschwitz*. London, 1959.

Horne, Alistair, *To Lose a Battle. France 1940*. London, 1969.

Hughes, H. Stuart, *The Obstructed Path. French Social Thought in the Years of Desperation. 1930–1960*. London, 2002.

Jeffreys, Diarmuid, *Hell's Cartel. IG Farben and the Making of Hitler's War Machine*. London, 2008.

Jérôme, Jean, *Les Clandestins 1940–1944*. Paris, 1986.

Josse, Raymond, 'La Naissance de la résistance étudiante à Paris,' *Revue d'histoire de la deuxième guerre mondiale* (Paris, July 1962), No.47.

Judt, Tony, *Marxism and the French Left*. Oxford, 1986.

Judt, Tony, *Past Imperfect: French Intellectuals 1944–1956*. Oxford, 1992.

Judt, Tony, *The Burden of Responsibility*. Chicago, 1998.

Junger, Ernst, *Journal de guerre et d'occupation 1939–1948*. Paris, 1965.

Kaufmann, Dorothy, *Edith Thomas: A Passion for Resistance*. London, 2004.

Kedward, H.R., *Occupied France. Collaboration and Resistance 1940–1944*. Oxford, 1985.

Kenward, Rod, *France and the French since 1900*. London, 2005.

Klarsfeld, Serge, *Le Livre des otages*. Paris, 1979.

Klarsfeld, Serge, *Memorial to the Jews deported from France 1942–1944*. New York, 1983.

Kogon, Eugen, *The Theory and Practice of Hell. The German Concentration Camps and the System behind them*. New York, 1979.

Kriegel, Annie, *The French Communists: Profile of a People*. Chicago, 1972.

Kunz, Nina, 'Les Françaises dans la résistance,' Diplomarbeit über das Thema, Johannes Gutenberg-Universität, Mainz, 2003.

Lallam, Sandra, Maitrisse d'Histoire Contemporaine. Paris 1V Sorbonne. 1999–2000.

Langbein, Hermann, *People in Auschwitz*. London, 2004.

Langeron, Roger, *Paris: Juin 1940*. Paris, 1946.

Laroche, Gaston and Matline, Boris, *On les nommait les Etrangers. Les Immigrés dans la résistance.* Paris, 1965.

Levi, Primo, *The Drowned and the Saved.* London, 1988.

Lifton, Robert Jay, *The Nazi Doctors. Medical Killing and the Psychology of Genocide.* London, 1986.

Livre-Mémorial des deportés de France par mesure de repression 1940–1941, 4 vols. La Fondation pour la Mémoire de la Déportation. Paris, 2004.

Lottman, Herbert R., *The Left Bank. Writers, Artists and Politics from the Popular Front to the Cold War.* Boston, 1982.

Marius, Michael and Paxton, Robert, *Vichy France and the Jews.* London, 1981.

Marius, Michael, *The Nuremberg War Crimes Trial.* London, 1997.

Marnham, Patrick, *The Death of Jean Moulin.* London, 2001.

Michel, Henri, *Paris Allemand.* Paris, 1981.

Michel, Henri, *Paris Résistant.* Paris, 1982.

Milhaud, G., *Raymond Losserand 1903–1942.* Paris, 1949.

Morris, Alan, *Collaboration and Resistance Reviewed. Writers in the Mode Rétro in Post-Gaullist France.* New York, 1992.

Naitchenko, Maroussia, *Une Fille en guerre.* Paris, 2003.

Noguères, Henri, *Histoire de la résistance en France de 1940 à 1945,* 5 vols. Paris, 1967.

Novick, Peter, *The Resistance versus Vichy. The Purge of Collaborators in Liberated France.* London, 1958.

Ouzoulias, Albert, *Les Bataillons de la Jeunesse. Les Jeunes dans la résistance.* Paris, 1972.

Ouzoulias, Albert, *Les Fils de la nuit.* Paris, 1975.

Pendas, Devin O., *The Frankfurt Auschwitz Trial 1963–1965. Genocide, History and the Limits of the Law.* Cambridge, 2006.

Pollak, Michael, *L'Expérience concentrationnaire.* Paris, 1990.

Ponty, Janine, *Les Polonais du Nord ou la mémoire des corons.* Paris, 1995.

Pozner, Vladimir, *Descente aux enfers. Récits de deportés et de SS d'Auschwitz.* Paris, 1980.

Prost, Antoine, ed., *La Résistance: Une Histoire sociale.* Paris, 1997.

Ragache, Gilles and Ragache, Jean-Robert, *La Vie quotidienne des écrivains et des artistes sous l'occupation 1940–1944.* Paris, 1988.

Rajsfus, Maurice, *La Police de Vichy.* Paris, 1995.

Rayski, Adam, *The Choices of the Jews under Vichy.* Notre-Dame, 2005.

Rémy, *La Ligne de démarcation,* 6 vols. Paris, 1964.

'La Résistance et les français', *Les Cahiers de l'IHTP,* No. 37 (Paris, Dec. 1997).

Richet, Charles and Mons, Antonin, *Pathologie de la déportation.* Paris, 1958.

Rioux, Jean-Pierre, Prost, Antoine and Azéma, Jean-Pierre, *Les Communistes français de Munich à Chateaubriand 1938–1941.* Paris, 1987.

Rossi, A., *La Guerre des papillons. Quatre ans de politique communiste 1940–1944.* Paris, 1954.

Rossiter, Margaret L., *Women in the Resistance.* New York, 1986.

Rousset, David, *L'Univers concentrationnaire.* Paris, 1946.

Serre, Charlotte, *De Fresnes à Ravensbrück.* Paris, 1982.

Shelley, Lore, ed., *Criminal Experiments on Human Beings in Auschwitz and War Research Laboratories.* San Francisco, 1991.

Shelley, Lore, ed., *Auschwitz – The Nazi Civilisation, Twenty-three Women Prisoners' Accounts.* London, 1992.

Simonin, Anne, *Les Editions de Minuit. Le Devoir et l'insoumission.* Paris, 1994.

Slitinsky, Michel, *La Résistance en Gironde.* Bordeaux, n.d.

Souleau, Philippe, *La Ligne de démarcation en Gironde 1940–1944.* Perigieux, 1998.

Strebel, Bernhard, *Ravensbrück. Un Complexe concentrationnaire.* Paderborn, 2003.

Szmaglewska, Seweryna, *Smoke over Birkenau.* New York, 1947.

Tchakarian, Arsène, *Les Fusillés de Mont-Valérien.* Nanterre, 1995.

Témoignages sur Auschwitz. Edition de l'Amicale de déportées d'Auschwitz. Paris, n.d.

Terrisse, René, *A la Botte de l'occupant.* Bordeaux, 1988.

Terrisse, René, *Face aux Peletons Nazis.* Bordeaux, 2000.

Thatcher, Nicole, *A Literary Analysis of Charlotte Delbo's Concentration Camp Representation.* New York, 2000.

Thatcher, Nicole, *Charlotte Delbo: Une Voix singulière.* Paris, 2003.

Thibault, Laurence, ed., *Les Femmes et la résistance.* Cahiers de la Résistance, Paris, 2006.

Tillion, Charles, *On Chantait Rouge.* Paris, 1977.

Tillion, Germaine, *Ravensbrück.* Paris, 1973.

Veillon, Dominque, *Le Temps des restrictions en France 1939–1949.* Paris, 1996.

Veillon, Dominique, *Fashion under the Occupation.* Oxford, 2002.

Vercors, *Le Silence de la mer.* Paris, 1945.

Vercors, *La Bataille de Silence.* Paris, 1967.

Vidalenc, Jean, *L'Exode de mai–juin 1940.* Paris, 1957.

Villeré, Hervé, *L'Affaire de la Section Spéciale.* Paris, 1973.

Villon, Pierre, *Résistant de la première heure.* Paris, 1983.

Vinen, Richard, *The Unfree French: Life under the Occupation.* London, 2006.

Walter, Gerard, *La Vie à Paris sous l'occupation.* Paris, 1960.

Wieviorka, Annette, *Ils étaient Juifs, resistants, communistes.* Paris, 1986.

Wieviorka, Annette, *Déportation et génocide. Entre la mémoire et l'oubli.* Paris, 1992.

²⁵² 致　谢

　　首先，我必须感谢 31000 次列车的四位幸存者，她们好心地接待了我，与我交谈，她们是：西蒙娜·阿利宗（普佩特）、塞西尔·博拉（沙吕奥）、马德莱娜·耶古佐（贝蒂·朗格卢瓦）和马德莱娜·奥德吕·迪苏布雷。正是因为对她们进行的长时间访谈，以及她们允许我引用她们的信件和文件，我才得以完成这本书。出于同样的原因，我也要感谢卡特琳·贝奈努斯（Catherine Benainous）、弗雷德里克·勃朗（Frédéric Blanc）、克洛德·埃波（Claude Epaud）、若奈（Jaunay）、伊夫·耶古佐（Yves Jegouzo）、卡特琳·凯斯滕伯格－哈登伯格（Catherine Kestemberg-Hardenberg）、托尼·勒诺丹（Tony Renaudin）、皮埃雷特·罗斯坦（Pierrette Rostaing）、吉塞勒·塞尔让·雅弗雷努（Gisèle Sergent Jaffredu）、保罗·泰弗南（Paul Thévenin）、克里斯蒂娜·乌米多（Christine Umido）、米歇尔·维尼亚克（Michelle Vignac）和皮埃尔·扎尼（Pierre Zani）。他们与我谈论了他们的母亲，允许我查阅未发表的信件和回忆录。克里斯蒂亚娜·菲拉特（Christiane Fillatre）慷慨地与我谈论了她的姐妹卢卢和卡门。埃尔韦·吉永（Hervé Guillon）谈论了他的祖父母。弗雷德里克·勃朗（Frédéric Blanc）非常好心地让我阅读了他母亲西蒙娜·尚帕克斯未发表的日记。

　　在我进行研究期间，我得到了以下人士的帮助。我要感谢他们为此付出的时间、他们的慷慨以及对我的鼓励，他们是：米歇尔·贝诺（Michel Bainaud）、罗西纳·克雷米厄（Rosine Crémieux）、费尔南·德沃（Fernand Devaux）、卡特琳·迪布瓦（Catherine Dubois）、克洛迪娜·迪卡斯泰尔（Claudine Ducastel）、M. R. D. 富特（M. R. D. Foot）、特鲁迪·戈尔德（Trudy Gold）、罗歇·奥梅（Roger Hommet）、弗雷迪·克内勒（Freddy Knoller）、皮埃尔·拉巴特（Pierre Labate）、吉尔贝·拉扎罗（Gilbert Lazaroo）、克里斯蒂娜·莱维斯－图泽（Christine Levisse-Touzé）、马尔凯利顿女士（Mme Marchelidon）、斯特凡·马滕斯（Stefan Martens）、安德烈·蒙塔涅（André Montagne）、克洛德－艾丽斯·佩罗特（Claude-Alice Peyrotte）、玛丽昂·克尼（Marion Quény）、克洛迪娜·列拉－科莱（Claudine Riera-Collet）、贝尔纳德·斯特雷贝尔（Bernard Strebel）、丽塔·塔尔曼（Rita Thalmann）和马拉·特里比克（Mala Tribich）。克洛迪娜·列拉－科莱是夏洛特·德尔博的朋友及遗嘱执行人，她给了我建议，并准许我引用德尔博的作品。

本书中的许多资料来自图书馆和机构收藏的档案。我要特别感谢以下个人以及图书馆的工作人员：罗朗德－布瓦索先生（Roland-Boisseau）和波尔多的驱逐纪念基金会之友（Friends of the Foundation for the memory of the Depotation，简称 AFMD）；巴黎拉文斯布吕克集中营联合会（L'Amicale de Ravensbrück，Paris）；洛先生（Laux）和吉伦特省档案馆（Archives Départementales de la Gironde）；勒克莱尔女士（LeClerc）和安德尔－卢瓦尔雀档案馆（Archives Départementales de Indre-et-Loire）；洛朗斯·布尔加德（Laurence Bourgade）和马恩河谷省档案馆（Archives Départementales du Val de Marne）；西里尔·勒康列（Cyrille

Lequellec）和驱逐纪念基金会（Fondation pour la Mémoire de la Déportation）；抵抗运动原被驱逐者与拘留者全国协会（L'Association des Deportés, Internés de la Résistance）；45000次列车和31000次列车记忆留存协会（L'Association Mémoire Vive des Transports des 45000 et 31000）；鲁特科夫斯基女士（Rutkowski）和巴黎的波兰图书馆（Bibliothèque Polonaise in Paris）；帕特里克·勒伯夫（Patrick Le Boeuf）和黎塞留路（Rue de Richelieu）上的法国国家图书馆（Bibliothèque Nationale）；阿诺·布利尼（Arnaud Boulligny）和卡昂的当代冲突受害者档案局（Bureau des Archives des Victimes des Conflits Contemporains）；CARAN国家档案研究中心（Centre de Recherches des Archives nationales, CARAN）；让·穆兰中心（Le Centre Jean Moulin）；苏热被枪毙者委员会（Le Comité des Fusillés de Souge）；被驱逐者、被拘留者和爱国者全国抵抗委员会（Fédération Nationale des Déportés et Internés Résistants et Patriots, FNDIRP）的巴龙女士（Baron）和米舍利娜女士（Micheline）；大伦敦地区亨顿（Hendon）的大屠杀幸存者中心（The Holocaust Survivors Centre）；克里斯蒂娜·莱维斯－图泽和勒克莱尔·德·奥特克洛克将军解放纪念馆（Mémorial du Maréchal Leclerc de Hautecloque de la Libération de Paris）；巴黎大屠杀纪念馆（Le Mémorial de la Shoah in Paris）；奥斯维辛－比克瑙集中营博物馆（Muzeum Oswiecim-Brzrzinka）的沃伊切赫·普洛斯卡（Wojciech Plosa）和西蒙·科瓦尔斯基（Symon Kowalski）；法国国防部（French Ministère de La Défense）；蒙特利尔的亲历历史博物馆（Musée de I'Histoire Vive）；玛丽－克莱尔·吕埃（Marie-Claire Ruet）和贝桑松的抵抗与驱逐博物馆（Musée de la Résistance et de la Déportation）；格扎维埃·奥马勒

（Xavier Aumale）和马恩河畔尚皮尼（Champigny-sur-Marne）的全国抵抗博物馆（Musée de la Résistance Nationale）；伦敦的西科尔斯基博物馆（Sikorski Museum）；拉文斯布吕克档案馆（Ravensbrück archives）的莫妮卡·赫尔佐克（Monika Herzog）和因萨·埃舍巴赫博士（Dr Insa Eschebach）。

克里斯蒂娜·迈尔（Christina Meier）和莫妮卡·利罗（Monika Liro）在关于波兰和德国的研究上曾给予我帮助，为此，我非常感谢她们。

我还要感谢所有的朋友，他们的好客以及愿意陪同我旅行，促成了本书，他们是：卡特琳（Catherine）和奥利维耶·贝雷西（Olivier Beressi）、安妮·奇泽姆（Anne Chisholm）、卡琳·德莫雷斯特（Karin Demorest）、维尔尼娅·杜伊加恩（Virginia Duigan）、于贝尔·富尔（Hubert Faure）、安妮·奈恩（Annie Nairn）、凯西·范普拉克（Kathy van Praag）、帕特里夏·威廉斯（Patricia Williams）、琳（Lyn）和卡洛斯·温德曼（Carlos Windmann）。英格丽德·范罗森贝赫（Ingrid von Rosenberg）和格尔德·斯特雷曼（Gerd Strechman）不仅陪我去了拉文斯布吕克集中营和奥斯维辛集中营，还找到了我从未读过的资料。

请允许我再次感谢我的编辑们珍妮弗·巴思（Jennifer Barth）、波普伊·汉普森（Poppy Hampson）和佩内洛普·霍尔（Penelope Hoare），我的经纪人克莱尔·亚历山大（Clare Alexander），此外，海伦·史密斯（Helen Smith）制作了索引。

第312页夏洛特·德尔博《奥斯维辛与它之后》的诗句，由罗塞特·拉马尔（Rosette Lamar）翻译。我要感谢克洛迪娜·列拉－科莱和夏洛特·德尔博的文学遗产。

第 251 页引用的路易·阿拉贡的诗句来自《诗集》（*Collected Poems*），由伽利玛出版社（Gallimard）出版。

第 85 页保尔·艾吕雅（Paul Éluard）的诗句来自他的诗歌《勇气》（Courage），收录于他撰写的《与德国的约会》（*Au Rendez-vous Allemand*）一书，由午夜出版社（Editions de Minuit）于 1944 年在巴黎出版，由作者本人翻译。

索　引

named in bulletin put out by
  Front National in France,
  227
sent to Ravensbrück, 241
in Ravensbrück, 251–2, 269
transferred to Mauthausen, 273
in Mauthausen, 274
rescued from Mauthausen, 275
returns to France, 292, 307
life after the war, 315, 322
Normand, Madeleine, 4, 158, 175,
  332
Normandy, 95, 161
  landings, 250
Noutari, Robert, 230
Noutari, Yvonne, *159*, 230, 265,
  266, 274–5, 292–3, 332
Nouvelle Revue Française, 32, 41
Nuremberg, 273
  tribunal, 299–300

Oberg, General Karl, 109–10, 116,
  145, 167, 168, 301–2
Oeuvre, L'. 41
Opérations Spéciales, 64
Ophüls, Marcel: *Le Chagrin et la
  pitié* (film), 305
Oppici, Toussainte, 332
Oranienburg, 275–6
Ordre Nouvelle, 32
Orléans, 125
Orli (medical assistant at
  Auschwitz), 237
Ostrowska, Alfred, 170–1
Ostrowska, Anne-Marie, 170–1,
  332
Ostrowska, Salomon, 170–1
Oswiecim, 185 *see also*
  Auschwitz-Birkenau
Ouzoulias, Albert, 56, 57–8, 61,
  63–4, 112, 136

Pakula, Geneviève, 6, 319
Palais Berlitz, Paris: exhibition on
  Jews and France, 121
Palais de la Municipalité, Paris,
  32
Palluy, Lucienne, 333
Pantagruel, 24

Papon, Maurice, 145, 296
Paris
  in early months of German
    occupation, 11–14, 16, 17,
    18, 19, 21, 39–41
  Resistance in, 24–9, 31, 34–7,
    41–2, 47–53, 56–60, 63–5,
    67, 77–8, 79–80, 96
  intellectuals in, 32–9
  Jews in, 55, 75–6, 122–3, 125
  police surveillance of resisters in,
    1–2, 73–4, 96–7, 128–9
  culture in, 78
  conditions in winter of 1941, 80,
    81
  passes issued by bureau in, 85
  arrest of resisters in, 2–4, 95,
    97–9, 100, 101, 102–3, 113,
    125–8, 129–32
  resisters in prison in, 89, 90, 94,
    104–7, 114–15, 115–17,
    119–20, 150, 151–68, 169–75
  execution of resisters in, 117–19,
    132, 165–6
  women resisters deported from,
    175
  liberation committee in, 284
  women survivors return to 285,
    286–7, 289–91
  de Gaulle assumes control in,
    295
  post-war, 306
  brief references, 5, 6, 109, 297,
    299, 304, 309, 313, 315
  see also Paris Prefecture
Paris Prefecture, 3, 17, 73, 74, 75,
  98, 103, 104, 127, 129, 131
Paris Soir, 22
Parti Communist Français *see* PCF
Parti Populaire Français, 41
Pasionaria, La (Dolores Ibárruri),
  123
passes, 84–5
passeurs, 85–6, 87, 88, 89, 90–1,
  102, 176, 208
Passot, Charles, 173
Passot, Madeleine (Betty) *see*
  Langlois (*née* Passot), Madeleine
  (Betty)

图书在版编目（CIP）数据

冬日列车：维希政权与纳粹集中营里的法国女性／
（英）卡罗琳·穆尔黑德（Caroline Moorehead）著；徐
臻译 . －－北京：社会科学文献出版社，2022.6
　　书名原文：A Train in Winter：An Extraordinary
Story of Women，Friendship and Survival in World
War Two
　　ISBN 978 - 7 - 5201 - 9202 - 6

　　Ⅰ . ①冬…　Ⅱ . ①卡…　②徐…　Ⅲ . ①第二次世界大
战 - 史料　Ⅳ . ①K152

中国版本图书馆 CIP 数据核字（2021）第 215341 号

地图审图号：GS（2022）1132 号（书中地图系原文插附地图）

冬日列车：维希政权与纳粹集中营里的法国女性

著　　者／〔英〕卡罗琳·穆尔黑德（Caroline Moorehead）
译　　者／徐　臻

出 版 人／王利民
责任编辑／刘　娟
责任印制／王京美

出　　版／社会科学文献出版社·甲骨文工作室（分社）（010）59366527
　　　　　地址：北京市北三环中路甲 29 号院华龙大厦　邮编：100029
　　　　　网址：www . ssap . com . cn
发　　行／社会科学文献出版社（010）59367028
印　　装／南京爱德印刷有限公司

规　　格／开　本：889mm × 1194mm　1/32
　　　　　印　张：13. 75　字　数：317 千字
版　　次／2022 年 6 月第 1 版　2022 年 6 月第 1 次印刷
书　　号／ISBN 978 - 7 - 5201 - 9202 - 6
著作权合同
登 记 号／图字 01 - 2020 - 3221 号
定　　价／82.00 元

读者服务电话：4008918866